Kleider selbst entwerfen mit der

Grundschnittmethode

Die englischsprachige Ausgabe dieses Buches erschien 2017 unter dem Titel „Designing Clothes with the Flat Pattern Method" bei Creative Publishing International.

Autorin: Sara Alm
Design:Timothy Samara
Cover-Foto: Ken Gutmaker
Fotos: Ken Gutmaker
Illustrationen: Sara Alm

Aus dem Englischen von der MCS Schabert GmbH, München, – www.mcs-schabert.de – unter Mitarbeit von Katrin Marburger (Übersetzung).

Bibliografische Information der Deutschen Nationalbibliothek
Die Deutsche Nationalbibliothek verzeichnet diese Publikation in der Deutschen Nationalbibliografie; detaillierte bibliografische Daten sind im Internet über http://dnb.dnb.de abrufbar.

Printed in China

www.stiebner.com

ISBN-13: 978-3-8307-0979-4

Wir produzieren unsere Bücher mit großer Sorgfalt und Genauigkeit. Trotzdem lässt es sich nicht ausschließen, dass uns in Einzelfällen Fehler passieren. Unter
www.stiebner.com/errata/0979-4.html
finden Sie eventuelle Hinweise und Korrekturen zu diesem Titel. Möglicherweise sind die Korrekturen in Ihrer Ausgabe bereits ausgeführt, da wir vor jeder neuen Auflage bekannte Fehler korrigieren. Sollten Sie in diesem Buch einen Fehler finden, so bitten wir um einen Hinweis an
verlag@stiebner.com.
Für solche Hinweise sind wir sehr dankbar, denn sie helfen uns, unsere Bücher zu verbessern.

FSC www.fsc.org
MIX
Papier aus verantwortungsvollen Quellen
FSC® C016973

SARA ALM

Kleider selbst entwerfen mit der

Grundschnittmethode

Erstellen und Anpassen von Grundschnitten für Bekleidung aller Stilrichtungen

stiebner

Inhalt

Ich habe schon immer gern Kleider entworfen und genäht, weil es Spaß macht, sich auf diese Weise auszudrücken. Anfangs war es toll, mit Fertigschnittmustern zu arbeiten, doch dann wollte ich die Schnittmuster unbedingt abändern, die Garderobe in meinem Schrank abwandeln und neue Ideen ausprobieren. So verliebte ich mich in die Schnittkonstruktion.

Dank der Grundschnittmethode konnte ich aus einfachen Basics unendlich viele Stilvarianten entwickeln. Aus einem schlichten Schnittmuster einen Grundschnitt oder eine Schnittschablone herzustellen ist nicht schwer. Ich freue mich, Ihnen hier Techniken vorzustellen, mit denen Sie eigene Entwürfe umsetzen können, Entwürfe, die Sie ansprechen und die etwas über Sie aussagen. Ganz gleich, wo Sie sich inspirieren lassen – dieses Buch will Sie dazu anleiten, Ihre Designideen zu verwirklichen.

Zu Beginn benötigen Sie für die Grundschnittmethode nur ganz einfaches Handwerkszeug. Wenn Sie Näherfahrung und Fantasie haben und experimentierfreudig sind, wird das Entwerfen eigener Modelle eine Bereicherung für Sie sein. Ein sehr gut passender Grundschnitt ist dazu der unerlässliche erste Schritt. Lesen Sie zuerst Kapitel 1, Schnittschablonen: Grundlagen, *um sich das nötige Grundwissen anzueignen. Dann widmen Sie sich den Bereichen, die Sie am meisten interessieren.*

In Schritt-für-Schritt-Anleitungen erlernen Sie für bestimmte Stilrichtungen typische Techniken, doch ich ermuntere Sie ausdrücklich, Techniken zu kombinieren, sie an einem anderen Kleidungsstück auszuprobieren als hier gezeigt und sogar manche Regeln zu brechen. Auch wenn nicht jeder Schnitt, den Sie entwerfen, gelingt, lernen Sie dabei eine Menge und haben hoffentlich viel Spaß dabei.

Sara Alm

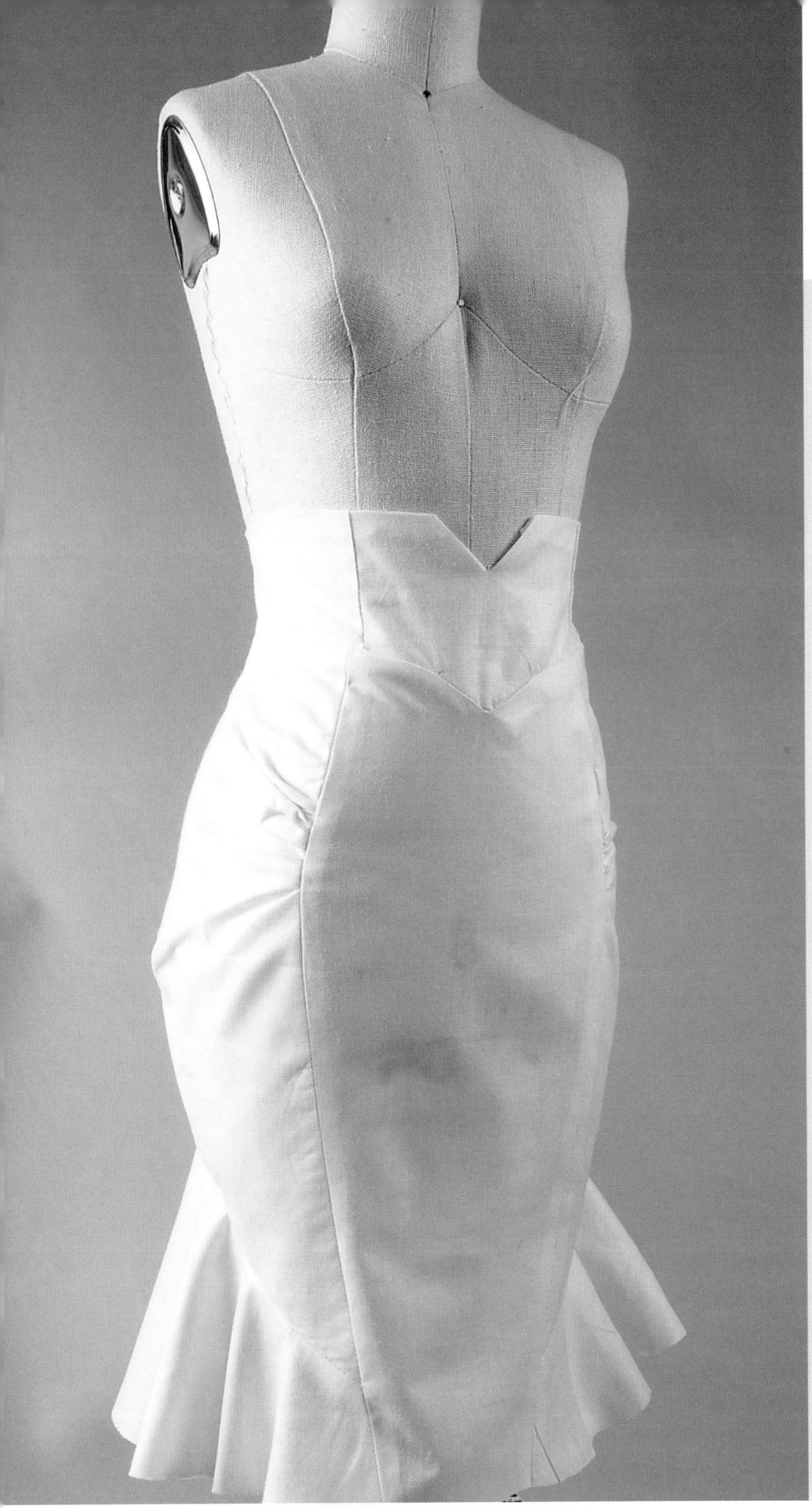

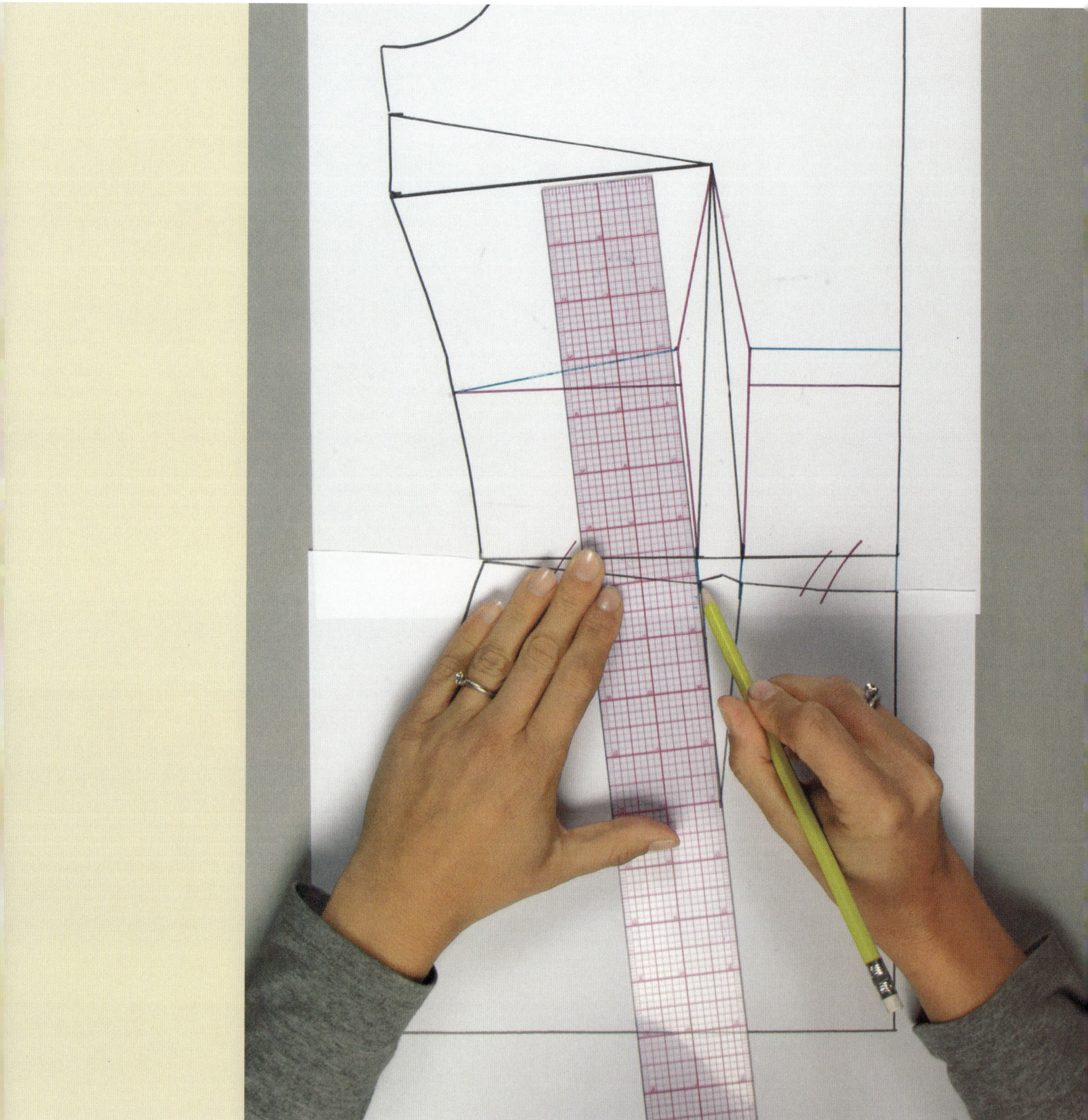

Schnittschablonen: Grundlagen KAPITEL 1

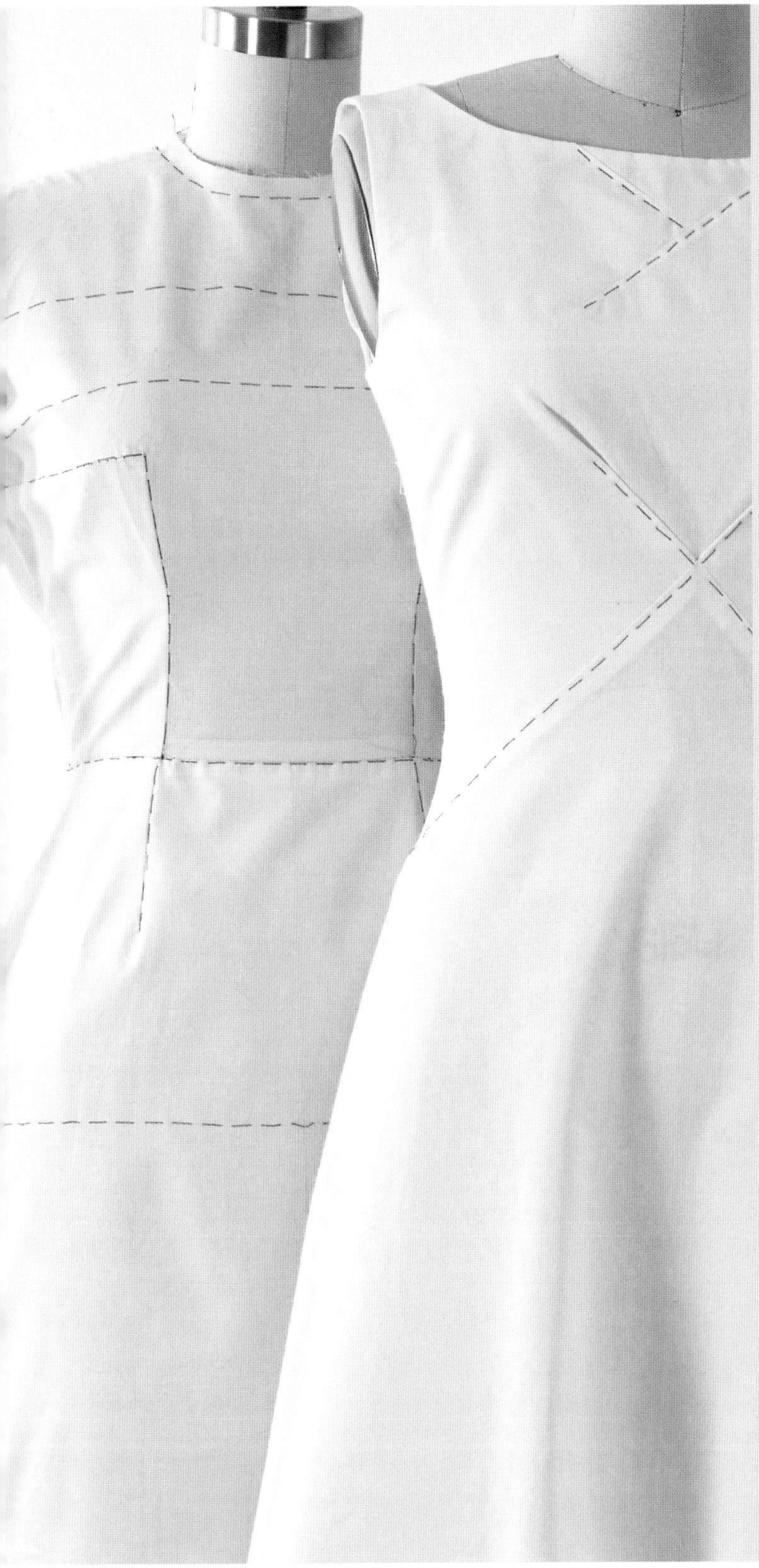

In diesem Kapitel wird gezeigt, aus welchen Schnittmustern Sie gute Schnittschablonen anfertigen können und wie Sie diese für die Modellentwürfe vorbereiten.

Was ist eine Schnittschablone?

Ein gut sitzendes, schnörkelloses Modell ergibt einen guten Grundschnitt oder eine Schnittschablone. Das Schöne an dieser schlichten weißen Vorlage ist, dass man sie mit neuen Teilungsnähten, Konturen und Designelementen versehen kann. Standardgrundschnitte sind von verschiedenen Schnittmusterherstellern erhältlich (z. B. Vogue, Butterick). Es gibt auch Anbieter, die Maßgrundschnitte erstellen, z. B. Pattern String Codes. Im Prinzip genügen Ihnen vier Schnittschablonen: Rock, ärmelloses Oberteil, Ärmel und Hose. Doch wenn Sie Modelle von ähnlichem Schnitt oder Stil entwerfen, können Sie sich mit der Zeit eine ganze Bibliothek von Grundschnittschablonen zusammenstellen: Bluse, Jacke, ärmelloses Kleid, weite Hose und mehr.

Auch wenn Standardgrundschnitte eine gute Basis sind, eignet sich im Prinzip jedes gut sitzende Kleidungsstück als Ausgangspunkt für Ihren Entwurf. Besitzen Sie ein Modell, dessen Passform Sie lieben und von dem Sie sich vorstellen können, es in allen möglichen Stilrichtungen zu variieren, dann verwenden Sie diesen Schnitt zur Anfertigung Ihrer Schnittschablone. Die vielseitigsten Grundschnitte sind jedoch immer noch die schlichtesten Kleidungsstücke ohne viele Teilungsnähte oder Details. Jede Grundschnittschablone sollte weitestgehend vereinfacht werden: Aus Teilungsnähten werden Abnäher und sämtliche Taschen, Passen, Manschetten, angesetzte Reißverschluss-Untertritte oder Knopfleisten werden entfernt – je einfacher das Modell, desto besser. Auch aus Kleidern oder Jacken mit Prinzess- oder Wiener Nähten kann eine Grundschnittschablone erstellt werden. Von der Hüfte abwärts gerade geschnittene Tops mit halsnahem rundem Ausschnitt und einfachen Ärmeln eignen sich am besten. Hosen aller Stilrichtungen, von eng bis locker sitzend, ergeben gute Schnittschablonen. Bevor Sie beginnen, müssen Sie sich vergewissern, dass die Passform wirklich stimmt. Wenn Sie mit einem schlecht sitzenden Grundschnitt arbeiten, werden Sie auch bei jedem Ihrer Modelle mit Passformproblemen kämpfen.

Anfertigung und Verwendung von Schnittschablonen

Haben Sie einen gut passenden Basisschnitt, fertigen Sie daraus Ihre Grundschnittschablone an. Nehmen Sie sich Zeit dafür, diese gut anzupassen – alle weiteren Entwürfe profitieren davon.

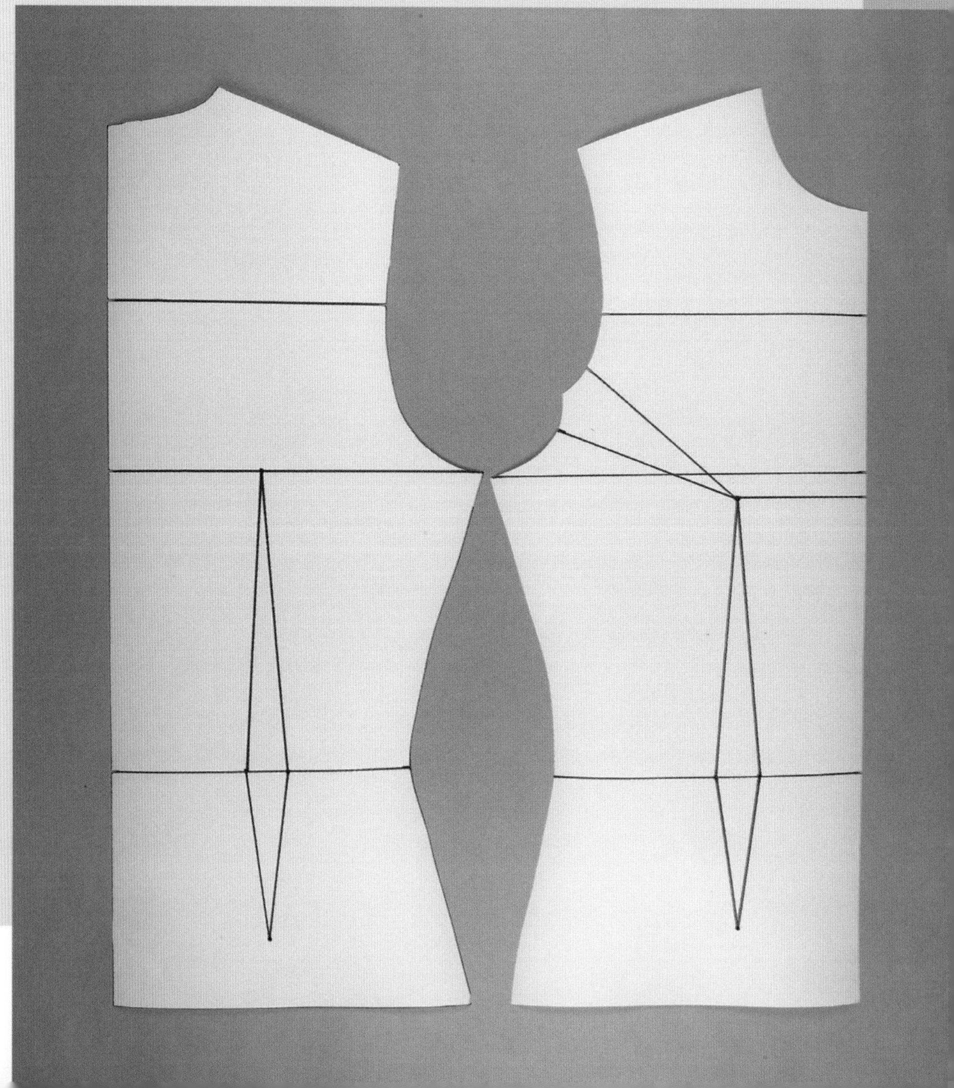

Materialien

Grundschnitt eines Kleidungsstücks

Bleistift

Radiergummi

Schere

Lineal

Kopierrädchen

Ahle

Maßband

Kerbzange (Knipser)

Schablonenhaken

Schnittmusterkarton (Schablonenkarton)

Plakatkarton oder Graupappe

Dünnes weißes Papier (Rollenware)

Papier
Ihre Schnittschablone werden Sie wieder und wieder verwenden, daher sollten Sie sie unbedingt auf festes Papier bzw. Karton übertragen. In der Bekleidungsindustrie wird Schablonenkarton (sehr ähnlich wie Manilakarton) verwendet. Schablonenkarton ist im Bedarf für die Schnittmusterkonstruktion erhältlich. Graupappe und Plakatkarton eignen sich ebenfalls. Wichtig ist, dass der Karton kantenstabil und strapazierfähig ist.

Das Papier für die Schnittmusterkonstruktion sollte leicht und dünn sein; ideal ist Rollenware. Am besten lässt es sich gut falten und ist transparent, so dass man darunterliegende Schnittteile erkennen kann. Im Näh- und Modedesignbedarf sind zahlreiche geeignete Papiersorten erhältlich.

Konstruktionslinien

Je nach Art der Schnittschablone (Rock, Oberteil, Ärmel oder Hose) sind zahlreiche Konstruktionslinien erforderlich. Gut markierte Abnäher und Konstruktionslinien sind entscheidend für Design und Passform. Hier werden die wichtigsten Konstruktionslinien vorgestellt. Falls diese auf Ihren Grundschnitten noch nicht vorhanden sind, zeichnen Sie sie mithilfe der folgenden Anleitung an der richtigen Position ein.

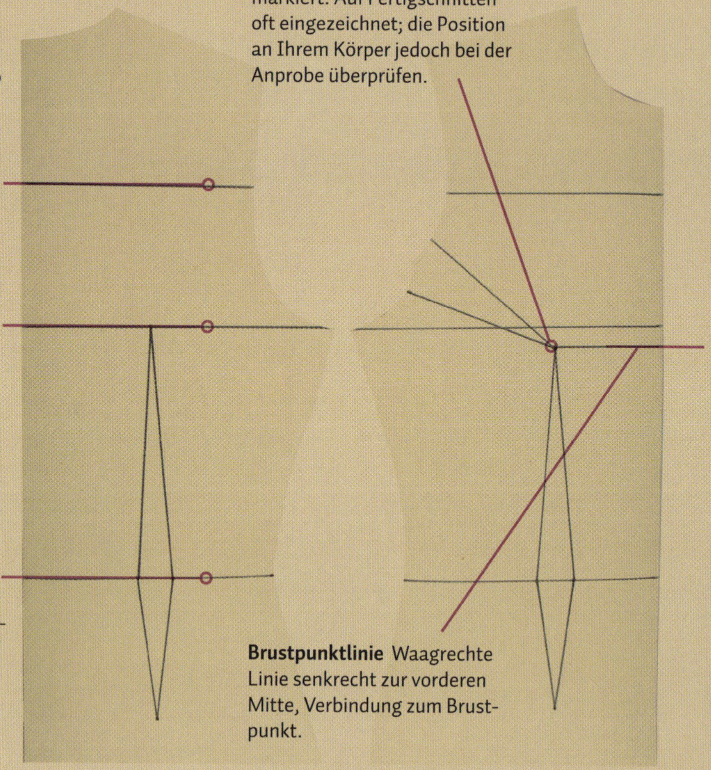

Oberbrustlinie und Schulterblattlinie Waagrechte Konstruktionslinie unterhalb von Hals und Schultern, senkrecht zur vorderen/hinteren Mitte. Verbindung zwischen Mitte und Armausschnitt über dem Ansatz der Armausschnittkurve.

Brustlinie Waagrechte Konstruktionslinie, senkrecht zur vorderen/hinteren Mitte. Verbindung zwischen Mitte und Armausschnittansatz an der Seitennaht.

Taillenlinie Waagrechte Konstruktionslinie an der schmalsten Stelle des Rumpfes (breiteste Stelle der Abnäher), senkrecht zur vorderen/hinteren Mitte. An Rock oder Hose ist sie die Oberkante des Schnittes und kann geschwungen sein.

Brustpunkt Mit der Ahle wird der stärkste Punkt der Brust markiert. Auf Fertigschnitten oft eingezeichnet; die Position an Ihrem Körper jedoch bei der Anprobe überprüfen.

Brustpunktlinie Waagrechte Linie senkrecht zur vorderen Mitte, Verbindung zum Brustpunkt.

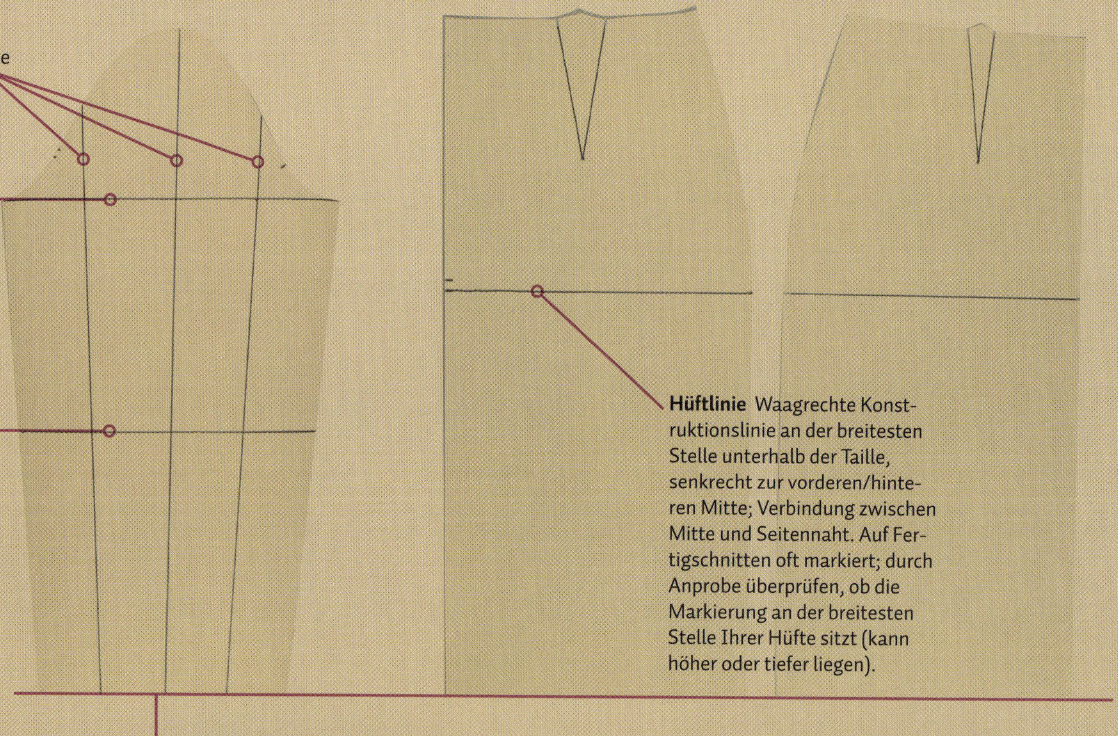

Viertellinien (Ärmelmitte, hintere und vordere Ärmelmitte) Senkrechte Linien zwischen Armkugel und Ärmelsaum.

Armkugellinie Waagrechte Konstruktionslinie; Verbindung zwischen den Endpunkten der Ärmelnaht (breiteste Stelle des Ärmels).

Ellbogenlinie Waagrechte Konstruktionslinie in Höhe des Ellbogens, parallel zum Ärmelsaum. Am einfachsten bei der Anprobe eines Grundschnitts zu markieren.

Hüftlinie Waagrechte Konstruktionslinie an der breitesten Stelle unterhalb der Taille, senkrecht zur vorderen/hinteren Mitte; Verbindung zwischen Mitte und Seitennaht. Auf Fertigschnitten oft markiert; durch Anprobe überprüfen, ob die Markierung an der breitesten Stelle Ihrer Hüfte sitzt (kann höher oder tiefer liegen).

Ärmelsaumlinie Waagrechte Konstruktionslinie am unteren Ende des Schnittteils; sollte Ihrer bevorzugten Ärmellänge für das Modell entsprechen.

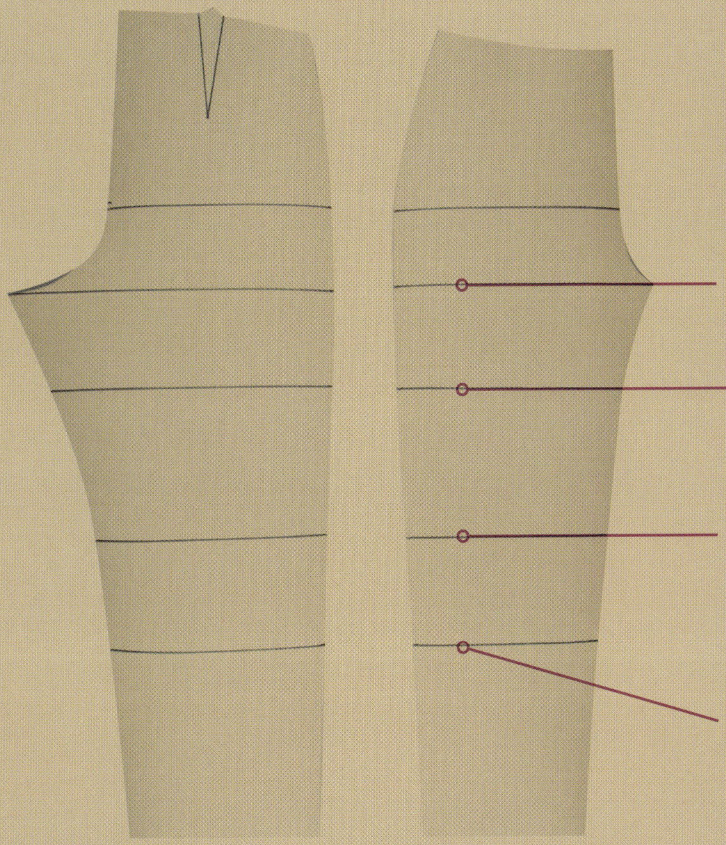

Schrittlinie Waagrechte Konstruktionslinie, parallel zur Saumlinie und senkrecht zum Fadenlauf; Verbindung zwischen Schrittspitze und Seitennaht. Die Schrittspitze liegt dort, wo die Innenbeinnähte auf die Schrittnaht (vorderes/hinteres Hosenbein und Gesäßnaht) treffen. Die Schrittlinie am vorderen Hosenbein entspricht nicht unbedingt der Schrittlinie an der Seitennaht.

Oberschenkellinie Waagrechte Konstruktionslinie etwa 17,8 cm oberhalb des Knies, parallel zur Saumlinie und senkrecht zum Fadenlauf. Am einfachsten bei der Anprobe eines Grundschnitts zu markieren.

Knielinie Waagrechte Konstruktionslinie in Kniehöhe, parallel zur Saumlinie und senkrecht zum Fadenlauf. Am einfachsten bei der Anprobe eines Grundschnittmodells zu markieren.

Wadenlinie Waagrechte Konstruktionslinie etwa 12,5 cm unterhalb des Knies, parallel zur Saumlinie und senkrecht zum Fadenlauf. Am einfachsten bei der Anprobe eines Grundschnitts zu markieren.

Maßnehmen
Schreiben Sie Ihre Maße auf jede Konstruktionslinie Ihrer Schnittschablone. Abnäherbeträge dabei nicht mitzählen. Wenn die vordere Taillenlinie z. B. 20,3 cm beträgt und ein 2,5 cm breiter Abnäher darin sitzt, beträgt Ihre Taillenweite 17,8 cm.

Diese Maße beinhalten die Bewegungszugabe. Berechnen Sie die Bewegungszugabe für jede Konstruktionslinie. Messen Sie Ihren Körperumfang genau auf jeder Konstruktionslinie während der Anprobe Ihres Grundschnittmodells.

Maße der Schnittschablone	Vorderteil	+	Rückenteil	=	Multiplizieren mit	=	—	Körpermaß gesamt	= Bewegungszugabe gesamt	Geteilt durch	= Bewegungszugabe pro Schnittteil
Beispiel Taillenumfang	20,3 cm		19 cm	39,4 cm	x2	78,7 cm		76,2 cm	2,5 cm	÷4	6 mm
Taillenumfang					x2					÷4	
Hüftumfang					x2					÷4	
Brustumfang					x2					÷4	
Knieumfang										÷2	
Oberschenkelumfang										÷2	
Oberarmumfang										÷2	
Ellbogenumfang										÷2	

Anfertigung der Schnittschablone

Das Papiermuster mit allen eingezeichneten Konstruktionslinien, Teilungsnähten und Abnähern mit Klebeband auf den Schablonenkarton heften. Mit festem Druck auf das Kopierrädchen alle Linien und Markierungen auf den Karton übertragen (ohne Nahtzugabe). Das Kopierrädchen hinterlässt kleine Löcher, die nun mit Kugelschreiber oder Bleistift nachgezeichnet werden. Die Schablone ausschneiden.

Kontrollieren Sie, ob die Seiten- und Schulternähte von Vorder- und Rückenteilen gleich lang sind (denken Sie dabei daran, dass in diesen Nähten Abnäher liegen können!). Überprüfen Sie auch, ob die Konstruktionslinien an Brust, Taille, Hüfte, Oberschenkel, Knie und Saum an den Seiten auf einer Höhe liegen und korrigieren Sie sie nötigenfalls.

An Konstruktionslinien und Abnäherenden mit der Kerbzange Knipse auf der Schablone markieren. Haben Sie keine Kerbzange, schneiden Sie mit der Schere kurze, schmale Dreiecke in den Rand Ihrer Schablone. An den Abnäherspitzen, den Abnäherinhalten im Inneren der Schnittteile und an den Brustpunkten mit der Ahle kleine Löcher in die Schablone stanzen. Mithilfe der Knipse und Bohrlöcher werden vor Entwurf Ihrer neuen Modellschnitte die Konstruktionslinien markiert.

Die Schnittschablonen sollten flach oder an Schablonenhaken hängend aufbewahrt werden, damit sie sich nicht verformen.

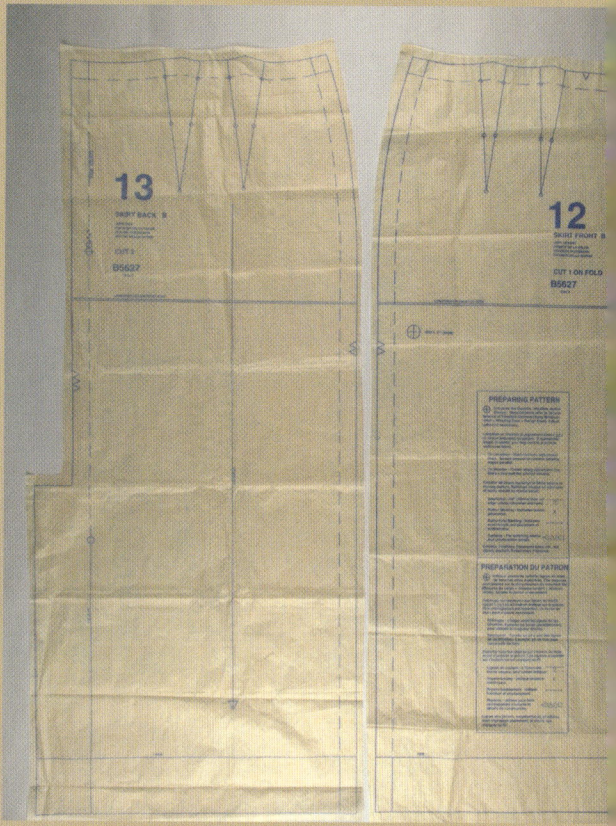

Nahtzugaben

Die Schnittschablone sollte keine Nahtzugaben enthalten. Dies kann ein wenig gewöhnungsbedürftig sein. Da sämtliche Schnittteile „Arbeitsschnittmuster" für den Designprozess sind, müssen an allen die Nahtzugaben hinzugefügt werden. Möglicherweise stellen Sie beim Nähen fest, dass Sie versehentlich an Teilen Ihrer Schablone doch die Nahtzugaben hinzugefügt haben, doch Passformkorrekturen und das Hinzufügen neuer Teilungsnähte sind ohne Nahtzugaben einfacher. Vergessen Sie nicht, die Nahtlinien auf Ihrem Grundschnitt einzuzeichnen. Wenn Sie einen fertigen Grundschnitt verwenden, müssen Sie dazu am Rand die vorhandenen Nahtzugaben (in der Regel 1,5 cm) abziehen.

Über- und Untertritte von angeschnittenen Knopfleisten oder Reißverschlüssen, die meist über die vordere oder hintere Mitte hinausgehen, sollten ebenfalls von allen Schnittschablonen entfernt werden, es sei denn, Sie haben vor, jedes weitere Modell mit einem Verschluss derselben Art und Größe zu versehen.

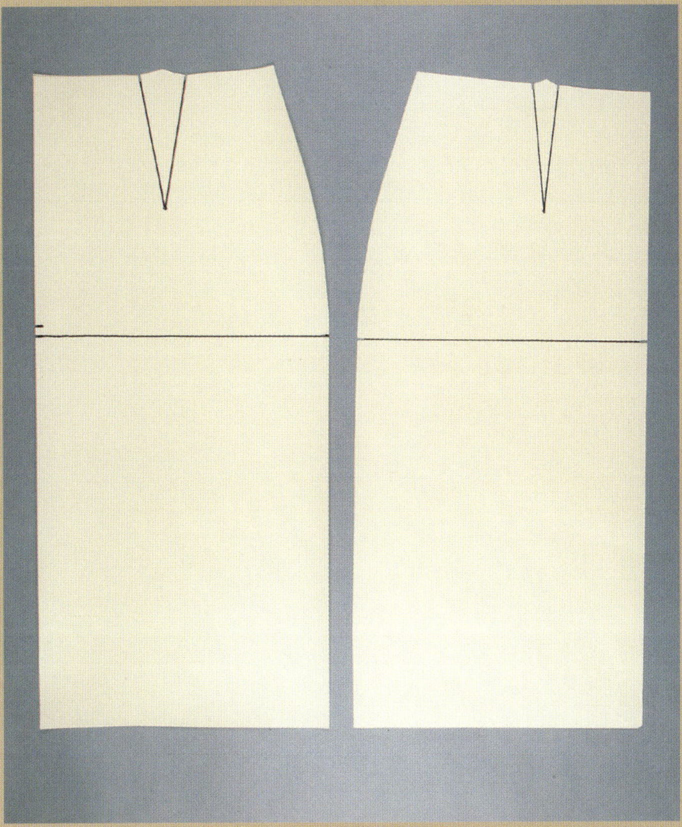

Bewegungszugaben

Wie bereits erwähnt, sollte Ihr Standard- oder Maßgrundschnitt recht eng anliegen, damit er sich gut für die Entwicklung von Modellschnitten eignet. Nun sollen Passform und Tragekomfort aber nicht bei jedem Modell gleich sein. Mit Bewegungszugaben werden manche Modelle bequemer und sehen lässiger aus.

Eine Möglichkeit dazu ist, den Betrag der Taillenabnäher ganz oder teilweise zu ignorieren. Dies kann bei Oberteilen und Kleidern einen großen Unterschied machen. Bei allen anderen Modellen können Bewegungszugaben an den Seitennähten angefügt werden (zusätzlich oder anstatt des Ignorierens der Abnäher). Eine Jacke oder ein Mantel bekommen gewöhnlich 5 cm mehr Bewegungszugabe als eine Bluse. Dazu an den Seitennähten von Vorder- und Rückenteilen je 1,3 cm anfügen.

Auch durch die Anpassung des Armausschnitts kann die Passform lockerer werden. Ich liebe hohe Armausschnitte, weil sie einem so viel Bewegungsfreiheit lassen (vorausgesetzt, Sie können einen schmal geschnittenen Ärmel in den Armausschnitt einnähen). Sie sind allerdings weniger bequem, wenn Sie darüber eine Jacke tragen. Folgende Faustregel ist hilfreich: Vergrößern Sie den Armausschnitt nur um den Betrag der zu diesem Schnittteil hinzugefügten Bewegungszugabe. Haben Sie z. B. 1,3 cm Bewegungszugabe angefügt, können Sie den Armausschnitt um 1,3 cm tiefer ausschneiden. Dies muss an Vorder- und Rückenteil geschehen; außerdem müssen Sie den neuen Armausschnitt ausmessen und den Ärmel anpassen, der ja dann auch größer werden muss.

Verwendung der Schnittschablone
Ist Ihre Schnittschablone fertig, können Sie mit dem Modellentwurf beginnen!

Legen Sie dazu dünnes Papier (Rollenware) unter Ihre Grundschnittschablone. Umranden Sie mit einem Stift jedes Schnittteil und stechen Sie mit dem Stift in jeden Knips und jedes Bohrloch. Verbinden Sie die Knipse der Konstruktionslinien sowie die Knipse und Bohrlöcher der Abnäher. Dann können Sie nach Lust und Laune die weiter unten beschriebenen Abwandlungstechniken anwenden [**A**].

Erstschnitt
Haben Sie ein neues Modell konstruiert, ist der Schnitt immer noch vorläufig, da Sie Ihren Entwurf noch anpassen müssen! Erwarten Sie nicht, dass ein perfekt passender Grundschnitt automatisch zu perfekt passenden Modellentwürfen führt. Zur Überprüfung der Passform müssen neue Entwürfe – ohne Abschlussarbeiten – stets aus Nessel Probe genäht werden [**B**].

An Ihrem Erstschnitt müssen die Nahtzugaben hinzugefügt werden, da die Grundschnittschablone ohne diese konstruiert wurde. Sie können die Nahtzugaben entweder am Papierschnitt oder am Stoff zufügen – ich gebe sie am liebsten nur am Stoff zu. Das Anpassen des Papierschnitts ist ohne Nahtzugaben einfacher, da Sie so die Veränderungen direkt an den Nahtlinien vornehmen, nicht an den Nahtzugaben [**C**], [**D**].

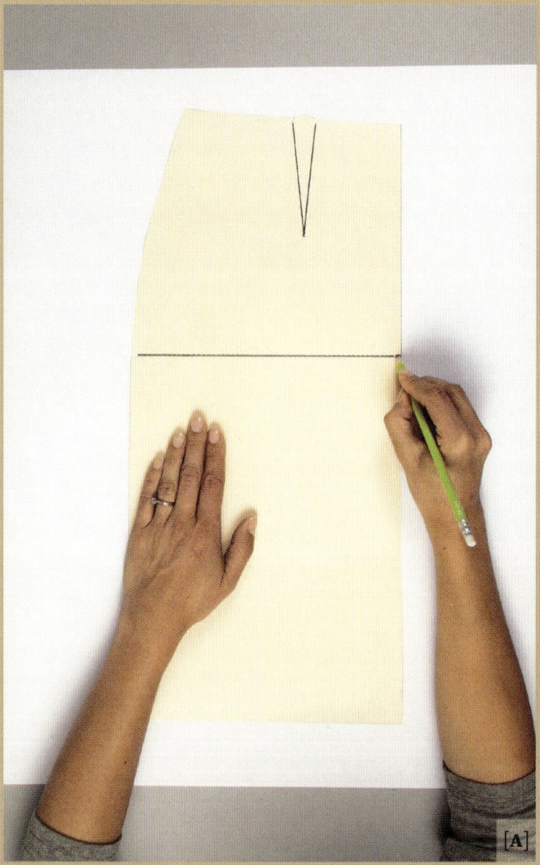
[**A**]

[**B**]

Modellschnitt

Ist bei der Anprobe alles in Ordnung, fertigen Sie Ihren endgültigen Modellschnitt an. Dafür können Sie Schablonenkarton oder Schnittmusterpapier verwenden – je nachdem, wie oft Sie genau dieses Kleidungsstück nähen wollen. Ein Schnittmuster aus Schablonenkarton ist wesentlich haltbarer, aber schwieriger aufzubewahren. Das endgültige Schnittmuster sollte ringsum mit Nahtzugaben versehen sein, außer bei Kanten, die an den Stoffbruch gelegt werden. Bringen Sie auch die Knipse an den Kanten des neuen Schnittmusters an. Vergessen Sie nicht, alle Abnäher, den Fadenlauf, Zuschneideangaben sowie den Namen des Schnittmusters und Schnittteils hinzuzufügen [E].

[C]

[D]

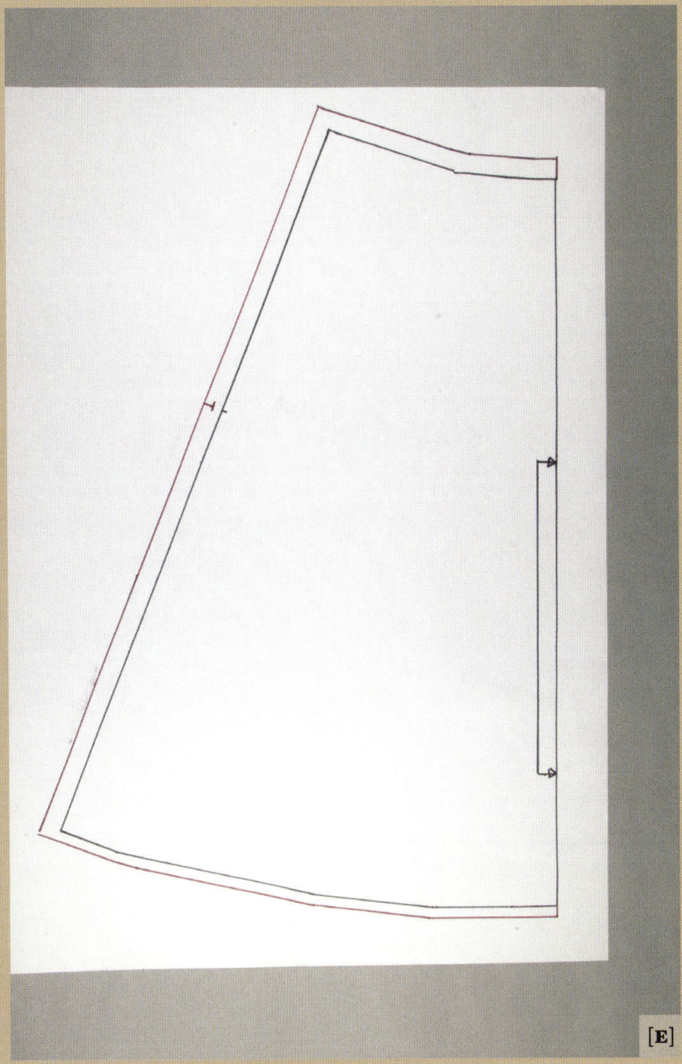

[E]

KAPITEL 2

Röcke

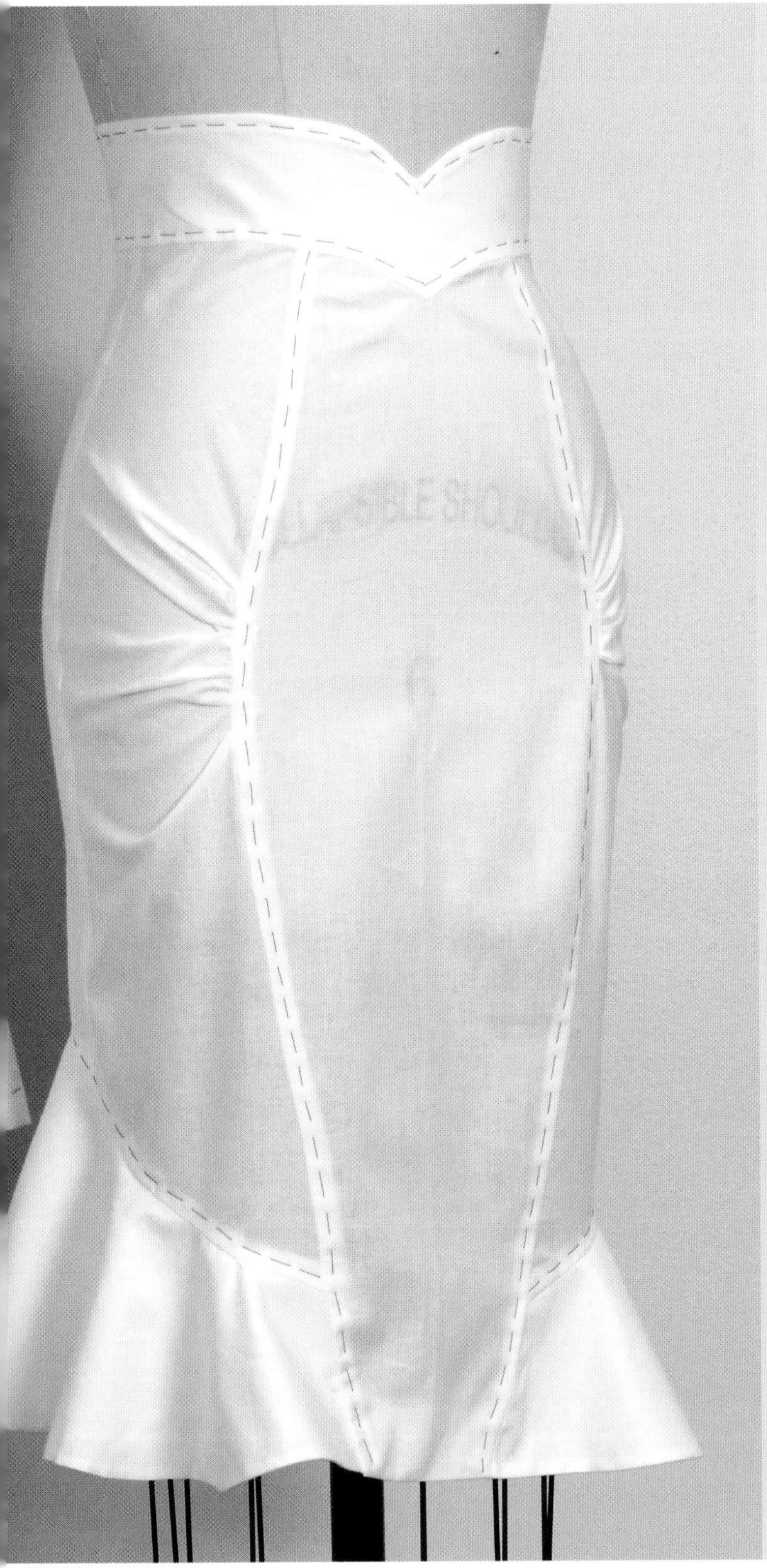

Röcke sind ideal zum Erlernen der Grundschnittmethode. Durch Kombinieren der verschiedenen Techniken, die in diesem Kapitel vorgestellt werden, können Sie zahllose Stilvarianten und Rockformen kreieren. An Röcken gibt es weniger knifflige Stellen und für die Passform müssen nicht so viele Abnäher angebracht werden, sodass die Schnittentwicklung einfacher ist als z. B. beim Oberteil.

Die hier am Beispiel von Röcken gezeigten Techniken sind universell und können für alle Arten von Kleidungsstücken verwendet werden.

Abwandlungen des Taillenbunds

Bevor Sie irgendeine andere Partie Ihres Rockes entwerfen, entscheiden Sie, wie Ihr Taillenbund aussehen und wo er sitzen soll.

Möglichkeiten der Schnittabwandlung sind z. B. eine höher oder tiefer angesetzte Taille. Bei vielen Fertigschnittmustern sitzt der Bund an der natürlichen Taille, also an oder nahe dem Bauchnabel. Vielleicht ist das für Sie nicht die bequemste oder vorteilhafteste Version – dann können Sie Änderungen vornehmen.

Außerdem gibt es verschiedene Möglichkeiten, den Taillenbund zu gestalten, darunter einen geraden Bund, einen Formbund, einen Bund mit Beleg oder mit Passe.

Taillenvertiefung oder -erhöhung

Vor der Entwurfszeichnung nehmen Sie zwei Maße, egal, ob Sie die Taille erhöhen oder vertiefen wollen.

1
Bei der Anprobe des aus Nessel genähten Grundschnittrocks den Abstand zwischen der ursprünglichen Taille und der gewünschten neuen Position messen.

2
Nun Ihren Körperumfang an dieser neuen Position der Taille abmessen.

3
Bei einem Rock mit erhöhter Taille 1,3 cm Bewegungszugabe hinzufügen. Bei tiefer angesetzter Taille ist keine Bewegungszugabe nötig.

4
Die Differenz zwischen dem neuen Taillenumfang (plus Bewegungszugabe) und dem Taillenumfang der Schnittschablone (d. h. Vorder- und Rückenteil abzüglich der Abnäher mit 2 multipliziert) berechnen. Ist das Ergebnis eine negative Zahl, ist Ihre erhöhte Taille schmaler als die Taille der Schnittschablone.

5
Die Differenz durch 4 teilen. Das Ergebnis ist der Wert, um den Sie Ihre neue Taillenlinie an Vorder- und Rückenteil anpassen müssen. Das Ergebnis auf den nächsten Millimeter runden.

Taillenvertiefung

Bei einem Rock mit tieferer Taille liegt der Bund vielleicht nur 1,3 cm unter der ursprünglichen Taillenlinie. Wie weit Sie die Taille nach unten verlegen, liegt tatsächlich am Schwung Ihrer Taille und Hüfte. Ist Ihre Silhouette in diesem Bereich relativ gerade oder ist der Unterschied zwischen Ihrer Taille und unteren Hüftlinie gering, rutscht Ihr Rock eventuell herunter, wenn Sie den Bund zu tief ansetzen. Sind Ihre Formen von der Taille zur Hüfte hingegen eher kurvig, können Sie den Bund vielleicht tiefer ansetzen. Egal, welchen Körperbau Sie haben, ein guter Anhaltspunkt sind die Seitennähte Ihrer Lieblingshose mit tiefem Taillenbund.

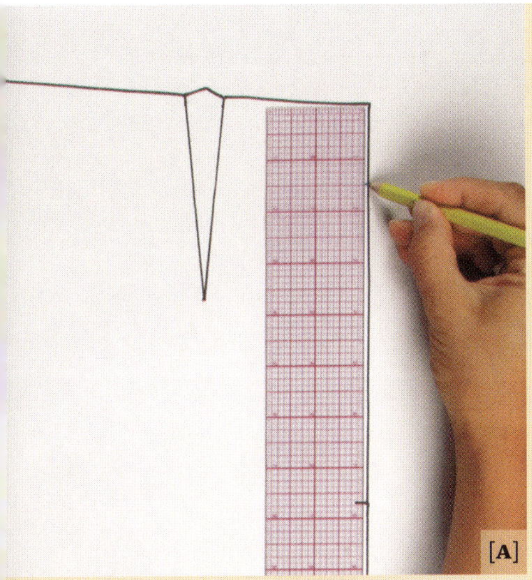

[A]

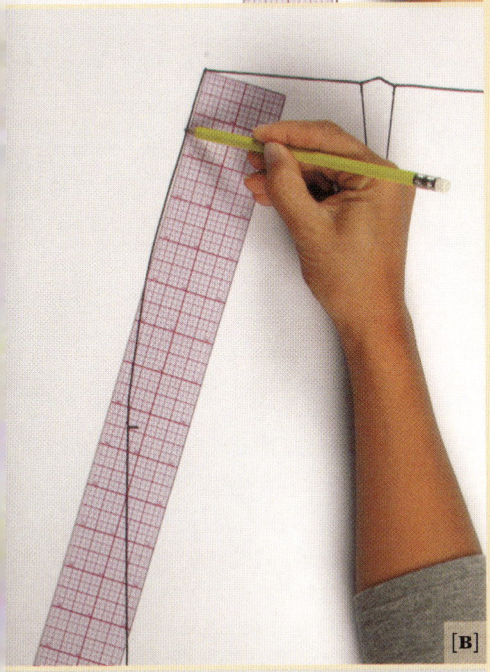

[B]

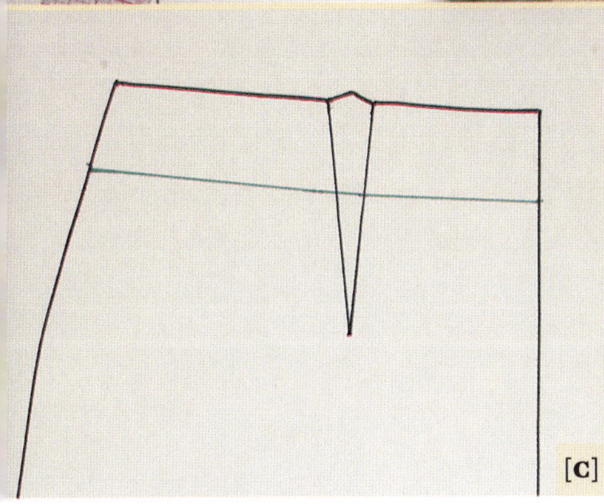

[C]

1
Das Vorderteil Ihrer Schnittschablone auf Schnittmusterpapier übertragen.

2
An der vorderen Mitte ab der Taillenlinie den Betrag abmessen, um den Ihr Bund tiefer liegen soll [**A**]. An der Seitennaht ebenso vorgehen [**B**].

3
Eine neue Taillenlinie einzeichnen, indem Sie die beiden Punkte verbinden. Die Kurve dieser Linie sollte ähnlich sein wie die des Originals [**C**].

4
Die neue Taillenlinie abmessen. Einen Abnäherinhalt unter 1,3 cm, ignorieren Sie, liegt er bei 1,3 cm oder darüber, muss der Abnäher genäht werden. In diesem Fall den Abnäherinhalt von 1,3 cm (oder mehr) beim Abmessen der neuen Taillenlinie nicht mitrechnen.

Schritte 5 und 6: siehe Abbildung [**D**].

5
Zum Bestimmen der Differenz zwischen Ihrem Grundschnitt und dem neuen Taillenmaß gehen Sie vor wie auf der vorigen Seite beschrieben. Passen Sie die Seitennaht Ihres Rockes an, um die überflüssige Länge und Bewegungszugabe abzutragen. So erhalten Sie den Endpunkt der Seitennaht Ihrer tieferen Taille.

[D]

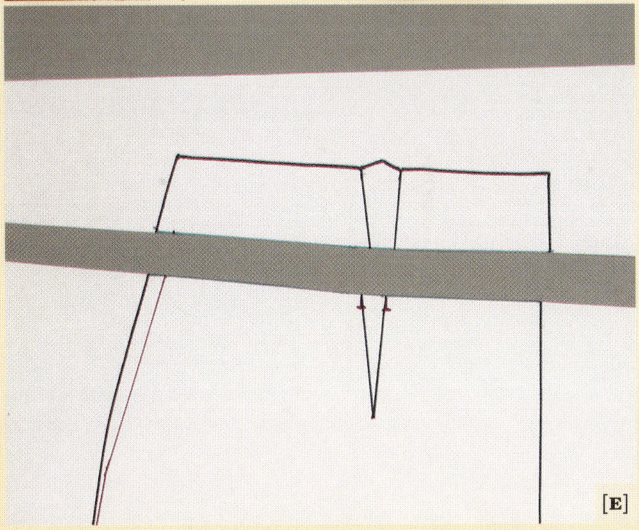

[E]

6
Von diesem Punkt aus eine neue Seitenlinie zeichnen, die in Höhe der Hüftlinie wieder auf die ursprüngliche Seitennaht trifft.

7
Diese Schritte für das Rückenteil wiederholen.

8
Die Partie oberhalb der neuen Taillenlinie vom Schnitt entfernen [**E**].

9
Danach den Taillenabschluss entwerfen; anschließend folgen die Silhouette des Rockes und/oder Veränderungen der Teilungsnähte.

Taillenerhöhung

Die Taille kann um nur 1 cm erhöht werden, aber auch bis unter die Brustlinie. Die Brustlinie ist eine natürliche Grenze für die erhöhte Taille – sonst entsteht ein Kleid!

[A]

[B]

[C]

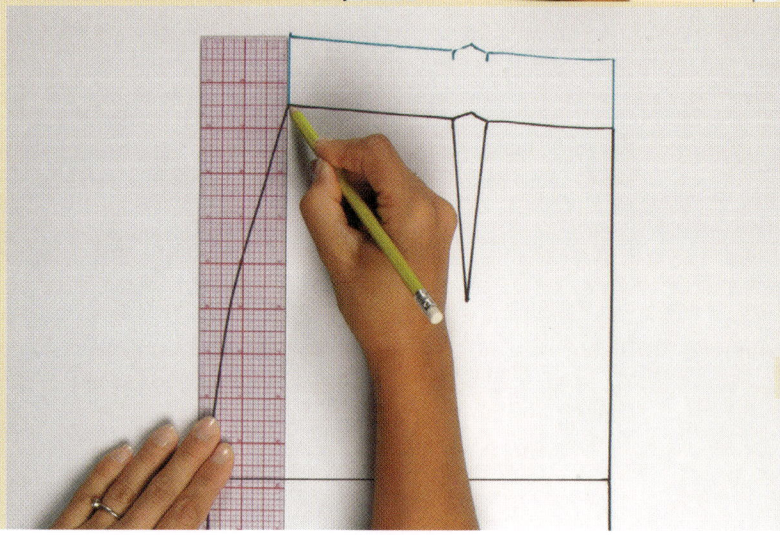

[D]

1
Das Vorderteil der Schnittschablone auf Schnittmusterpapier übertragen

2
Abnäherschenkel und Hüftlinie einzeichnen.

3
Für die erhöhte Taille die vordere Mitte um den gewünschten Betrag nach oben verlängern [**A**].

4
Die Schnittschablone auflegen, sodass die Oberkante an der neuen Taillenlinie liegt [B]. Nun nur die neue Taillenlinie aufzeichnen. Position der Abnäherschenkel und der Seitennaht markieren [**C**].

5
Die erhöhte Taillenlinie an der Seitennaht durch eine gerade Linie mit der ursprünglichen Taillenlinie verbinden. Diese Linie verläuft parallel zur vorderen Mitte [**D**].

6
Den Abnäherinhalt der erhöhten Taillenlinie nach der Anleitung auf Seite 20 anpassen. Den Anpassungswert halbieren und jeden Abnäherschenkel um diesen Betrag verlegen. Ist die erhöhte Taillenlinie größer als die ursprüngliche, verschieben Sie die Abnäherschenkel aufeinander zu: Der Abnäherinhalt auf der neuen Taillenlinie wird kleiner als auf der ursprünglichen Linie [E].

Ist das Maß der erhöhten Taille kleiner als das der ursprünglichen Taillenlinie, verschieben Sie die Abnäherschenkel auseinander: Der Abnäherinhalt der angehobenen Taille wird größer als an der ursprünglichen Taille [**E**].

Ist die erhöhte Taille identisch mit der ursprünglichen Taillenlinie, bleibt der Abnäherinhalt gleich.

7
Die Position des Abnähers auf der erhöhten Taillenlinie mit der Position des Abnähers auf der ursprünglichen Taillenlinie verbinden [**F**], [**G**].

8
Das Rückenteil der Rock-Schnittschablone auf Schnittmusterpapier übertragen.

TIPP

Für eine erhöhte Taille ist ein Taillenbund mit Besatz ideal, da so die zusätzliche Höhe mehr Stand bekommt. Den Besatz von der erhöhten Taillenlinie bis mindestens 2,5 cm unterhalb der originalen Taillenlinie zeichnen. Anleitung siehe Seite 26.

[E]

[F]

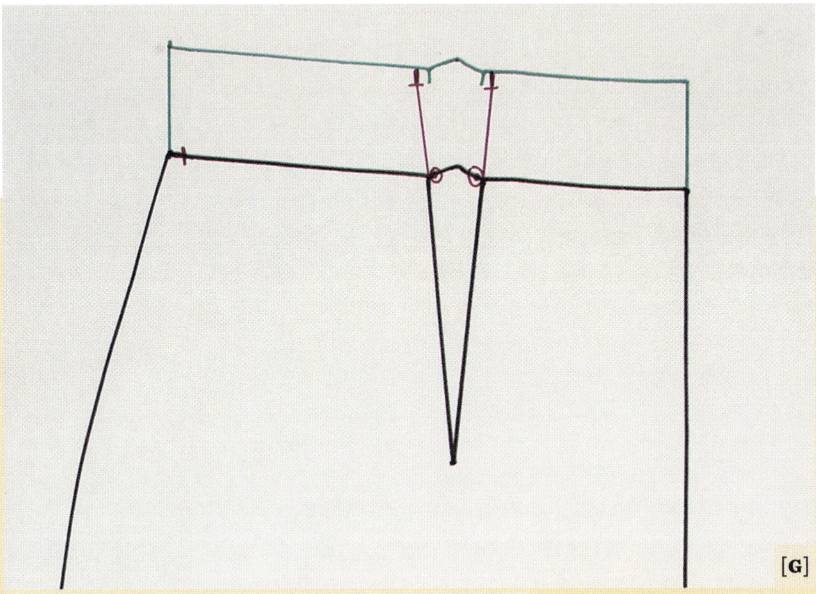
[G]

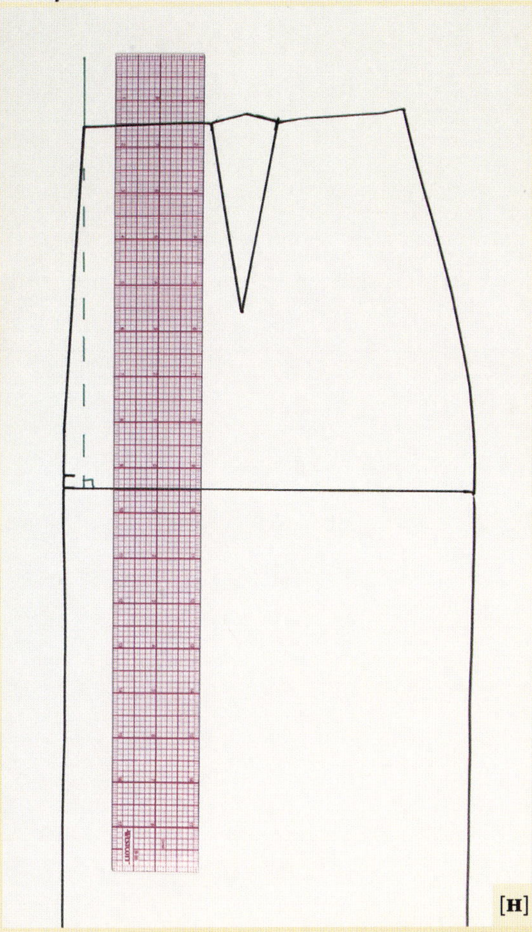
[H]

9
Abnäherschenkel und Hüftlinie einzeichnen.

10
Für die Taillenerhöhung die hintere Mitte um den gewünschten Betrag nach oben verlängern. Diese Linie muss senkrecht zur Hüftlinie stehen [**H**].

11
Die Schritte 4–7 auch für das Rückenteil befolgen.

12
An der erhöhten Taille die Abnäher sowie an der Seitennaht die ursprüngliche Taillenlinie und die Hüftlinie durch Knipse markieren. Auf der ursprünglichen Taillenlinie jeweils 3 mm innerhalb der Abnäherschenkel ein Bohrloch stanzen.

13
Danach die Art des Taillenabschlusses entwerfen; anschließend folgen die Silhouette des Rockes und/oder Veränderungen der Teilungsnähte.

Taillenabschlüsse

Haben Sie die Höhe des Taillenbunds festgelegt, folgt die Auswahl des Taillenabschlusses. Es gibt verschiedene Möglichkeiten, z. B. einen geraden Taillenbund, einen Innenbund mit Formbesatz, einen Formbund oder eine Passe – die letzten drei werden alle nach demselben Prinzip gearbeitet.

Ein Besatz ist am fertigen Modell von außen nicht zu sehen, nur an der Innenseite. Formbund und Passe sind von außen zu sehen. Bei einem Formbund können eventuell – aber nicht immer – die Abnäher weggelassen werden und er benötigt eine Verlängerung, da der Reißverschluss unterhalb des Bundes endet. Bei einer Passe werden normalerweise alle Abnäher entfernt und der Reißverschluss verläuft durch die Passe bis zur Oberkante des Rockes. Diese drei Taillenabschlüsse eignen sich für jede Taillenhöhe – normal, erhöht oder vertieft; bei einer erhöhten Taille bleiben die Abnäher allerdings im Taillenabschluss erhalten.

Jeder Abschluss hat seinen eigenen Charakter. Wählen Sie Ihren Taillenbund danach aus, was Ihrer Figur schmeichelt, bequem für Sie ist und zum Stil Ihres Modells passt.

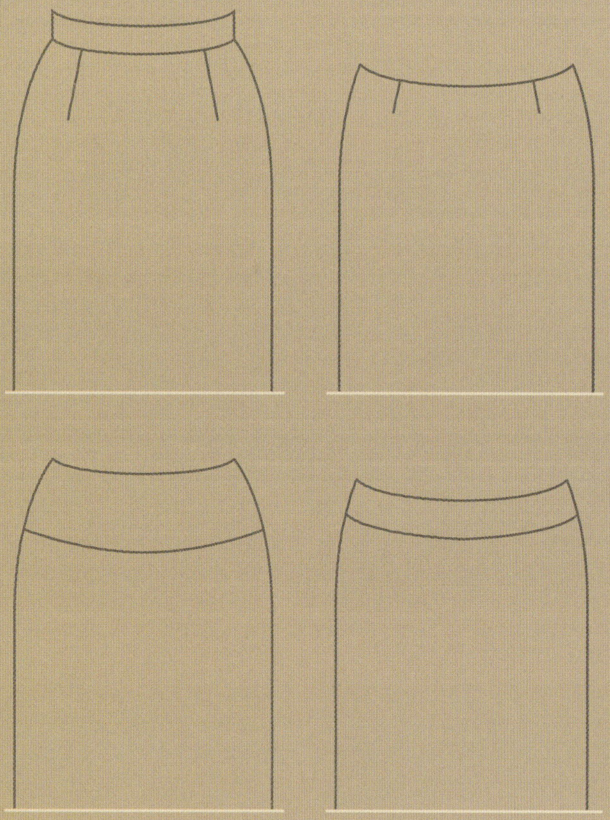

Gerader Taillenbund

Ein gerader Taillenbund sitzt am besten an Ihrer natürlichen Taille, d. h., er wird im Grunde oben an der Taillenlinie Ihres Grundschnitts angenäht. Die beste Höhe für den fertigen Bund liegt zwischen 2 und 5 cm. Diese Art Taillenbund eignet sich nicht gut für eine vertiefte Taille. Normalerweise wird für diesen Bund ein gerader Stoffstreifen der Länge nach über der Oberkante des Rockes gefaltet, die unversäuberten Kanten werden an der Taille des Rockes festgenäht.

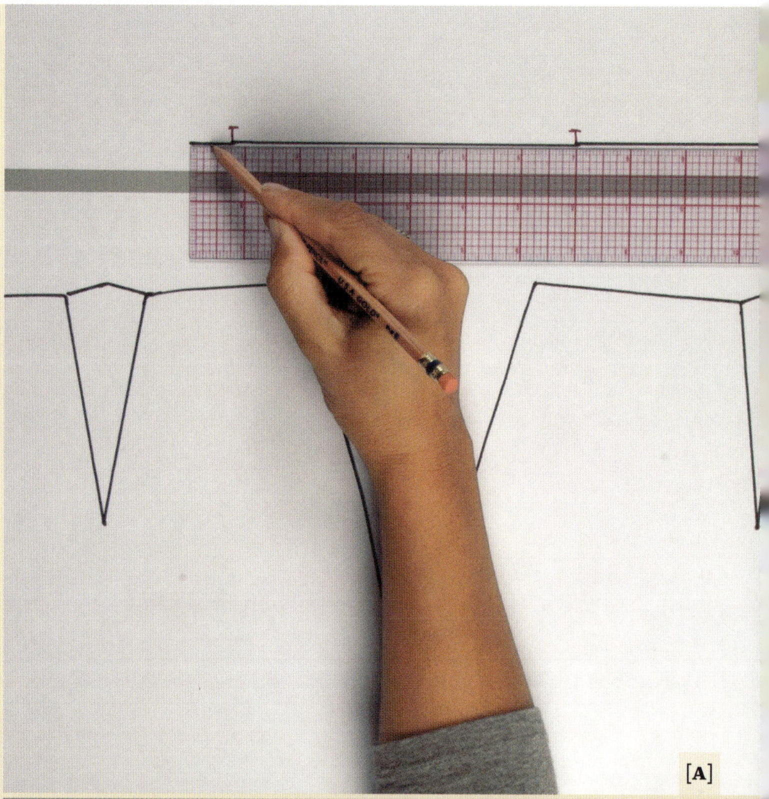

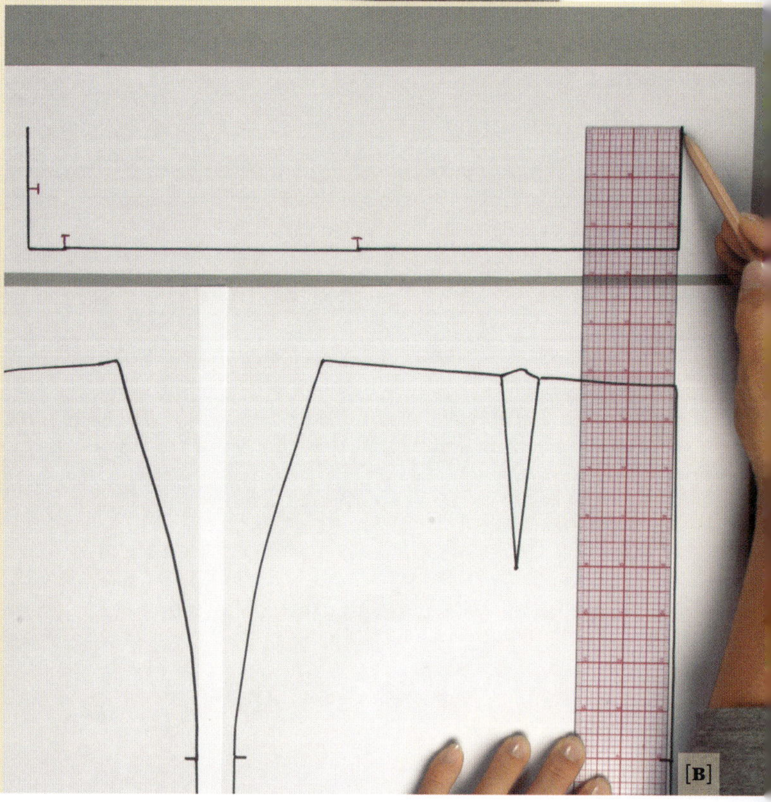

In puncto Fadenlauf gibt es beim geraden Taillenbund mehrere Möglichkeiten: Er kann längs, quer oder schräg verlaufen. Beim Längsfadenlauf ist der Stoffverbrauch am geringsten und der Bund wird recht stabil. Ein Bund im Querfadenlauf ist am schwierigsten zu handhaben, dafür jedoch am stabilsten. Für den Zuschnitt im schrägen Fadenlauf sollten Sie den Stoff vorwaschen, um späteres Einlaufen zu vermeiden. Der Bund im Schrägschnitt lässt sich am besten verarbeiten, ist jedoch hinsichtlich des Stoffverbrauchs am wenigsten effizient. Obwohl geradlinig zugeschnitten, schmiegt er sich an und hat dadurch etwas von einem Formbund. Je nach Stoffauswahl kann er auch interessante optische Akzente setzen.

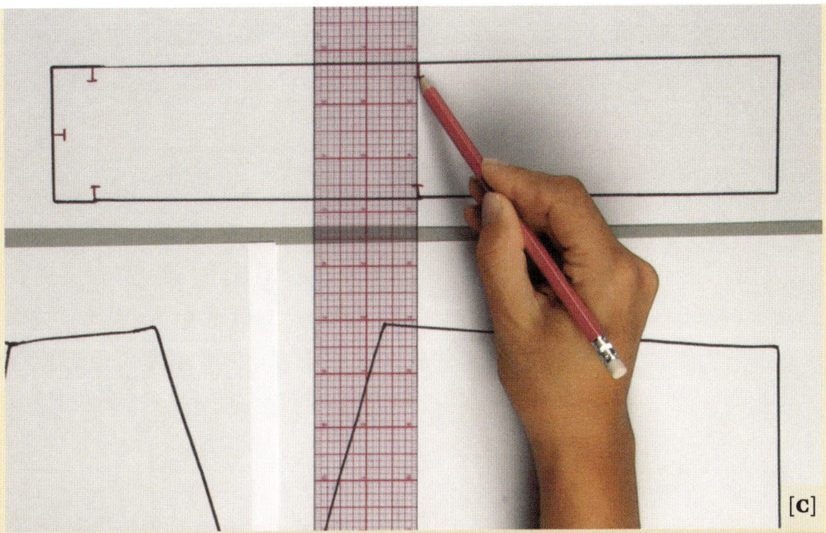
[C]

[D]

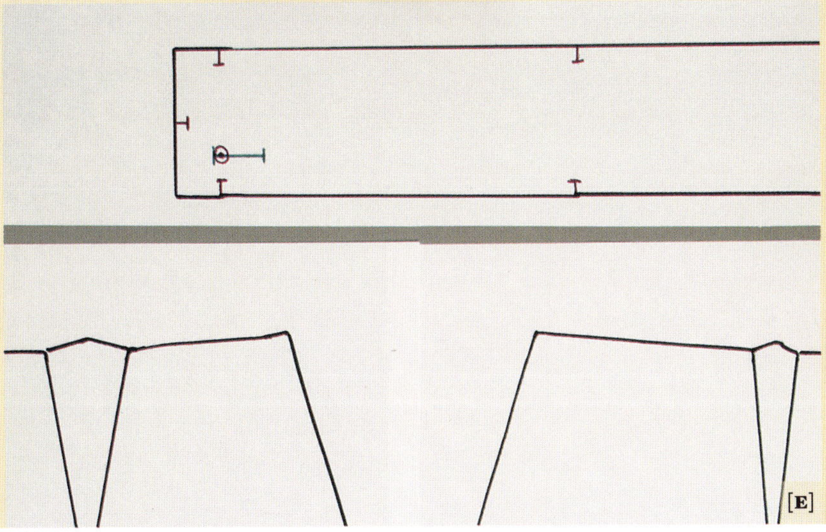
[E]

1
Taillenlinie des Grundschnitt-Vorderteils abmessen (Abnäherinhalt abziehen), das Maß notieren. Für das Rückenteil ebenso vorgehen.

Schritte 2-4: siehe Abbildung [**A**].

2
Eine waagrechte Linie von der Länge der vorderen Taille aufzeichnen; die Position der Seitennaht markieren (Knips).

3
Diese Linie um das Maß der hinteren Taille verlängern, darauf die hintere Mitte mit einem Knips markieren.

4
Für den Verschluss des Bundes die Linie nochmals verlängern, in der Regel um die Größe des gewählten Knopfes, Druckknopfs oder Hakenverschlusses.

5
An beiden Enden der Linie eine Senkrechte von der gewünschten Höhe des Taillenbunds zeichnen (1,8–5,1 cm). Darauf die Mitte, an der später der Taillenbund gefaltet wird, mit einem Knips markieren [**B**].

6
Die Knipse von Seitennaht und hinterer Mitte auf die andere Längsseite des Bundes übertragen [**C**].

7
Auf der hinteren Mitte in halber Höhe des fertigen Bundes die Markierung für den Knopf oder Druckknopf setzen [**D**].

8
Ein waagrechtes Knopfloch einzeichnen: Ab der hinteren Mitte 3 mm in Richtung Verschlussverlängerung abmessen. Dann ab der hinteren Mitte in Richtung Seitennahtknips eine Linie von der Länge des Knopfdurchmessers zeichnen [**E**].

9
Gewählten Fadenlauf einzeichnen. Das Schnittteil mit Zuschneideangaben beschriften: „1x im Stoffbruch aus Oberstoff" und „1x aus Einlagenstoff". Die Einlage wird im selben Fadenlauf zugeschnitten wie der Oberstoff.

10
Nun die Silhouette des Rockes und/oder Abwandlungen der Teilungsnähte entwerfen.

TIPP

Abwandlung: Den Verschluss seitlich anbringen. Bund-Schnittteil: gesamte vordere Taillenlinie, Knips, gesamte hintere Taillenlinie, Knips, Verschlussverlängerungen beidseits. Knipse an vorderer und hinterer Mitte sind hilfreich. Dieser Bund kann nicht im Stoffbruch zugeschnitten werden, da Vorder- und Rückenteil ungleich lang sind.

Innenbund mit Formbesatz

Ein Besatz ist der schlichteste Taillenabschluss, da man auf der Außenseite nichts davon sieht. Er eignet sich für jede Taillenhöhe – erhöht, normal oder vertieft – und ist ideal für Stoffe mit Druck oder einem Muster, das nicht durch einen Bund oder eine Passe unterbrochen werden soll. Ein Besatz sollte immer mit Einlagenstoff verstärkt werden.

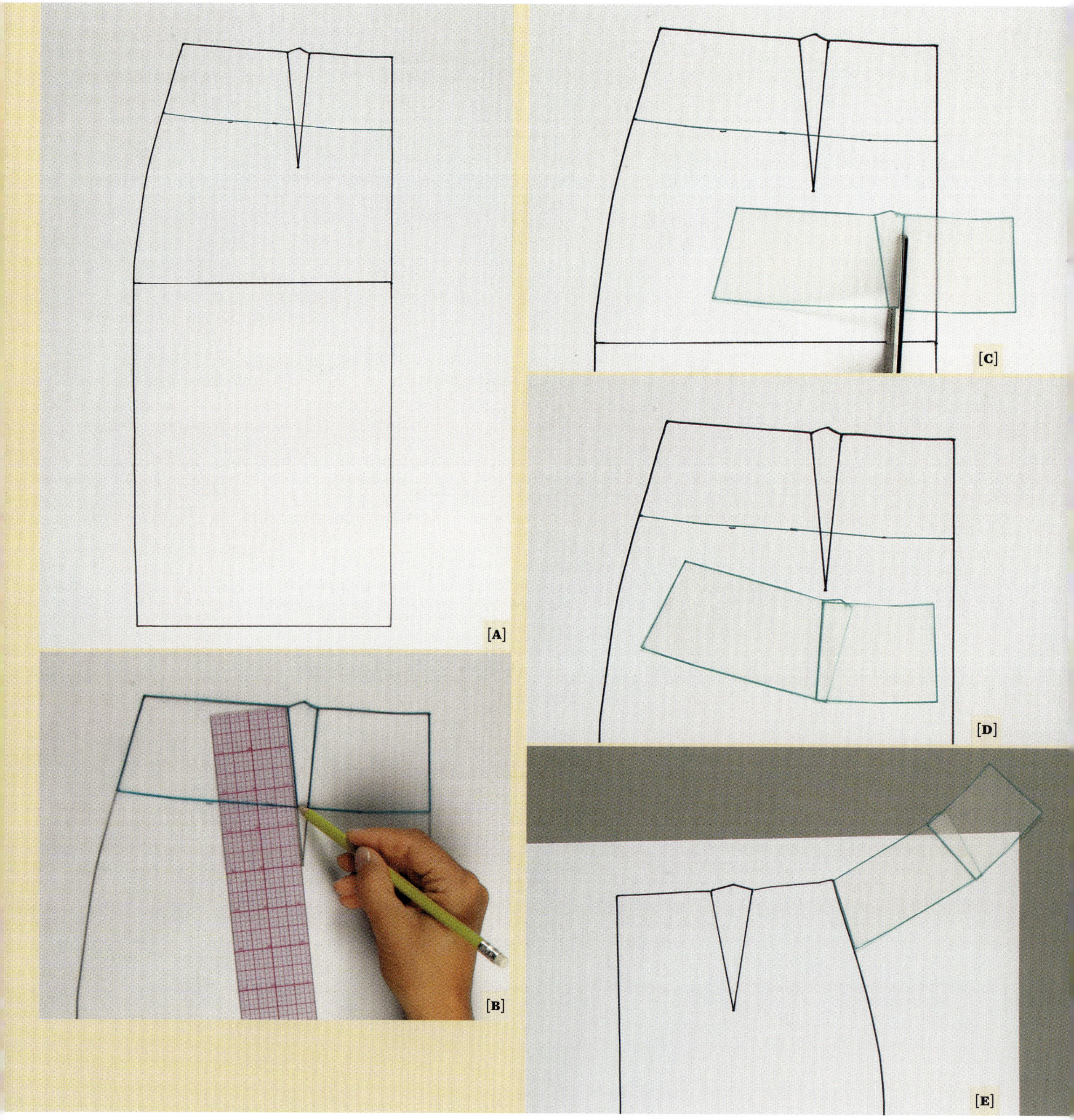

1
Das Vorderteil Ihrer Schnittschablone auf Schnittmusterpapier übertragen.

2
Die Taillenlinie abwandeln, wenn gewünscht.

3
Die Tiefe des Besatzes von der Taille abwärts festlegen, zwischen 5 cm und der Spitze des Hüftabnähers. Von der Taille abwärts eine Linie in dieser Länge ziehen. Den Endpunkt mit der Seitennaht verbinden; dabei der Kurve der Taillenlinie folgen [**A**].

4
Auf einem neuen Bogen Papier vordere Mitte, Taillenlinie, Seitennaht und Unterkante des Besatzes sowie die Abnäherschenkel nachzeichnen [**B**].

5
Diesen Besatz ausschneiden und den Abnäher schließen (einen Schenkel einschneiden und die Kante genau auf den anderen Schenkel kleben) [**C**], [**D**].

6
Die Schritte 1–5 für das Rückenteil der Schnittschablone wiederholen. Die Tiefe des Besatzes muss an Vorder- und Rückenteil gleich sein. Für einen gleichmäßigen Übergang das vordere Besatzteil an den Schnitt des Rückenteils anlegen [**E**].

7
Fadenlauf parallel zur vorderen und hinteren Mitte einzeichnen. Der Besatz wird aus Oberstoff und Einlagenstoff zugeschnitten. Die Zuschneideangaben sind ansonsten dieselben wie an Vorder- und Rückenteil des Rockes.

TIPP

Unter dem Besatz ein Futter anfügen: Nicht nur die Kontur des Besatzes, sondern den ganzen Rock nachzeichnen. Den Besatz abschneiden; der Rest wird Grundlage für das Futter. Anleitung zum Einnähen eines Futters: Seite 172.

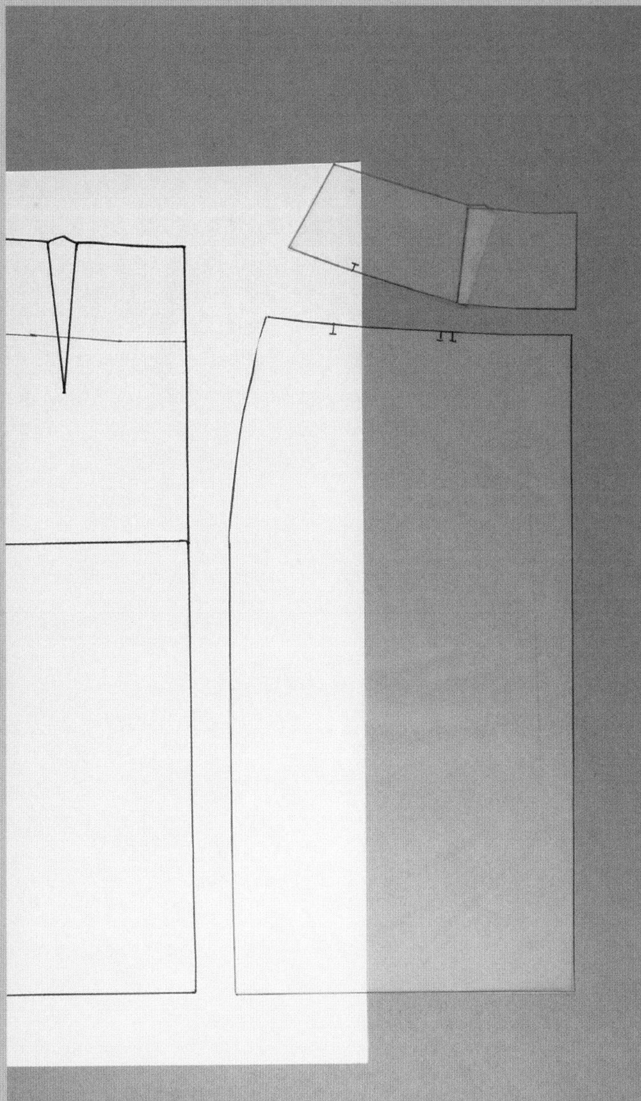

Formbund

Ein Formbund schmeichelt der Figur und ist bequemer als ein gerader Bund. Er ist ideal für eine tiefer angesetzte Taille. Der Stoffverbrauch ist etwas höher als beim geraden Bund. Ein Formbund ist in der Regel 2 bis 7,5 cm hoch. In der hinteren Mitte erhält er eine Verlängerung für den Verschluss (Knopf, Druckknopf oder Haken). Im Gegensatz zum geraden Bund, der separat oben am Rockgrundschnitt angesetzt wird, schneidet man den Formbund vom Grundschnitt des Rockes ab.

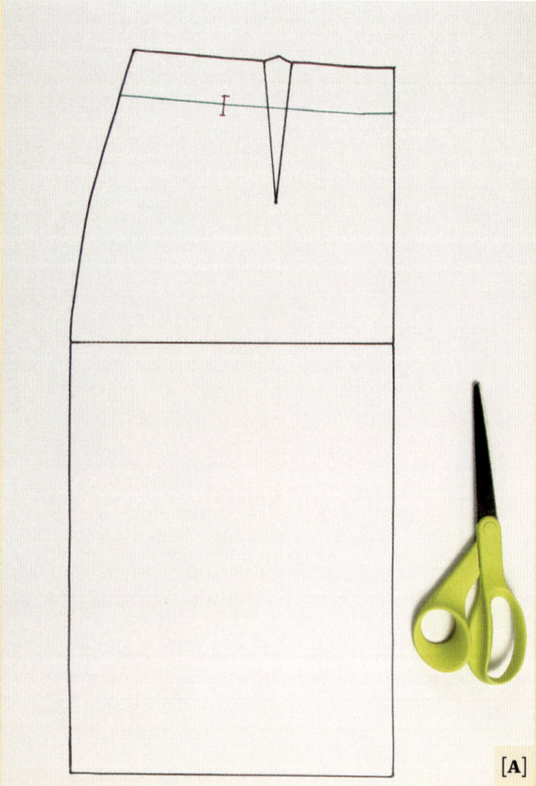

[A]

[B]

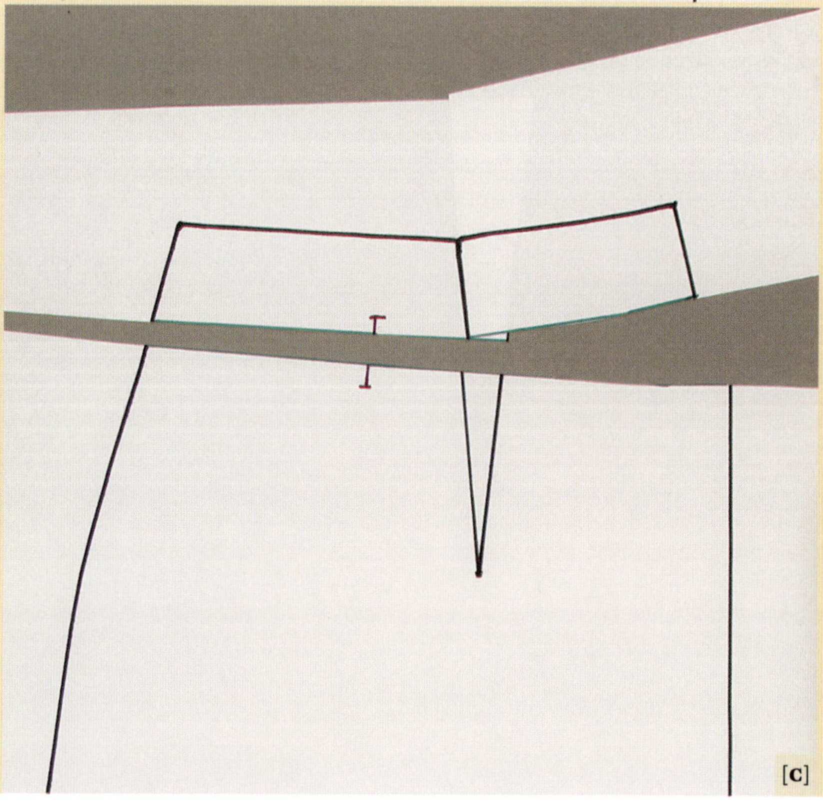

[C]

Schritte 1 und 2: siehe Abbildung [A].

1
Nach Schritt 1–3 (Seite 27) einen Besatz mit der Höhe des Formbunds konstruieren.

2
Die vordere Mitte des Formbunds beschriften. Einen Knips auf die Naht von Bund und Rockteil setzen.

3
Den Bund vom Schnittteil abschneiden [B].

4
Am Bundteil einen Abnäherschenkel einschneiden und genau auf den anderen Schenkel kleben [C]. Ecke runden: Oberkante bis zu 3 mm hoch „auffüllen", Unterkante bis zu 3 mm abflachen [D].

5
Das hintere Rockteil der Schnittschablone auf Schnittmusterpapier übertragen. Wenn am Vorderteil die Taillenlinie verlegt wurde, dann auch am Rückenteil verlegen.

6
Das Formbund-Vorderteil so an die Seitennaht des hinteren Rockteils kleben, dass die Taillenlinie kantenbündig ist. Von der Unterkante des Formbundteils eine Linie zur hinteren Mitte ziehen; dabei der Kurve der ursprünglichen Taillenlinie folgen. An der Seitennaht einen Knips setzen [E].

TIPP

Ist der Formbund extrem geschwungen, den vorderen und hinteren Bund an der Seitennaht trennen. Den Fadenlauf parallel zur vorderen und hinteren Mitte einzeichnen. Die Zuschneideangaben ändern: Vorderteil „2x im Stoffbruch aus Oberstoff", Rückenteil „4x aus Oberstoff". Mindestens eine Seite des Formbunds mit Einlagenstoff verstärken. Durch diese Schnittanpassung entsteht eine Seitennaht im Bund; dafür sparen Sie etwas Stoff.

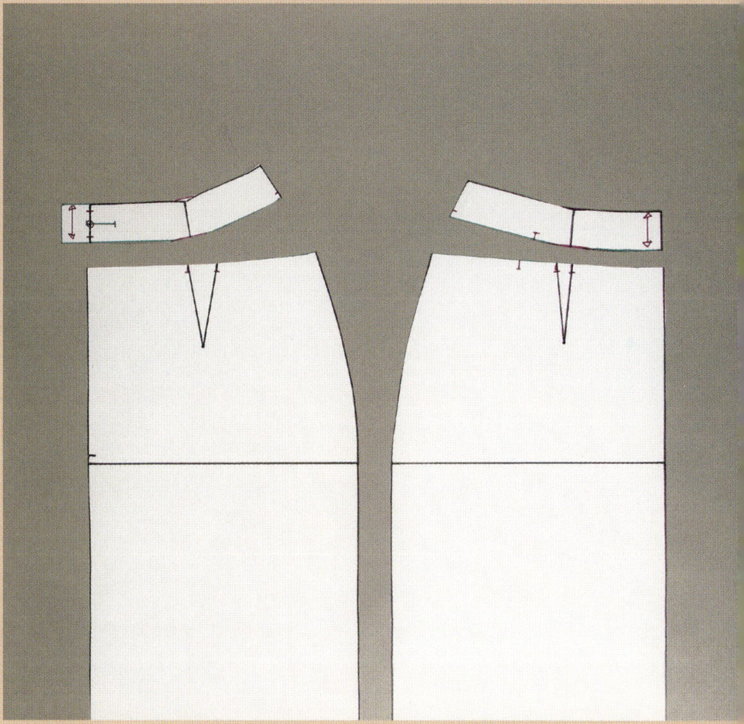

[D]

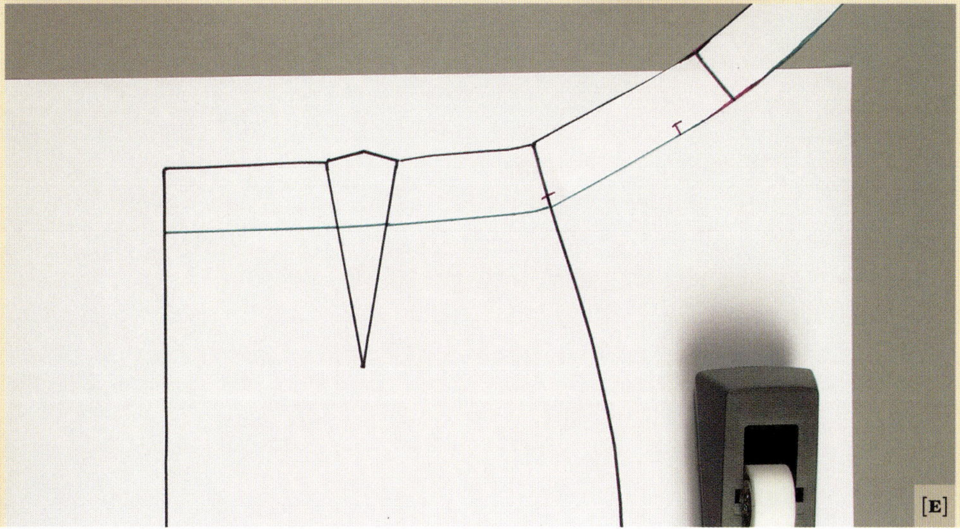

[E]

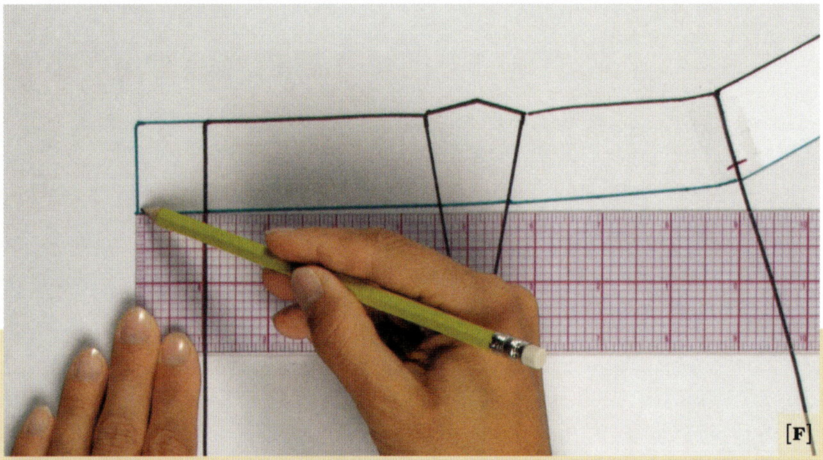
[F]

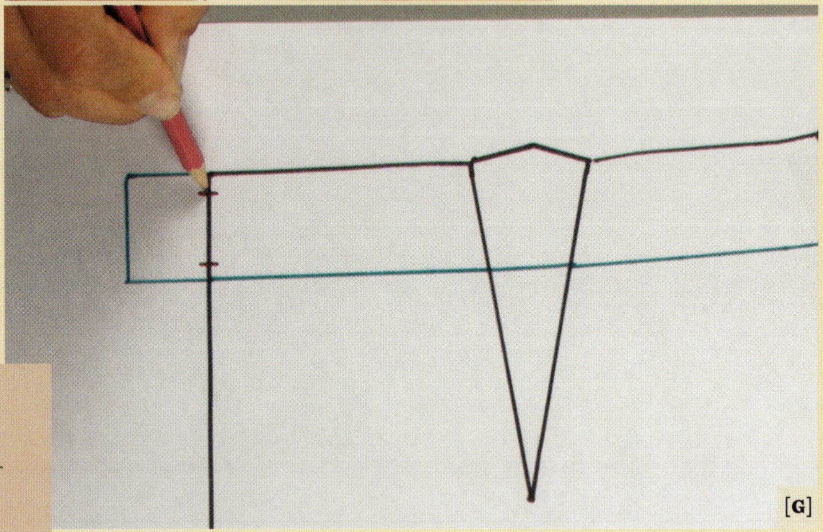
[G]

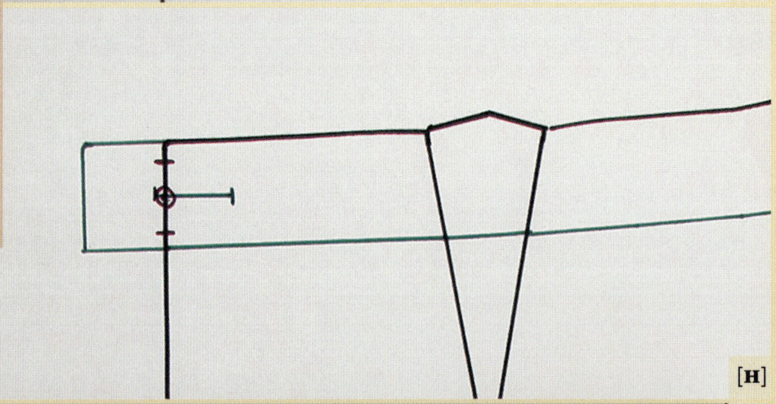
[H]

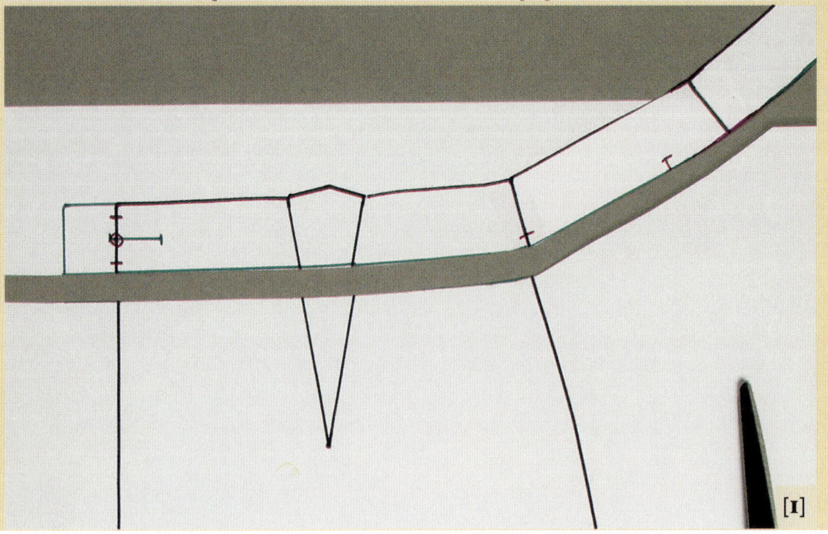
[I]

7
Den Bund an der hinteren Mitte für einen Verschluss verlängern (in der Regel um den Durchmesser von Knopf, Druckknopf oder Hakenverschluss). Oben und unten an der hinteren Mitte des Bundes Knipse setzen [G].

Schritte 8 und 9: siehe Abbildung [H].

8
Auf der hinteren Mitte in halber Höhe des fertigen Bundes die Markierung für den Knopf oder Druckknopf setzen.

9
Ein waagrechtes Knopfloch einzeichnen: Ab der hinteren Mitte 3 mm in Richtung Verschlussverlängerung abmessen. Dann ab der hinteren Mitte in Richtung Seitennahtknips eine Linie von der Länge des Knopfdurchmessers zeichnen.

10
Das hintere Bundteil vom hinteren Rockteil abschneiden [I].

TIPP

Zum leichten Auf- und Zuknöpfen sollte das Knopfloch etwa 3 mm länger sein als der Knopfdurchmesser.

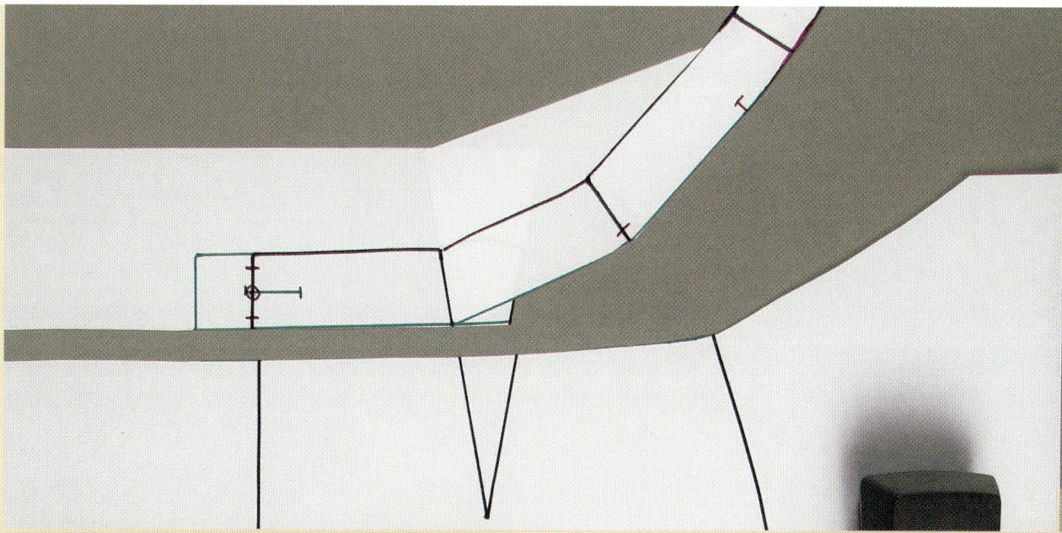

[J]

[K]

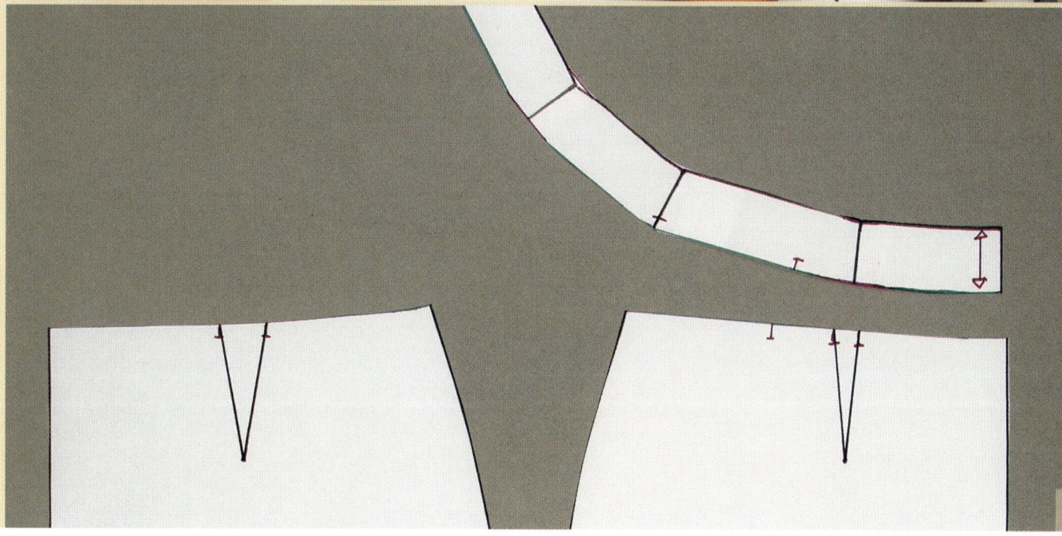

[L]

11
Einen Abnäherschenkel einschneiden und genau auf den anderen Schenkel kleben [**J**]. Eine eventuell entstandene Ecke begradigen: Oberkante bis zu 3 mm hoch „auffüllen", Unterkante bis zu 3 mm abflachen [**K**].

12
Fadenlauf parallel zur vorderen Mitte einzeichnen. Das Bundschnittteil beschriften: „2x im Stoffbruch aus Oberstoff" und „1x oder 2x aus Einlagenstoff", je nach Stoffauswahl und gewünschter Festigkeit.

13
Alle Abnäher markieren, die noch in den Rockteilen verbleiben und genäht werden müssen. Liegt der Abnäherinhalt bei 6 mm oder darunter, wird er an der Seitennaht abgetragen und die Seitennaht wird von der Taille bis zur Hüftlinie angepasst [**L**].

14
Nun die Silhouette des Rockes und/oder die Teilungsnähte abwandeln.

Passe

Eine Passe ähnelt im Grunde einem Formbund, ist jedoch breiter, und die Teilungsnaht verläuft nicht immer parallel zum Taillenbund. Wird der Rock mit einem Reißverschluss geschlossen, verläuft dieser im Unterschied zum Formbund durch die gesamte Passe. Durch die Passe können interessante Teilungsnähte entstehen, durch die sämtliche Abnäher entfallen und ein stärker strukturiertes Modell entsteht.

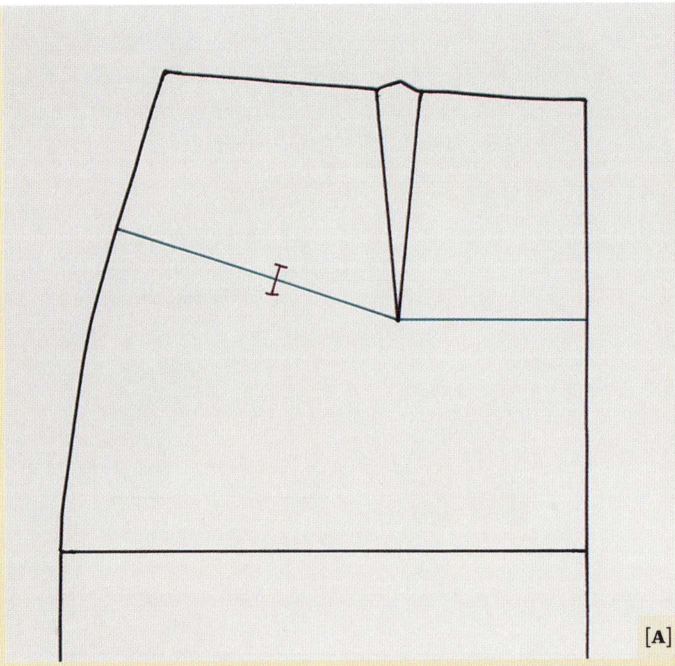

[A]

[B]

[C]

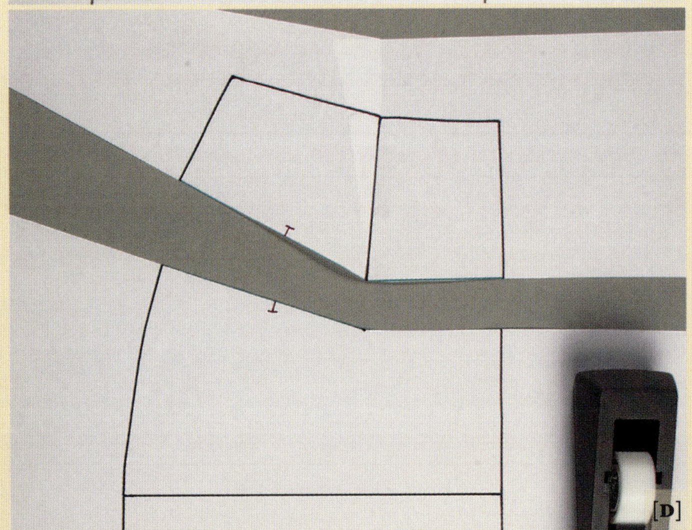

[D]

1

Die Schritte 1–6 der Anleitung für den Formbund befolgen (siehe S. 28). Auch wenn die Abnäher entfallen, die Passe entlang der Abnäherspitzen zeichnen und so eine neue Teilungsnaht entwerfen [A], [B], [C], [D].

2

Die hintere Passe vom hinteren Rockteil abschneiden. Beachten Sie, dass an der hinteren Mitte keine Verlängerung angefügt wird [E].

3

Einen Abnäherschenkel durchschneiden und genau auf den anderen Schenkel kleben [C]. Entsteht dadurch eine Ecke, können Sie diese an der Ober- und Unterkante jeweils um bis zu 3 mm begradigen [G].

[E]

4
Fadenlauf parallel zur vorderen Mitte einzeichnen. Die Passe beschriften: „2x aus Oberstoff" und „1x oder 2x aus Einlagenstoff", je nach Stoffauswahl und gewünschter Festigkeit [H].

5
Alle Abnäher markieren, die noch in den Rockteilen verbleiben und genäht werden müssen. Liegt der Abnäherinhalt bei 6 mm oder darunter, wird er an der Seitennaht abgetragen und die Seitennaht wird von der Taille bis zur Hüftlinie angepasst.

6
Nun die Silhouette des Rockes und/oder die Teilungsnähte abwandeln.

TIPP

Entwerfen Sie eine effektvolle Teilungsnaht, bei der dennoch alle Abnäher entfallen.

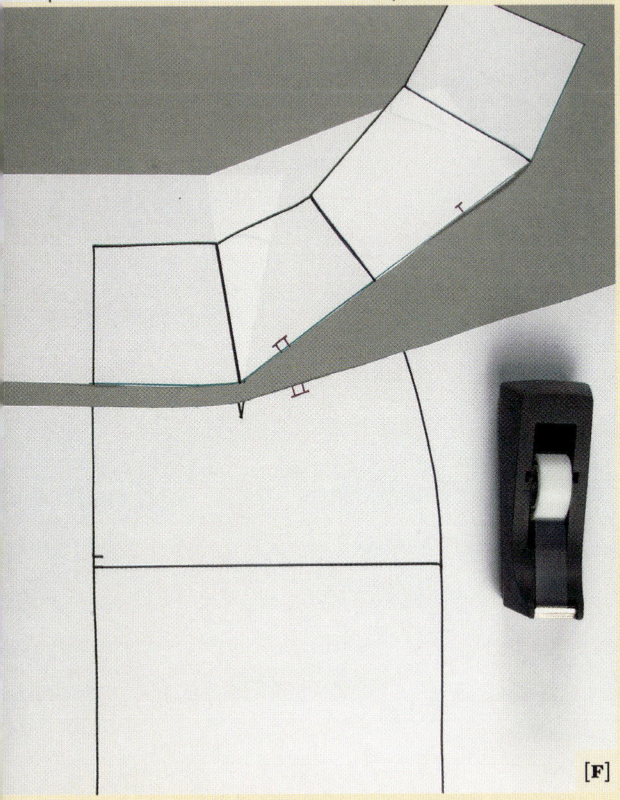

[F]

[G]

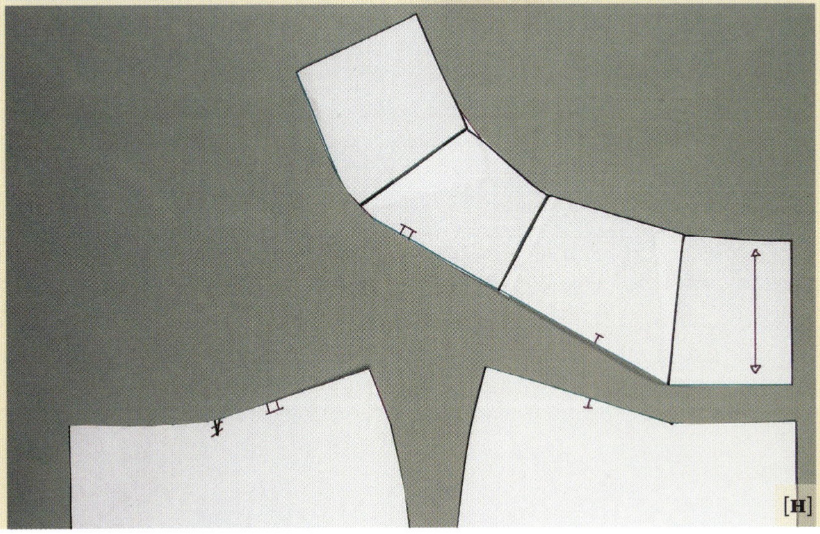

[H]

Ausgestellter Rock

Es gibt verschiedene Formen des ausgestellten Rockes – vom schlichten Glockenrock bis zum Tellerrock – mit allen dazwischenliegenden Weiten. Je nach Stoffauswahl und Fadenlauf beim Zuschnitt können völlig unterschiedliche Wirkungen entstehen.

Allen ausgestellten Röcken gemeinsam ist, dass sie in der Taille eng anliegen und ihre größte Weite am Saum haben, im Unterschied zum gekräuselten Rock oder Faltenrock, bei denen schon an der Taille Weite zugefügt wird.

TIPP

Wenn Sie am Saum gern mehr Volumen hätten, entwerfen Sie zusätzlich zur Glockenanleitung ein Godet. Siehe dazu die Anleitung ab Seite 35.

Glockenrock

Ein Glockenrock ist, wie der Name schon sagt, ein glockenförmiger ausgestellter Rock. Er ist an Taille und Hüfte schmal geschnitten und wird dann in A-Linie bis zum Saum weiter. Kombinieren Sie die Anleitung für einen Glockenrock mit der Anleitung für Godets (S. 36) – so erhalten Sie mehr Weite, als Sie drehen können!

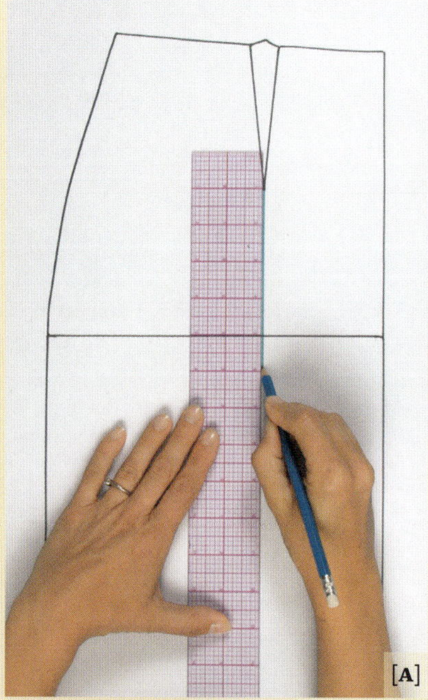

[A]

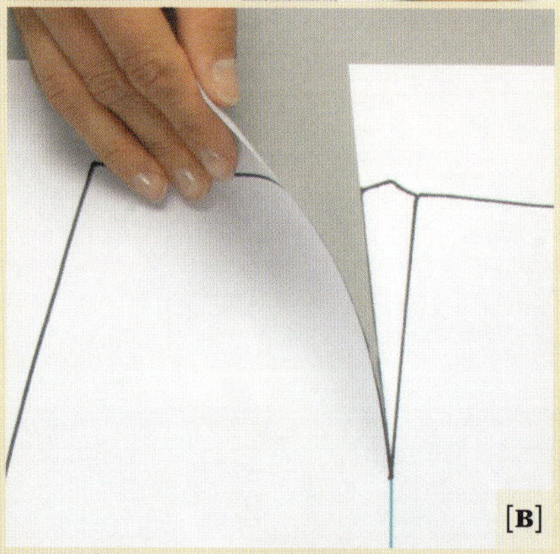

[B]

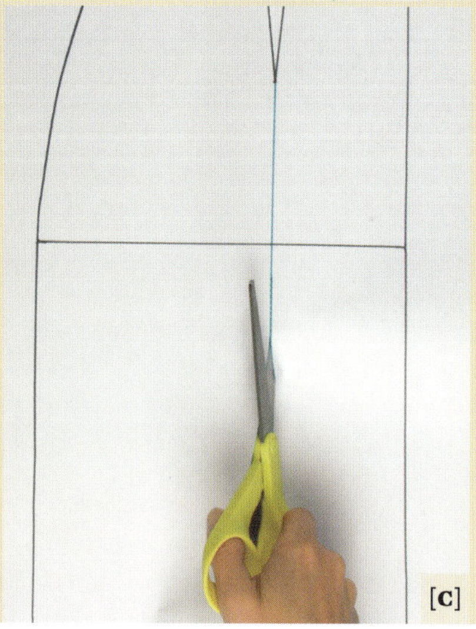

[C]

1
Das Vorderteil der Rock-Schnittschablone aufzeichnen. Taillenlinie und Art des Bundes nach Wunsch abwandeln.

2
Von der Abnäherspitze zum Rocksaum senkrecht zur Hüftlinie eine Linie ziehen. Dies ist Ihre Öffnungslinie [A].

3
Einen Abnäherschenkel (egal welchen) von der Taille bis zur Abnäherspitze – aber nicht weiter – einschneiden [B].

4
Nun die Linie vom Saum bis zur Abnäherspitze – aber nicht weiter – einschneiden. An der Abnäherspitze sollte das Papier noch zusammenhängen, sodass Sie es um diesen Punkt drehen können. Wenn das Papier versehentlich durchgeschnitten wird, die Abnäherspitze als Drehpunkt verwenden [C].

> **TIPP**
>
> *Wenn Sie den Rock im Schrägfadenlauf zuschneiden, fällt er weicher und schmiegt sich an den Hüften schön an. Verwenden Sie dazu einen Stoff mit weicherem Griff und schönem Fall.*

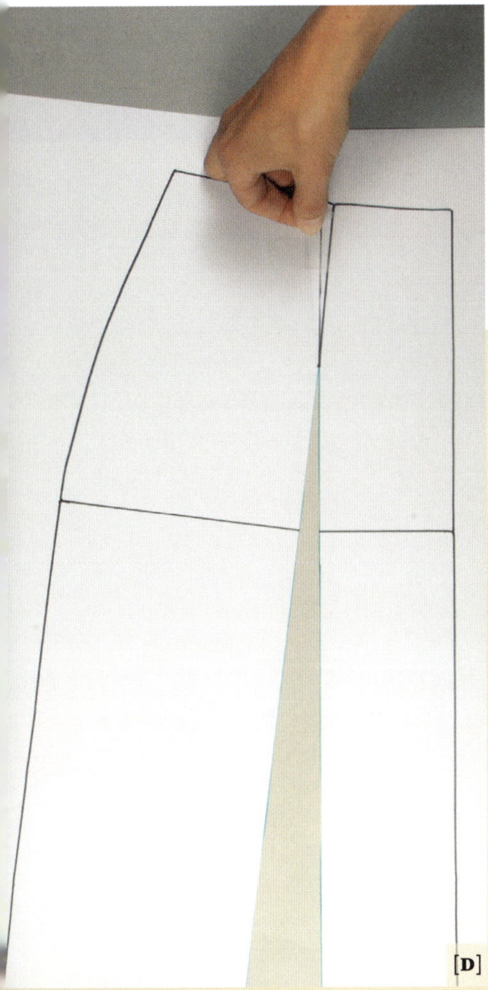

[D]

[E]

[F]

Schritte 5 und 6: siehe Abbildung [D].

5
Zusätzliches Papier unter den Rockschnitt legen.

6
Den Abnäher schließen; dazu den eingeschnittenen Schenkel genau auf den anderen schieben. Dadurch öffnet sich die untere Rockpartie, sodass mehr Weite entsteht. Für maximale Weite den Abnäher komplett schließen; für weniger Weite einen Teil des Abnäherinhalts stehen lassen.

7
Das Papier in der gewünschten Position zusammenkleben. Die Saumlinie am Einsatz verbinden (für eine schön geschwungene Linie evtl. Ecken begradigen).

8
An der Seitennaht den Saum um die halbe Breite des Einsatzes verlängern. Ist Ihr Einsatz z. B. 5 cm breit, fügen Sie an der Seite 2,5 cm hinzu. Von dieser Verlängerung eine Verbindung zur Hüftlinie oder etwas weiter oberhalb zeichnen, sodass eine gerade Seitennaht entsteht. Einen eventuellen Überstand der Originallinie neben der neuen Seitennaht können Sie abschneiden [E].

Schritte 9–11: siehe Abbildung [F].

9
Verbleiben an der Taille 1 cm oder mehr Abnäherinhalt, Knipse für die neuen Abnäherschenkel setzen. Verbleibt weniger als 1 cm Abnäherinhalt, diesen an der Seitennaht abtragen und die Seitennaht von der Taille bis zur Hüftlinie angleichen.

10
Am hinteren Rockteil die Weite genauso hinzufügen wie am Vorderteil. Ist der Einsatz am Vorderteil z. B. 5 cm breit, muss er am hinteren Rockteil ebenfalls 5 cm breit sein.

11
Vorderes und hinteres Rockteil an den Seitennähten aufeinanderlegen und eventuelle Ecken am Saum begradigen.

12
Fadenlauf parallel zur vorderen und hinteren Mitte einzeichnen. Schnittteile beschriften: Vorderteil „1x aus Oberstoff", hinteres Rockteil „2x aus Oberstoff".

> **TIPP**
>
> *Ein ausgestellter Rock kann einen geschwungenen Saum haben, den umzulegen etwas knifflig ist. Daher besser einen Saumbesatz konstruieren (Anleitung S. 167).*

Variante mit Godets

Das Godet ist ideal, um einer bestimmten Partie Volumen zu verleihen. Diese Technik lässt sich vielseitig anwenden. Hier wird sie an einer Teilungsnaht beschrieben, doch ein keilförmiger Einsatz kann auch an der Taillenlinie eingefügt werden.

TIPP

Statt eines halben Schnittteils das komplette Vorderteil des Rockes zeichnen und ein Godet an einer asymmetrischen Teilungsnaht konstruieren.

[A]

[B]

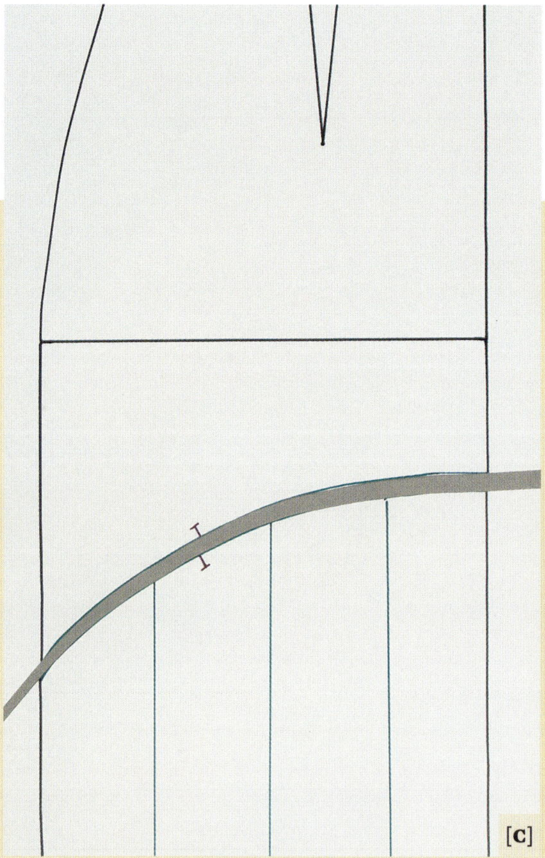
[C]

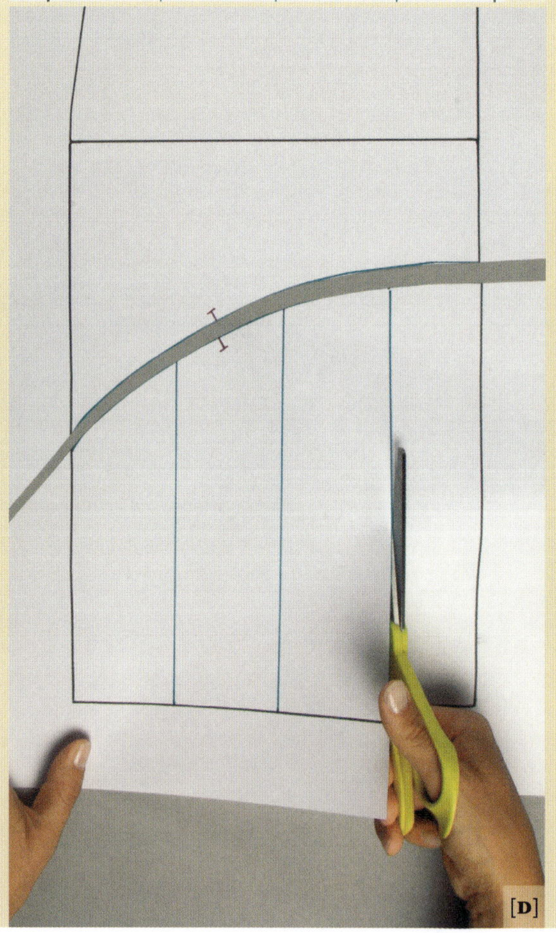
[D]

1
Die Rock-Schnittschablone auf Papier übertragen. Taillenlinie und Art des Bundes nach Wunsch abwandeln.

2
Die gewünschte Teilungsnaht einzeichnen und mit Knipsen versehen [**A**].

3
Parallel zur vorderen und hinteren Mitte beliebig viele Öffnungslinien zeichnen [**B**].

4
Den Rock an der konstruierten Teilungsnaht durchschneiden [**C**].

5
Die Öffnungslinien vom Saum bis zur Teilungsnaht einschneiden (nicht durchschneiden). Zur Arbeitserleichterung eine Öffnungslinie nach der anderen bearbeiten [**D**].

6
Zusätzliches Papier unterlegen und den Einsatz auf die gewünschte Breite öffnen [**E**]. Mit Klebeband befestigen. Die Bahnen des Schnittteils dürfen sich nicht überlappen, da sonst das Anfügen der Nahtzugabe unmöglich wird [**F**].

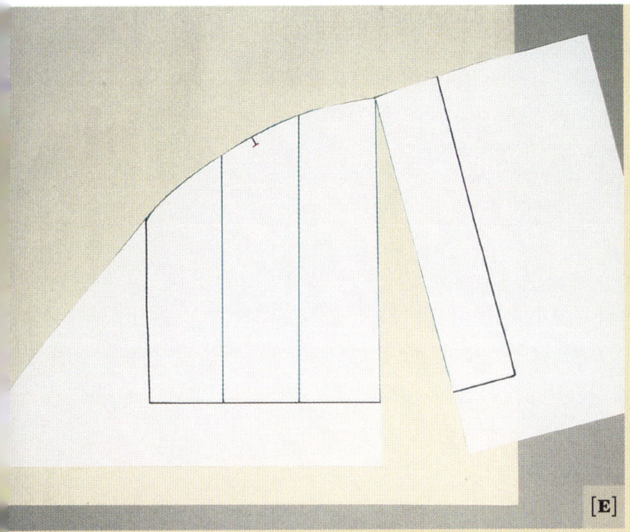

[E]

[F]

[G]

[H]

7
Die Saumlinie am Einsatz verbinden; für eine schön geschwungene Linie dabei die Ecken begradigen [**G**].

8
Der Fadenlauf kann parallel oder schräg zur Mittellinie eingezeichnet werden. Parallel zum Fadenlauf verlaufende Schnittkanten sind fester, sodass der Saum stabiler ist und weniger flattert. Die Zuschneideangaben variieren je nach Ihrem Entwurf. In der Regel sind sie identisch mit denen des vorderen und hinteren Rockteils [**H**].

VARIANTEN

Durch keilförmige Einsätze ab der Taillenlinie können Sie einen Tellerrock konstruieren.

—

Oder Sie fügen einen Einsatz direkt an einen anderen an.

—

Sie können auch die Breite der Einsätze an jeder Partie variieren.

Am Saum ausgestellter Rock

Weite kann auch an senkrechten Teilungsnähten zugefügt werden, um einen am Saum ausgestellten Rock zu erhalten. Diese Technik eignet sich nicht nur für Seitennähte. Wird sie mit dem Schnittmuster mit Teilungsnähten kombiniert (siehe S. 40), kann Weite an den Seitennähten zugefügt werden. Im Folgenden wird beschrieben, wie man eine senkrechte Teilungsnaht konstruiert und den Rock an dieser ausstellt.

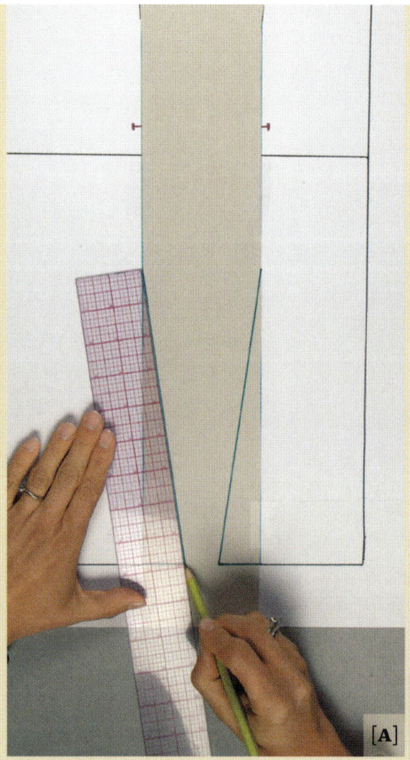

[A]

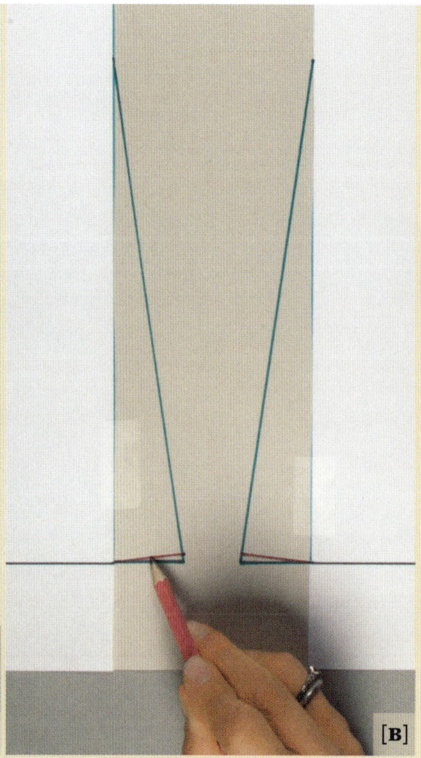

[B]

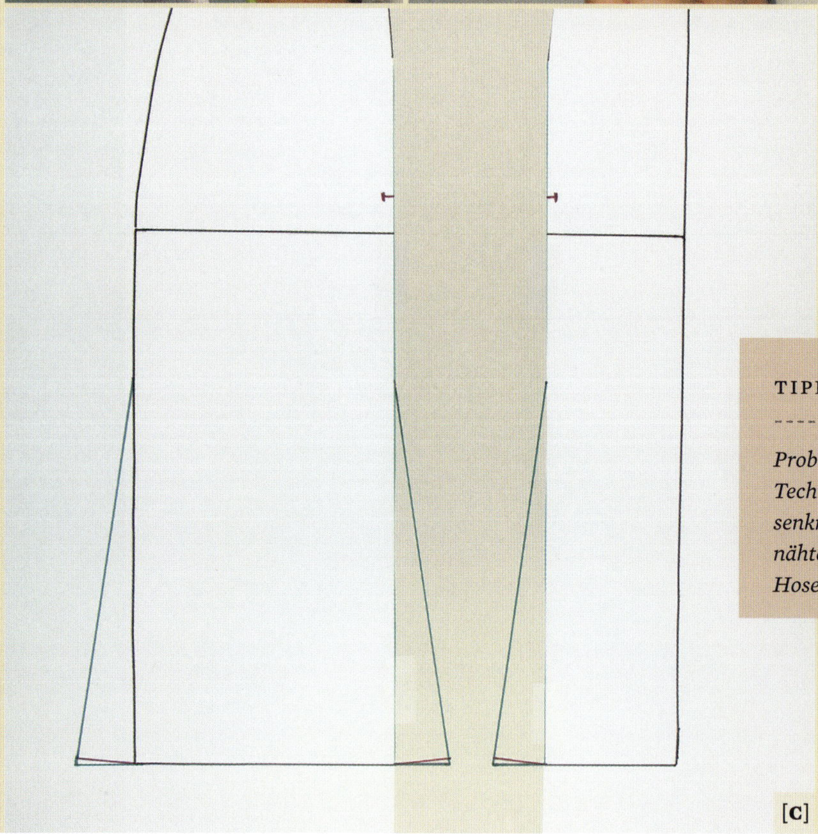

[C]

1
Die Rock-Schnittschablone auf Schnittmusterpapier übertragen. Taillenlinie und Art des Bundes nach Wunsch abwandeln.

2
Die Teilungsnähte einzeichnen (Anleitung S. 41, Schritt 2–5).

Schritte 3 und 4: siehe Abbildung [**A**].

3
Zusätzliches Papier unter das Schnittteil legen und die Saumlinie an einigen oder allen senkrechten Nähten um 1,3–7,6 cm erweitern.

4
Von der Saumlinie eine Gerade ziehen, die in der gewünschten Höhe wieder auf die Originallinie trifft.

5
Die Länge der ursprünglichen Teilungsnaht vom Ansatz der Saumerweiterung bis zum Saum abmessen. Die Linie der ausgestellten Saumweite entsprechend anpassen [**B**].

6
Die Schritte 3–5 für das gegengleiche Schnittteil wiederholen (die gleiche Saumerweiterung vornehmen).

7
Die Schritte 3–6 nach Wunsch an allen übrigen Teilungsnähten wiederholen [**C**].

8
Der Fadenlauf kann parallel oder schräg zur Mitte verlaufen. Im Fadenlauf zugeschnitten bekommt der Rock mehr Stand, auch am ausgestellten Saum. Im Schrägschnitt fällt der gesamte Saumbereich weicher und voller. Zu den übrigen Zuschneideangaben siehe Seite 41, Schritt 6.

TIPP

Probieren Sie diese Technik an beliebigen senkrechten Teilungsnähten aus – von der Hose bis zum Ärmel.

Bleistiftrock

Die Silhouette eines Bleistiftrocks ist ganz einfach zu konstruieren. Der Rock hat eine verringerte Saumweite: Um wie viel Sie ihn einstellen, hängt von der Rocklänge ab – und von Ihrem Talent, in engen Röcken zu gehen!

Die neue Saumweite an Rockvorder- und -rückenteil abmessen und mit 2 multiplizieren. Die Gesamtweite mit dem Maßband abmessen und dieses um Ihre Beine legen, um zu testen, wie es sich anfühlt.

[A]

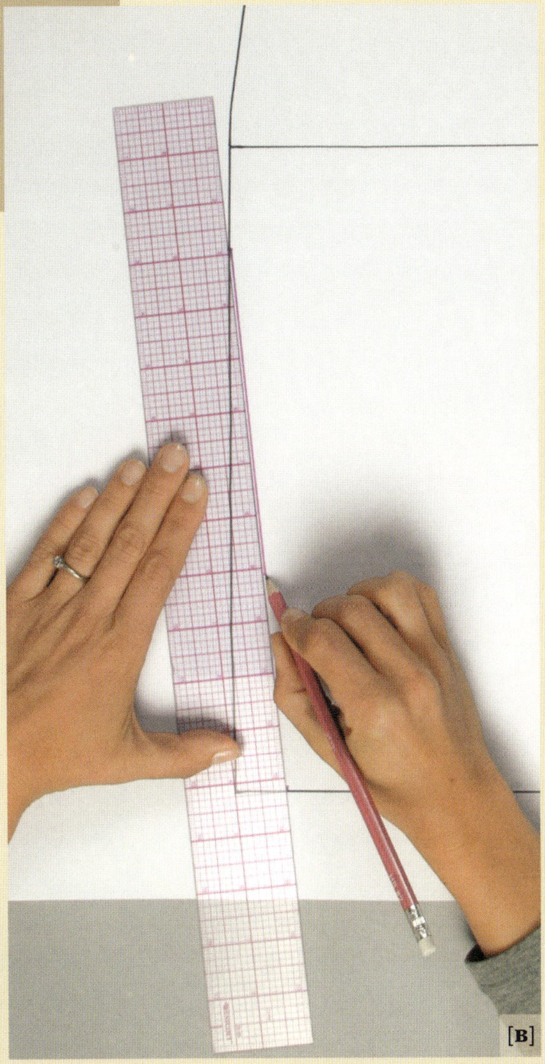
[B]

1
Vorder- und Rückenteil der Schnittschablone aufzeichnen. Taillenlinie und Art des Bundes nach Wunsch abwandeln.

2
Die gewünschte Saumweitenverringerung festlegen (1,3–3,8 cm). Dieses Maß ist abhängig von der Rocklänge und von Ihrer Figur [A].

3
Die Seitennähte an Rockvorder- und -rückenteil jeweils gleich weit einstellen (nach innen abtragen).

4
Die neue Saumlinie mit einem Punkt an der Seitennaht – 5 cm unterhalb der Hüftlinie – verbinden. Es entsteht eine neue Kontur. Nach Wunsch weitere Teilungsnähte hinzufügen [B].

5
Fadenlauf parallel zur vorderen und hinteren Mitte einzeichnen. Schnittteile beschriften: Rockvorderteil „1x im Stoffbruch aus Oberstoff“, Rockrückenteil „2x aus Oberstoff“.

TIPPS

Durch einfache oder verdeckte Gehschlitze oder auch Falten am Saum erhalten sehr enge Röcke mehr Gehweite (Anleitung S. 168).

Zum Entwurf eines Saumes für einen eingestellten Rock siehe „Saumabschlüsse“, Seite 166.

Teilungsnähte

Es gibt unzählige Arten von Teilungsnähten. Sie können zur Formgebung anstelle von Abnähern eingesetzt werden, sodass ein Modell sich wirklich an Ihre Körperformen anschmiegt. Sie können symmetrisch oder asymmetrisch verlaufen und vieles mehr.

Entwurf einer Teilungsnaht

Außer aus ästhetischen Gründen kann eine Teilungsnaht auch eingesetzt werden, damit ein Modell sich genauer den Körperformen anpasst als durch einen Abnäher, vor allem bei einem eng anliegenden Rock.

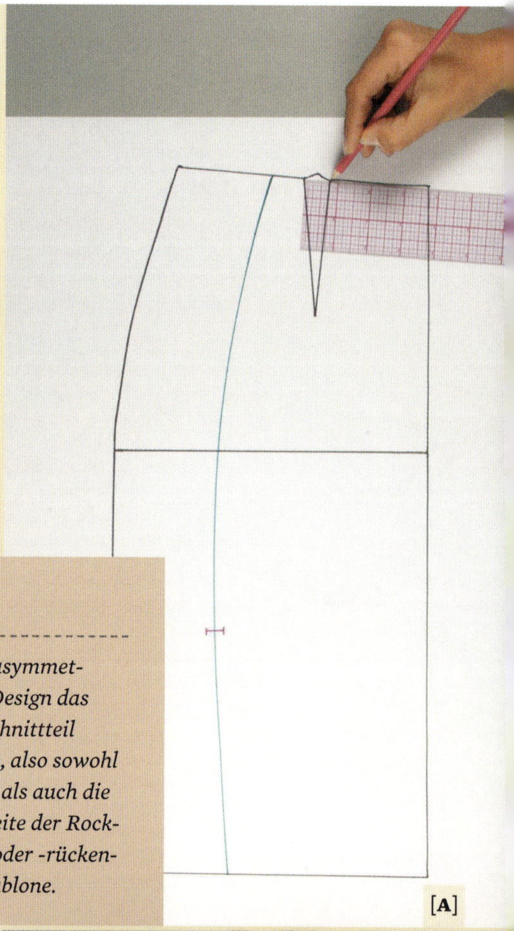

[A]

TIPP

Für ein asymmetrisches Design das ganze Schnittteil zeichnen, also sowohl die linke als auch die rechte Seite der Rockvorder- oder -rückenteil-Schablone.

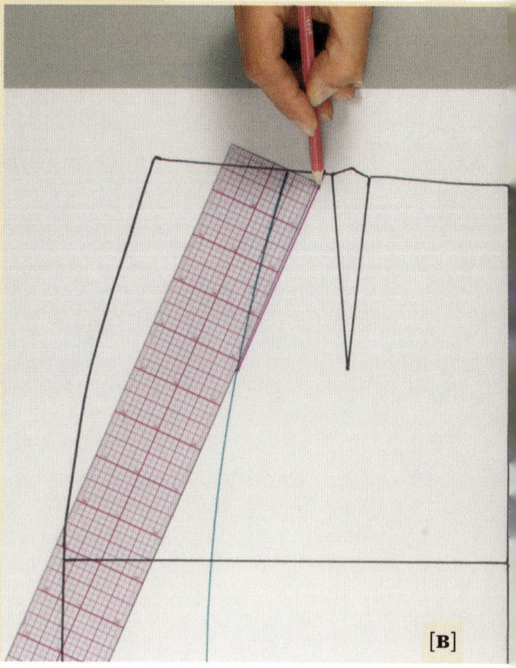

[B]

1
Die Rock-Schnittschablone auf Papier übertragen. Taillenlinie und Art des Bundes nach Wunsch abwandeln.

2
Die gewünschten Teilungsnähte einzeichnen. Die Teilungsnaht mit Knipsen versehen (an einer unverwechselbaren Position, damit sie später beim Nähen hilfreich sind). Die Teilungsnähte müssen nicht direkt durch die Abnäher verlaufen, doch je näher sie am ursprünglichen Abnäher liegen, desto besser wird die Passform [**A**].

3
Den Abnäherinhalt auf einer Seite der neuen Teilungsnaht abmessen und dort einen neuen Abnäherschenkel zeichnen [**B**]. Eventuell muss die Länge des Abnäherschenkels angepasst werden – dies wird an der Taillenlinie vorgenommen [**C**].

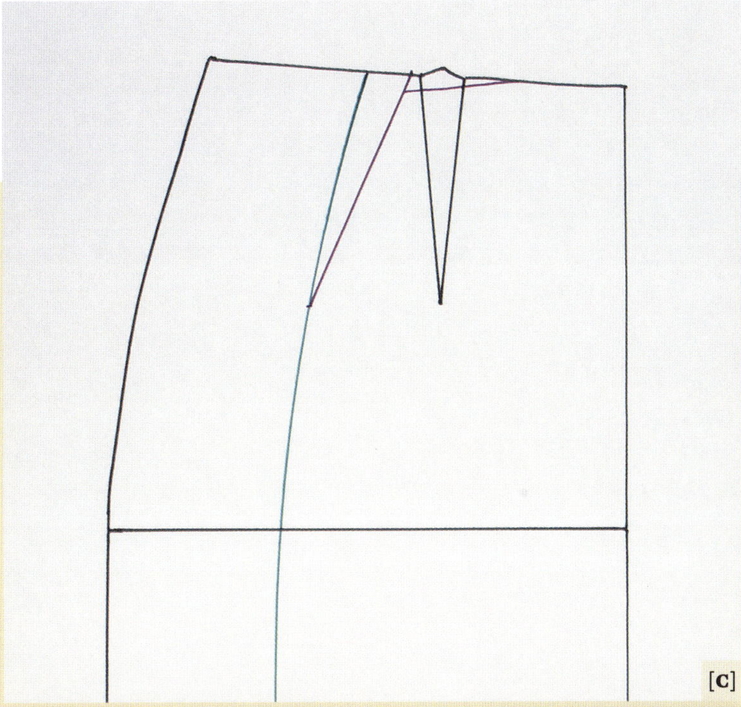

[**C**]

[**D**]

4
Fadenlauf an jedem Schnittteil parallel zur vorderen Mitte einzeichnen.

5
Den Schnitt an der Teilungsnaht durchschneiden und den Abnäherinhalt ausstreichen [**D**].

6
Die Zuschneideangaben variieren je nach Position der Teilungsnähte. Am hier gezeigten Beispiel wären sie für das mittlere Vorderteil „1x im Stoffbruch aus Oberstoff“, für das mittlere Rückenteil, das seitliche Vorder- und das seitliche Rückenteil „2x aus Oberstoff“.

TIPP

Die Saumweite ausstellen. Anleitung siehe „Am Saum ausgestellter Rock“, Seite 38.
— ODER —
Reduzieren Sie die Saumweite an der Teilungsnaht so wie für die Silhouette des Bleistiftrocks.

Kräuselfalten

Man könnte denken, ein gekräuselter Rock sei einfach ein Rechteck, das in einen Taillenbund eingenäht wird. Ich rate Ihnen jedoch, dieser Rockform größere Aufmerksamkeit zu schenken.

Gekräuselte Röcke können rings um die Taille stark gekräuselt und entsprechend voluminös sein; man kann jedoch auch nur kleine Abschnitte einkräuseln, sodass bestimmte Partien glatt liegen, andere bauschig fallen.

Je nach gewählter Stoffart kann ein Rock durch Kräuselfalten erheblich voluminöser werden. Wie beim Ausstellen der Saumweite werden auch hier Öffnungslinien konstruiert, nur diesmal an der Taille. Der Abnäher verschwindet in der Regel in den Kräuselfalten und kann meist ignoriert werden.

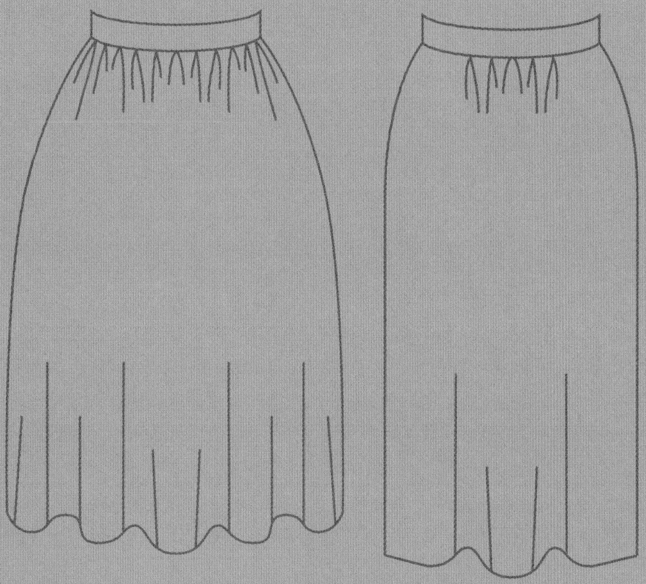

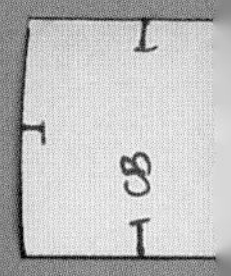

TIPPS

Testen Sie, wie viel Volumen durch Kräuselfalten in einem bestimmten Stoff entsteht, und passen Sie die Öffnungslinien Ihres Schnittmusters entsprechend an.

Durch Kombination der Techniken „Kräuselfalten" und „Ausstellen" erhalten Sie einen Rock mit weiter schwingendem Saum.

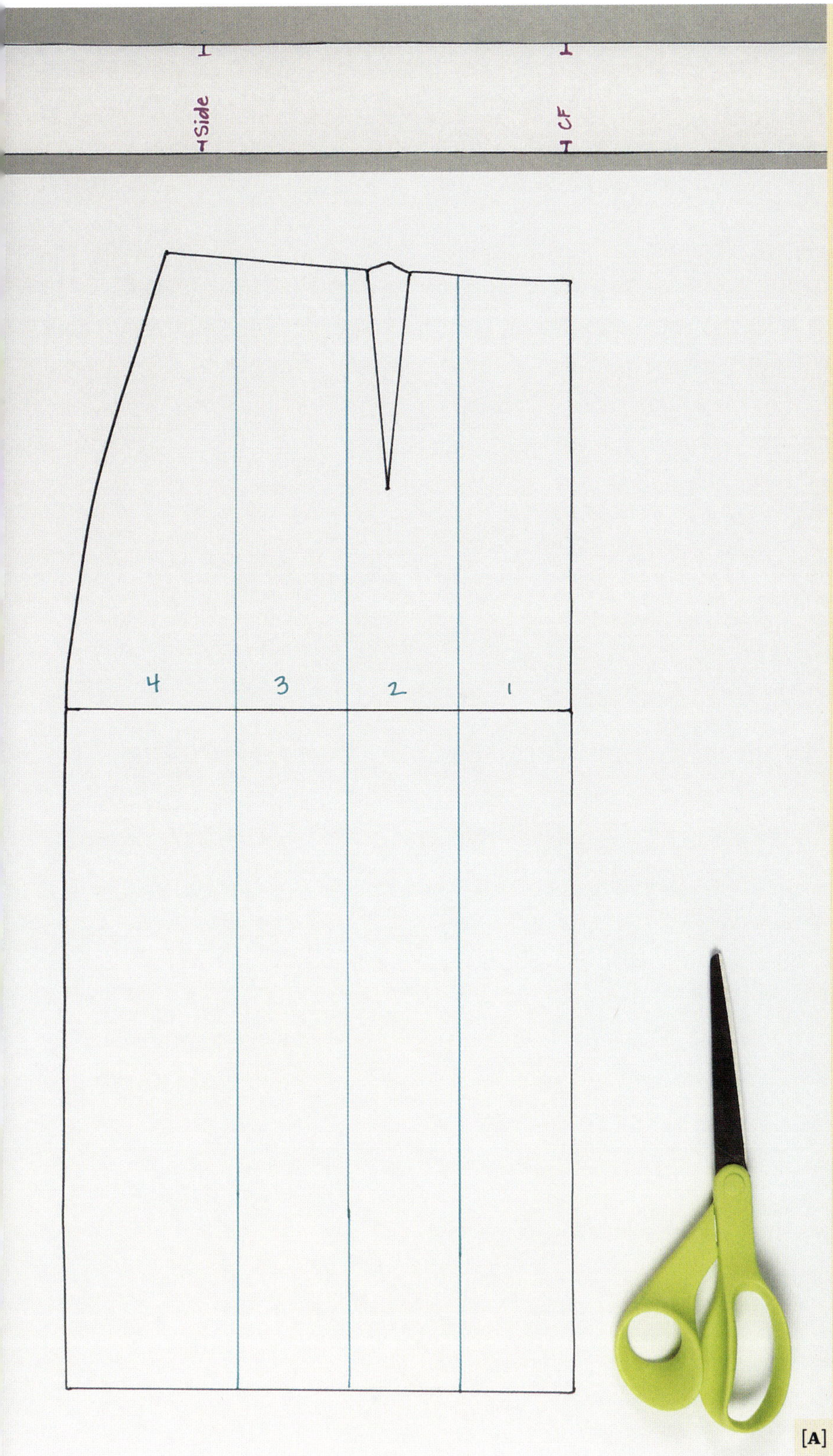

[A]

1
Das Vorderteil der Schnittschablone auf Schnittmusterpapier zeichnen. Taillenlinie und Art des Bundes nach Wunsch abwandeln.

Schritte 2–4: siehe Abbildung [**A**].

2
Die Position der Öffnungslinien festlegen. Wenn der Rock ringsum gekräuselt werden soll, können Sie an Rockhinter- und -vorderteil zahlreiche Öffnungslinien anbringen. Möchten Sie nur kleine Abschnitte des Rockes einkräuseln, platzieren Sie eine oder wenige Öffnungslinien an einer bestimmten Partie.

3
An beiden Seiten der Öffnungslinie Knipse setzen; der Abstand zur Öffnungslinie kann auf jeder Seite zwischen 1,3 und 5 cm betragen. Vor dem Anbringen der Einsätze den Abstand zwischen den Knipsen abmessen. Bei schwerem Stoff benötigen Kräuselfalten mehr Weite als bei leichtem, dünnem Stoff. Wird die gekräuselte Partie an eine Teilungsnaht oder einen Taillenbund angesetzt, können Sie die Knipse auf der Teilungsnaht bzw. dem Bund anbringen.

4
Die Abschnitte zwischen den Öffnungslinien nummerieren, damit Sie die Schnittteile in der richtigen Reihenfolge wieder zusammensetzen können.

TIPP

Wenn Sie dicht am Abnäherinhalt kräuseln möchten, ignorieren Sie den Abnäher einfach.

TIPPS

Wenn Sie an einer Öffnungslinie mehr als 7,5 cm Weite zugegeben haben, begradigen Sie die Seitennähte bei der Anprobe, um den Hüftbogen etwas zu reduzieren.

Die Anzahl der Öffnungslinien kann variieren; bringen Sie mehr Knipse an, um eine andere Verteilung der Kräuselfalten zu markieren.

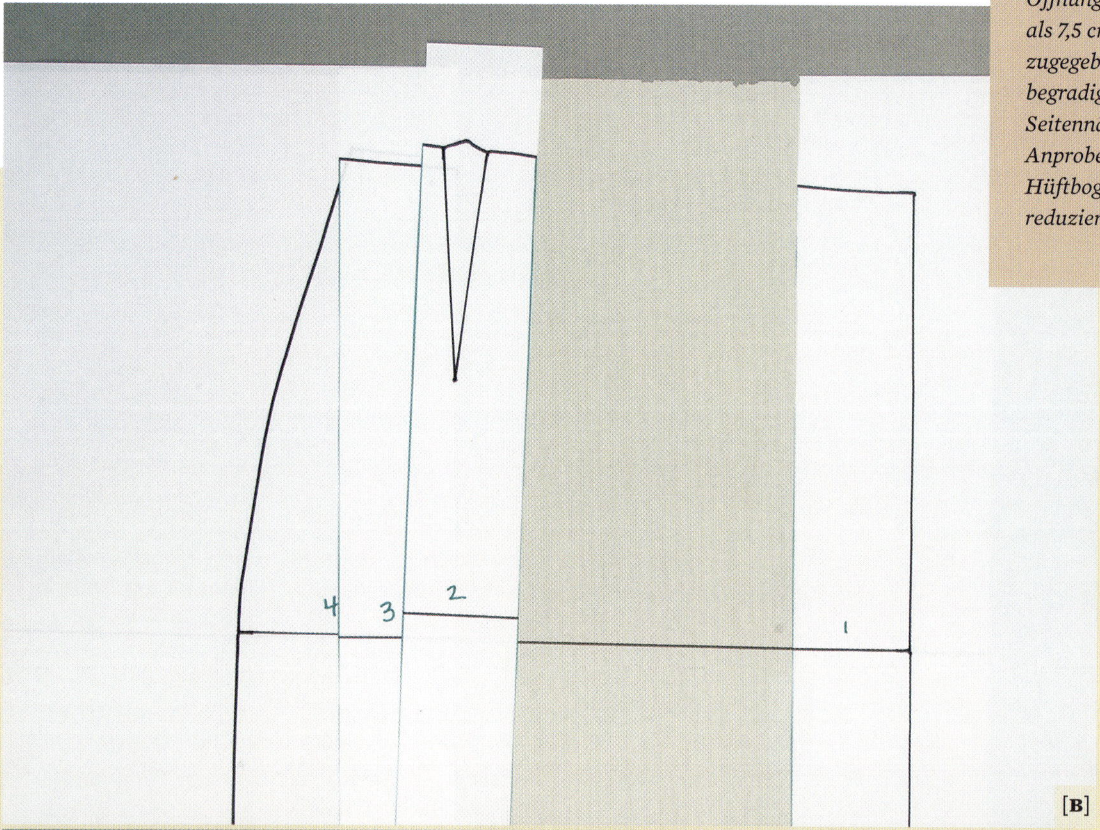

[B]

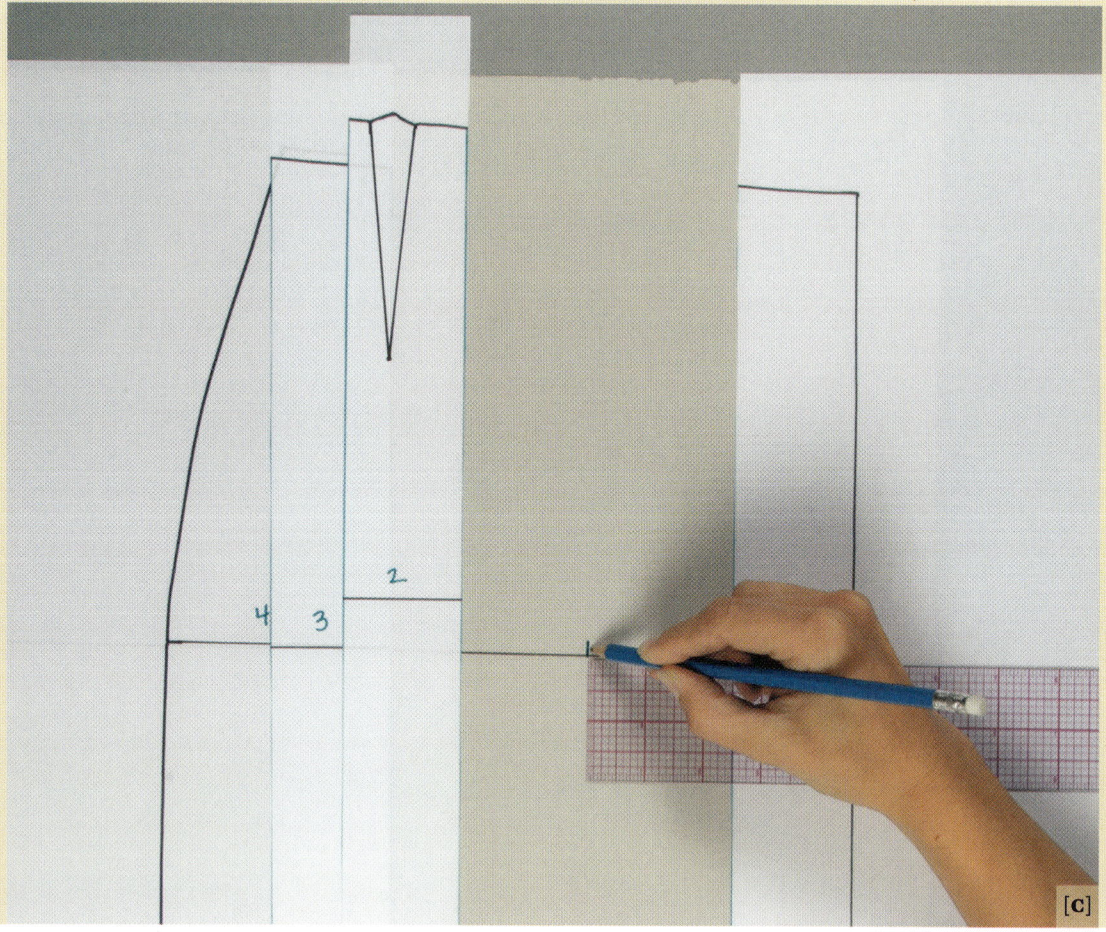

[C]

5
Das Schnittteil an den Öffnungslinien einschneiden. Zur Arbeitserleichterung eine Öffnungslinie nach der anderen bearbeiten.

6
Papier hinter den ersten Einschnitt heften und die Hüft- und Saumlinie auf dem Papier verlängern [B].

7
Vom ersten Abschnitt des Schnittmusters aus die gewünschte Weite abmessen, die zugegeben werden soll. Meist wird der Abstand zwischen den Passzeichen verdoppelt bis verdreifacht. Bei dickem Stoff muss weniger Weite zugegeben werden als bei dünnem [C].

[D]

[E]

8
Saum- und Hüftlinien angleichen und den zweiten Abschnitt des Schnittmusters auf das Papier heften [**D**].

Schritte 9 und 10: siehe Abbildung [**E**].

9
Die Schritte 5–8 für alle Öffnungslinien wiederholen.

10
Taillenlinie oder Teilungsnaht begradigen, damit sie keine Zacken oder Unebenheiten aufweist.

11
Fadenlauf parallel zur vorderen und hinteren Mitte einzeichnen. Die Schnittteile beschriften: Rockvorderteil „1x im Stoffbruch aus Oberstoff", Rockrückenteil „2x im Stoffbruch aus Oberstoff".

TIPP

Beim Rock mit engerer Saumweite geben Sie die Weite nur an der Taille zu.

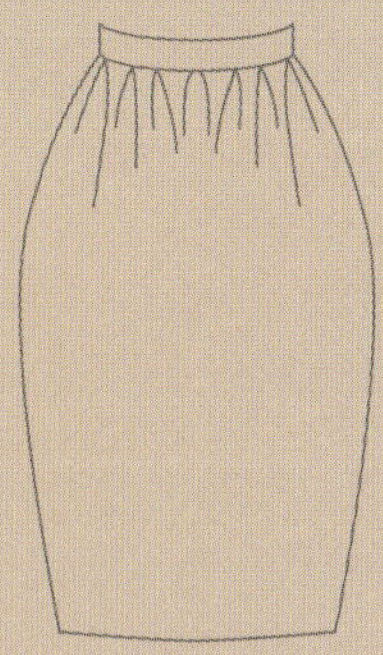

Falten

Es gibt verschiedene Arten von Falten, die jedoch meist auf dieselbe Weise konstruiert werden. Falten an Teilungsnähten oder Öffnungslinien fallen am schönsten, wenn die Linien im Fadenlauf oder im schrägen Fadenlauf verlaufen – sonst halten sie nicht gut und verlieren die Form. Je nach Stoff und Modell können Falten sehr unterschiedlich aussehen. Eine ungebügelte Falte bringt weich fallendes Volumen mit einem schwingenden Saum, während fest eingebügelte oder abgesteppte Falten strenger und geometrischer wirken. Fertigen Sie unbedingt eine Nähprobe an, um zu sehen, wofür Ihr Stoff sich am besten eignet. Wenn Falten in einem Stoff nicht gut halten, ist es besser, es nicht mit Gewalt zu versuchen. In einem Stoff, der sich gut bügeln lässt, halten scharfe Falten meist besser.

TIPP

Falten können nur an der Taille festgenäht oder von der Taille abwärts ein Stück abgesteppt werden. Setzen Sie oben an der Falte Knipse für den Falteninhalt und markieren Sie den Punkt, bis zu dem die Falte abgesteppt werden soll, durch Bohrlöcher 3 mm innerhalb des Faltenaußenbruchs und der Faltenanstoßlinie.

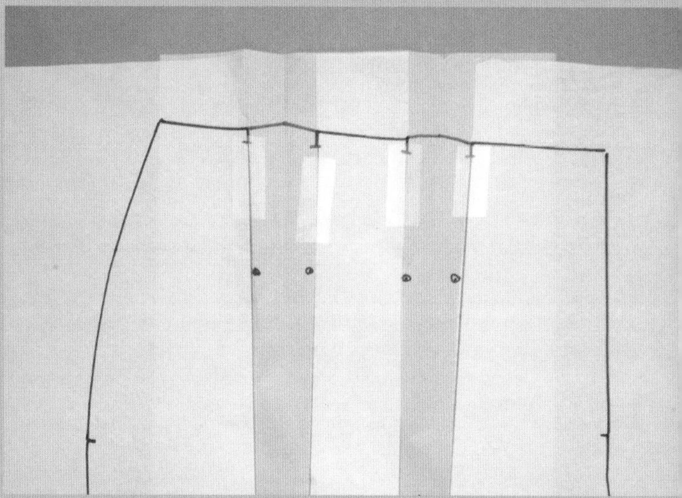

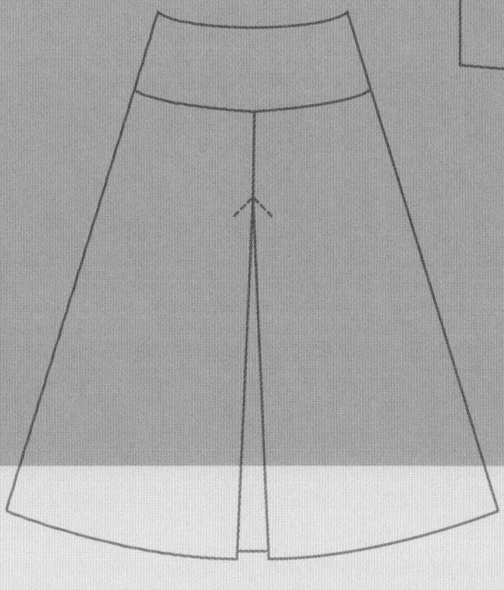

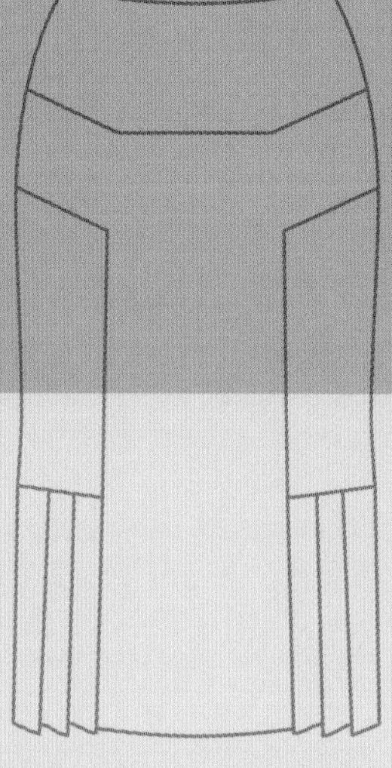

Faltenarten

Unterschiedliche Faltenarten entstehen durch die Art, wie der Stoff gefaltet wird, und durch die offene Weite, die am Schnitt für die Falten zugegeben wird. Einfache Falten werden in der Regel alle 2,5 cm platziert. Alle Falten werden in dieselbe Richtung gebügelt. Eine Kellerfalte kann 7,5 cm breit sein; dabei wird eine einfache Falte nach rechts und eine nach links gelegt (die Faltenaußenbrüche stoßen aneinander).

TIPPS

Denken Sie daran, dass Ihr Rockvorderteil im Stoffbruch zugeschnitten wird. Wenn Sie viele Falten im gleichen Abstand legen wollen, muss die Öffnungslinie, die der vorderen Mitte am nächsten ist, nur den halben Abstand dazu haben. Liegt die Falte genau an der vorderen Mitte, können Sie für die Falte über die vordere Mitte hinaus Papier anfügen.

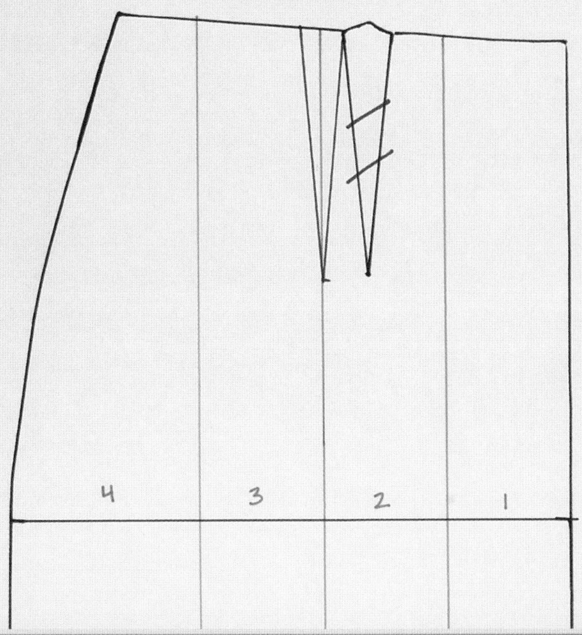

[A]

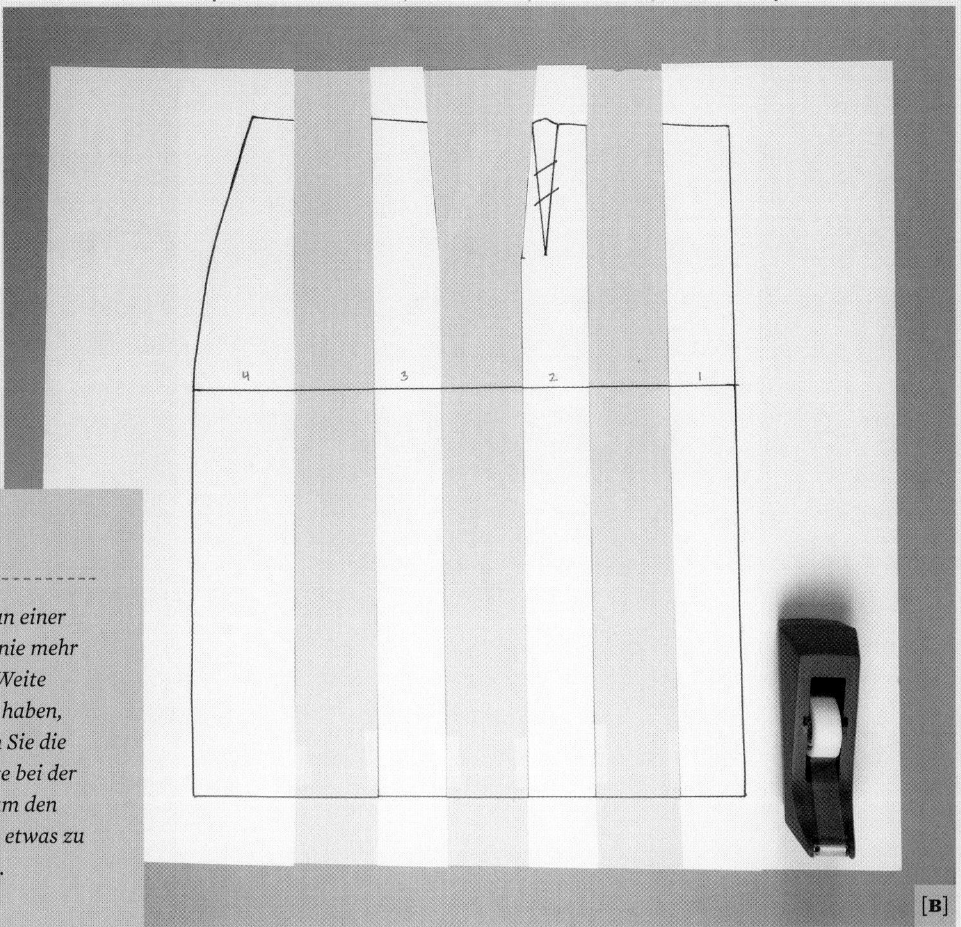

[B]

1
Das Vorderteil Ihrer Schnittschablone auf Schnittmusterpapier zeichnen. Taillenlinie und Art des Bundes nach Wunsch abwandeln.

2
Festlegen, wo die Falte(n) sitzen soll(en) und die Öffnungslinie(n) senkrecht zur Hüftlinie einzeichnen. Bei vielen Falten die einzelnen Partien nummerieren, damit Sie sie später in der richtigen Reihenfolge wieder zusammensetzen können [A].

Schritte 3–6: siehe Abbildung [B].

3
Die Öffnungslinien aufschneiden. Zur Arbeitserleichterung eine Öffnungslinie nach der anderen bearbeiten.

4
Papier hinter den ersten Einschnitt heften und die Hüft- und Saumlinie auf dem Papier verlängern.

5
Vom ersten Abschnitt des Schnittmusters aus die doppelte Breite der späteren Falte abmessen. Für eine einfache Falte 5 cm einfügen, das Papier an einer Seite der Öffnungslinie falten und an die andere Seite der Öffnungslinie legen.

TIP

Wenn Sie an einer Öffnungslinie mehr als 7,5 cm Weite zugegeben haben, begradigen Sie die Seitennähte bei der Anprobe, um den Hüftbogen etwas zu reduzieren.

[C]

Für eine Kellerfalte die vierfache Breite einer fertigen einfachen Falte abmessen und jede Seite zur Mitte des Einschnitts umlegen. Die Breite des Einschnitts anpassen, wenn die Falte zu schmal oder zu breit ist.

6
Saum- und Hüftlinien angleichen und den zweiten Abschnitt des Schnittmusters auf das Papier heften.

7
Das Papier so falten, wie die Falten am fertig genähten Modell liegen sollen [**C**].

TIPP

Wenn der Abnäher im Weg ist, kann er zu einer oder beiden Seiten der Falte hin verlegt werden. Die Knipse für die Weite der Falte müssen den Abnäherinhalt einschließen.

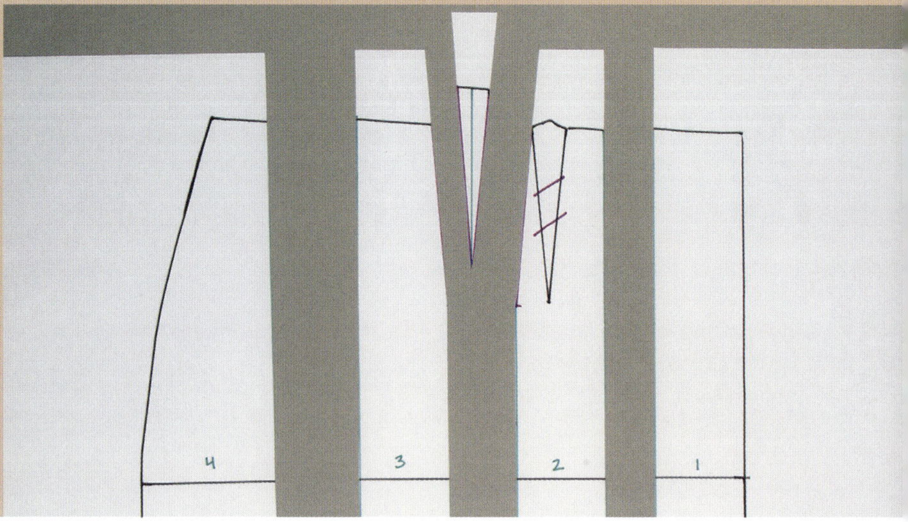

TIPP

Platzieren Sie eine Falte an einer senkrechten Teilungsnaht, indem Sie zwischen den beiden Schnittteilen Papier einfügen.

[D]

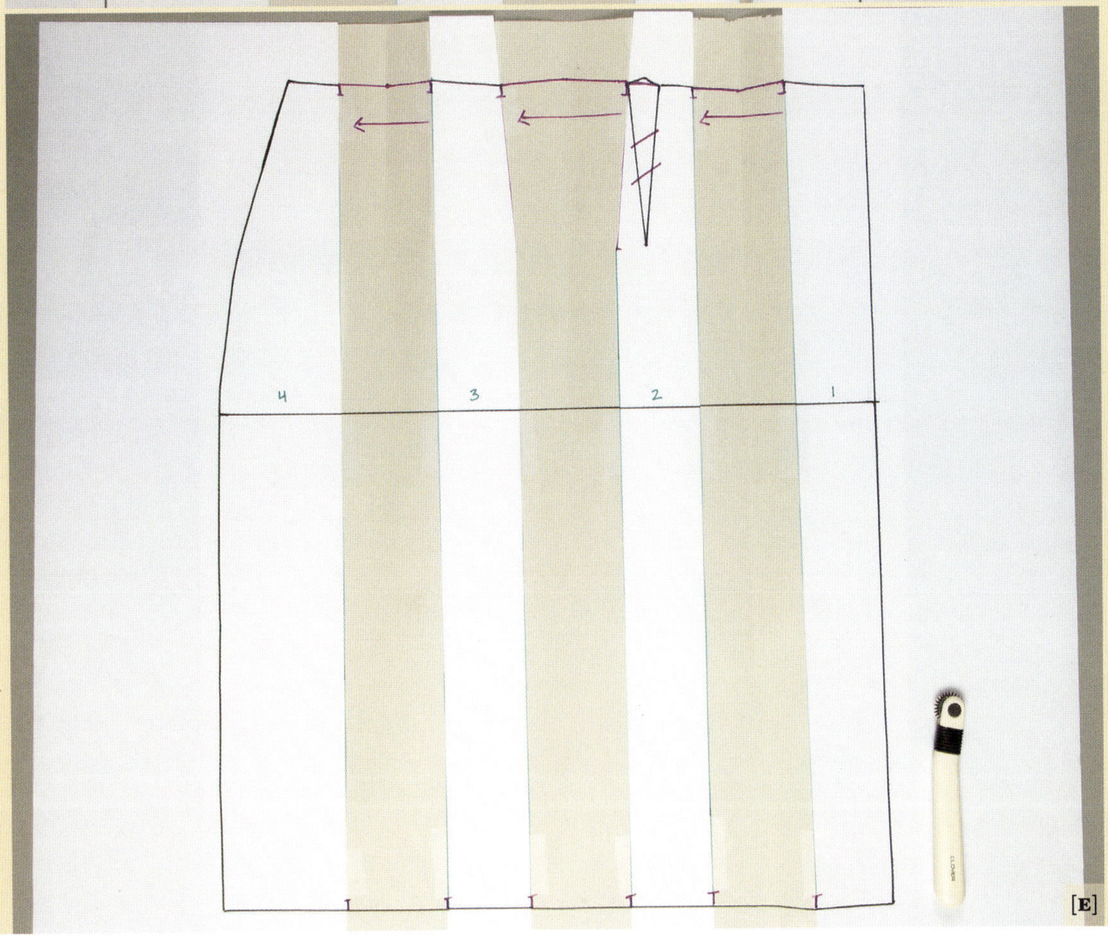

[E]

8
Mit dem Kopierrädchen die Taillen- und Saumlinie durch das gefaltete Papier nachziehen. Auseinanderfalten und die Linien nachzeichnen [**D**].

9
Zu beiden Seiten der Öffnungslinie an Taille und Saum Knipse setzen [**E**].

10
Das Gleiche an allen Öffnungslinien wiederholen.

11
Alle Schritte auch am Rockrückenteil durchführen, wenn gewünscht.

12
Fadenlauf parallel oder senkrecht zur vorderen und hinteren Mitte einzeichnen. Die Schnittteile beschriften: Rockvorderteil „1x im Stoffbruch aus Oberstoff", Rockrückenteil „2x aus Oberstoff".

TIPP

Durch ein Abnäherfältchen, für das Sie nur an der Taille Faltenweite zugeben, nicht am Saum, entsteht ein Rock mit engerer Saumweite.

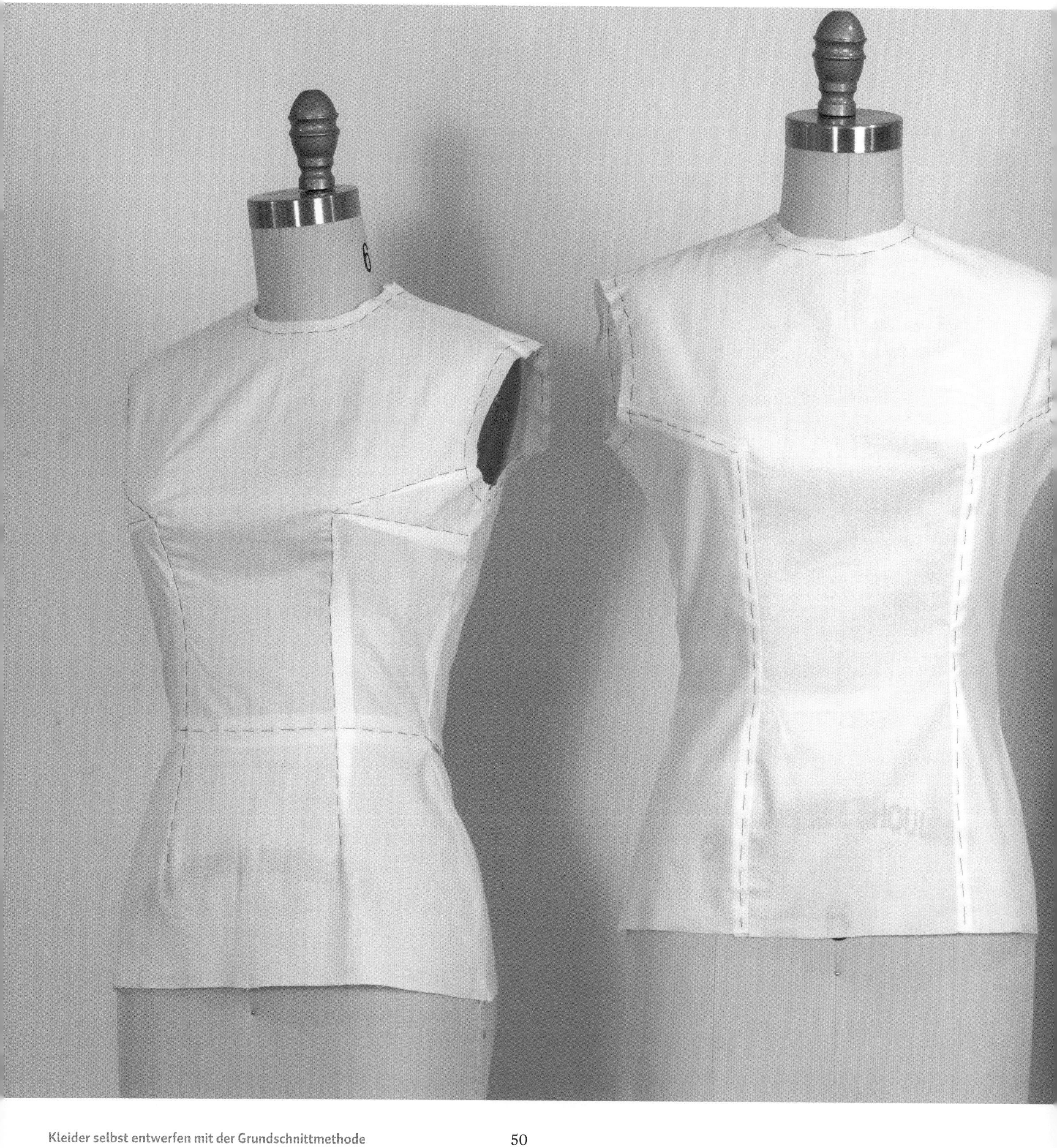

Oberteile: Grundlagen

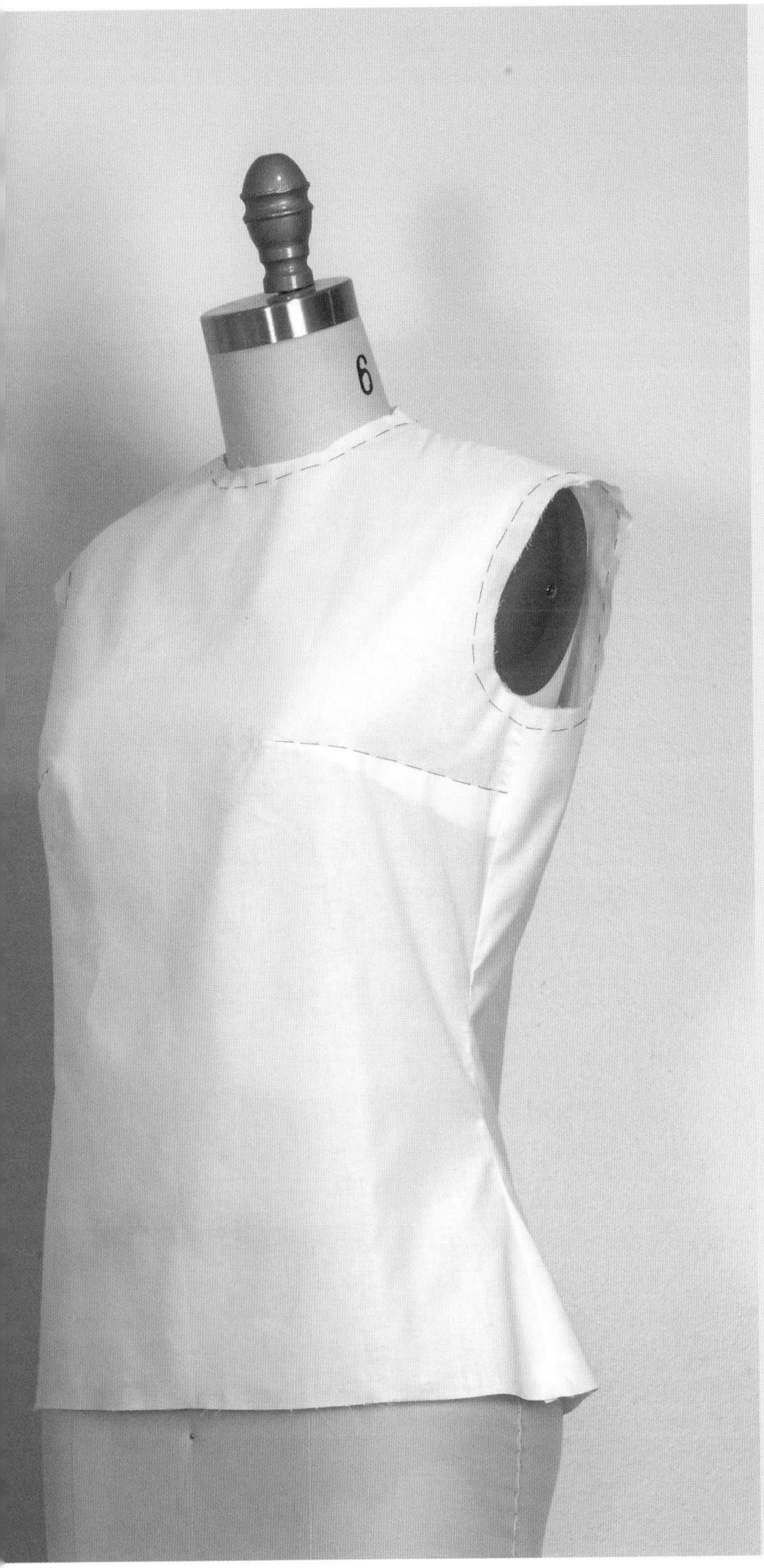

Aus einem Oberteil-Grundschnitt können Sie unzählige Modelle entwickeln, vom Crop Top bis zum bodenlangen Kleid.

In der Regel gehören all diese Modelle zu einer von drei Passform- und Stilkategorien: einer Oberteil-Rock-Kombination, einem Modell mit formgebenden Teilungsnähten (z. B. Wiener Nähten aus dem Armausschnitt oder Prinzessnähten aus der Schulternaht) oder einem locker sitzenden, legeren Oberteil.

Schnittmusterbibliothek: Oberteil-Schnittschablonen

Oberteilvarianten

Aus einer Grundschnittschablone können Sie beliebige andere Schnittschablonen kreieren, doch mit der Zeit möchten Sie in Ihrer Schnittmusterbibliothek vielleicht für jede Oberteilvariante eine Schablone haben, jeweils in einer Version mit und ohne Ärmel.

Die Oberteil-Rock-Kombination hat eine Taillennaht. Sie ist die direkteste Adaptation eines Standardgrundschnitts. Davon ausgehend kann man körpernahe bis legere Modelle beliebiger Länge entwerfen.

Das Oberteil mit formgebenden Teilungsnähten hat senkrechte oder geschwungene Teilungsnähte, z. B. Wiener Nähte. Schnittschablonen dieses Stiles benötigen keine Taillennaht. Sie können dazu Ihren Grundschnitt abwandeln oder einen Fertigschnitt mit formgebenden Teilungsnähten als Grundlage verwenden. Auch auf dieser Basis kann man körpernahe bis legere Modelle beliebiger Länge entwerfen.

Das legere Oberteil hat wahrscheinlich Seiten- und eventuell Taillenabnäher. Es hat weder eine Taillennaht noch senkrechte formgebende Teilungsnähte. Diese Schnittschablone eignet sich nicht zur Entwicklung körpernaher Modelle, jedoch sehr gut für Modelle wie Shiftkleider oder durchgeknöpfte Blusen in jeder Länge. Diese Oberteilvariante kann aus einem Schnitt mit Wiener Nähten oder einer Oberteil-Rock-Kombination entwickelt werden.

Aus jeder dieser Grundschnittschablonen können Sie ein Modell mit oder ohne Ärmel anfertigen.

Konstruktionslinien

Egal mit welcher Oberteilvariante Sie beginnen: Sie müssen auf der Schnittschablone alle Konstruktionslinien eintragen und wissen, wie viel Bewegungszugabe das Modell auf jeder Konstruktionslinie enthält (siehe S. 13).

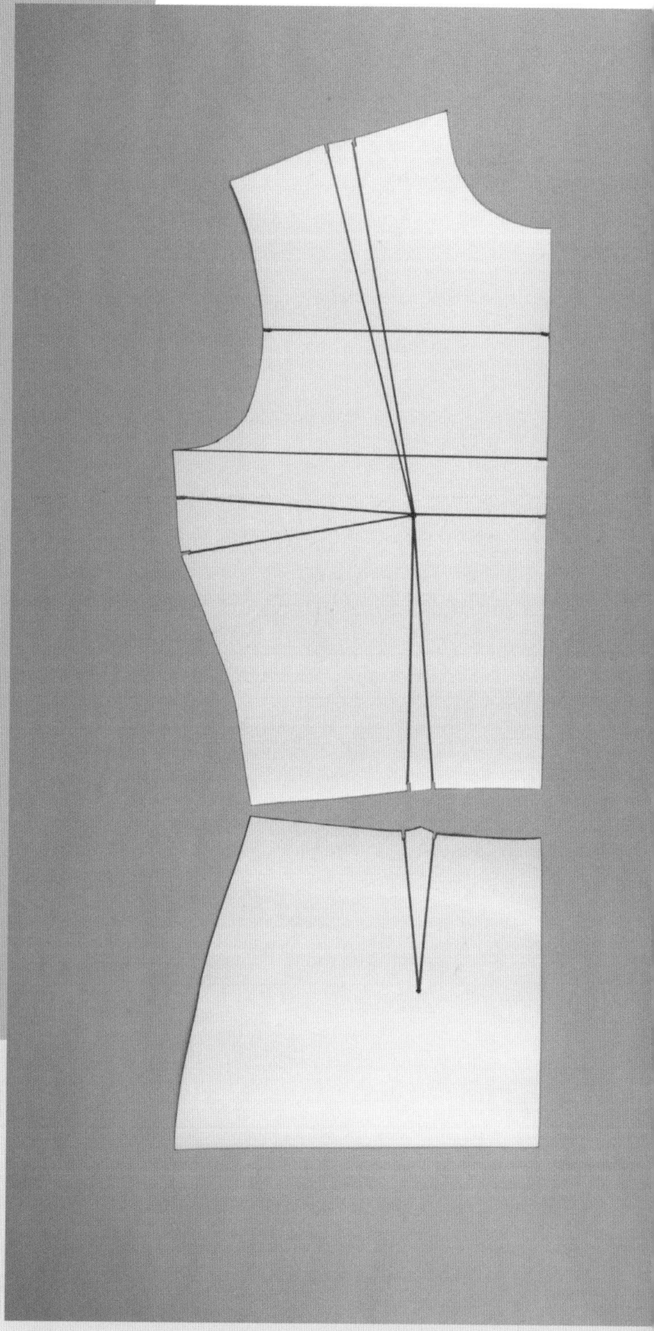

Oberteil-Rock-Kombination

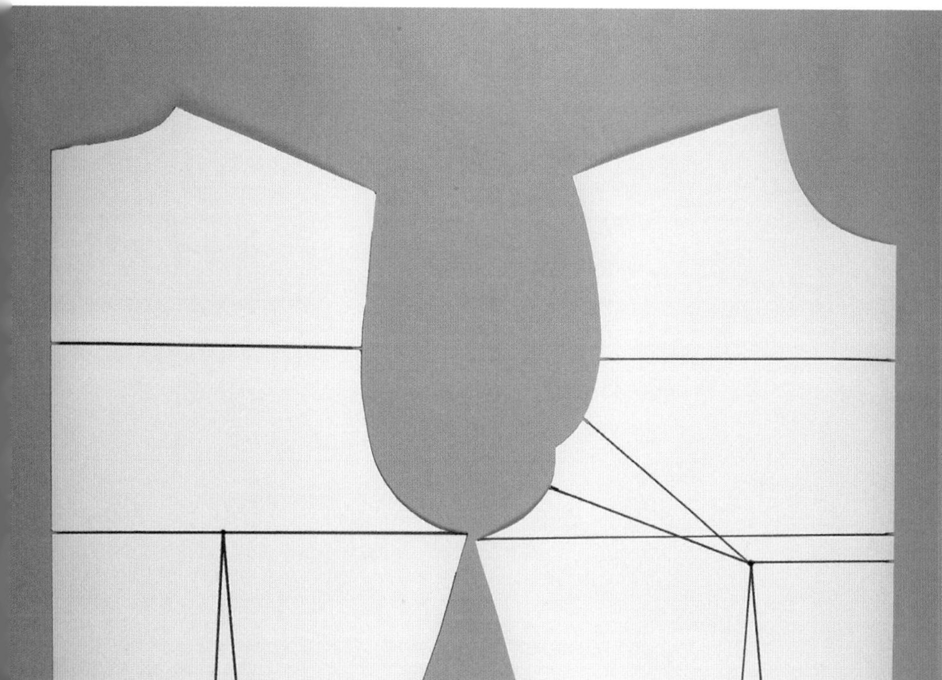

Modell mit Wiener Nähten

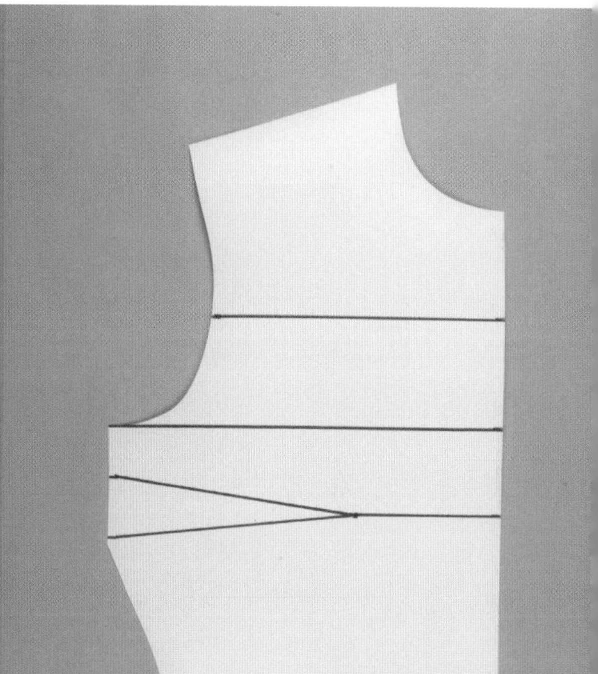

Legeres Oberteil

Angleichen der Oberteil-Rock-Kombination

An einem Standard- oder anderen Grundschnitt mit Taillennaht gleicht man den Inhalt und die Position des Taillenabnähers an der Taillennaht an. So wird es viel einfacher, aus dem Schnitt die Schablone einer anderen Oberteilvariante oder ein Modell mit Wiener Nähten oder Empirenaht zu entwickeln.

Unten werden zwei Möglichkeiten zum Angleichen des Oberteil- und Rockschnitts gezeigt:

1. Verringern des überschüssigen Abnäherinhalts, 2. Umverteilen des Abnäherinhalts.

Verringern Sie den Abnäherinhalt, wenn Ihre Oberweite nicht zu groß ist (B-Cup oder kleiner) oder wenn Sie möchten, dass Ihr Modell unterhalb der Brust lockerer sitzt.

Verringern des Abnäherinhalts

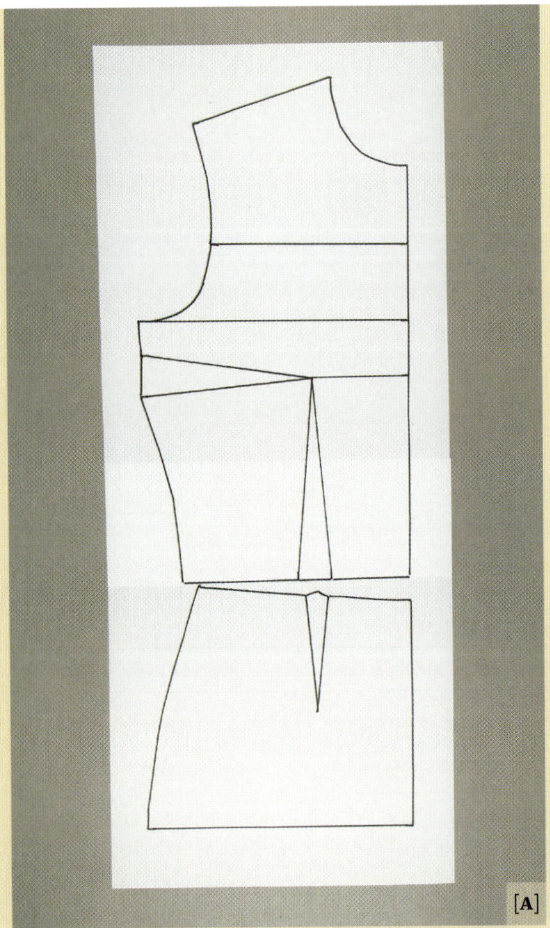

[A]

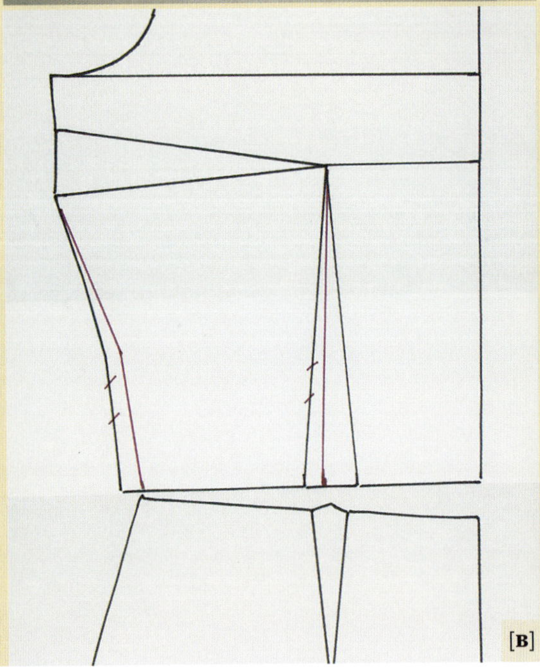

[B]

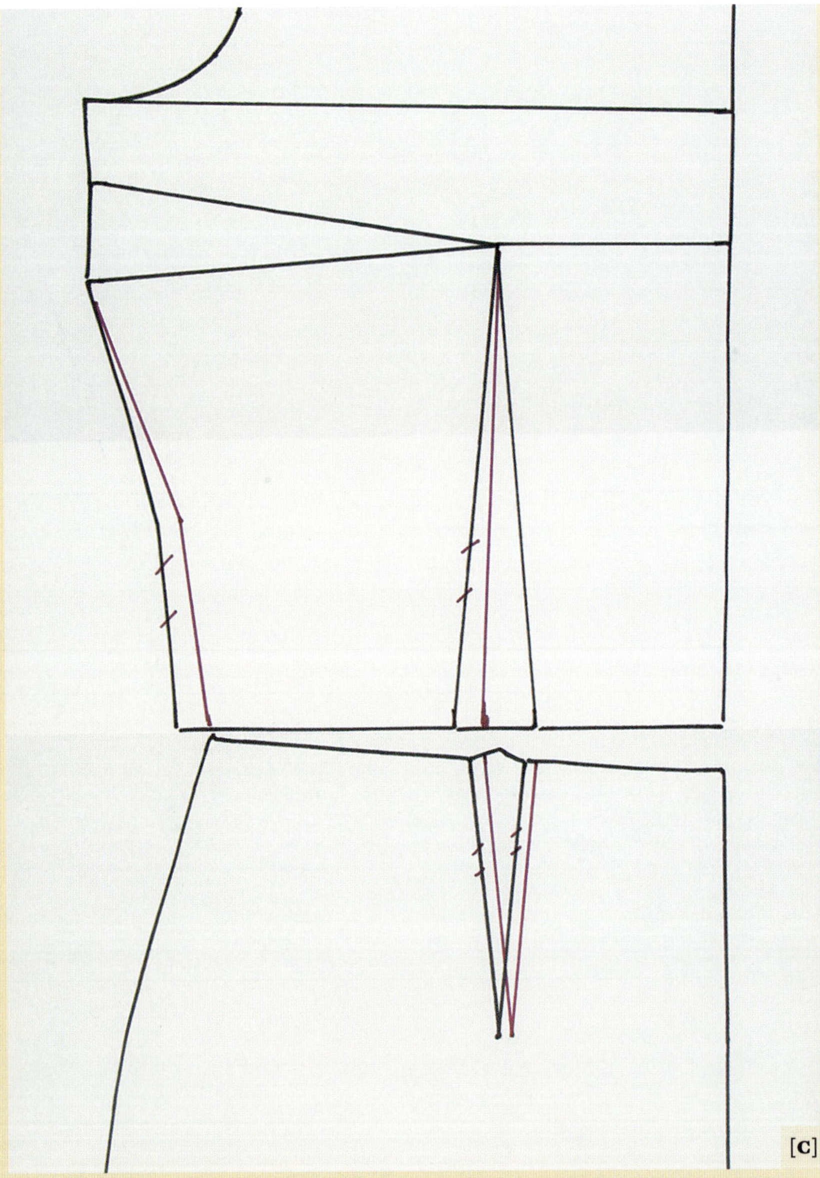

[C]

1
Die vordere Mitte von Rock- und Oberteilschablone in einer Linie ausrichten. Die Taillenlinie beider Schnittteile an der Seitennaht verbinden. An der vorderen Mitte zusammenkleben [**A**].

2
An der Oberteilschablone von dem Schenkel des Taillenabnähers, der näher an der vorderen Mitte liegt, den Inhalt des Rock-Taillenabnähers markieren. Den verbleibenden Abnäherinhalt an der Seitennaht abtragen (neue Seitennaht bis zur Brustlinie angleichen) [**B**].

3
Taillenabnäher des Rockes verlegen, sodass er direkt unter dem des Oberteils liegt. Die Abnähermitte senkrecht zur Hüftlinie ausrichten [**C**].

Wenn bei einer größeren Oberweite (C-Cup oder größer) der Bereich unterhalb der Brust eng anliegen soll, verteilt man den Abnäherinhalt um. Bei jeder Methode müssen dazu vor Beginn die Taillenlinien von Oberteil und Rock (ohne Abnäher) übereinstimmen. Sind sie unterschiedlich, verwendet man das Maß des Oberteils. Das Oberteil hat an der Taillenlinie oft mehr Bewegungszugabe, durch die ein Kleid oder eine Bluse bequemer wird.

Umverteilen des Abnäherinhalts

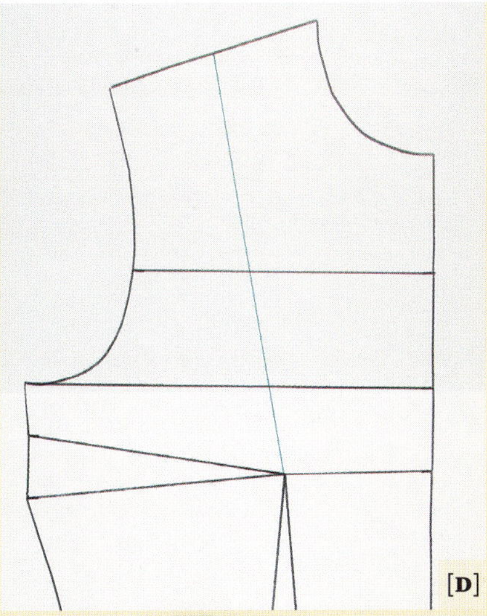

[D]

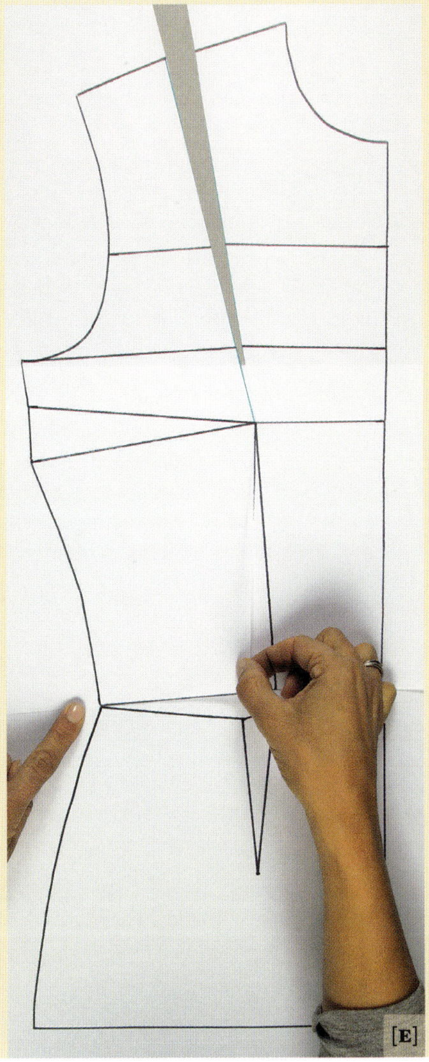

[E]

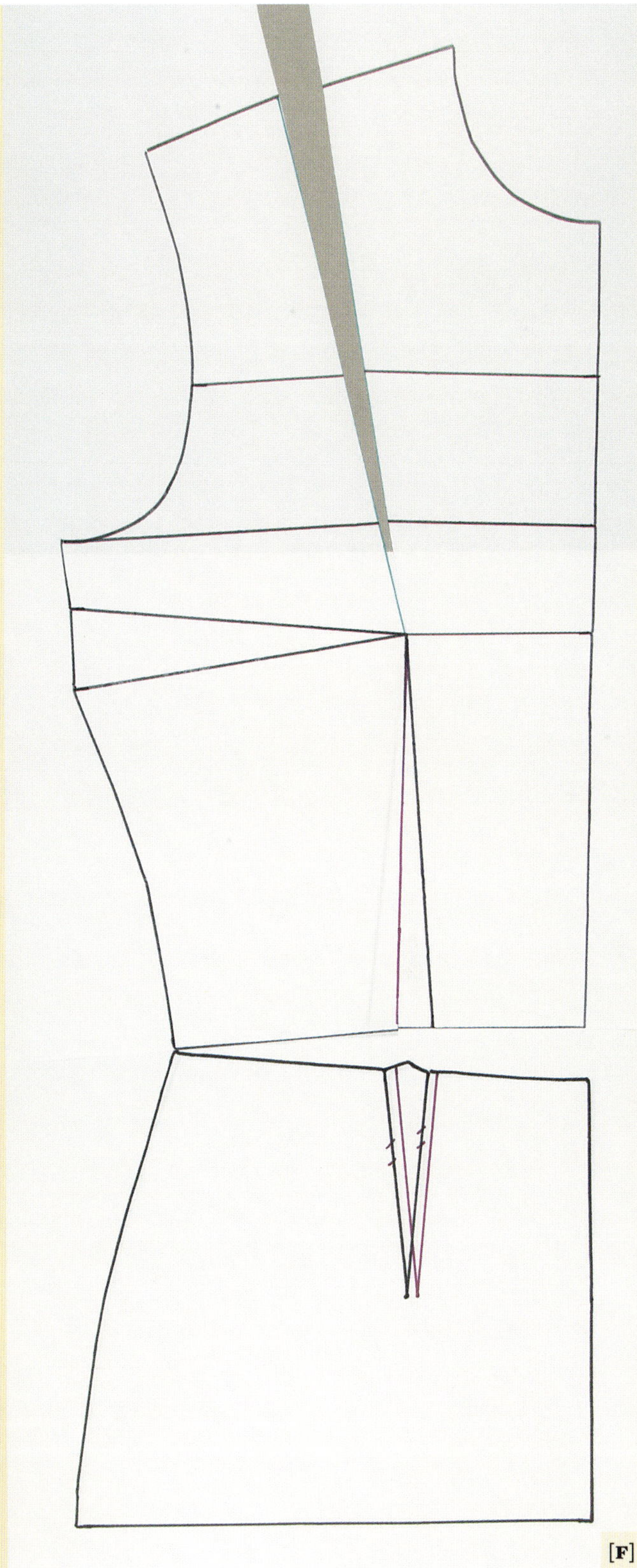

[F]

1
Die vordere Mitte von Rock- und Oberteilschablone in einer Linie ausrichten. Die Taillenlinie beider Schnittteile an der Seitennaht verbinden. An der vorderen Mitte zusammenkleben [**A, GEGENÜBER**].

2
Eine Öffnungslinie von der Mitte der Schulternaht zum Brustpunkt zeichnen [**D**].

Schritte 3–5: siehe Abbildung [**E**].

3
Die Öffnungslinie von der Schulter bis zum Brustpunkt einschneiden. Nicht durchschneiden.

4
Am Oberteil den Schenkel des Taillenabnähers, der am nächsten an der Seitennaht liegt, von der Taille bis zum Brustpunkt einschneiden. Nicht durchschneiden.

5
Den eingeschnittenen Abnäherschenkel so weit zum nicht eingeschnittenen Schenkel verschieben, dass der Abnäherinhalt mit dem des Taillenabnähers am Rock übereinstimmt.

6
Taillenabnäher des Rockes verlegen, sodass er direkt unter dem des Oberteils liegt. Die Abnähermitte senkrecht zur Hüftlinie ausrichten [**F**].

Anfertigung einer Schnittschablone mit Wiener Nähten

Wenn Sie schon einen guten Schnitt für eine Jacke oder ein Kleid mit Wiener Nähten oder ähnlichen formgebenden Teilungsnähten (etwa Prinzessnähten aus der Schulternaht) haben, das Design jedoch abwandeln möchten, können Sie aus den Schnittteilen eine Schnittschablone anfertigen.

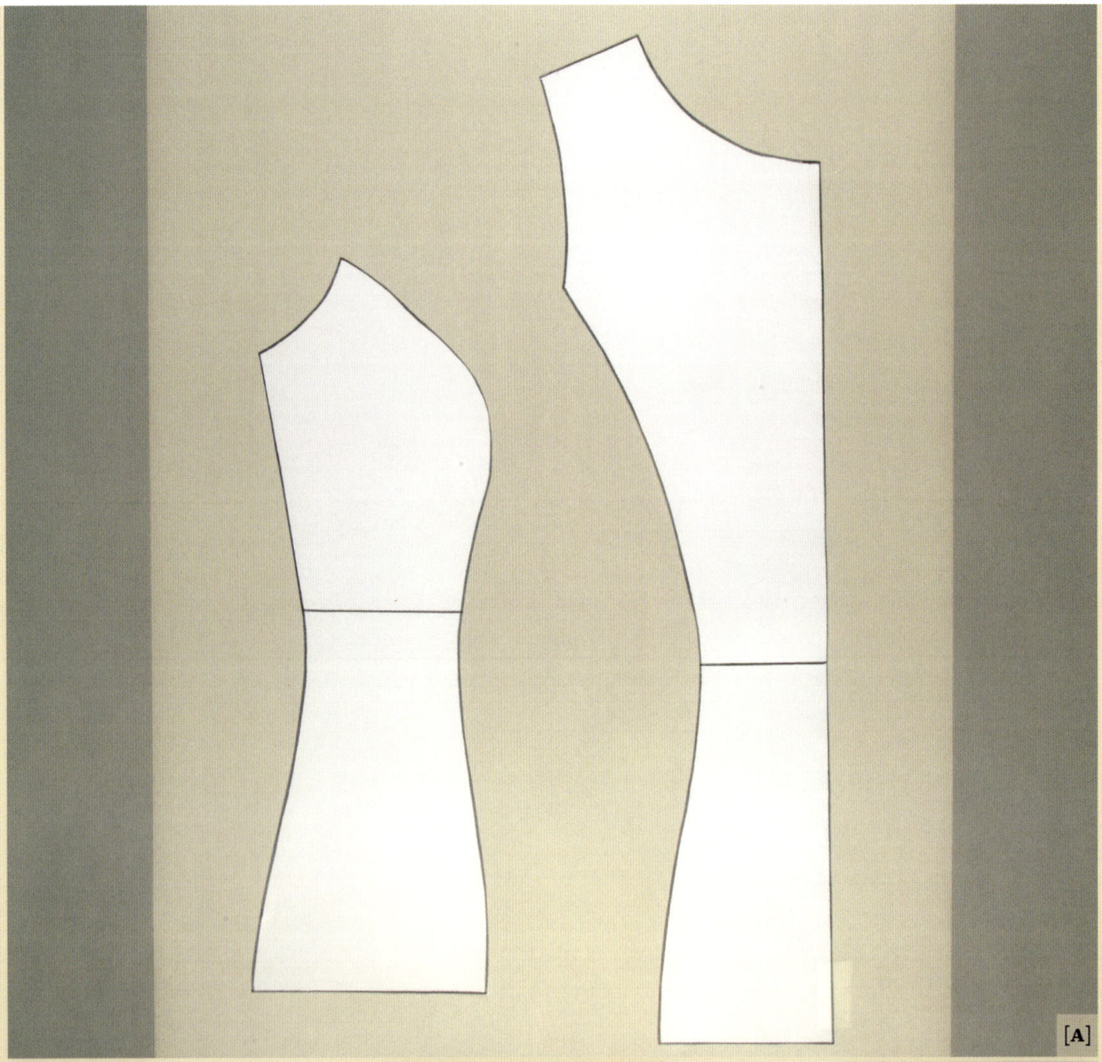

[A]

[B]

1

Alle Schnittteile des Modells mit Wiener Nähten ohne Nahtzugabe aufzeichnen. Die vordere Mitte verwenden, keine Erweiterungslinie für eine Knopfleiste [**A**].

2

Das Vorderteil (das Schnittteil mit der vorderen Mitte) auf zusätzliches Papier kleben. Auf der Taillenlinie eine verlängerte Senkrechte zur vorderen Mitte einzeichnen [**B**].

Schritte 3 und 4: siehe Abbildung [**C**].

3

Brust- und Hüftlinie des seitlichen Vorderteils an die des mittleren Vorderteils legen. Die Taillenlinie des seitlichen Vorderteils auf die verlängerte Taillenlinie legen.

4

Die Schnittteile sollten an oder nahe dem Brustpunkt aneinanderstoßen. Diesen Verbindungspunkt mit einem Bohrloch markieren.

[C]

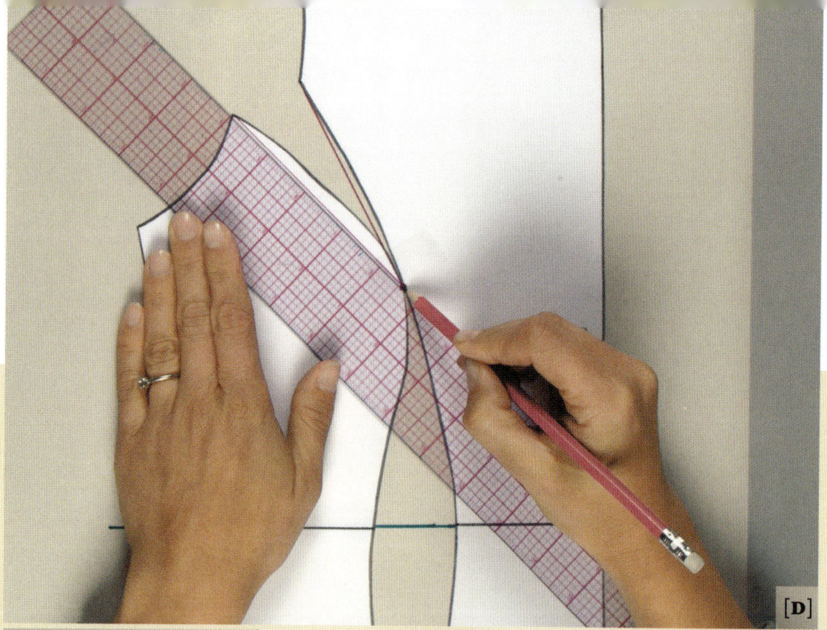

[D]

[E]

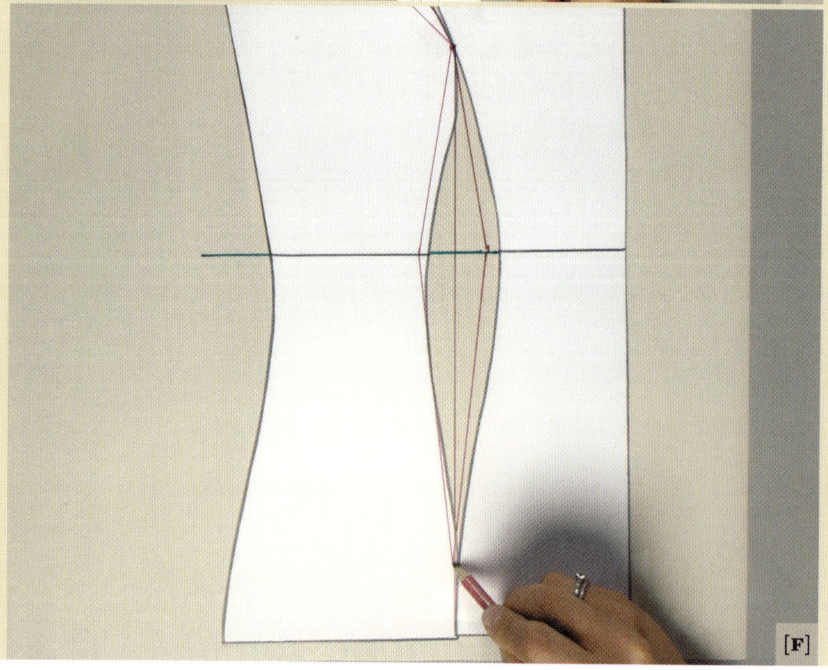

[F]

5
Den Verlauf der Nahtlinien zu geraden Abnäherschenkeln vereinfachen: Dazu vom Ansatz der Wiener Nähte im Armausschnitt (oder bei anderen formgebenden Teilungsnähten an der Schulternaht, dem Halsausschnitt oder der Seitennaht) zum Brustpunkt gerade Linien ziehen [D].

6
Vom Brustpunkt eine Gerade senkrecht zur Taillenlinie ziehen, bis zu dem Punkt unterhalb der Taille, an dem die Teilungsnaht aufeinandertrifft. Dies wird die Mittellinie eines Taillenabnähers [E].

Schritte 7 und 8: siehe Abbildung [F].

7
Die Lücke zwischen mittlerem und seitlichem Vorderteil abmessen. Die Hälfte dieses Maßes an jeder Seite der Abnähermitte markieren.

8
Zum Einzeichnen des Taillenabnähers alle Punkte verbinden.

Schritte 9 und 10: siehe Abbildung [G].

9
Das Rückenteil auf zusätzliches Papier kleben. Auf der Taillenlinie eine verlängerte Senkrechte zum Fadenlauf einzeichnen.

10
Mittleres und seitliches Rückenteil aneinanderlegen. Die Taillenlinie des seitlichen Rückenteils auf die verlängerte Taillenlinie legen.

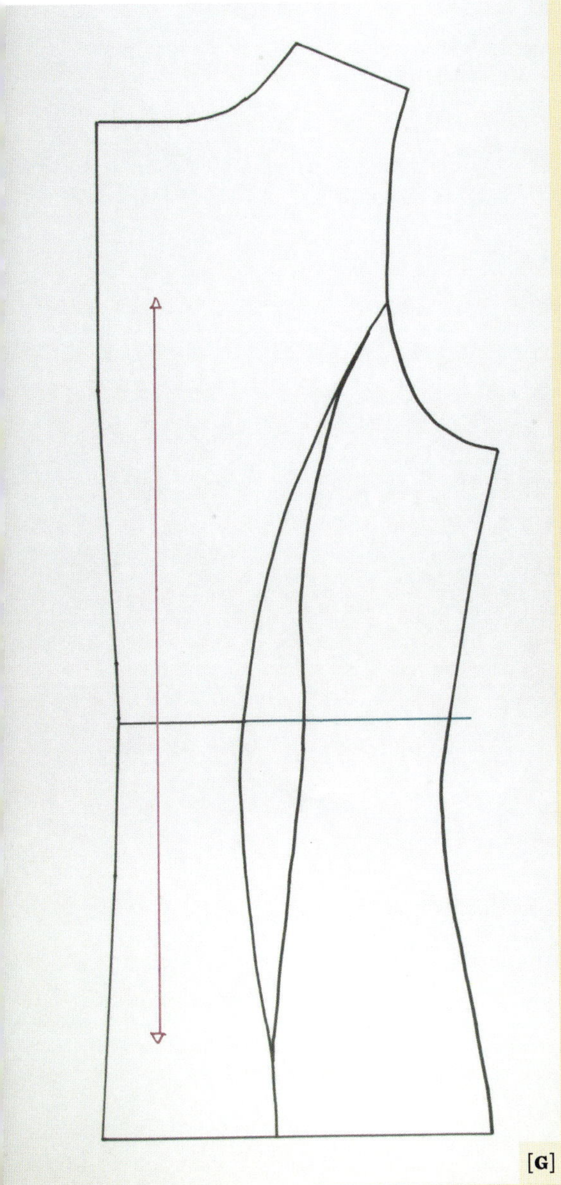
[G]

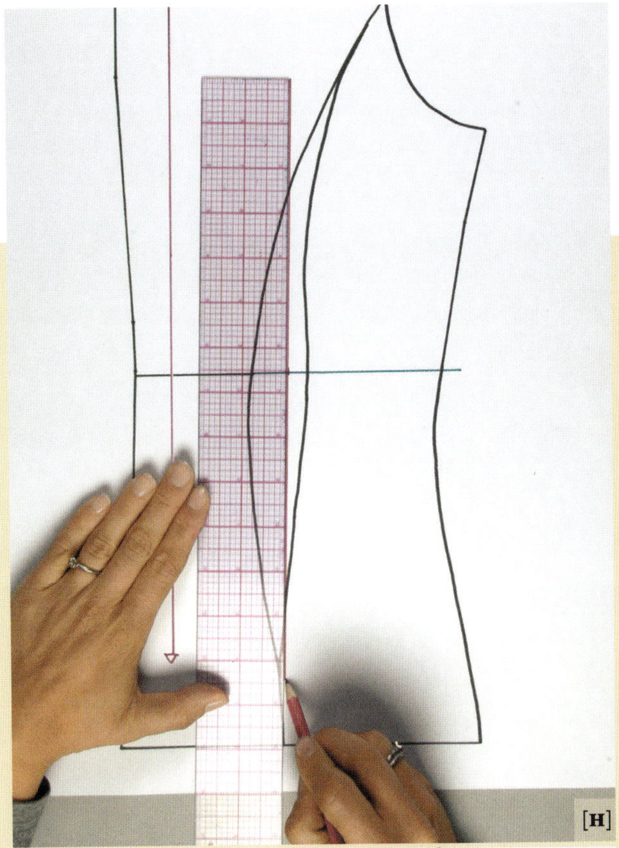
[H]

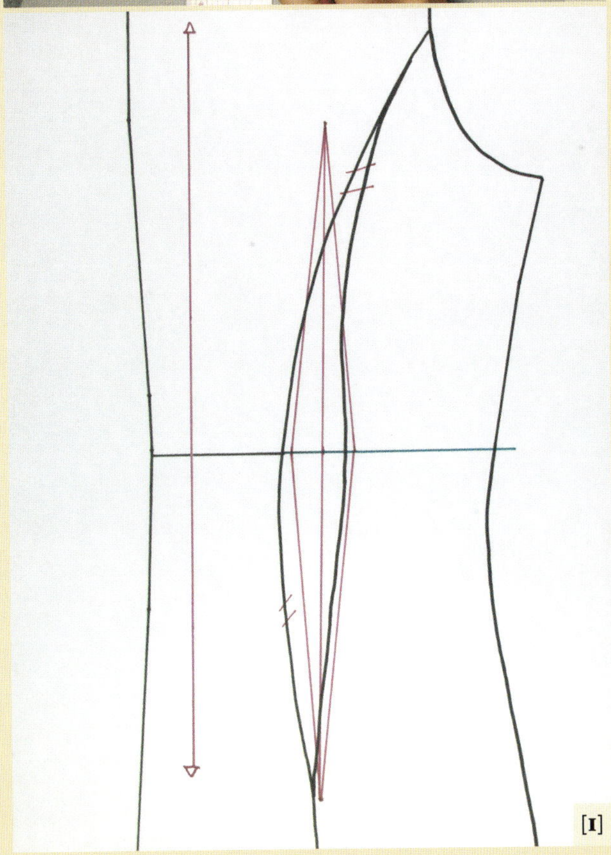
[I]

11
Die hintere Taillenlinie von der hinteren Mitte zur Seitennaht abmessen (einschließlich Taillenabnäher). Die Mitte dieses Maßes markieren.

12
Senkrecht zur Taillenlinie eine Gerade durch die Taillenmitte ziehen. Dies ist die Abnähermitte. Die Abnäherspitzen sollten auf der Höhe liegen, an der Rückenteil und seitliches Rückenteil an der Teilungsnaht aneinanderstoßen [**H**].

13
Die Lücke zwischen mittlerem und seitlichem Rückenteil abmessen. Die Hälfte dieses Maßes an jeder Seite der Abnähermitte markieren. Zum Einzeichnen des Taillenabnähers alle Punkte verbinden [**I**].

14
Nach Wunsch eine Schnittschablone des Grundschnitts mit Wiener Nähten anfertigen.

Schnittschablone für ein legeres Oberteil

Nicht jedes Kleidungsstück hat eine Taillennaht oder formgebende Teilungsnähte. Auch wenn Modelle mit diesen Elementen die beste Passform mit minimaler Bewegungszugabe aufweisen, kann man nach einem solchen Schnitt keine locker sitzende Hemdbluse und kein legeres Shiftkleid nähen. Hierzu kann man eine weitere Schablone anfertigen. Bei einem – vor allem an der Taille – recht locker sitzenden Modell können die Taillenabnäher oft weggelassen werden. Ansonsten die Schablone der Oberteil-Rock-Kombination verwenden und nach der folgenden Anleitung Modelle ohne Taillennaht und Teilungsnähte entwerfen. Wenn Sie dazu eine Schnittschablone mit Wiener Nähten verwenden, ignorieren Sie einfach die Taillenabnäher und geben Sie an den Seitennähten nach Wunsch Bewegungszugaben zu. Ansonsten verwenden Sie Ihren Oberteil-Rock-Grundschnitt und gehen nach der folgenden Anleitung vor.

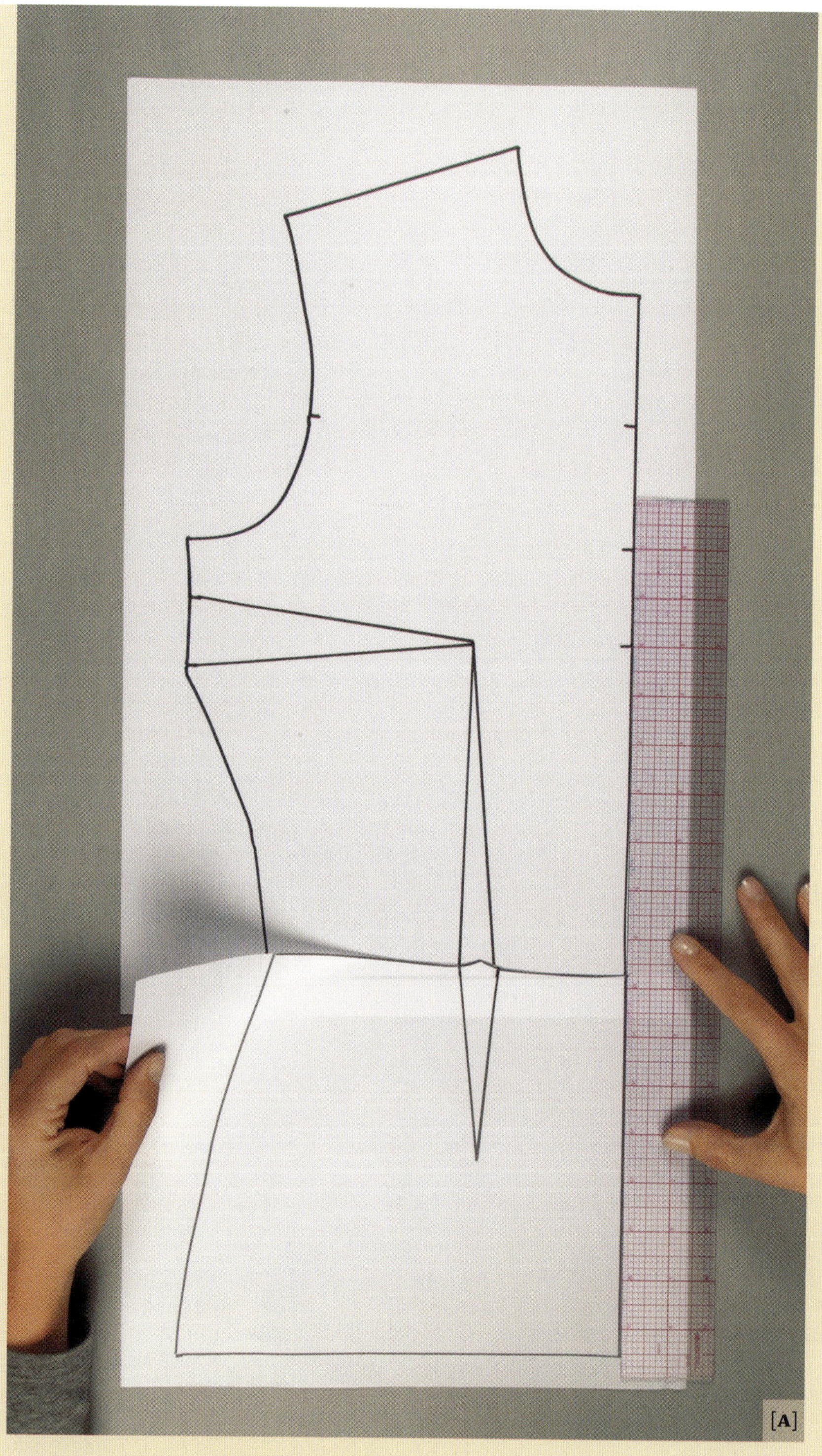

[A]

[B]

Schritte 1–3: siehe Abbildung [**A**].

1

Die Oberteilschablone auf Schnittmusterpapier übertragen, dabei unten genügend Papier für die gewünschte Länge vorsehen. Die Taillenabnäher von Oberteil und Rock müssen zuvor auf gleichen Inhalt angeglichen werden. Siehe dazu die Anleitung auf Seite 54: Angleichen der Oberteil-Rock-Kombination.

2

Unterhalb der Taillenlinie die vordere Mitte verlängern.

3

Das Vorderteil der Rockschablone an die verlängerte vordere Mitte legen, sodass die Taillenlinien von Rock und Oberteil aneinanderliegen. Dabei überlappen sich oft die Seitennähte.

4

An der Taillenlinie Unebenheiten von bis zu 3 mm ausgleichen [**B**]. Für mehr Bewegungszugabe Brust- und Hüftlinie durch eine gerade Linie verbinden.

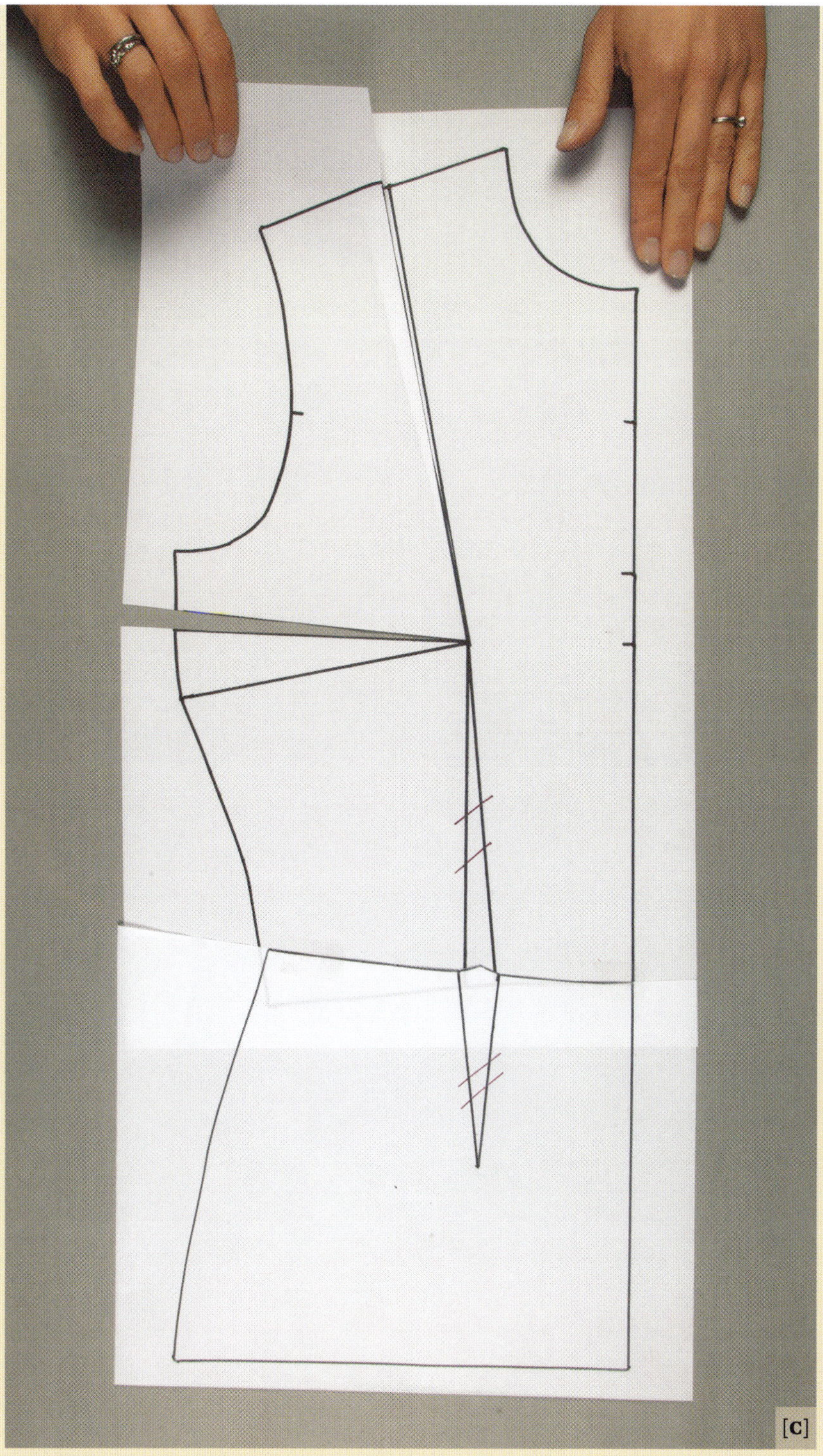
[C]

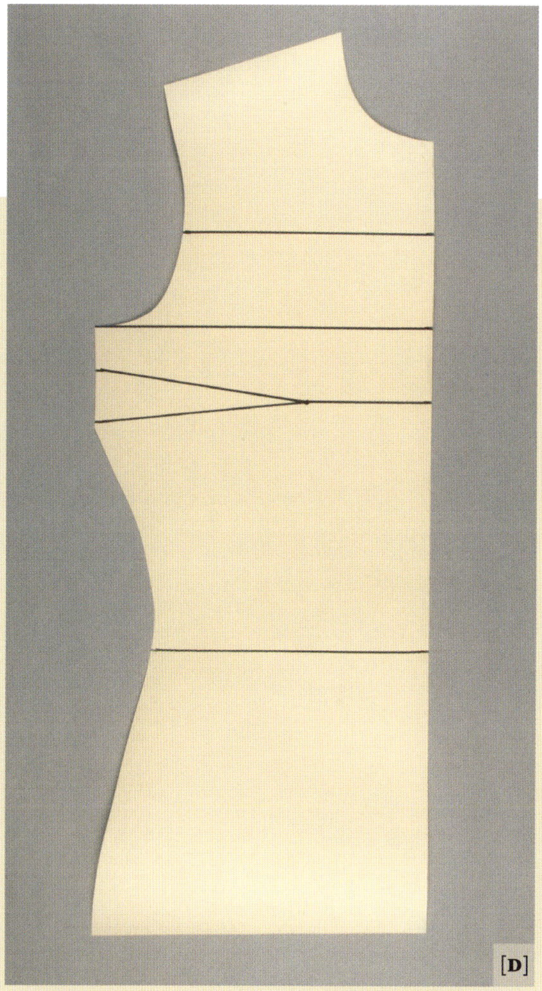
[D]

Schritte 5 und 6: siehe Abbildung **[C]**.

5
Bei Verwendung der Schablone der angeglichenen Oberteil-Rock-Kombination mit Schulterabnäher einen Schenkel des Schulterabnähers von der Schulternaht bis zum Brustpunkt einschneiden. Nicht durchschneiden. Einen Schenkel des Seitenabnähers von der Seitennaht bis zum Brustpunkt einschneiden. Nicht durchschneiden.

6
Den Schulterabnäher schließen (eingeschnittenen auf nicht eingeschnittenen Schenkel legen). Dadurch wird der Seitenabnäher breiter.

7
Schritte 1–4 für das Rückenteil wiederholen.

8
Nach Wunsch eine Schnittschablone des legeren Oberteils anfertigen.

TIPP

Aus dieser Schablone lassen sich sehr gut Schnittmuster für ein Shiftkleid oder eine legere Bluse entwickeln, indem man den Taillenabnäher ganz oder teilweise entfernt.

Kürzen oder Verlängern eines Oberteilgrundschnitts
Aus Ihren Oberteilschablonen – egal welcher Variante – lassen sich Modelle jeder Länge entwerfen. Bei Modellen mit Taillennaht können Sie das Rockteil kürzen oder verlängern. Damit der Saum des neuen Grundschnitts gerade wird, sollte er parallel zum ursprünglichen Saum verlaufen und die gleiche Weite wie die Hüftlinie haben. Das Gleiche gilt für eine Schablone mit formgebenden Teilungsnähten – hier muss jedoch die untere Saumweite mindestens so groß sein wie die Hüftweite plus Bewegungszugabe.

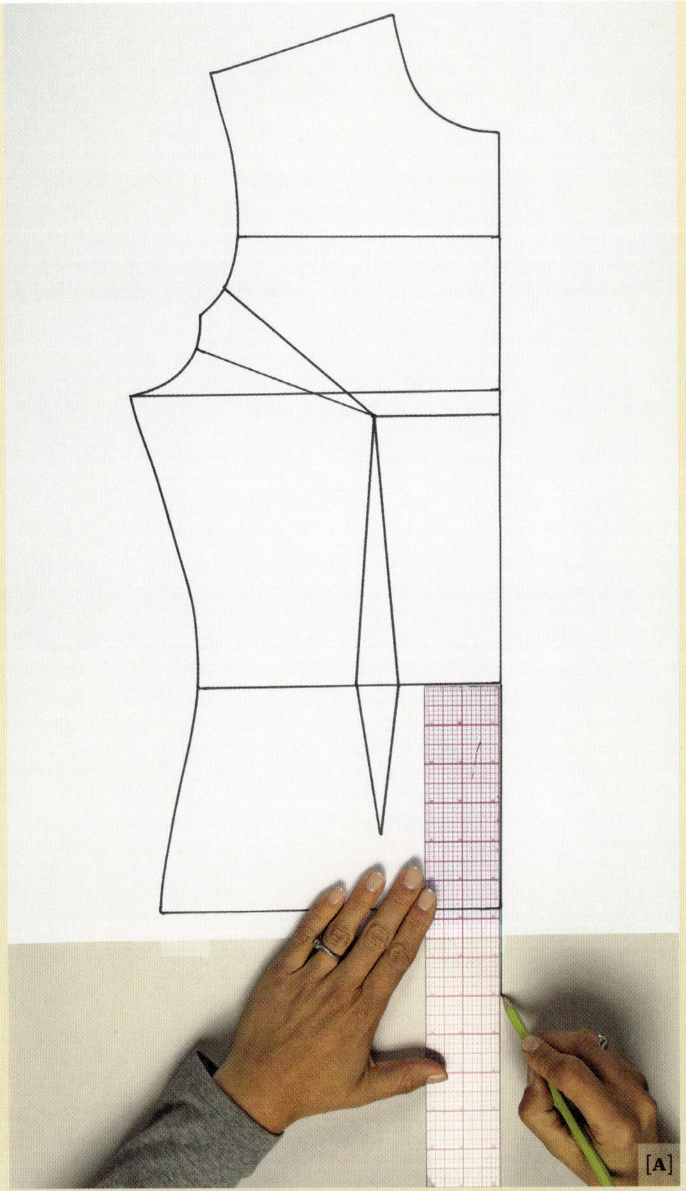
[A]

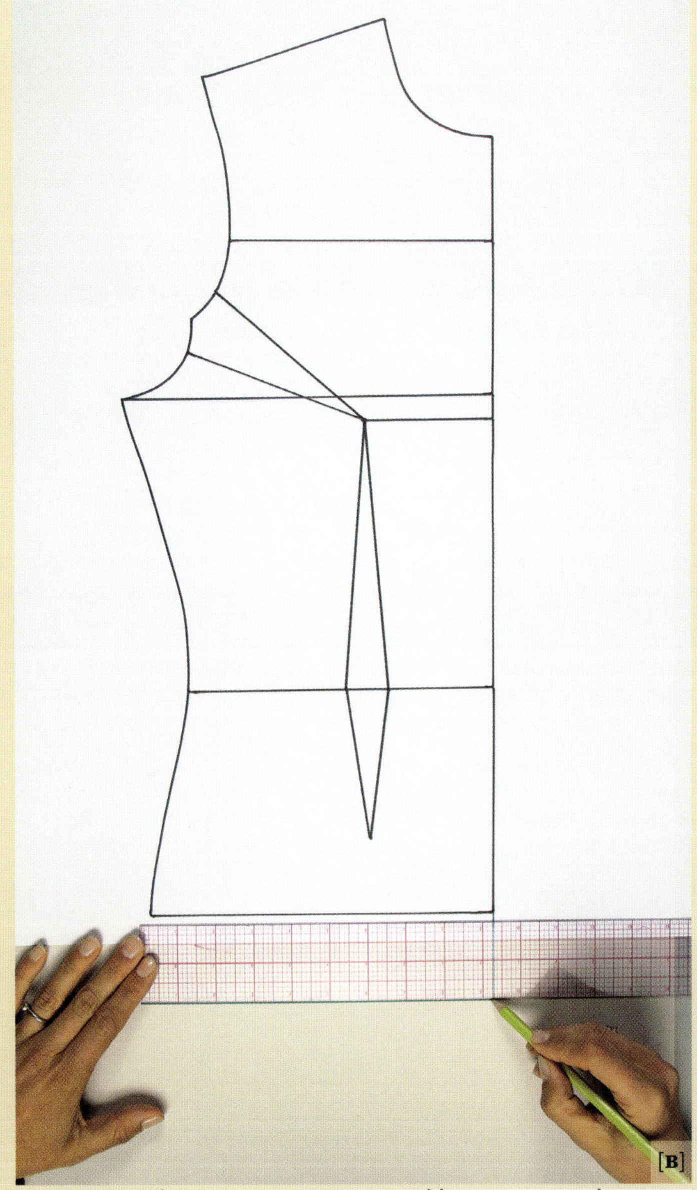
[B]

[C]

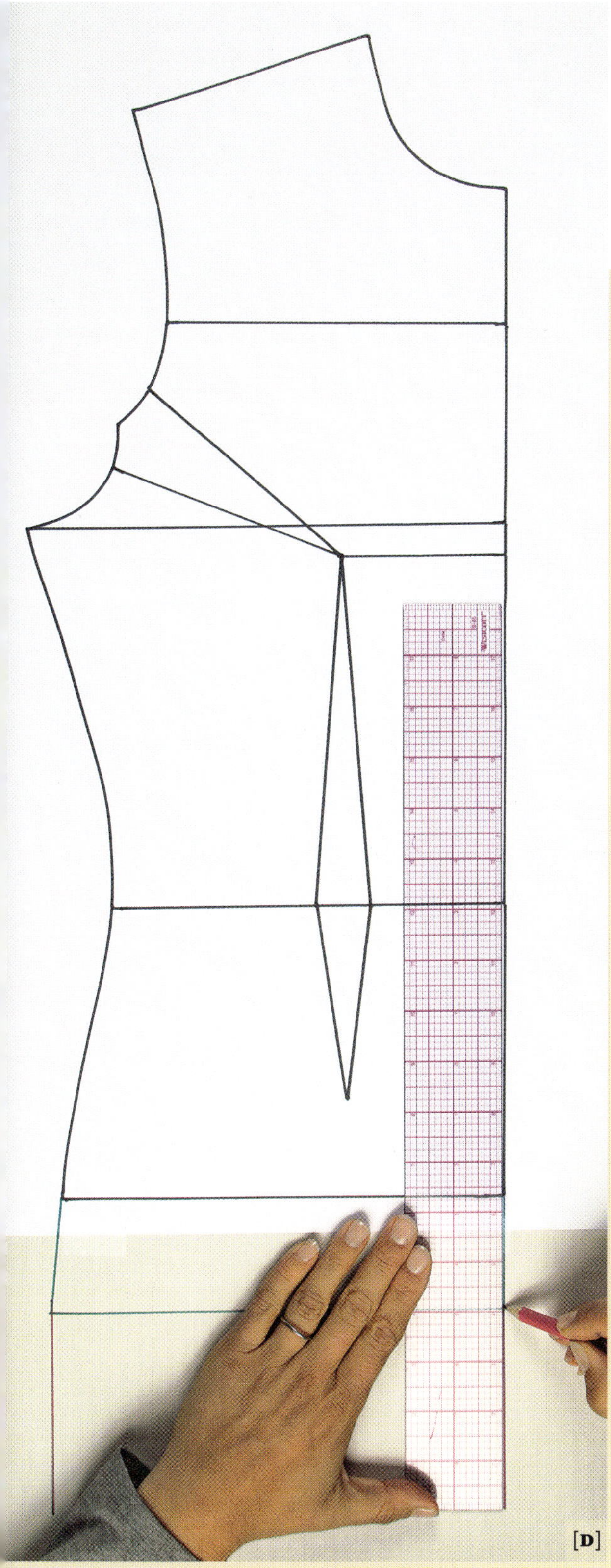

[D]

[E]

1
Die vordere und hintere Mitte bis zur Hüftlinie verlängern [**A**]. Weiter mit Schritt 6, wenn die Länge Ihrer Schablone bis zur Hüftlinie oder weiter reicht.

2
Die Hüftlinie senkrecht zur vorderen Mitte bis zur Seitennaht zeichnen [**B**].

3
Die Seitennaht verlängern, bis sie die Hüftlinie schneidet [**C**].

4
Schritte 2 und 3 für das Rückenteil wiederholen.

5
Die Hüftlinie an Vorder- und Rückenteil abmessen. Die Maße addieren und mit 2 multiplizieren. Um die Bewegungszugabe einzuschließen, sollte dieses Maß mindestens 2,5 cm größer sein als Ihr Hüftumfang. Bei Bedarf die Seitennähte des Grundschnitts anpassen.

Schritte 6 und 7: siehe Abbildung [**D**].

6
Die vordere Mitte von der Hüftlinie bis zur gewünschten Länge verlängern.

7
Die Seitenlinie senkrecht zur Hüftlinie in einer geraden Linie bis zur Länge der vorderen Mitte verlängern.

8
Vordere Mitte und Seitenlinie verbinden. Das Maß der neuen Saumlinie muss mit dem der Hüftlinie übereinstimmen [**E**].

9
Schritte 6–8 für das Rückenteil wiederholen.

Taillieren der hinteren Mittelnaht

Viele Schnittmuster haben eine gerade hintere Mitte von Halsausschnitt oder Taille bis zum Saum. Nun ist Ihre Körperrückseite aber nicht gerade, unabhängig von Ihrer Haltung. Bei vielen Modellen kann daher eine leicht taillierte oder ausgeformte Rückennaht von Vorteil sein, meist im Taillenbereich – an den Partien mit mehr Weite wie den Hüften unterhalb und dem Brustkorb oberhalb der Taille kehrt die veränderte Linie wieder zur ursprünglichen Rückennaht zurück. An der hinteren Mitte sollte dazu nicht mehr als 1 cm abgetragen werden – sonst wäre die Mittelnaht nicht mehr im Fadenlauf. Damit das Modell durch das Taillieren nicht schmaler wird, zieht man den Betrag der taillierten hinteren Mitte vom Abnäherinhalt ab. Das Taillieren sollte unmittelbar nach Übertragen der Schnittschablone durchgeführt werden. Es betrifft grundsätzlich nur die Rückennaht, nie die vordere Mitte – diese sollte besser gerade bleiben.

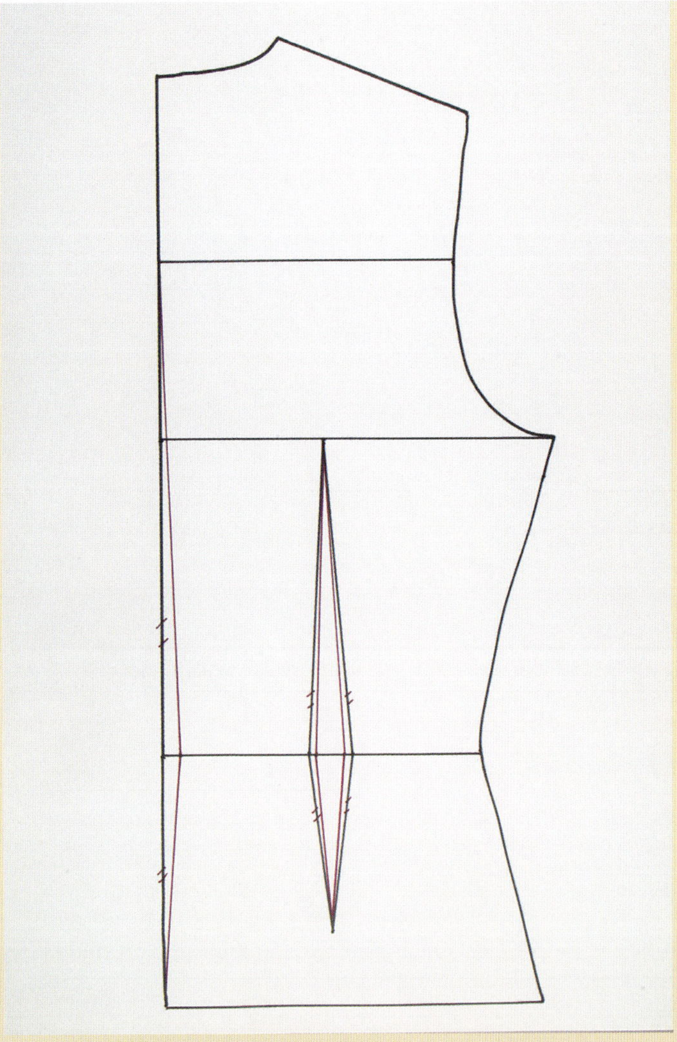

1
Die Schablone des Rückenteils auf Papier übertragen.

2
An der Taillenlinie von der hinteren Mitte 1 cm zur Seitennaht abmessen. Diesen Punkt auf der Taillenlinie als neue hintere Mitte markieren.

3
Den Punkt mit der ursprünglichen hinteren Mitte verbinden (2,5 cm oberhalb der Hüftlinie).

4
Oberhalb der Taille entweder mit der Brustlinie verbinden (gibt mehr Bewegungsfreiheit bei Modellen mit Ärmeln) oder mit der Schulterblattlinie (besser für ein eng anliegendes ärmelloses Oberteil).

5
Den hinteren Abnäherinhalt um 1 cm verringern. Betrug er ursprünglich 2,5 cm, wird er auf 1,5 cm reduziert. Die Abnähermitte bleibt an ihrer Position, die beiden Schenkel werden um je 5 mm zur Abnähermitte verlegt.

6
Kontrollieren Sie, ob der Fadenlauf noch parallel zur ursprünglichen hinteren Mitte verläuft.

TIPP

Befolgen Sie diese Anleitung in umgekehrter Reihenfolge, so können Sie die Taillierung einer Rückennaht geradestellen. Dies ermöglicht das Zuschneiden im Stoffbruch. Denken Sie jedoch daran, dass Sie in Ihr Oberteil hineinkommen müssen!

Verschluss an Vorder- oder Rückenteil

Verschlüsse können bei allen Kleidungsstücken in jeder Naht sitzen. Ich empfehle Ihnen, frühzeitig die Position des Verschlusses an Ihrem Modell festzulegen und Ihren Plan mithilfe der Grundschnittmethoden umzusetzen. Kleider werden oft in der hinteren Mitte geschlossen – ideal, um eine taillierte hintere Mitte zu betonen. Eine Jacke oder Bluse wird vorn geschlossen – siehe dazu die Anleitungen für Besätze und Knopfleisten. Wenn Sie die zweckmäßigen Details eines Modells kennen, möchten Sie vielleicht die Position und Art von Teilungsnähten und die Formgebung verändern.

Ärmellose Oberteile

Viele Grundschnitte für Oberteile sind mit Ärmeln konstruiert. In der Regel sind dabei mindestens 5 cm Bewegungszugabe unter dem Arm vorgesehen. Wenn Sie die Ärmel einfach weglassen, erhalten Sie riesige, vom Körper abstehende Armausschnitte. Für ein ärmelloses Modell sollten daher zwei Anpassungen vorgenommen werden. Entweder tun Sie dies bei jedem ärmellosen Modell, das Sie entwerfen, oder Sie tun es einmal und fertigen eine entsprechende Schnittschablone für alle weiteren ärmellosen Entwürfe an.

Ärmelloses Oberteil: Anpassen der Bewegungszugabe
Durch Reduzieren der Bewegungszugabe am unteren Armausschnitt liegt das ärmellose Modell enger an und sitzt dadurch besser. Da ärmellose Modelle die Armbewegungen nicht einschränken, kann die Seitennaht etwas näher am Körper liegen. Diese Anpassung kann für sehr locker sitzende Modelle weggelassen werden, doch achten Sie darauf, dass von Ihrer Unterwäsche nicht mehr zu sehen ist, als Ihnen lieb ist.

Maße der Schnittschablone	Vorderteil	+	Rückenteil	=	Multiplizieren mit	=	–	Körpermaß gesamt	= Bewegungszugabe gesamt	Geteilt durch	= Bewegungszugabe pro Schnittteil
Beispiel Brustumfang	23 cm		21,5 cm	44,5 cm	x2	89 cm		84 cm	5 cm	÷4	1,25 cm
Brustumfang											

[A]

1
Mithilfe der obigen Tabelle die Bewegungszugabe auf Ihrer Brustlinie bestimmen.

2
Vorder- und Rückenteil Ihrer Schablone auf Papier übertragen.

3
Insgesamt 2,5 cm Bewegungszugabe auf der Brustlinie behalten. Die Schablone im obigen Beispiel sieht 5 cm Zugabe vor. Überschüssige Zugabe nach Bedarf auf der Brustlinie abtragen. Um 2,5 cm Zugabe zu behalten, sollten an jedem Schnittteil 6 mm Zugabe verbleiben [A].

4
Die neue Seitennaht vom Armausschnitt bis zur Taille gleichmäßig an die ursprüngliche Linie angleichen. Dazu die Schnittschablone an der Taillenlinie anlegen und bis zur neuen Weite auf der Brustlinie drehen, um den Schwung der ursprünglichen Seitennaht nachzuzeichnen [B].

5
Eine neue Schnittschablone für das Rückenteil ärmelloser Oberteile anfertigen. Vor Anfertigen des Vorderteils lesen Sie zunächst den folgenden Abschnitt Ärmelloses Oberteil: Abnäher im Armausschnitt (gegenüber).

Ärmelloses Oberteil: Abnäher im Armausschnitt

Ohne einen Abnäher liegen die zu weit abstehenden Armausschnitte nach der Anpassung nur ein wenig enger an. Bei der Anprobe Ihres ärmellosen Grundschnitts stecken Sie die überschüssige Weite ab. Meist ist dies ein Viertel bis die Hälfte des Brustabnäherinhalts. Bei der Anprobe ist es vielleicht schwierig, die überschüssige Weite vom Armausschnitt bis zum Brustpunkt abzustecken, doch am Papierschnitt müssen Sie dies tun. Lassen Sie bei der Linienführung der verschiedenen Abnäher Ihre Fantasie spielen (Wiener Nähte, Prinzessnähte ...).

[A]

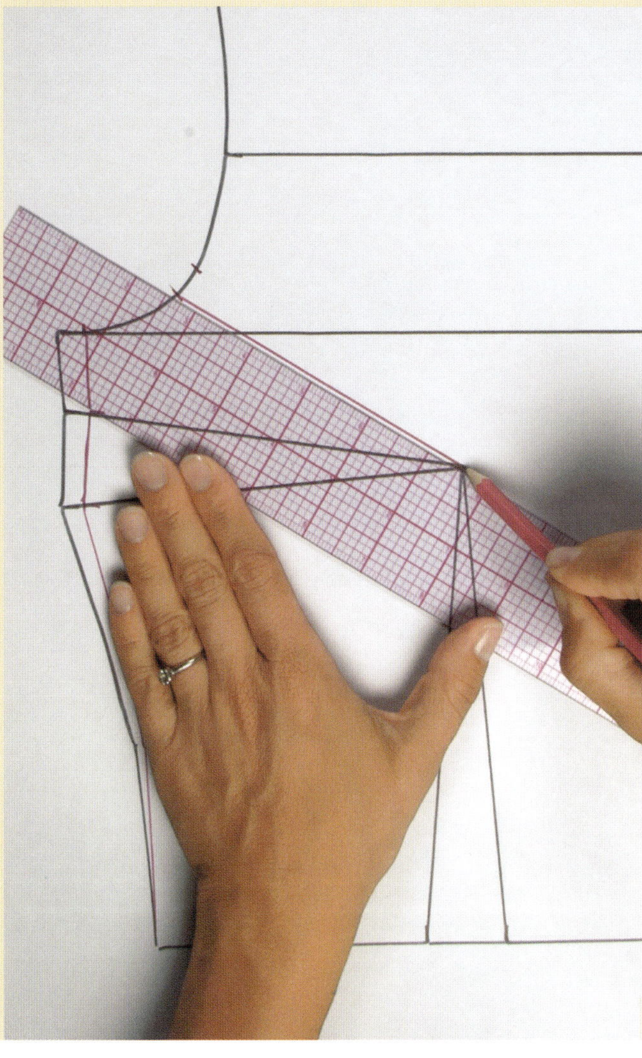

[B]

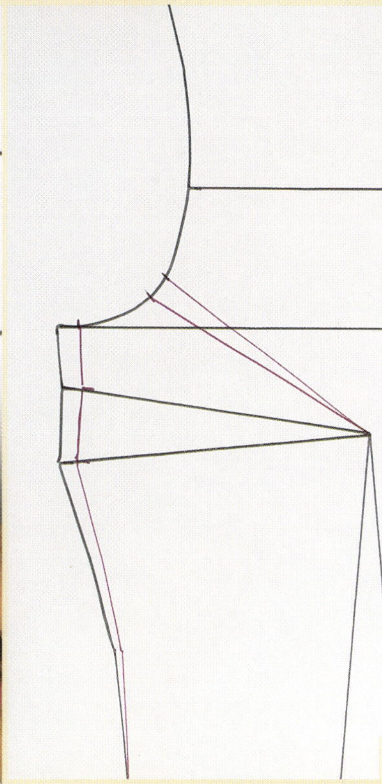

[C]

1
Die Vorderteilschablone des vorangegangenen Abschnitts (Ärmelloses Oberteil: Anpassen der Bewegungszugabe) verwenden.

2
Den Inhalt des bei der Anprobe des Grundschnitts abgesteckten Armausschnittabnähers abmessen.

3
An der tiefsten Stelle der Armausschnittkurve die neuen Abnäherschenkel markieren. Der Abnäherinhalt entspricht dem in Schritt 2 abgemessenen Wert [**A**].

4
Die Abnäherschenkel mit dem Brustpunkt verbinden [**B**], [**C**].

5
Die Länge beider Abnäherschenkel messen und den Armausschnitt so anpassen, dass die Schenkel gleich lang sind. Ist die Länge der Schenkel sehr unterschiedlich, den Abnäher an eine andere Stelle im Armausschnitt verlegen.

6
Eine neue Schnittschablone für das Vorderteil ärmelloser Oberteile anfertigen.

Oberteile: Modelldesign

Für Oberteile gibt es unzählige Gestaltungsmöglichkeiten. Die Auswahl der richtigen Grundschnittschablone vereinfacht die Umsetzung eines bestimmten Modellentwurfs.

In jedem Abschnitt finden Sie Vorschläge für Grundschnitte sowie für Alternativen. Wenn Sie ein wenig Übung haben, kombinieren Sie die Konstruktionsmethoden, um aufwendigere Modelle zu entwerfen. Die Anleitungen beziehen sich auf ärmellose Modelle, doch jede der Techniken kann auch an Modellen mit Ärmeln angewendet werden (ohne die Anpassungen für ärmellose Modelle).

Vor dem Entwurf neuer Modelle auf der Basis Ihres Grundschnitts lesen Sie nochmals den Abschnitt über Bewegungszugaben (Seite 15).

Abwandlung des Halsausschnitts

Ein anderer Halsausschnitt kann den Charakter eines Modells völlig verändern. Ein unvorteilhafter Ausschnitt kann ein Kleidungsstück wirklich ruinieren. Es gibt zwei Möglichkeiten, den Ausschnitt zu verändern: erstens die Vertiefung der vorderen oder hinteren Ausschnittlinie (so weit, wie Sie möchten!), zweitens eine Verbreiterung der Ausschnittlinie bei gleichzeitiger Verkürzung der Schulternaht.

Ohne präzise Schnittkonstruktion kann das Dekolleté zu freizügig werden oder zu weit abstehen. Jede Schnittanpassung wird separat behandelt, doch natürlich können die Techniken kombiniert werden. Probieren Sie jedoch jede zunächst für sich aus, bevor Sie mit Kombinationen spielen. Die Anpassungen können an jedem Oberteil-Grundschnitt vorgenommen werden, doch sie sollten zu Beginn des Modelldesigns erfolgen.

Abschnitt der Schulternaht, an dem der Ausschnitt endet	Hintere Schulternaht gegenüber der vorderen um folgendes Maß erweitern:
Originalposition	0
Im ersten Viertel	0,5 cm
Im zweiten Viertel	1,5 cm
Im dritten Viertel	2 cm
Im letzten Viertel	2,5 cm

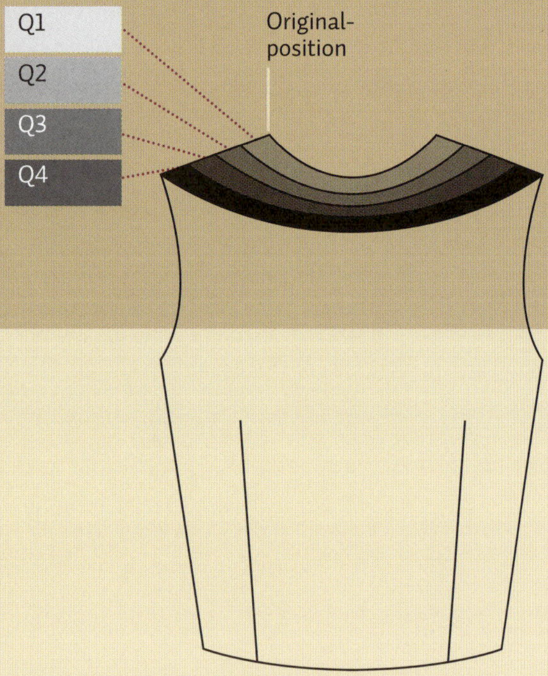

Weiter Halsausschnitt

Für einen weiteren Ausschnitt werden die Änderungen an der Schulternaht vorgenommen, sodass eine größere Partie des Halses sichtbar wird. Ein weiter Ausschnitt scheint simpel zu sein, doch aufgrund unserer Körperformen und Bewegungen muss der Schnitt angepasst werden. Wird der vordere Ausschnitt erweitert, muss der hintere noch mehr erweitert werden.

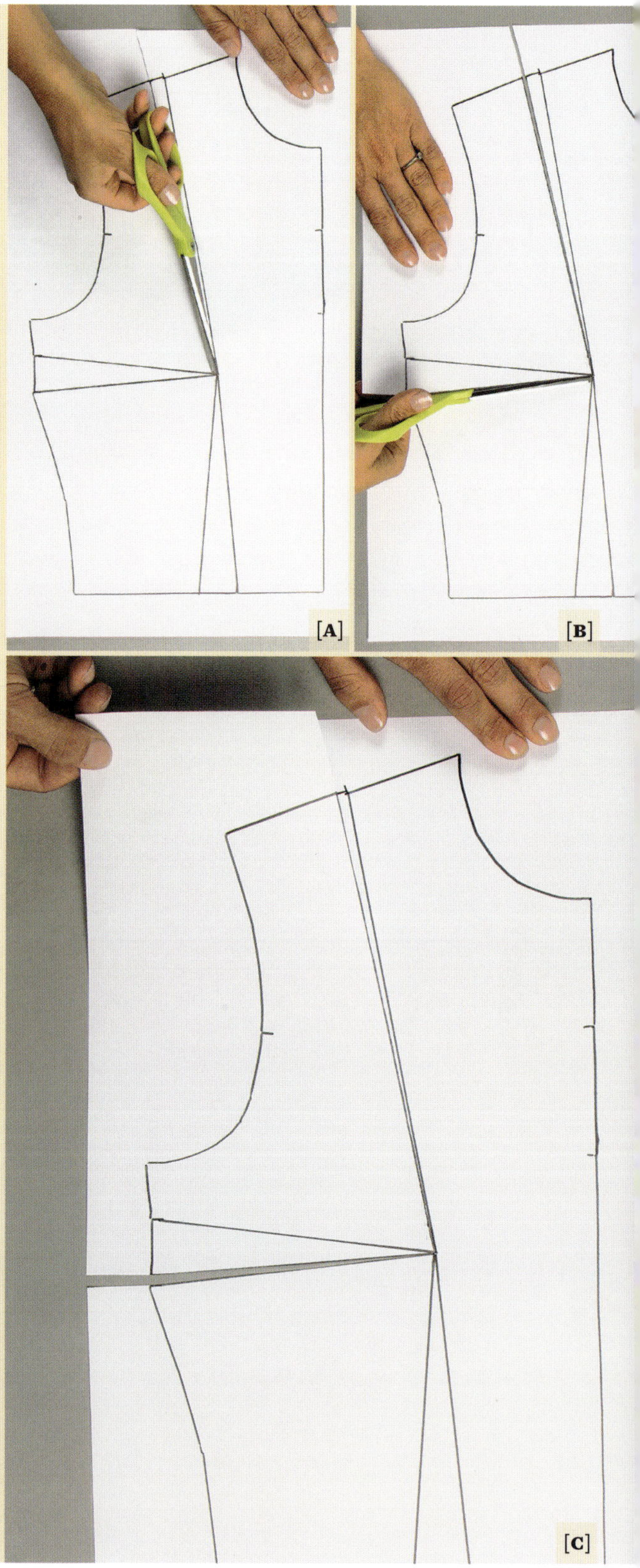

1
Das Vorderteil der ausgewählten Oberteilschablone auf Schnittmusterpapier übertragen.

2
Wenn die Schablone einen Schulterabnäher vorsieht, verlegen Sie diesen an eine andere Stelle, damit problemlos eine gleichmäßige Ausschnittlinie gezeichnet werden kann. Ist kein Schulterabnäher vorhanden, dann weiter mit Schritt 6.

3
Einen Schenkel des Schulterabnähers bis zum Brustpunkt einschneiden. Nicht durchschneiden [**A**].

4
Einen Schenkel des seitlichen Abnähers ebenfalls bis zum Brustpunkt einschneiden. Nicht durchschneiden [**B**].

5
Den Schulterabnäher schließen (eingeschnittenen auf nicht eingeschnittenen Schenkel kleben). Dadurch öffnet sich der Seitenabnäher. Nach Entwurf des Halsausschnitts kann der Abnäher durch Abnähervarianten, Wiener Nähte oder Empirenähte nach Wunsch abgewandelt werden [**C**].

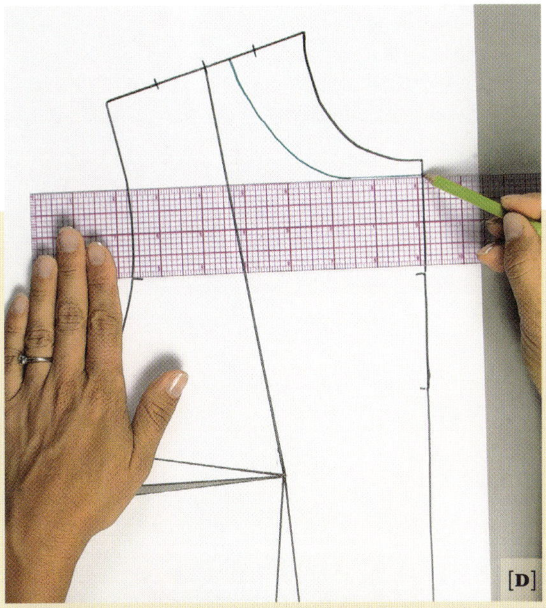

[**D**]

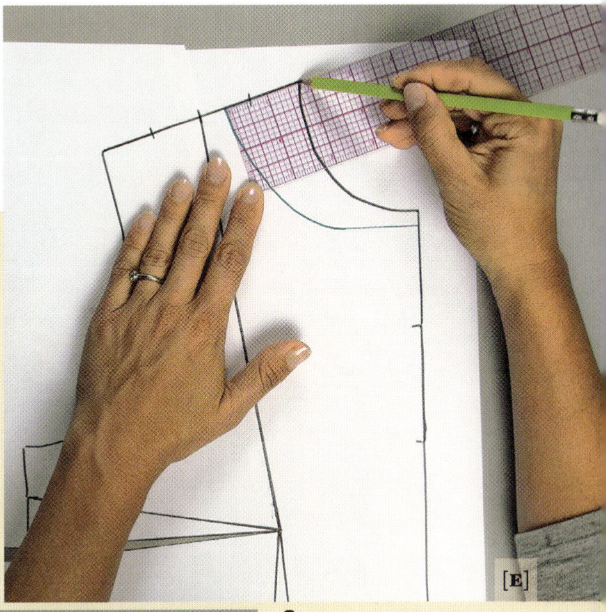

[**E**]

[**F**]

6
Den neuen Halsausschnitt einzeichnen. Senkrecht zur vorderen Mitte beginnen – außer für einen V-Ausschnitt. Die Ausschnittlinie im gewünschten Bogen bis zur Schulternaht zeichnen [**D**].

7
Die Schulternaht in vier gleiche Partien teilen. Den Abstand vom ursprünglichen zum neuen Ausschnitt abmessen und notieren. Prüfen Sie, in welchem Viertel der neue Ausschnitt ansetzt. Bestimmen Sie mithilfe der Tabelle auf Seite 70, um wie viel weiter der neue hintere Halsausschnitt werden muss [**E**].

8
Für den neuen hinteren Ausschnitt ebenso wie beim vorderen das Maß zwischen altem und neuem Ausschnitt abmessen und das Maß aus der Tabelle hinzurechnen [**F**].

TIPP

Ist der vordere Ausschnitt sehr weit, kann die hintere Ausschnittlinie bis über die Schulternaht hinaus verlängert werden. Dazu die Schräge der Schulternaht über den Armausschnitt hinaus fortsetzen. Beachten Sie, dass die fertige hintere Schulternaht so breit sein muss wie die vordere.

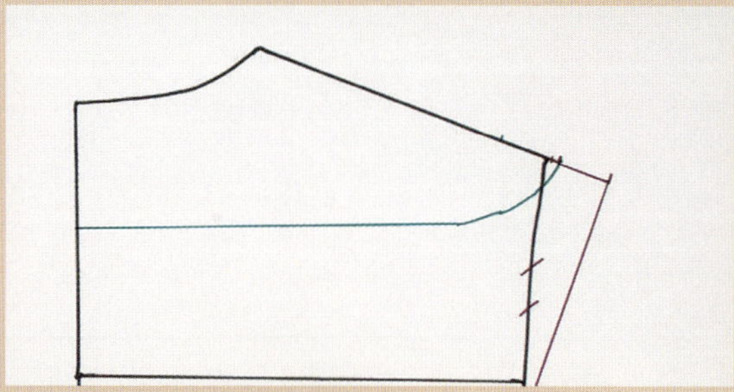

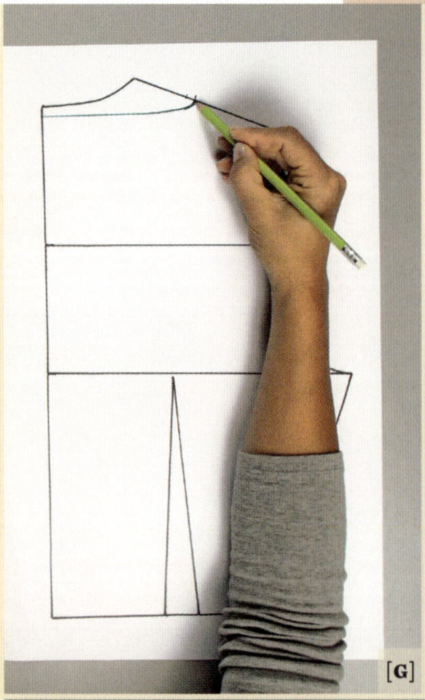

[G]

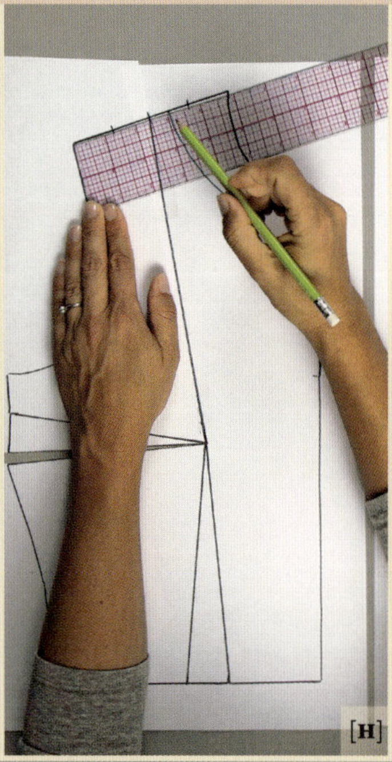

[H]

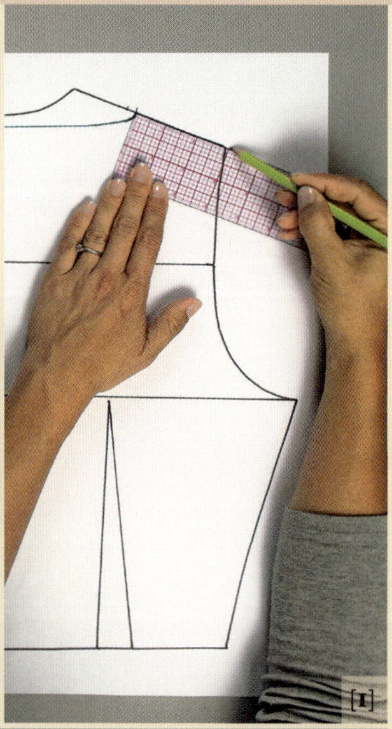

[I]

9
Die gewünschte Form des hinteren Ausschnitts einzeichnen. Rückenausschnitte, die tiefer sein sollen als die Brustlinie, werden im folgenden Kapitel besprochen [G].

10
Die Länge der fertigen vorderen Schulternaht abmessen [H]und nachprüfen, dass die hintere Schulternaht ebenso lang ist [I].

Eventuell muss die Schulternaht über den Armausschnitt hinaus verlängert werden – dann einen neuen Armausschnitt von der Schulternaht zur Schulterblattlinie einzeichnen [J].

11
Danach können Sie neue Teilungsnähte und Silhouetten entwerfen.

[J]

Tiefes Dekolleté

Für ein Dekolleté, das tiefer ist als die Brustlinie, wird ein Extraabnäher benötigt, der an der Ausschnittkante eingezeichnet wird. Er sorgt dafür, dass der Ausschnitt über der Brust nicht absteht, sondern an der vorderen Mitte zwischen den Brüsten anliegt. Dieser Extraabnäher kann in eine Abnähervariante oder Teilungsnaht umgewandelt werden, wie weiter unten beschrieben wird.

TIPP

Messen und notieren Sie auch die Maße für einen weiten Halsausschnitt am Rückenteil – diese brauchen Sie zur Konstruktion des Rückenteils.

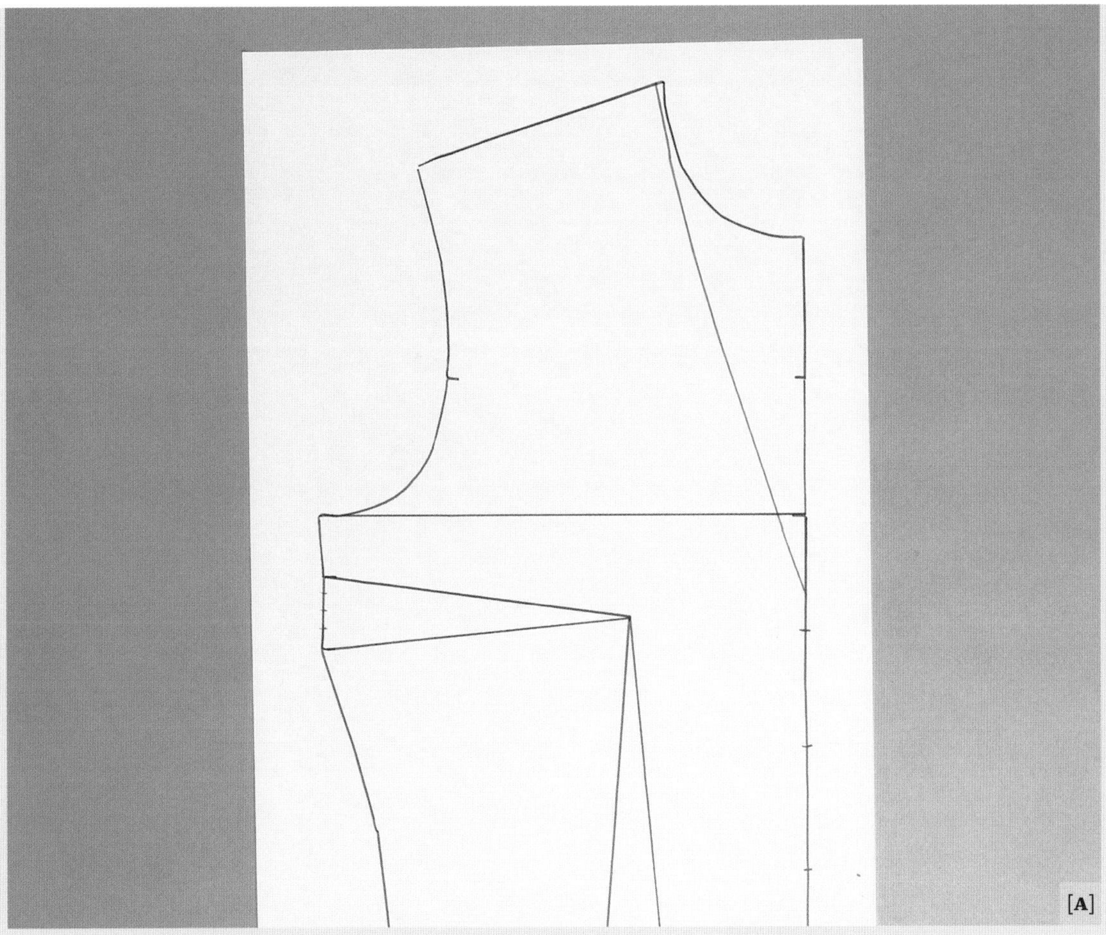

[A]

1
Das Vorderteil der ausgewählten Oberteilschablone auf Schnittmusterpapier übertragen.

2
Die Form des gewünschten Ausschnitts einzeichnen. Die Ausschnittweite am Hals sollte mindestens 2,5 cm näher an der vorderen Mitte liegen als der Brustpunkt – sonst verläuft die Ausschnittlinie zu dicht am Brustpunkt und wird zu freizügig [A].

3
Die Tiefe des Ausschnitts bestimmt die Größe des Extraabnähers. Mithilfe der folgenden Tabelle wird die Größe des Abnähers im Halsausschnitt bestimmt. Dazu die Länge der vorderen Mitte von der Brust- bis zur Taillenlinie abmessen und in vier Partien teilen.

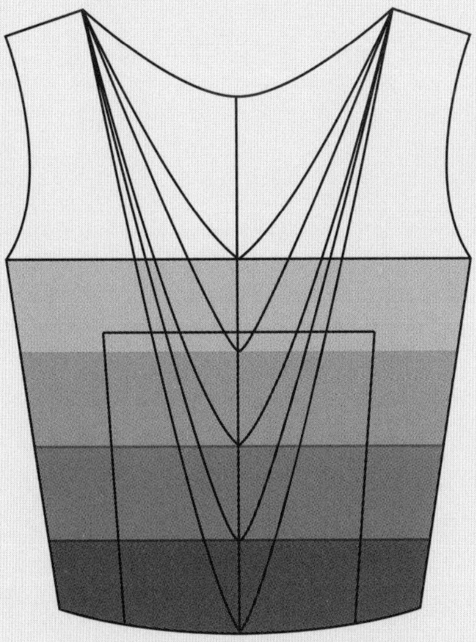

Tiefster Punkt des Halsausschnitts	Inhalt des zusätzlichen Abnähers
An oder über der Brustlinie	0
Im ersten Viertel	Ein Viertel des Brustabnähers
Im zweiten Viertel	Die Hälfte des Brustabnähers
Im dritten Viertel	Drei Viertel des Brustabnähers
Im letzten Viertel	Wie der Brustabnäher

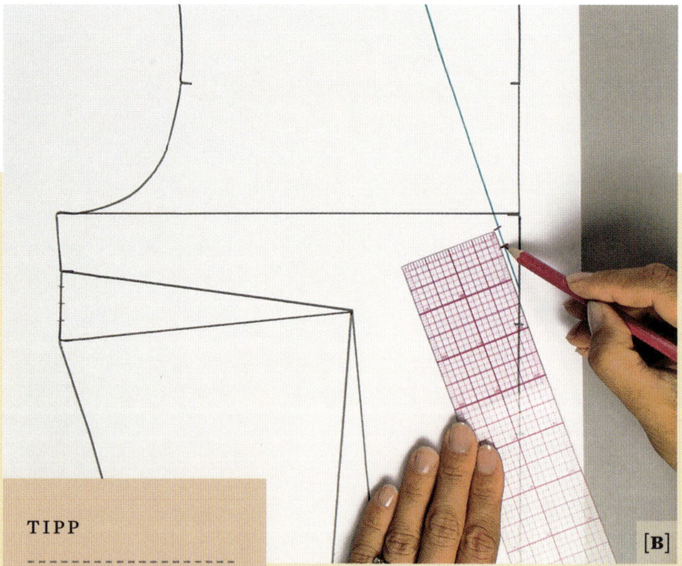

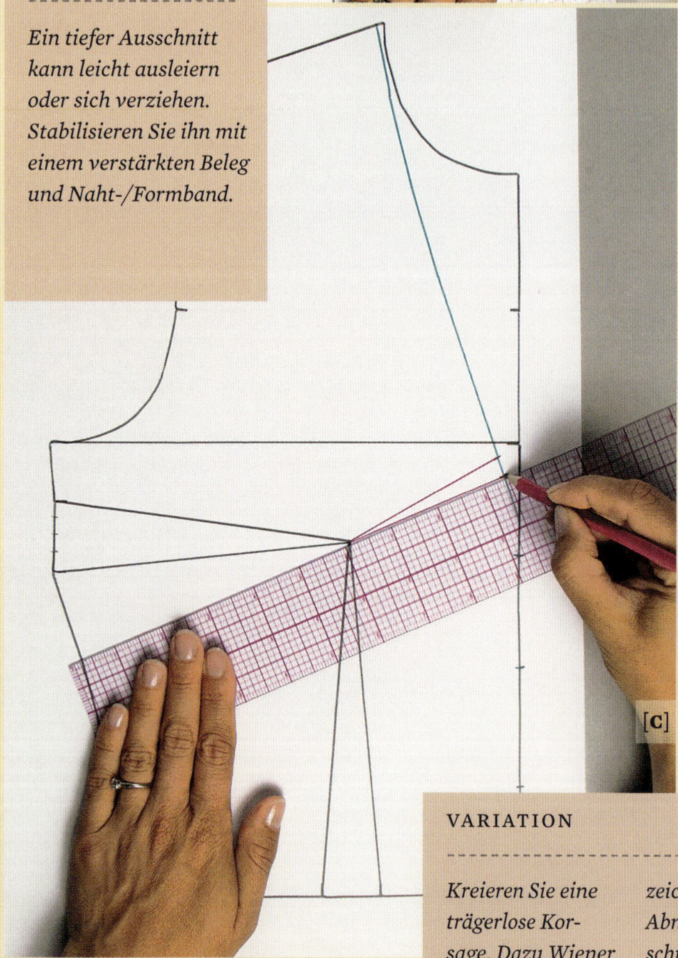

4
Die neuen Abnäherschenkel am Halsausschnitt dicht an der Brustlinie markieren. Zur Größe des Abnäherinhalts siehe Tabelle auf der vorigen Seite [**B**].

5
Die Abnäherschenkel mit dem Brustpunkt verbinden [**C**].

6
Zur Abwandlung des Abnähers durch Abnähervarianten oder Teilungsnähte siehe folgende Anleitungen.

TIPP

Ein tiefer Ausschnitt kann leicht ausleiern oder sich verziehen. Stabilisieren Sie ihn mit einem verstärkten Beleg und Naht-/Formband.

VARIATION

Kreieren Sie eine trägerlose Korsage. Dazu Wiener Nähte mit der Unterbrustnaht der Empirelinie kombinieren. Die gewünschte Ausschnittlinie einzeichnen und einen Abnäher im Ausschnitt hinzufügen (Abnäherinhalt ¾ des Brustabnähers). Diesen neuen Abnäher mittig über der Wiener Naht anbringen.

Tiefer Rückenausschnitt
Durch einen Rückenausschnitt, der tiefer ist als die Brustlinie, entsteht Mehrweite, da kein Stoff über dem Rücken spannt. Zur Korrektur genügt eine einfache Anpassung der Seitennaht. Diese Anpassung wird nur am Rückenteil vorgenommen.

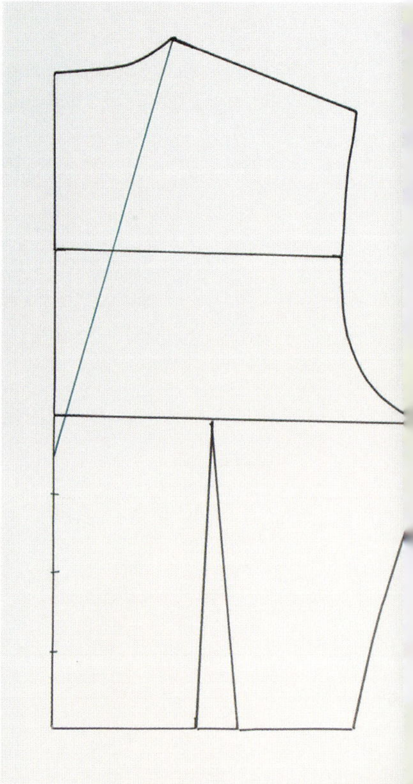

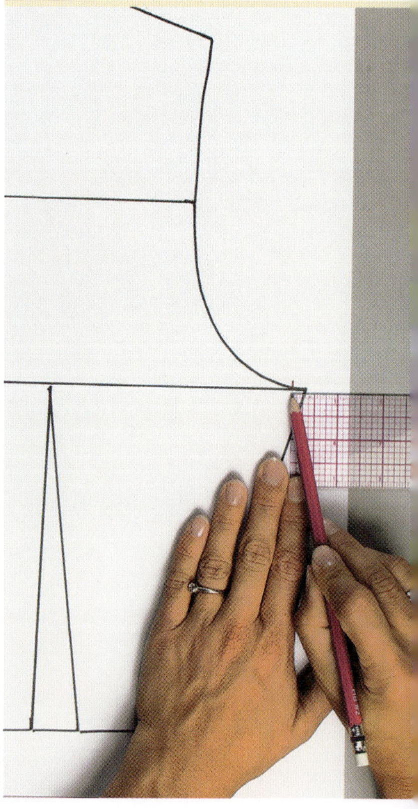

[A]

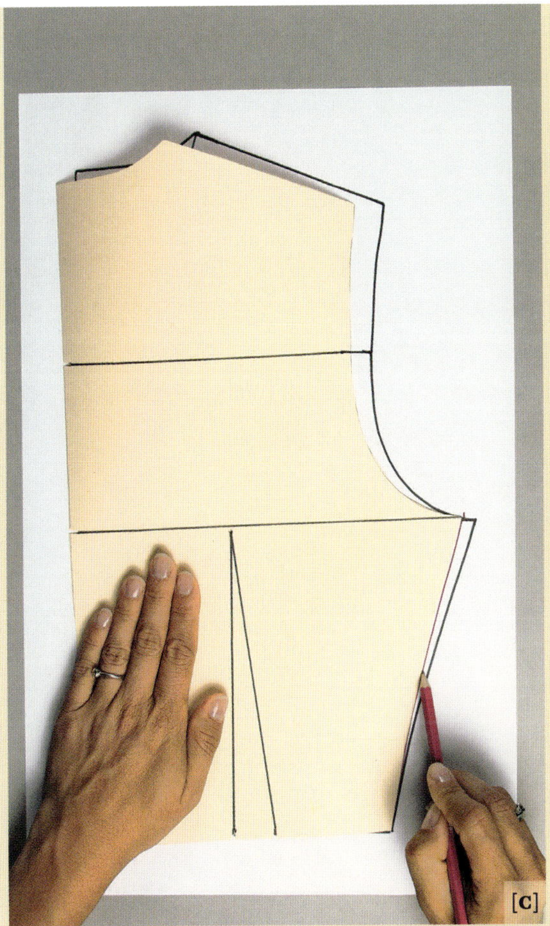

[C]

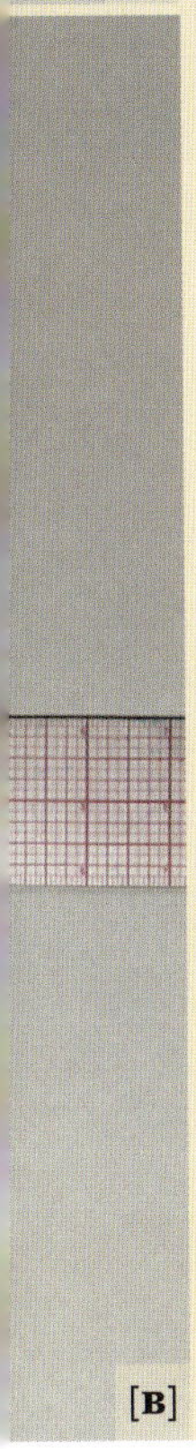

[B]

[D]

1
Das Rückenteil der ausgewählten Oberteilschablone auf Schnittmusterpapier übertragen.

2
Die Form des gewünschten hinteren Ausschnitts einzeichnen [**A**].

3
Auf der Brustlinie das Maß zwischen der ursprünglichen hinteren Mitte und dem neuen Ausschnitt abmessen und notieren.

4
Dieses Maß auf der Brustlinie von der Seitennaht abtragen [**B**].

5
Mithilfe der Schnittschablone des Rückenteils die neue Seitennaht von der Brustlinie bis zur Taille nachzeichnen. Dabei beachten, dass das Taillenmaß nicht reduziert wird [**C**].

6
Den Armausschnitt – falls nötig – nachzeichnen, sodass die Achselrundung auf der Brustlinie liegt [**D**].

TIPP

Wenn der Rückenausschnitt bei der Anprobe absteht, hilft auch hier ein Abnäher. Dieser wird ähnlich konstruiert wie am Vorderteil, doch anstelle der Verbindung zum Brustpunkt wird er mit dem Rand des Schnittteils verbunden, in der Regel der Seitennaht oder dem Armausschnitt. Einen Abnäherschenkel einschneiden und genau auf den anderen legen, um den Abnäher zu entfernen.

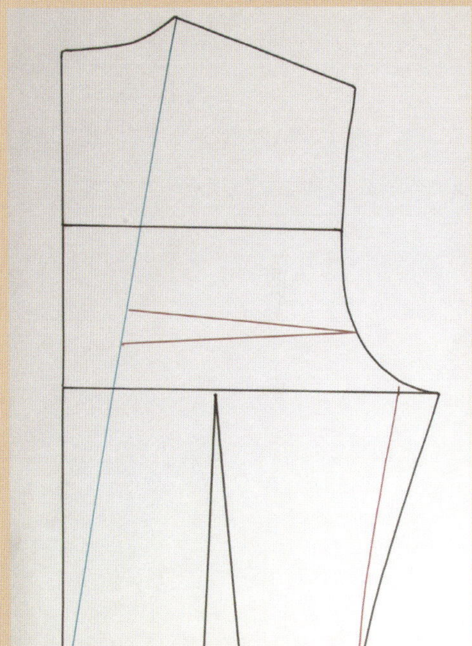

Abnähervarianten

Mittels Abnähervarianten können Sie einige oder alle Abnäher eines Modells an einen neuen, interessanteren Platz verschieben und dennoch dieselbe gute Passform Ihres Grundschnitts beibehalten. Es gibt unzählige Designmöglichkeiten. Sie können alle Abnäher in einen oder mehrere neue Abnäher verlegen. Abnäher können auch in Falten, Kräuselungen und aufspringende Fältchen umgewandelt werden. Für ein legerer sitzendes Modell können Abnäher auch weggelassen werden. Seiten- bzw. Brustabnäher sollten jedoch beibehalten werden, sonst leidet die Passform und die Seiten von Vorder- und Rückenteil sind ungleich lang.

Am einfachsten ist es, wenn Sie mit Abnähervarianten an einem Modell mit Taillennaht beginnen. Mit etwas Erfahrung können Sie dann Abnähervarianten an einem Modell mit Empirelinie oder Wiener Nähten versuchen. Der Taillenabnäher kann auch weggelassen werden; dann erübrigt sich die Notwendigkeit einer Taillennaht.

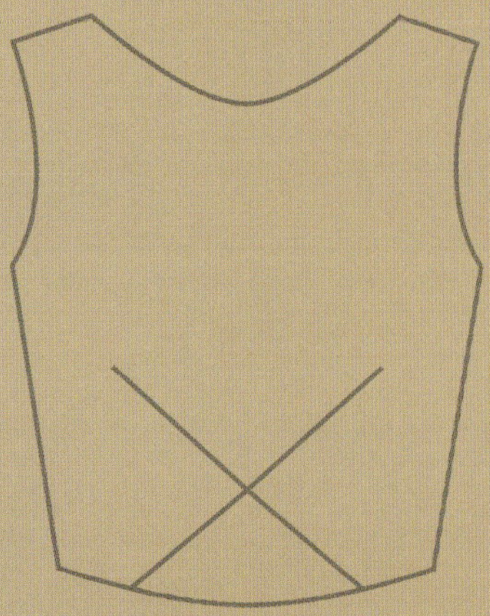

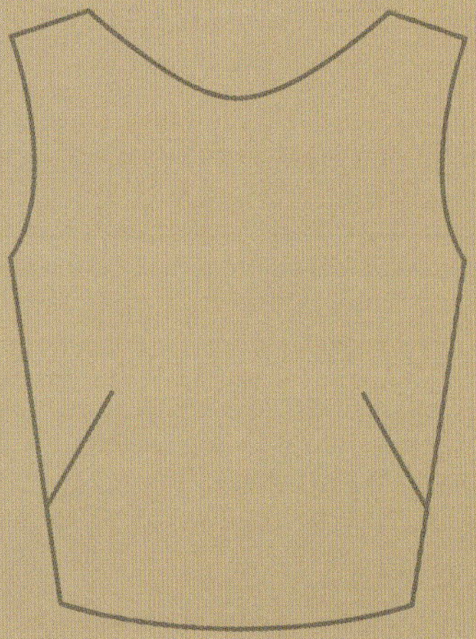

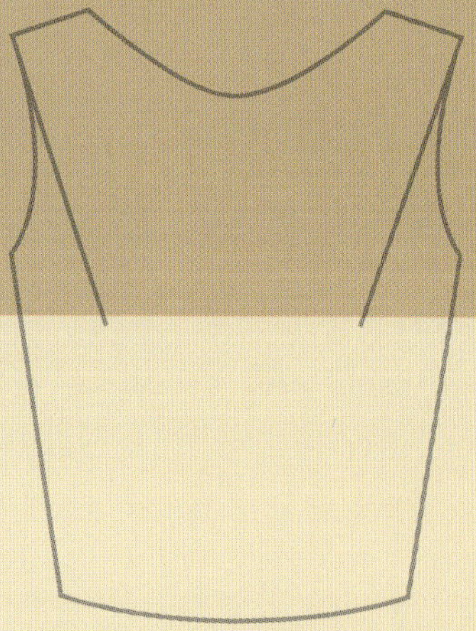

TIPPS

Zeichnen Sie ein komplettes Vorderteil auf. Gestalten Sie es mit einer Abnähervariante: Taillenabnäher, die sich an der vorderen Mitte kreuzen.

—

Für ein Modell mit Ärmeln arbeiten Sie die Abnähervarianten an einem Grundschnitt, der Ärmel vorsieht.

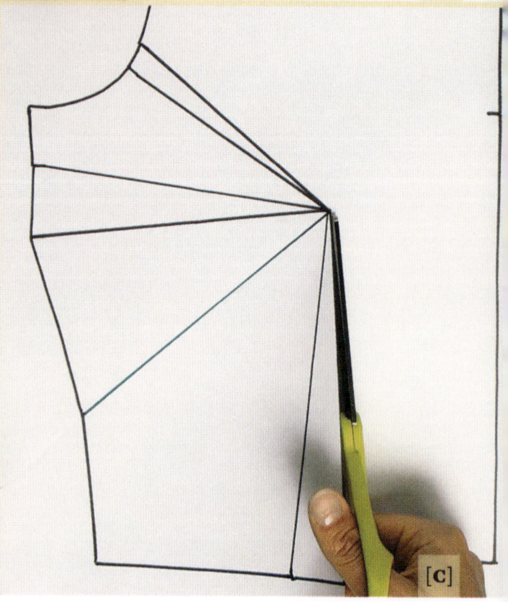

1
Das Vorderteil der ausgewählten Oberteilschablone auf Schnittmusterpapier übertragen. Den Halsausschnitt nach Wunsch abwandeln. Brustpunkt und alle Abnäher markieren.

2
Die Position des neuen Abnähers festlegen. Vom Brustpunkt zum Rand des Schnittteils eine Linie ziehen [**A**].

3
Die neue Linie vom Rand bis zum Brustpunkt einschneiden. Nicht durchschneiden [**B**].

4
Irgendeinen Abnäherschenkel vom Rand bis zum Brustpunkt einschneiden. Nicht durchschneiden. Zur Arbeitserleichterung einen Abnäherschenkel nach dem anderen bearbeiten [**C**].

TIPP

Alle Abnäher in einen vorhandenen Abnäher verlegen: Die ursprünglichen Abnäherschenkel verwenden, nicht nur den eingeschnittenen.

[**D**]

[**E**]

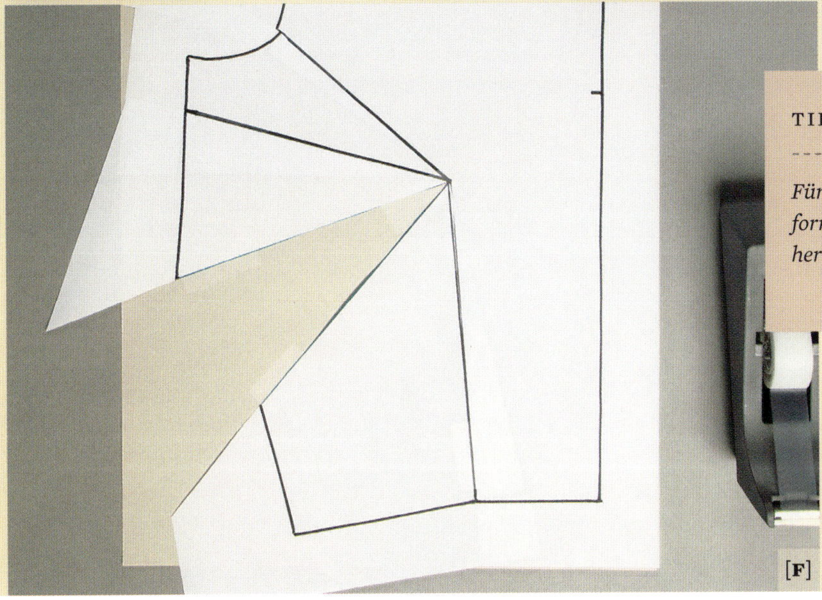

[**F**]

5
Den Abnäher schließen (eingeschnittenen Schenkel auf den anderen legen); festkleben [**D**].

Sie sehen, wie ein neuer Abnäher sich öffnet und ein neuer Abnäherinhalt entsteht!

6
Für alle weiteren Abnäher wiederholen, die verlegt werden sollen [**E**].

7
Papier hinter den neu entstandenen Abnäher legen und festkleben [**F**].

TIPP

Für eine legerere Passform den Taillenabnäher ignorieren.

TIPP

Bei großen Körbchengrößen, D oder größer, ein Modell mit zwei Abnähern konstruieren. So werden die Abnäherschenkel stabiler und die Passform wird verbessert.

TIPP

Einen Abnäherinhalt von über 5 cm zu Nahtzugaben zurückschneiden, damit der Abnäher am fertigen Modell nicht zu wulstig wird.

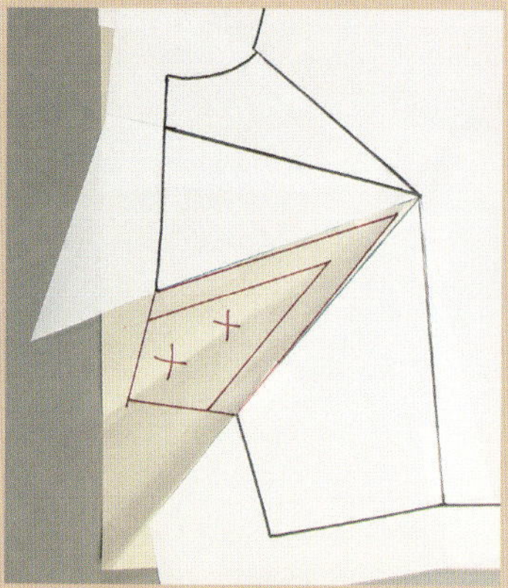

[G]

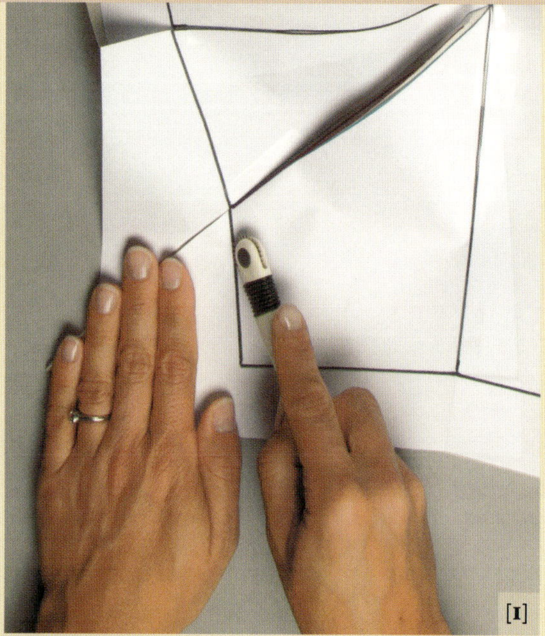

[I]

[H]

[J]

Schritte 8 und 9: siehe Abbildung **[G]**.

8
Nach Wunsch die Brustabnäherspitze etwas zum Rand des Schnittmusters verlegen, sodass sie knapp neben der stärksten Stelle der Brust liegt.

9
Die Abnäherschenkel mit der ursprünglichen oder verlegten Brustabnäherspitze verbinden. Für jeden Schenkel einen Knips sowie 1,5 cm neben der Abnäherspitze (zum Rand hin) ein Bohrloch setzen.

10
Den Abnäher schließen: den unteren Schenkel genau auf den oberen legen **[H]**.

11
Mit dem Kopierrädchen den Umriss des so gefalteten Schnittteils nachziehen **[I]**.

Auffalten und die Linie nachzeichnen **[J]**.

12
Fadenlauf parallel zur vorderen Mitte einzeichnen. Vorderteil beschriften: „2x im Stoffbruch aus Oberstoff", oder zunächst einen Verschluss mit Kragen konstruieren.

Abnähervariante: aufspringende Fältchen

Anstatt die Abnäher vom Rand bis zum Brustpunkt zu nähen, können Sie auch aufspringende Fältchen (Abnäherfältchen) nähen. Dies sind Abnäher, die vom Rand aus nur zum Teil genäht werden, nicht bis zur Brustspitze. Die Konstruktion ist größtenteils identisch wie beim Verlegen der Abnäher; eventuell möchten Sie jedoch mehr als ein Fältchen einfügen.

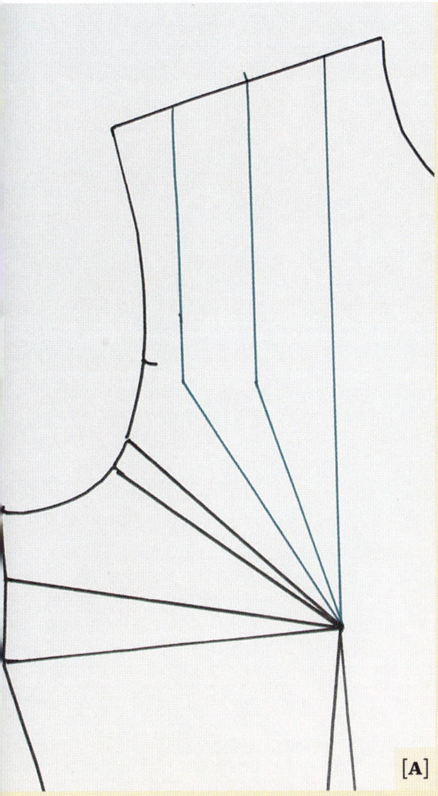

[A]

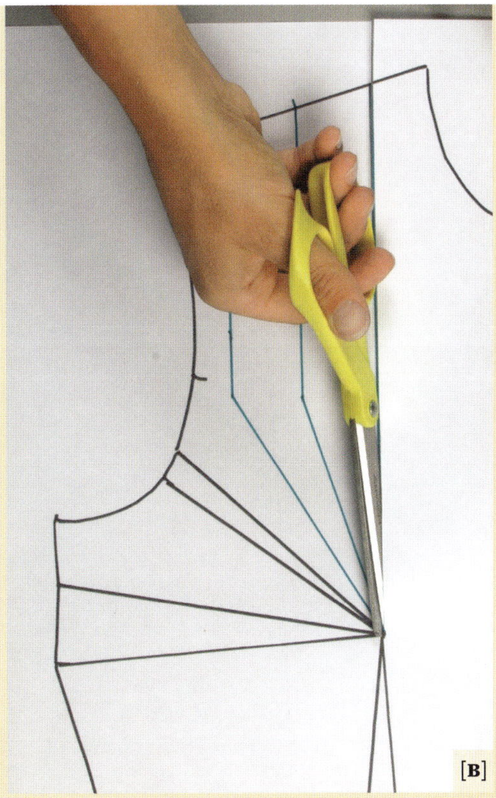

[B]

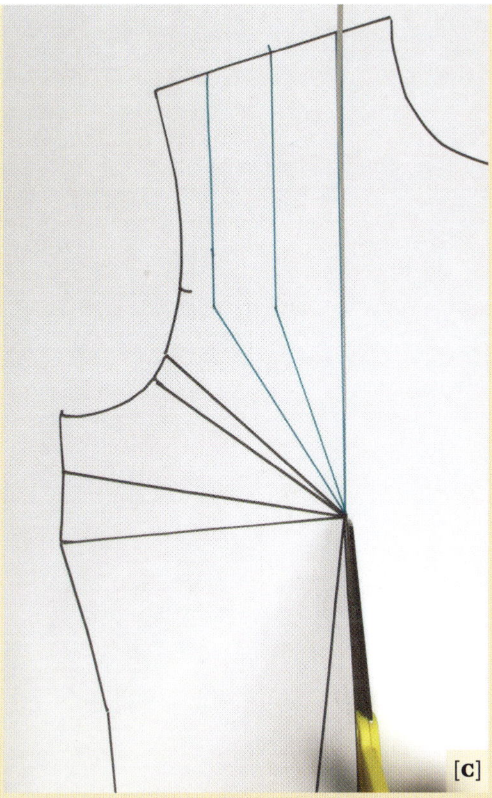

[C]

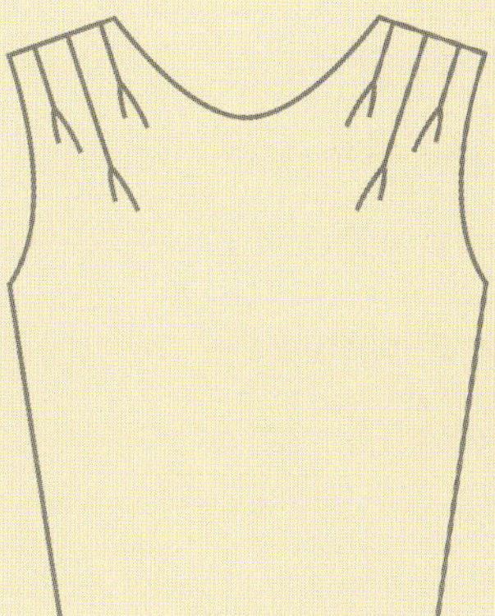

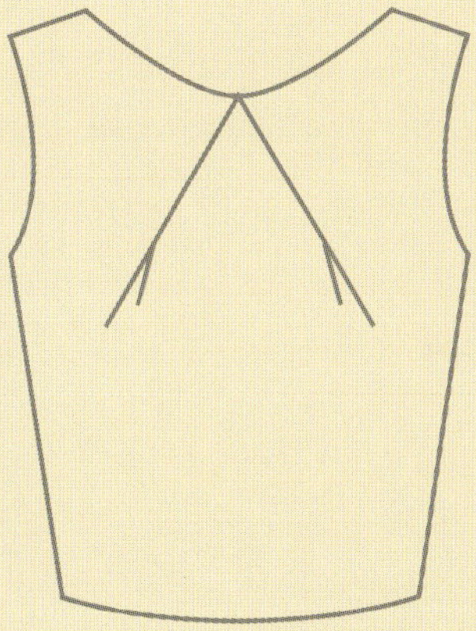

1

Das Vorderteil der ausgewählten Oberteilschablone auf Schnittmusterpapier übertragen.

2

Vorderen und hinteren Halsausschnitt nach Wunsch abwandeln.

3

Die Position des neuen aufspringenden Fältchens festlegen. Vom Brustpunkt zum Rand des Schnittteils eine Linie ziehen. Dabei beachten, dass die Linien nicht durchgehend gerade sein müssen: Der Winkel der Linien am Rand des Schnittteils bestimmt, wie am fertigen Modell die Fältchen fallen [**A**].

4

Eine der Fältchenlinien vom Rand des Schnittteils zum Brustpunkt einschneiden [**B**].

5

An jedem Abnäher einen Schenkel vom Rand zum Brustpunkt einschneiden. Nicht durchschneiden. Zur Arbeitserleichterung einen Abnäherschenkel nach dem anderen bearbeiten [**C**].

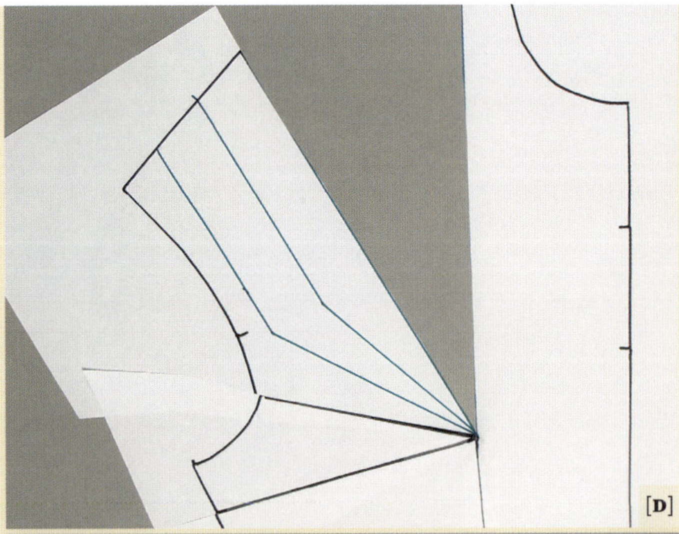

[D]

[E]

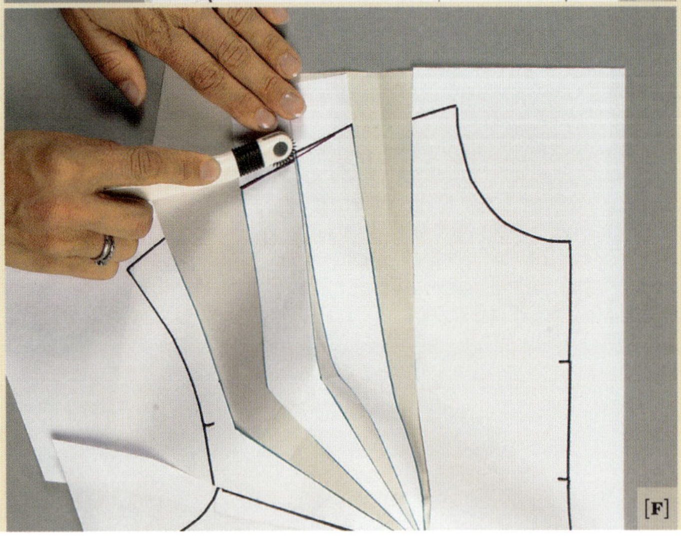

[F]

[G]

6

Den Abnäher schließen: Den eingeschnittenen auf den nicht eingeschnittenen Schenkel legen. Für alle Abnäher, die verlegt werden sollen, wiederholen [**D**].

Schritte 7 und 8: siehe Abbildung [**E**].

7

Bei mehr als einer Fältchenlinie die übrigen Linien einschneiden und den Abnäherinhalt gleichmäßig oder auch ungleichmäßig auf alle Linien verteilen.

8

Hinter alle Fältcheneinschnitte Papier legen und festkleben.

9

Das Papier so falten, wie die Fältchen am fertigen Modell gelegt werden sollen. Eventuell muss die ursprüngliche Nahtlinie nachgezeichnet werden (entstandene Ecken begradigen bzw. Winkel auffüllen) [**F**].

10

Mit dem Kopierrädchen die Form des Schnittteils durch das gefaltete Papier nachfahren. Auffalten und den Umriss nachzeichnen.

11

Knipse an allen Fältchenlinien anbringen und Bohrlöcher an den Punkt setzen, bis zu dem die Fältchen genäht werden sollen [**G**].

Abnähervariante: Kräuselfalten
Kräuselfalten eignen sich ebenfalls zur Passformregulierung an der Brust und können für einen bequemeren Sitz sorgen. Sie benötigen Weite, anders als aufspringende Fältchen, die nur eine schmale Nahtlinie bilden.

TIPPS

Durch mehrere Kräusellinien erhält eine breitere Partie mehr Weite.

An einer Teilungsnaht kräuseln: Die Knipse zur Markierung der zu kräuselnden Partie auf die Teilungsnaht setzen.

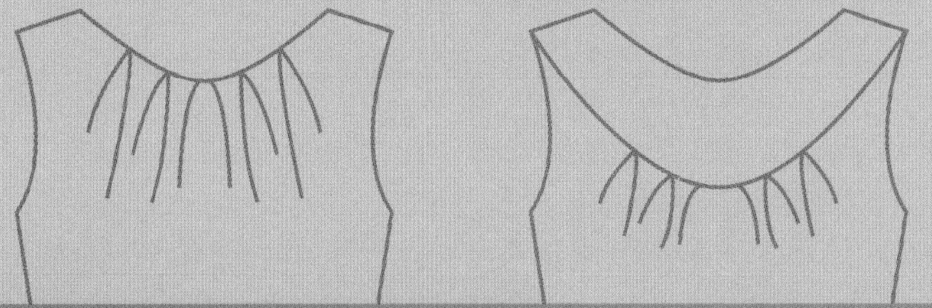

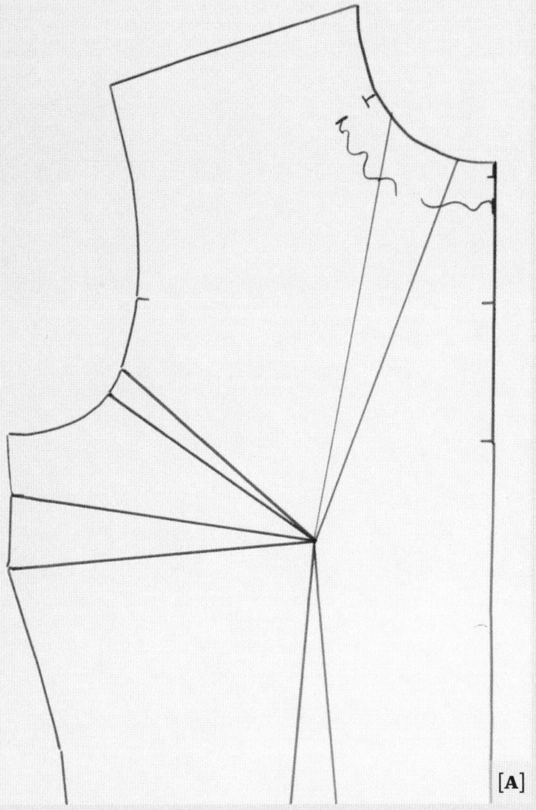

[A]

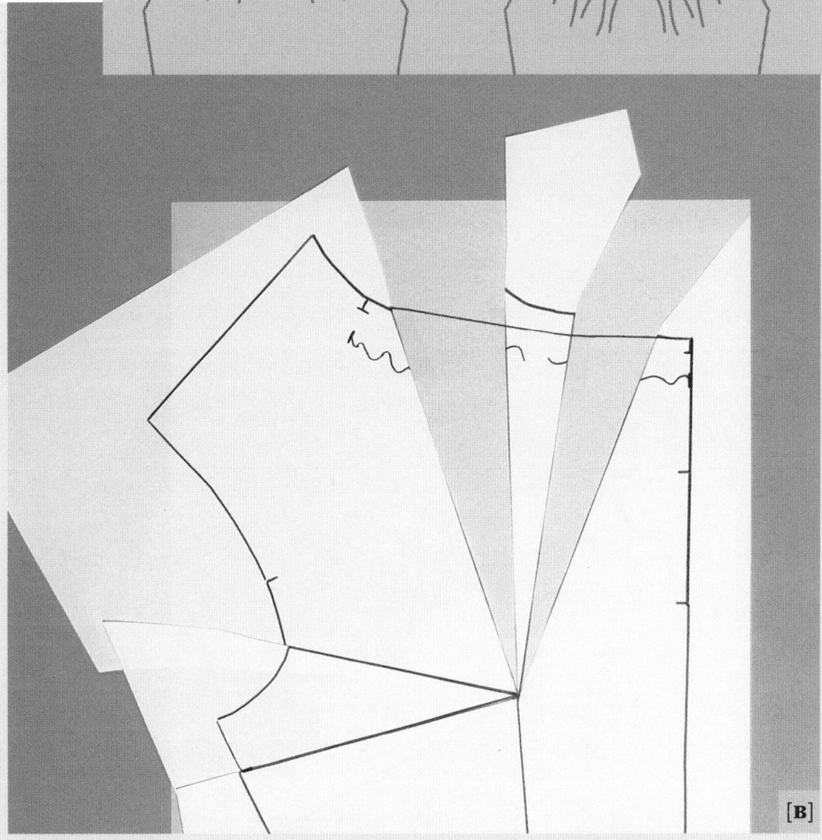

[B]

1
Das Vorderteil der ausgewählten Oberteilschablone auf Schnittmusterpapier übertragen.

2
Den Halsausschnitt nach Wunsch abwandeln.

Schritte 3 und 4: siehe Abbildung [**A**].

3
Vom Brustpunkt zum Rand (in der Mitte der zu kräuselnden Partie) eine Linie ziehen.

4
In 1,5–5 cm Abstand zu beiden Seiten der Kräusellinie Knipse setzen. Vor dem Einschneiden den Abstand zwischen den Knipsen abmessen und notieren. Dies ist die Breite der fertig gekräuselten Partie. In dickem Stoff nehmen Kräuselfalten mehr Raum ein als in dünnem.

Schritte 5–11: siehe Abbildung [**B**].

5
Die Kräusellinie vom Rand bis zum Brustpunkt einschneiden.

6
Einen Schenkel jedes Abnähers vom Rand bis zum Brustpunkt einschneiden. Nicht durchschneiden. Zur Arbeitserleichterung einen Abnäherschenkel nach dem anderen bearbeiten.

7
Den Abnäher schließen: Den eingeschnittenen Schenkel genau auf den nicht eingeschnittenen legen und festkleben.

8
An allen verbleibenden Abnähern wiederholen.

9
Bei mehr als einer Kräusellinie die übrige(n) Kräusellinie(n) einschneiden und die Abnäherinhalte gleichmäßig darauf verteilen.

10
Papier unter alle Kräusellinien legen und festkleben.

11
Von Beginn bis Ende der Kräuselpartie eine schön geschwungene Linie nachzeichnen; dabei eventuelle Ecken am Rand des Schnittmusters begradigen.

12
Auf dem Schnittmuster die in Schritt 4 abgemessene Weite der fertig gekräuselten Partie notieren.

Formgebende Teilungsnähte

Formgebende Teilungsnähte sind lange, durchgehende senkrechte Nähte, die von der oberen Partie eines Oberteils bis zum Saum verlaufen (z. B. Prinzessnähte/Wiener Nähte). Eine Taillennaht ist dabei nicht notwendig. Der geschwungene Verlauf der Teilungsnähte ist figurumschmeichelnder als Abnäher, die kegelförmig werden können. Je nach Verlauf der Teilungsnähte können diese bestimmte Partien der Figur betonen oder kaschieren.

Die Passform eines Modells mit formgebenden Teilungsnähten wird viel besser, wenn diese durch den Brustpunkt oder 1–2,5 cm daneben verlaufen. Je enger ein Modell anliegt, desto dichter sollte die Teilungsnaht am Brustpunkt verlaufen. Je lockerer es sitzt, desto weiter kann die Teilungsnaht vom Brustpunkt wegliegen.

Mithilfe der folgenden Anleitung können Sie Schnittmuster für fantastische Jacken und Kleider entwickeln. Dabei können Sie das Rockteil des Grundschnitts beliebig kürzen oder verlängern (siehe S. 62).

Wenn Sie mit der Schablone einer Oberteil-Rock-Kombination arbeiten, vergewissern Sie sich, dass das Taillenmaß an Oberteil und Rock identisch ist, da die Bewegungszugabe unterschiedlich sein kann. Unterscheiden sich die Maße, lesen Sie unter „Angleichen der Oberteil-Rock-Kombination" (Seite 54), wie sie angepasst werden können.

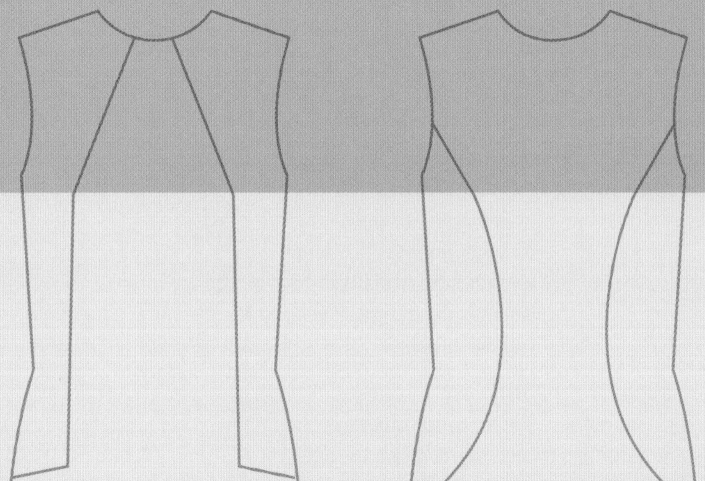

Auf der Basis einer Oberteil-Rock-Schnittschablone

Der Grundschnitt einer Oberteil-Rock-Kombination kann mit formgebenden Teilungsnähten kombiniert werden – der Taillenabnäher erübrigt sich dabei.

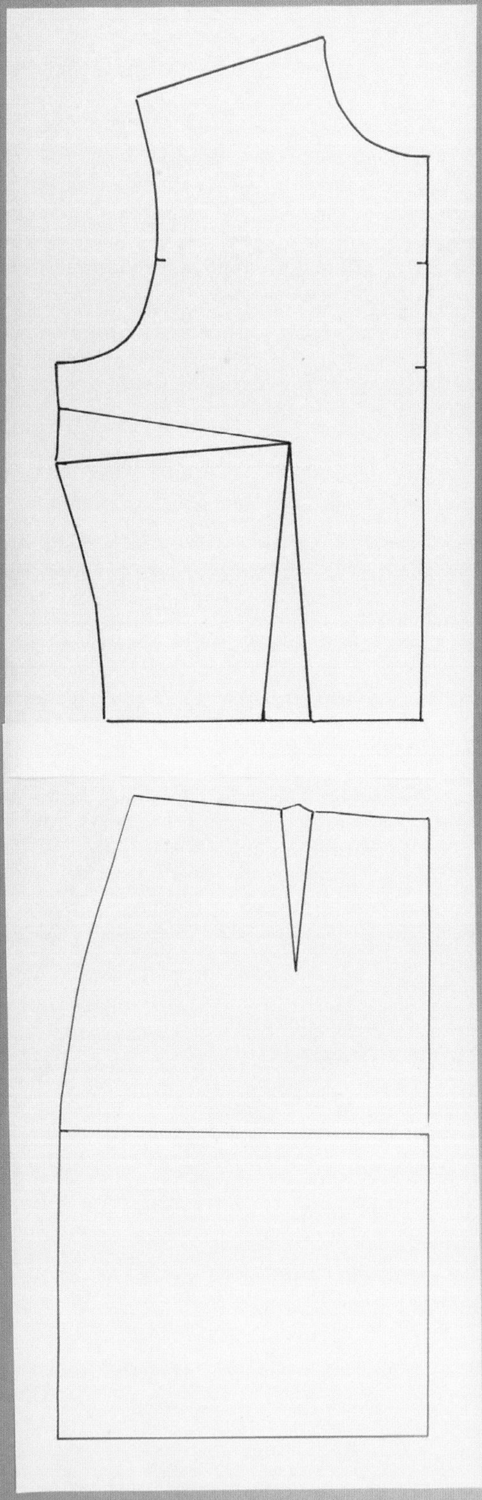

[A]

TIPP

Setzen Sie Wiener Nähte aus dem Armausschnitt nicht über der Brustlinie an – sonst wirkt es später so, als wäre die Brust am falschen Platz. Eine Wiener Naht, die schnurgerade aus dem Armausschnitt zum Brustpunkt oder in dessen Nähe verläuft, sieht am fertig genähten und getragenen Modell runder aus.

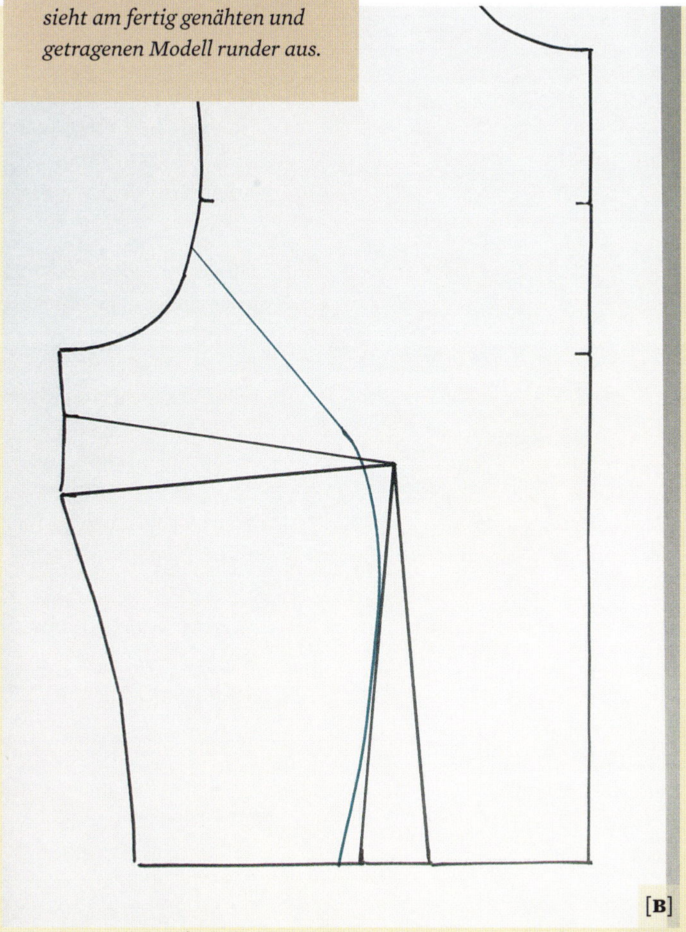

[B]

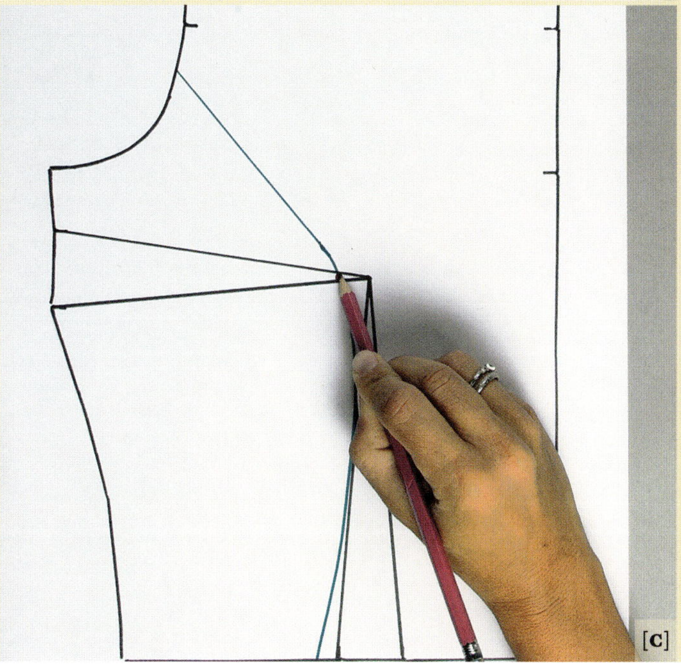

[C]

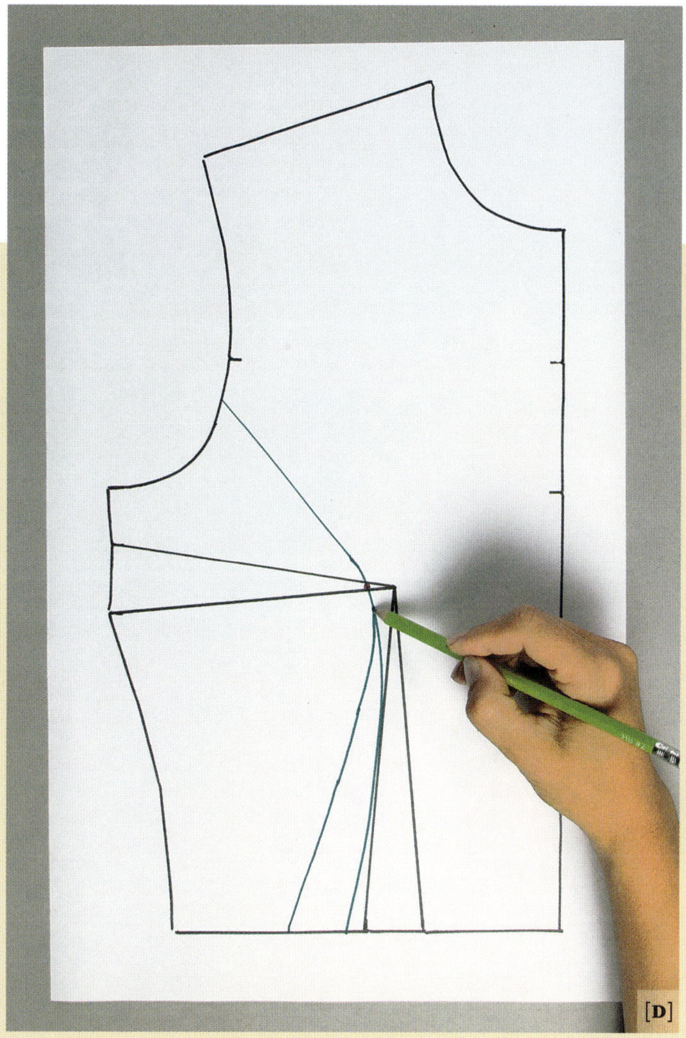

[D]

1
Die Vorderteile (Oberteil und Rockteil) der Oberteil-Rock-Schablone auf separate Schnittmusterbogen übertragen [A].

2
Vorderen und hinteren Halsausschnitt sowie die Länge des Rockvorder- und -rückenteils nach Wunsch abwandeln.

3
Am Oberteil eine Teilungsnaht einzeichnen, die von Halsausschnitt, Schulter oder Armausschnitt durch den (oder dicht neben dem) Brustpunkt bis zum Rand an der Taille reicht [B].

4
Den Brustpunkt in derselben Höhe wie zuvor auf die Teilungsnaht verlegen [C].

5
Am Vorderteil der Oberteilschablone den Inhalt des Taillenabnähers abmessen. Dieses Maß von der Teilungsnaht zur Seitennaht hin abtragen. Einen neuen Taillenabnäher zeichnen, dessen einer Schenkel die Teilungsnaht ist; der zweite setzt am eben markierten Maß an und führt zum Brustpunkt. Beide Schenkel können leicht geschwungen sein [D].

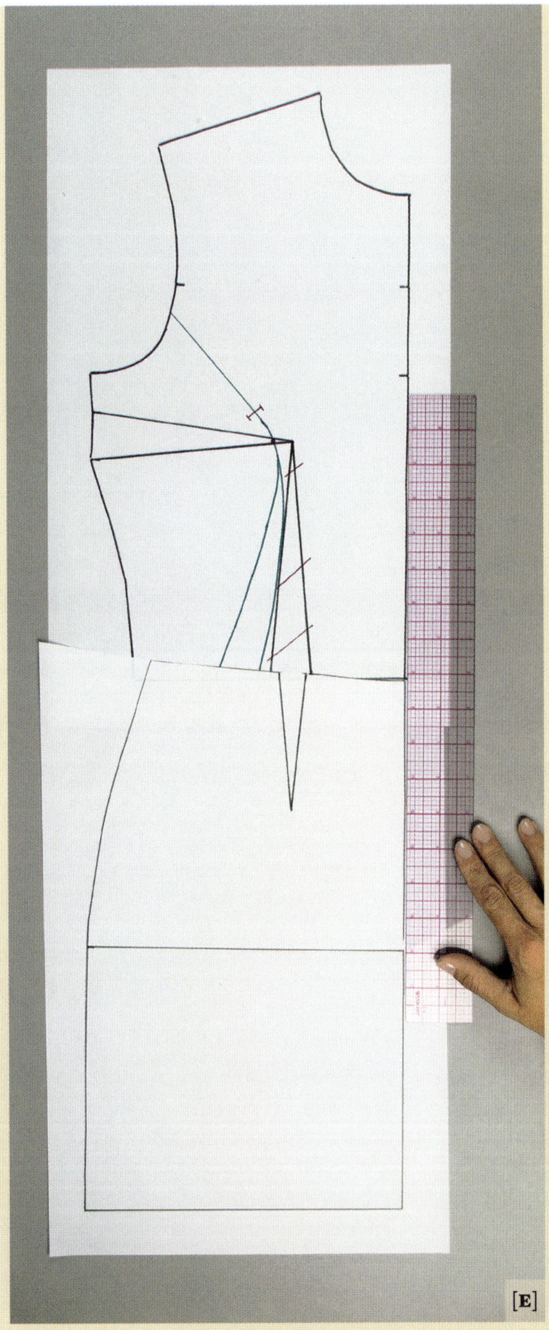

[E]

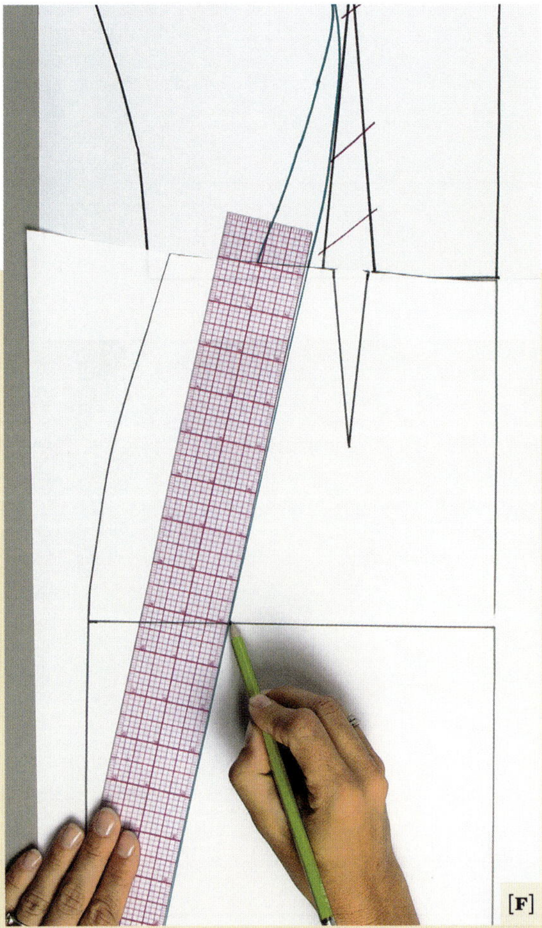

[F]

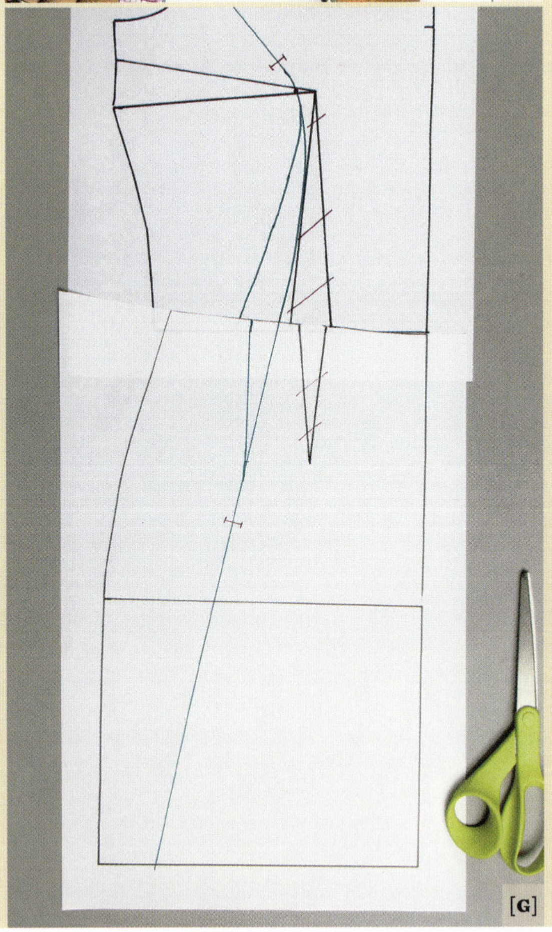

[G]

Schritte 6 und 7: siehe Abbildung [**E**].

6
Überstehendes Papier an der Taille des Rockschnittteils abschneiden.

7
Oberteil und Rock so aneinanderlegen, dass die vordere Mitte eine gerade Linie bildet. Die Schnittteile nur zwischen vorderer Mitte und Teilungsnaht zusammenkleben. Die Seitennähte sind dabei nicht unbedingt kantenbündig.

8
Die Fortsetzung der Teilungsnaht bis zum Rocksaum einzeichnen [**F**].

Schritte 9 und 10: siehe Abbildung [**G**].

9
An der Rockschablone den Taillenabnäher abmessen. Dieses Maß von der Teilungsnaht am Rock zur Seitennaht hin abtragen. Einen neuen Taillenabnäher zeichnen, dessen einer Schenkel die Teilungsnaht ist; der zweite setzt am eben markierten Maß an und führt zur Teilungsnaht in Höhe der ursprünglichen Abnäherlänge. Beide Schenkel können leicht geschwungen sein [**D**].

10
Auf der Teilungsnaht nahe dem Brustpunkt und an beliebiger Stelle am Rockteil Knipse anbringen.

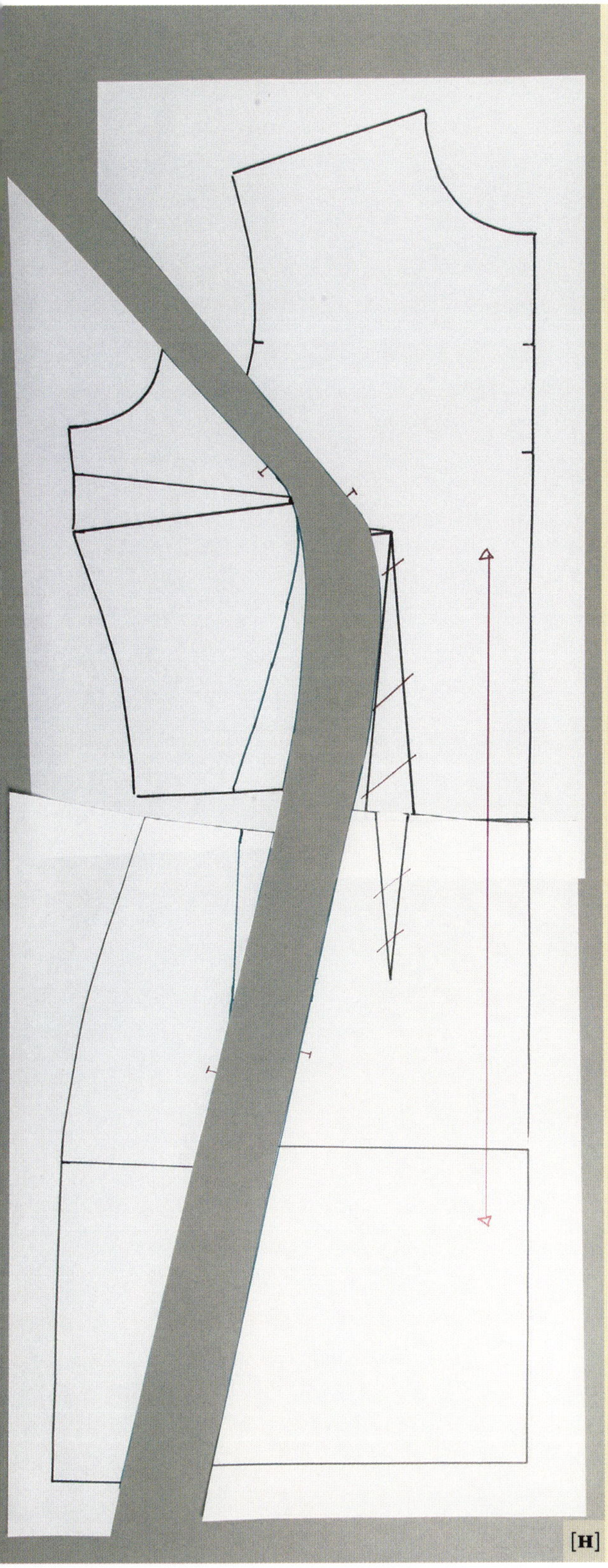

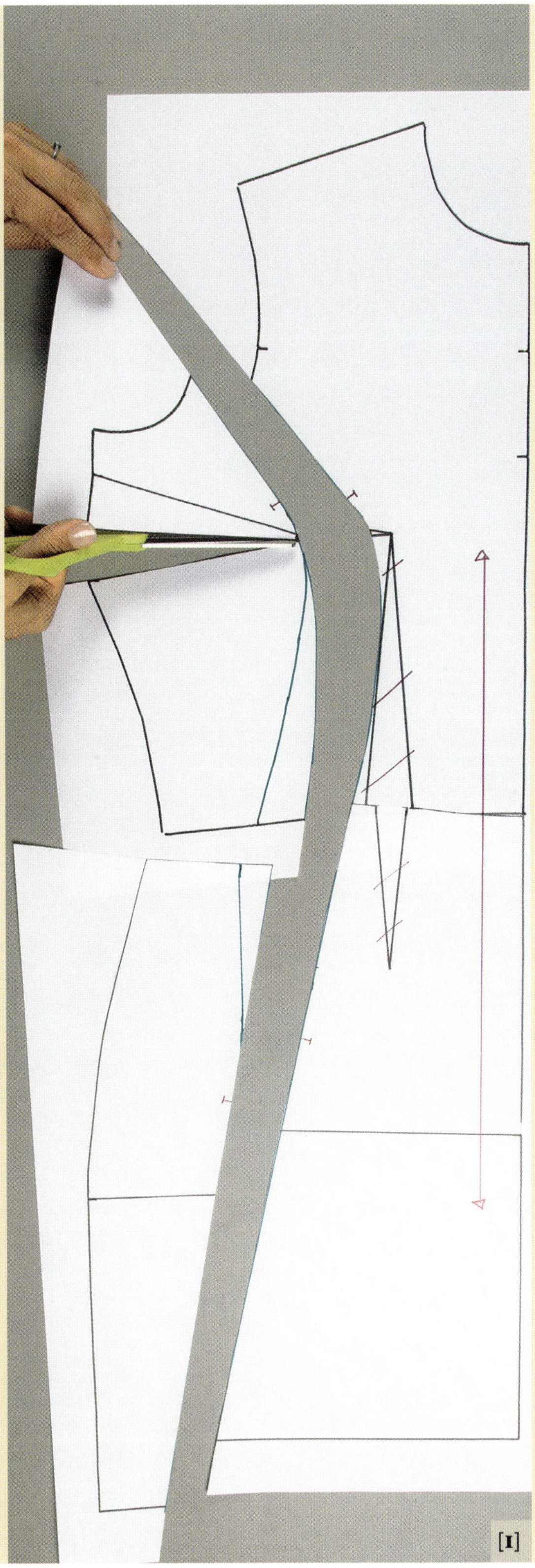

11
Entlang der Teilungsnaht an Rock und Oberteil durchschneiden [**H**].

12
Fadenlauf parallel zur vorderen Mitte einzeichnen. Schnittteile beschriften: „1x im Stoffbruch aus Oberstoff". Das Vorderteil (Teil mit vorderer Mitte) beiseitelegen. Es sollte ein durchgehendes Teil vom Halsausschnitt bis zum Saum sein.

13
Einen Schenkel des Seitenabnähers vom Rand bis zum Brustpunkt einschneiden. Nicht durchschneiden. Es bleibt nur eine kleine Papierverbindung [**I**].

TIPP

Vorn einen Verschluss hinzufügen. Anleitungen für Knopfleisten und Besätze siehe Kapitel 5, Verschlüsse und Kragen.

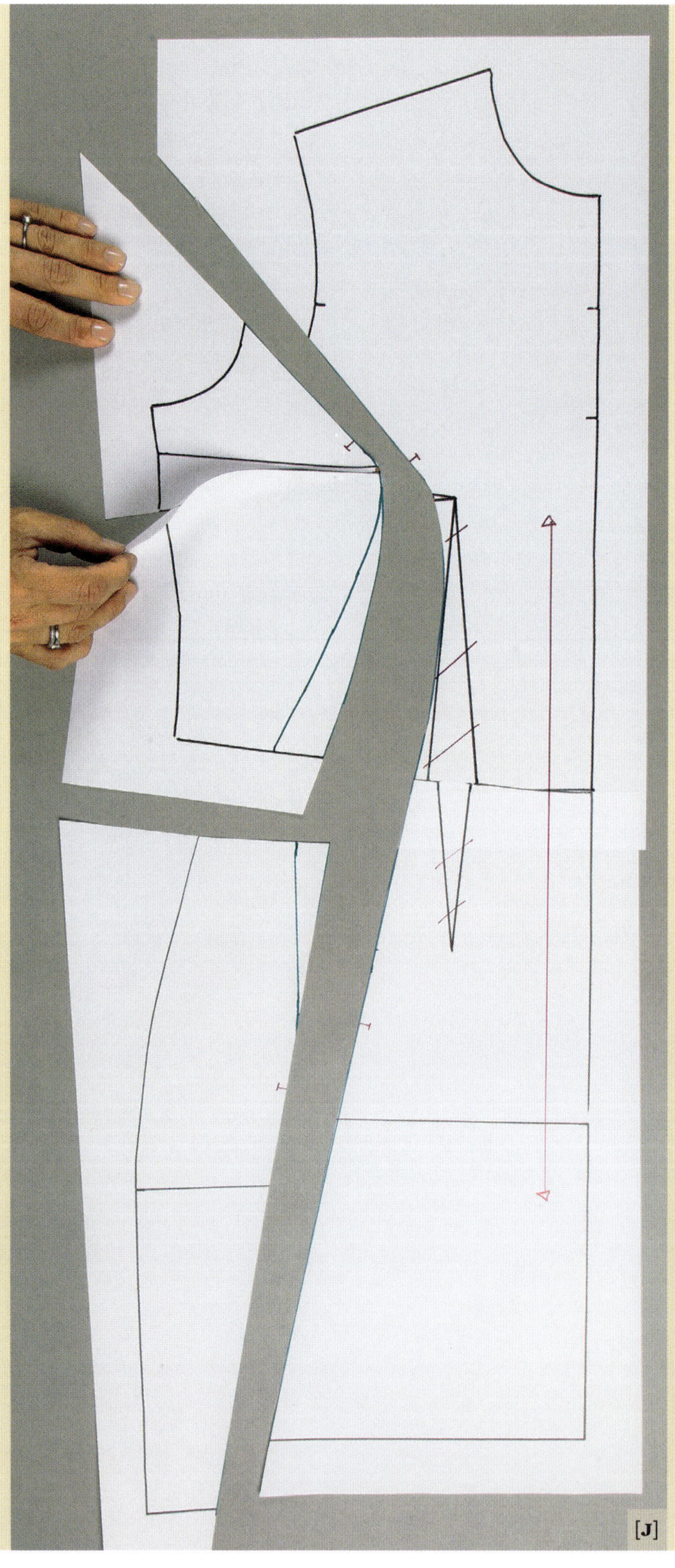

[J]

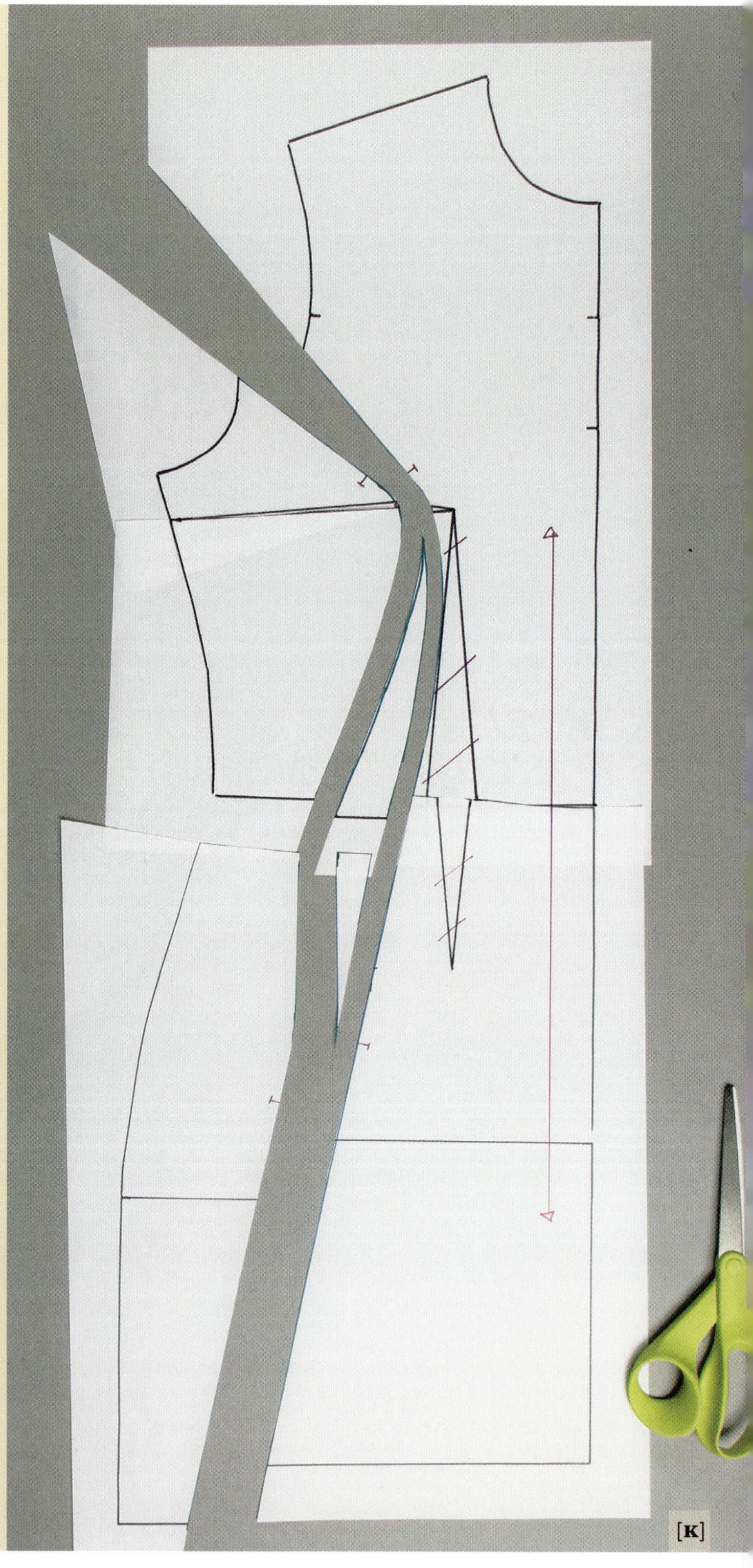

[K]

14
Den Abnäher schließen: Den eingeschnittenen Schenkel genau auf den nicht eingeschnittenen schieben [**J**].

15
Die Schritte 13 und 14 an allen übrigen Abnähern wiederholen (einschließlich des Abnähers im Halsausschnitt am mittleren Vorderteil, falls vorhanden).

16
Den Taillenabnäher an den seitlichen Vorderteilen (Oberteil und Rock) abschneiden [**K**].

17
Das seitliche Rockteil an Teilungsnaht und Taillenlinie an das seitliche Oberteil kleben [**L**].

18
Fadenlauf senkrecht zur Hüftlinie einzeichnen. Schnittteil beschriften: „2x aus Oberstoff".

19
Die Schritte am Rückenteil wiederholen.

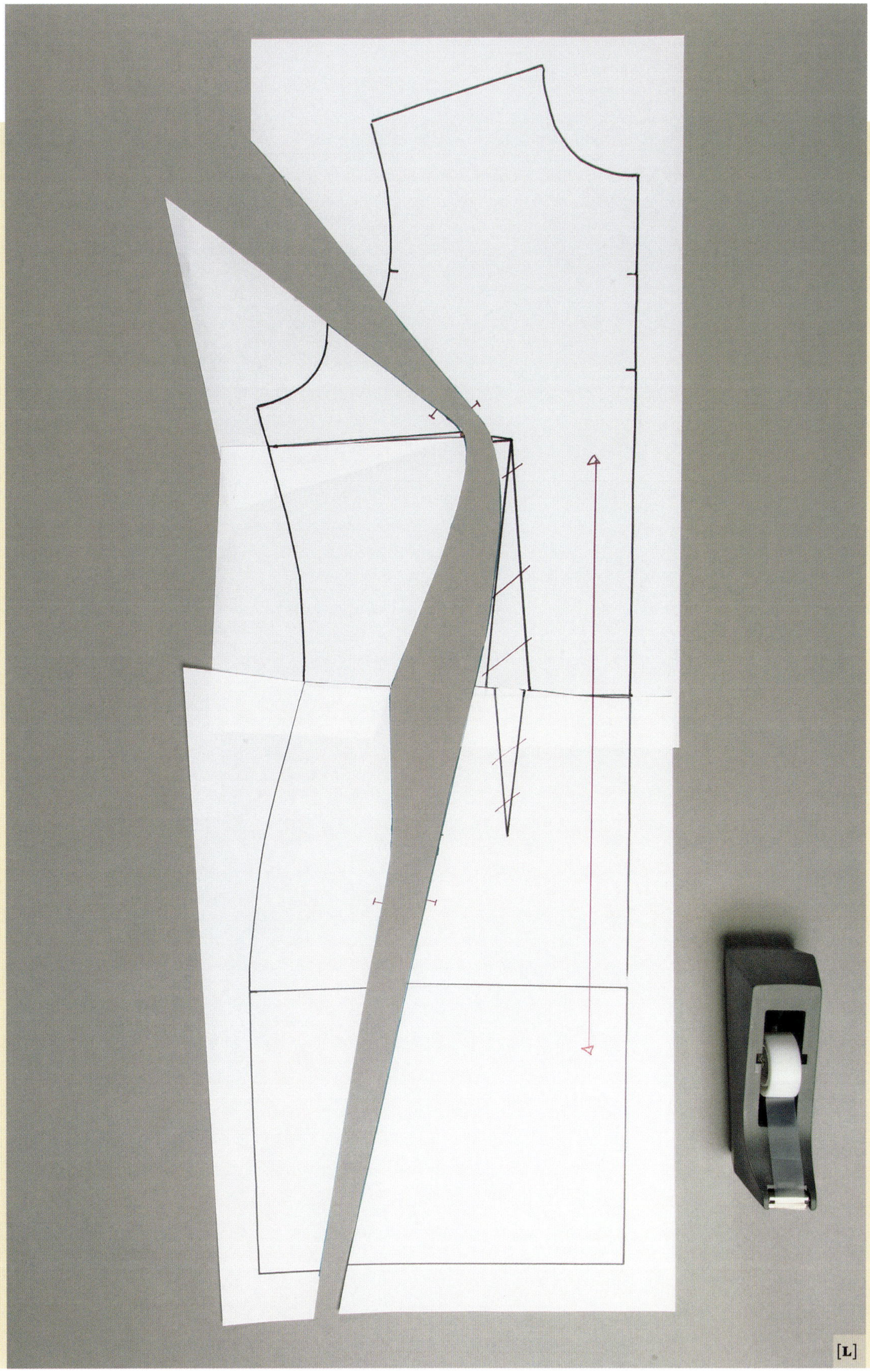

[**L**]

Auf der Basis einer Schnittschablone mit Teilungsnähten

Der Grundschnitt weist bereits Wiener Nähte oder andere formgebende Teilungsnähte auf, kann jedoch einfach abgewandelt werden. Die folgende Anleitung zeigt, wie Sie formgebende Abnäher verlegen können.

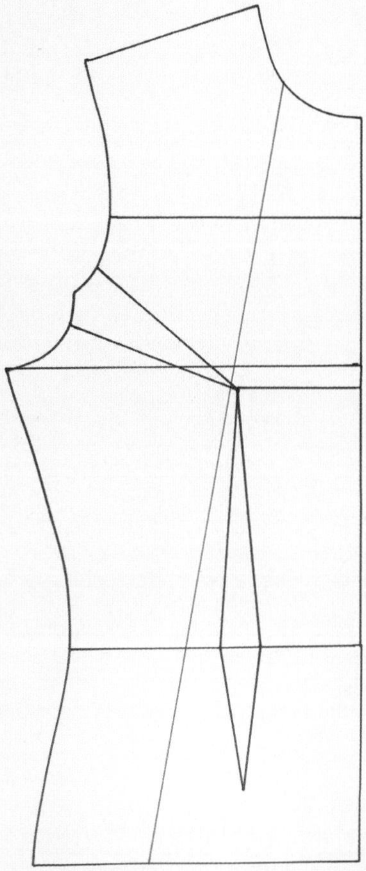

[A]

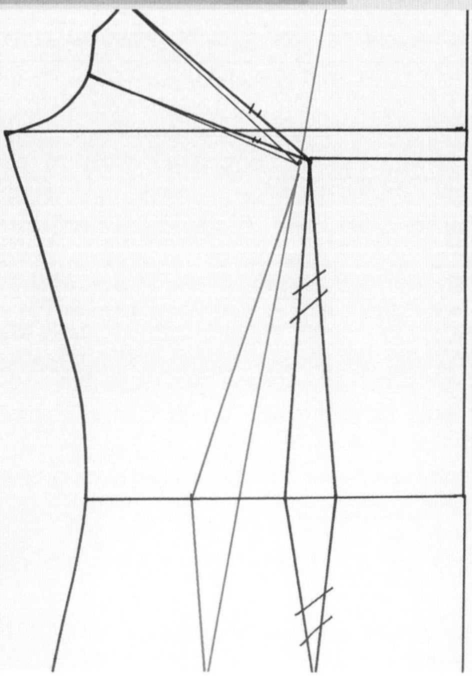

[B]

1

Die Schablone mit formgebenden Teilungsnähten auf Schnittmusterpapier übertragen. Halsausschnitt und Länge nach Wunsch abwandeln.

2

Eine Teilungsnaht einzeichnen, die von Halsausschnitt, Schulter oder Armausschnitt durch den (oder dicht neben dem) Brustpunkt bis zum unteren Saum reicht [A].

Schritte 3 und 4: siehe Abbildung [B].

3

Den Brustpunkt in derselben Höhe wie zuvor auf die Teilungsnaht verlegen.

4

Am Vorderteil der Schnittschablone den Inhalt des Taillenabnähers abmessen. Dieses Maß von der Teilungsnaht zur Seitennaht hin abtragen. Die obere Partie des Taillenabnähers neu zeichnen: Der eine Schenkel ist die Teilungsnaht, der zweite setzt am eben markierten Maß an und führt zum Brustpunkt. Die untere Partie des Taillenabnähers ebenfalls neu zeichnen: Der eine Schenkel ist die Teilungsnaht, der andere setzt am eben markierten Maß an und führt zum Saum.

Beide Schenkel können leicht geschwungen sein.

5

Die Schritte 10–12 aus dem Abschnitt „Auf der Basis einer Oberteil-Rock-Schnittschablone" (S. 82) wiederholen.

6

Einen Schenkel des Seitenabnähers vom Rand bis zum Brustpunkt einschneiden. Nicht durchschneiden. Es bleibt nur eine kleine Papierverbindung.

7

Den Abnäher schließen: Den eingeschnittenen Schenkel genau auf den nicht eingeschnittenen schieben.

8

Die Schritte 6 und 7 an allen übrigen Abnähern wiederholen (einschließlich des Abnähers im Halsausschnitt am mittleren Vorderteil, falls vorhanden).

9

Den Taillenabnäher vom seitlichen Vorderteil abschneiden.

10

Fadenlauf senkrecht zur Hüftlinie einzeichnen. Schnittteile beschriften: „2x im Stoffbruch".

11

Die Schritte am Rückenteil wiederholen.

Empirenähte

Eine Empirenaht ist eine waagrechte Unterbrustnaht (oberhalb der Taille). Sie kann mit Abnähervarianten, Teilungsnähten und Rocktechniken kombiniert werden.

Modelle im Empirestil dürfen recht figurnah anliegen. Dazu können Sie bei der Anprobe des genähten Grundschnittmodells aus Nessel den Inhalt der Taillenabnäher unter der Brust vergrößern. Eine gute Position für die Empirenaht ist die breiteste Stelle der Taillenabnäher.

Diese Anleitung gilt für einen Oberteil-Rock-Grundschnitt. Bei einer Schnittschablone mit formgebenden Teilungsnähten können Sie an den Taillenabnähern die gleichen Veränderungen vornehmen wie in Schritt 1 und 2. Danach einfach eine waagrechte Teilungsnaht auf Ihrem Oberteil-Grundschnitt einzeichnen.

1

Bei der Anprobe Ihres Nesselmodells den Taillenabnäher anpassen, sodass er unter der Brust enger anliegt, aber noch Bewegungsfreiheit lässt.

2

Die Oberteilschablone auf Papier übertragen.

3

Vom Brustpunkt nach unten messen, um zu bestimmen, wo der Taillenabnäher verbreitert wurde. Den gesamten bei der Anprobe abgesteckten Abnäherinhalt abmessen. Dieses Maß auf dem Schnittteil markieren. Es kann hilfreich sein, es für spätere Verwendung auf den Schnittschablonen mit Bohrlöchern zu kennzeichnen [**A**].

4

Die waagrechte Empirenaht an oder nahe der Stelle einzeichnen, an welcher der Taillenabnäher angepasst wurde [**B**].

Schritte 5–7: siehe Abbildung [**C**].

5

Unterhalb der Taillenlinie eine Verlängerung der vorderen Mitte zeichnen.

6

Das Rockvorderteil gemäß der Schablone aufzeichnen. Überstehendes Papier an der Taille abschneiden.

7

Die Seitennähte von Oberteil- und Rock-Grundschnitt aneinanderlegen. Die vordere Mitte des Rockteils an die gezeichnete Verlängerung der vorderen Mitte des Oberteils legen und festkleben. Die Lücke zwischen den Taillenlinien an der vorderen Mitte abmessen.

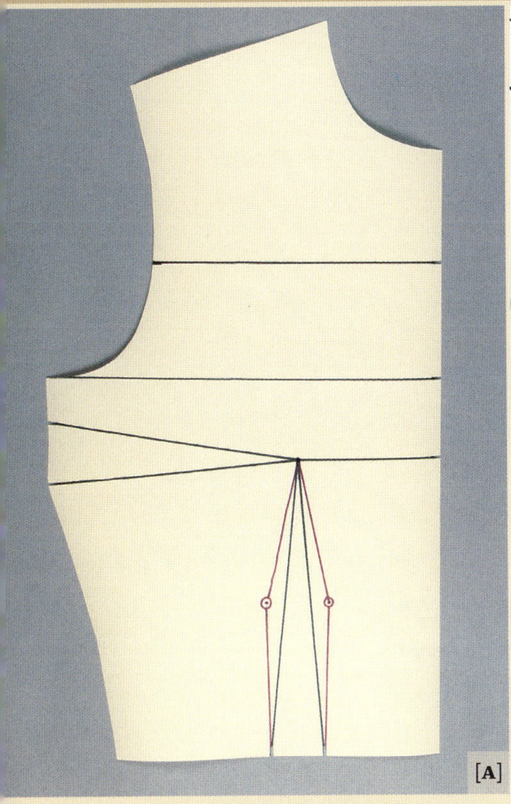

[A]

[B]

[C]

TIPP

Sie können diese Unterbrustanpassung für engeren Sitz auch an formgebenden Teilungsnähten durchführen.

[D]

[E]

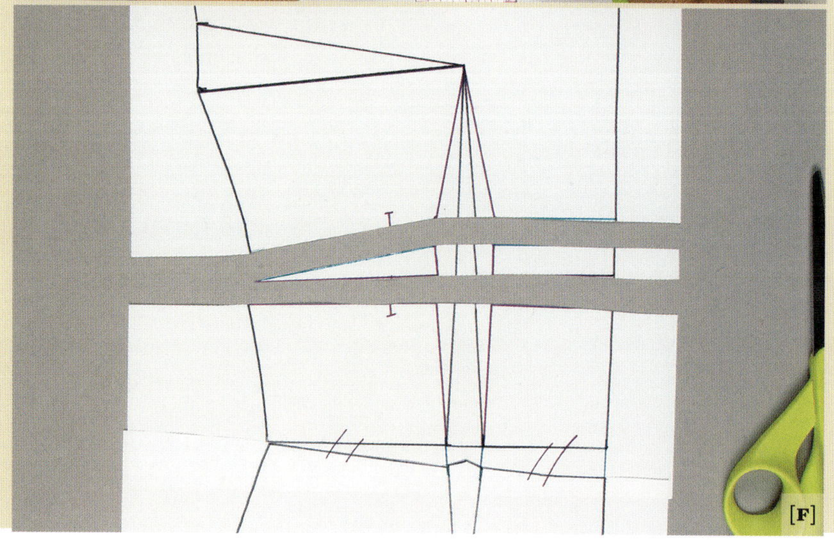

[F]

8
Eine ebenso breite Lücke von der Empirenaht nach unten abmessen und auf dieser Höhe vordere Mitte und Seitennaht verbinden. Die ursprüngliche Lücke an der Taillenlinie entfällt [D].

9
Knipse an der Lücke der Empirenaht setzen, da diese neue Lücke vom Schnittmuster abgeschnitten wird.

Schritte 10 und 11: siehe Abbildung [E].

10
Die Abnäherschenkel über die neue Lücke hinweg verbinden.

11
Die Abnäherschenkel dabei auch zwischen Oberteil und Rockteil an der ursprünglichen Taillenlinie verbinden.

12
An der Empirenaht durchschneiden, sodass das Oberteil vom Rock getrennt wird. Die unter der Empirenaht eingezeichnete Lücke abschneiden und wegwerfen [F].

13
Für das Rückenteil wiederholen.

TIPP

Kombinieren Sie die Empirenaht mit Teilungsnähten wie Prinzess- oder Wiener Nähten oder mit Abnähervarianten.

Durchgehender Besatz für Hals- und Armausschnitt

Ich liebe durchgehende Besätze zur Versäuberung von Hals- und Armausschnitten. Separate Besätze neigen oft dazu umzuschlagen und aus dem Ausschnitt herauszuschauen. Manchmal wird nur ein Armausschnittbesatz benötigt, etwa bei einem Modell mit Kragen. Bei einem Modell mit Ärmeln kann dagegen nur ein Besatz für den Halsausschnitt nötig sein. Wandeln Sie die folgende Anleitung nach Ihren Bedürfnissen ab.

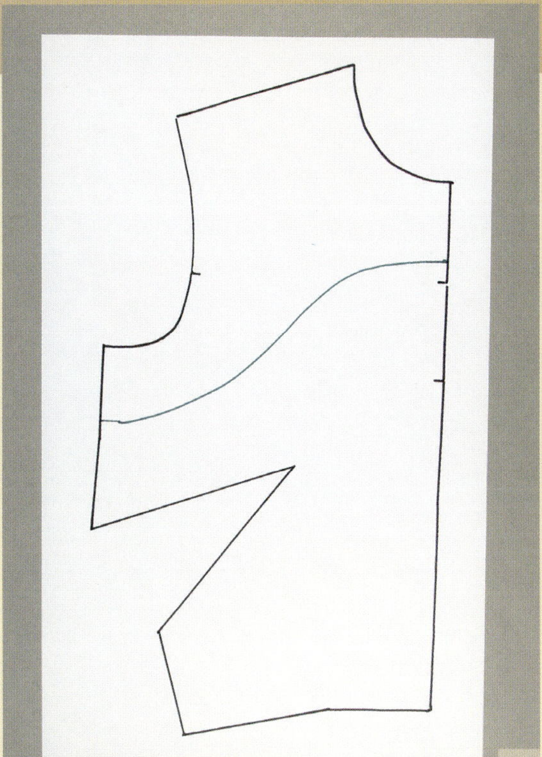

[A]

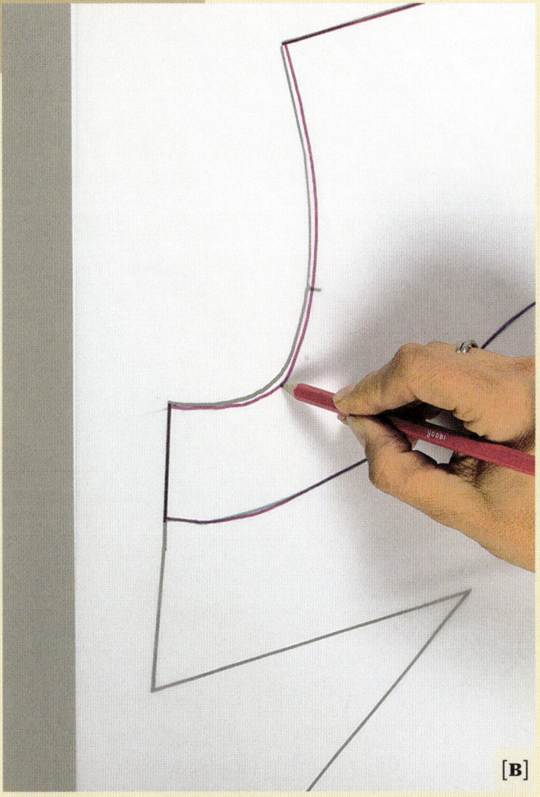

[B]

[C]

1
Auf den fertigen Schnittteilen des Oberteils eine Linie für den Besatz einzeichnen. Sie sollte 4–7,5 cm unter dem Halsausschnitt in der vorderen Mitte und unter dem Armausschnitt ansetzen und im Bogen um den Brustpunkt verlaufen, aber nicht durch ihn oder unterhalb [**A**].

2
Auf einem neuen Bogen Papier den Besatz aufzeichnen. An diesem Schnittteil am Halsausschnitt und an den Armausschnitten jeweils 2–3 mm abtragen. So ist der Besatz am fertigen Modell nicht zu sehen [**B**], [**C**].

3
Die Besatz- und die Schnittteile des Oberteils ausschneiden. Fadenlauf parallel zur vorderen bzw. hinteren Mitte einzeichnen.

TIPP

Bei einem Schnitt mit Teilungsnähten und bereits getrennten Schnittteilen diese vor Einzeichnen des Besatzes an der Teilungsnaht zwischen Schulter und Armausschnitt zusammenkleben.

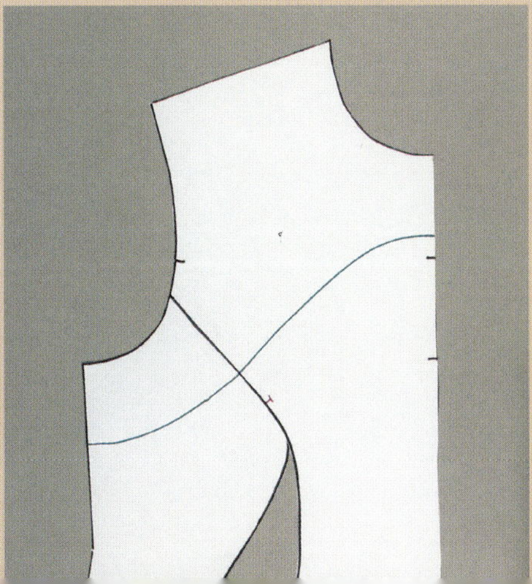

TIPPS

Bei einem sehr tiefen Halsausschnitt können Sie auch das gesamte Oberteil mit einem Besatz versäubern.

—

Besätze stets mit Einlagenstoff verstärken!

6

Verschlüsse und Kragen

KAPITEL 5

Schon das Anfügen eines einfachen Kragens beeinflusst die Wahl von Position und Art des Verschlusses sowie der Versäuberung des Halsausschnitts. Dieses Kapitel baut auf Kapitel 4 (Oberteile: Modelldesign) auf.

Beginnen Sie mit dem Entwurf von Elementen aus dem vorigen Kapitel und lernen Sie hier, kompliziertere Elemente hinzuzufügen. Das Ansetzen eines Kragens verändert Charakter und Funktion eines Modells.

Verschlüsse: Grundlagen

Kleidungsstücke, die einen anderen Verschluss als den Reißverschluss haben, benötigen eine Zugabe, an der sich der Stoff überlappt. Daran können Knöpfe, Druckknöpfe, Haken und Ösen oder beliebige andere Verschlüsse befestigt werden.

Meist wird der Verschluss an der vorderen Mitte angesetzt, sodass sich das Kleidungsstück leicht an- und ausziehen lässt – doch dies ist kein ehernes Gesetz.

Die Überlappung wird meist durch eine angeschnittene oder angesetzte Knopfleiste oder einen Besatz erzielt. Für die angeschnittene Knopfleiste wird schon beim Zuschneiden an der gewünschten Kante Stoff zugegeben, der dann nach innen umgelegt wird. Die Knopfleiste wird fast immer mit Knöpfen oder Druckknöpfen kombiniert und meist abgesteppt.

Beim Besatz wird einfach der Oberstoff breiter zugeschnitten und mit einem Besatz verstürzt. Besätze werden häufig nicht abgesteppt; oft fehlt sogar ein fester Verschluss. Sie lassen sich gut an ein Futter nähen.

Knöpfe und Knopflöcher

Vor der Konstruktion von Besatz oder Knopfleiste müssen Sie nicht nur die Größe des verwendeten Knopfes festlegen, sondern auch die Richtung des Knopflochs. Bei einem Modell mit Druckknöpfen wird der Schnitt so konstruiert wie bei einem entsprechend großen Knopf, doch es werden keine Knopflöcher benötigt.

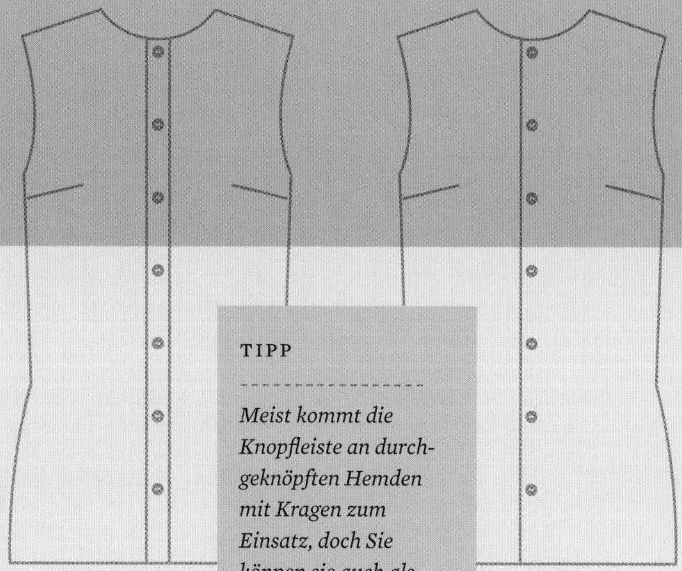

TIPP

Meist kommt die Knopfleiste an durchgeknöpften Hemden mit Kragen zum Einsatz, doch Sie können sie auch als Vorderverschluss eines Rockes ausprobieren.

Angeschnittene Knopfleiste

Durch eine Knopfleiste überlappen sich die rechte und linke Seite eines Kleidungsstücks, sodass Platz für Knöpfe, Druckknöpfe oder Haken entsteht. Meist sitzt sie am Vorderteil. Sie ist legerer als der Besatz und eignet sich gut für ungefütterte Modelle. Der Nachteil: Sie schließt nur die Kante der vorderen Mitte ab, sodass der Halsausschnitt separat versäubert werden muss (Kragen, Besatz, Einfassung).

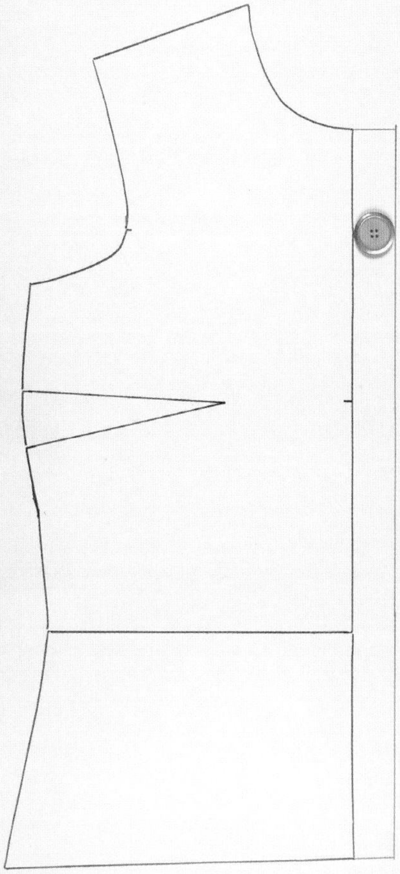

[A]

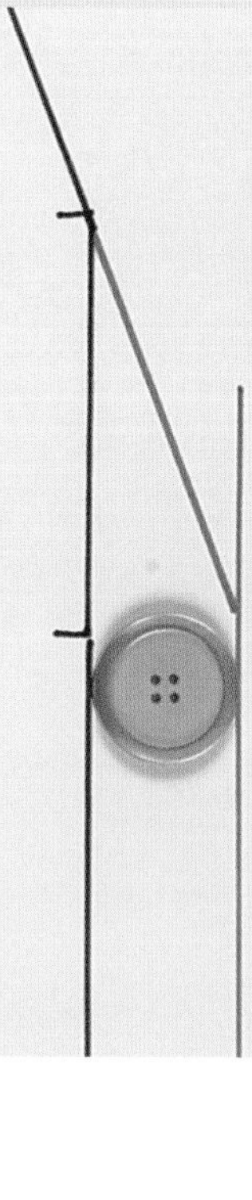

[B]

TIPP

Fügen Sie die Bewegungszugabe an ausgewählten Partien zu, z. B. an der Brust, aber nicht der Taille.

1
Den Grund- oder Modellschnitt des Oberteils auf Schnittmusterpapier zeichnen.

2
Die gewünschte Knopfgröße festlegen.

3
In einem Abstand, der etwas größer ist als der Knopfdurchmesser, parallel zur vorderen Mitte eine Linie ziehen. Dies ist der Übertritt. Als Umbruch markieren. Bei einem flachen Halsausschnitt steht der Übertritt senkrecht zur vorderen Mitte [**A**]. Bei einem V-Ausschnitt die Schräge an der Übertrittkante fortsetzen [**B**].

4
Legen Sie fest, ob die Knopflöcher senkrecht oder waagrecht sein sollen.

5
Für senkrechte Knopflöcher das Schnittteil jenseits des Umbruchs um die doppelte Knopfbreite verlängern [**C**].

Für waagrechte Knopflöcher das Schnittteil jenseits des Umbruchs um die doppelte Knopfbreite plus 6 mm verlängern [**D**].

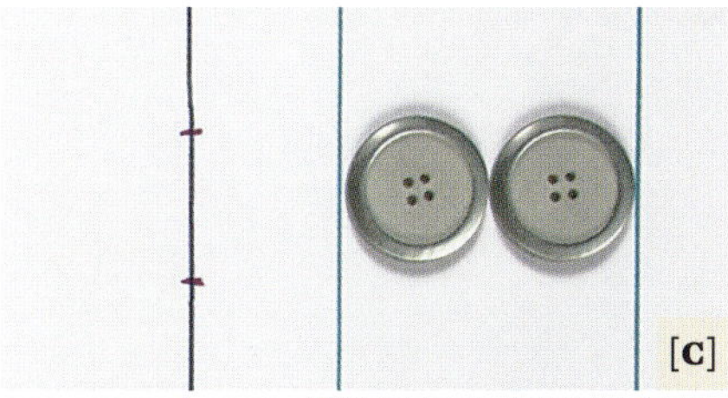
[C]

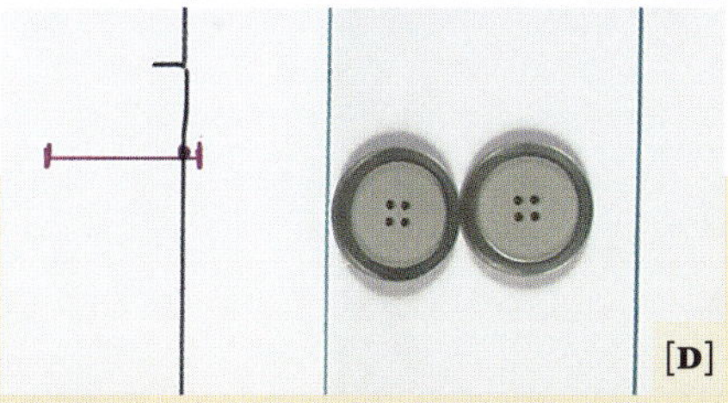
[D]

[E]

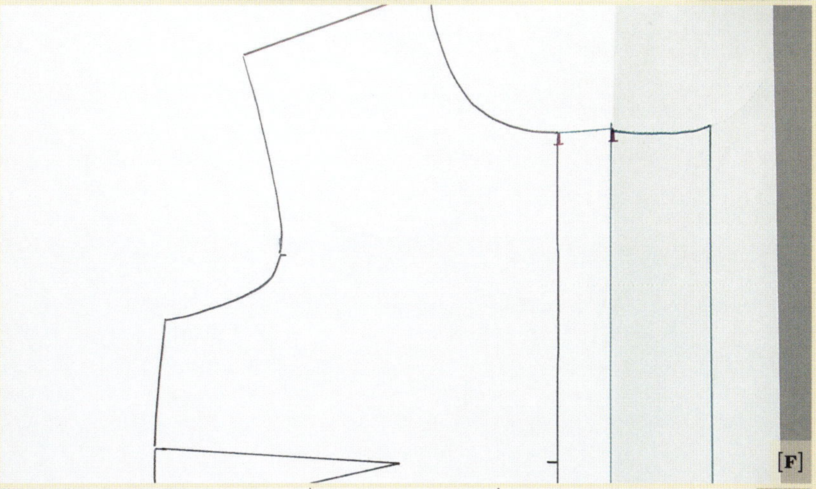
[F]

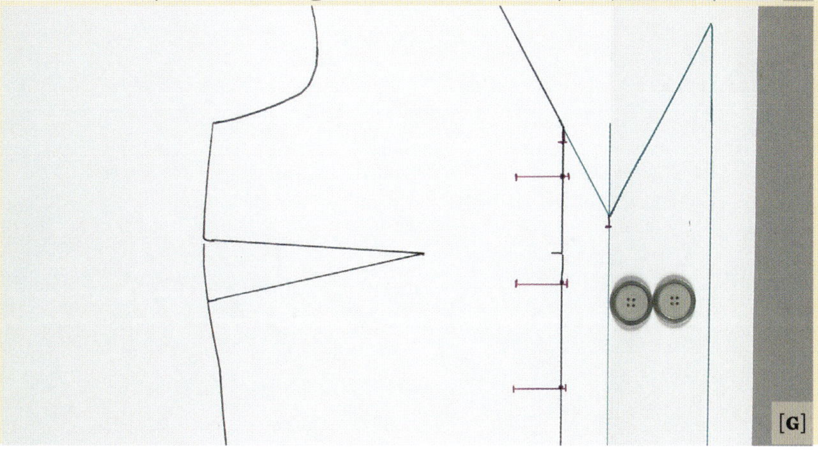
[G]

6
Das Papier am Umbruch nach innen falten. Mit dem Kopierrädchen die Form von Halsausschnitt und Saum durch das gefaltete Papier markieren. Auffalten und die Linien nachzeichnen. Dies ist der angeschnittene Besatz [**E**].

7
An den Umbruch der Knopfleiste und die vordere Mitte an Halsausschnitt und Saum einen Knips setzen [**F**], [**G**].

8
Auf einem neuen Bogen Papier die Form von Übertritt und angeschnittenem Besatz aufzeichnen. Dies ist das Schnittteil für den Einlagenstoff (für beide Seiten des Vorderteils).

Fadenlauf parallel zur vorderen Mitte einzeichnen. Schnittteile beschriften: „2x aus Einlagenstoff“.

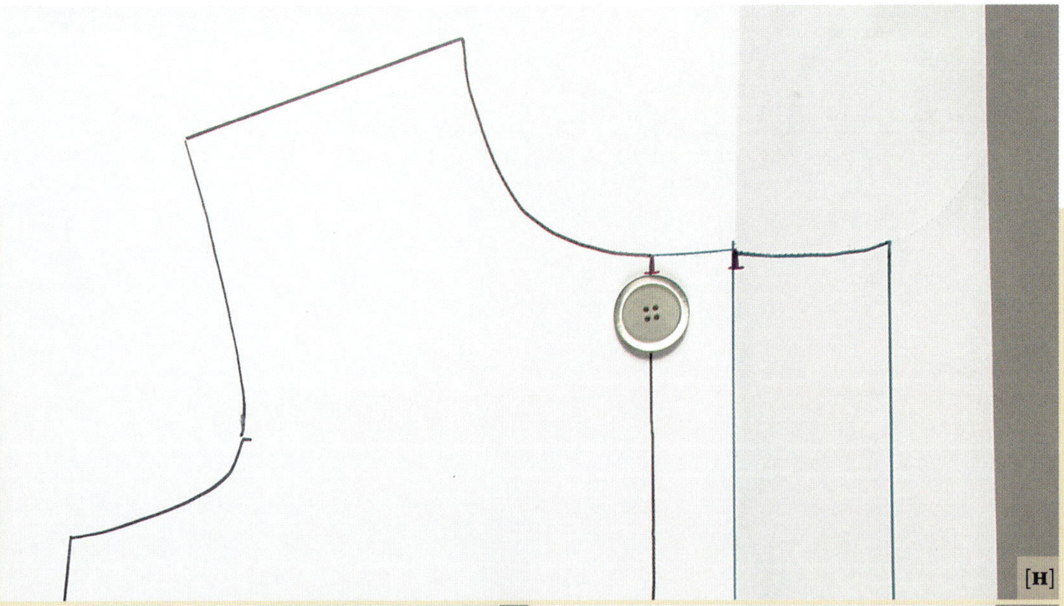

[H]

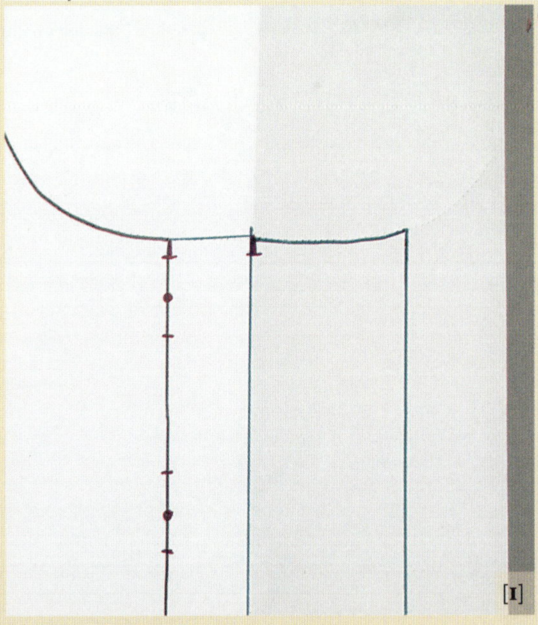

[I]

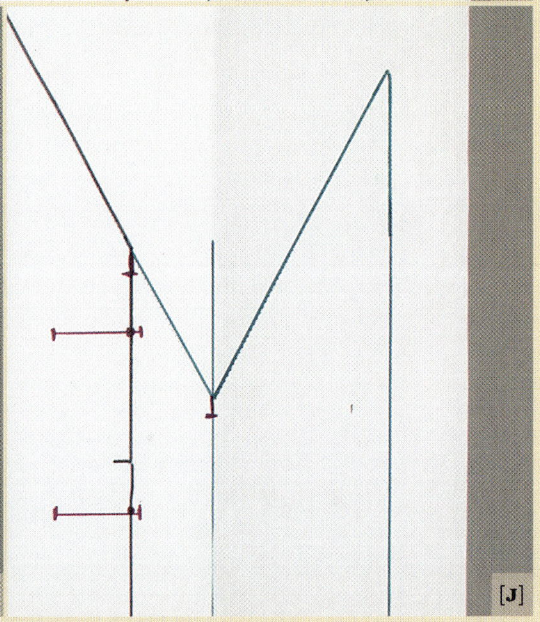

[J]

9
Die Knöpfe auf die vordere Mitte legen. Position des obersten Knopfes: 6 mm unterhalb des Halsausschnitts plus die Hälfte des Knopfdurchmessers. Die Position des untersten Knopfes festlegen: Bei einer Bluse vom unteren Saum etwa 10 cm abmessen. Die gewünschte Anzahl der übrigen Knöpfe gleichmäßig auf der Knopfleiste verteilen. Die Position der Knöpfe mit Bohrlöchern markieren [**H**].

10
Markieren Sie die Knopflöcher.

Senkrechte Knopflöcher: Eine Hälfte des Knopflochs oberhalb der Knopfposition, eine unterhalb einzeichnen [**I**].

Waagrechte Knopflöcher: Ab der vorderen Mitte 3 mm zum Umbruch hin abmessen. Dann von der vorderen Mitte zur Seitennaht die Knopfbreite abmessen [**J**].

Tipps zu Knöpfen

Bei Damenoberbekleidung sitzen die Knopflöcher rechts, die Knöpfe links, bei Herrenoberbekleidung umgekehrt.

Es ist gut, wenn ein Knopf auf der Brustpunktlinie sitzt. Für die übrigen Knöpfe den Abstand vom obersten Knopf zu dieser Linie abmessen und bis etwa 10 cm oberhalb des Saumes fortsetzen.

Bei Knöpfen von mehr als 2,5 cm Durchmesser waagrechte Knopflöcher verwenden. Sie halten besser, sodass die Knöpfe nicht aufgehen.

Damit Knöpfe mit senkrechten Knopflöchern nicht so leicht aufgehen, das Knopfloch 3 mm oberhalb der Knopfposition platzieren und den gesamten Knopfdurchmesser unterhalb.

Zum leichten Auf- und Zuknöpfen sollte das Knopfloch etwa 3 mm größer sein als der Knopf.

Besatz

Der Begriff Besatz bezeichnet an Schnittmustern jedes Schnittteil, das eine Stoffkante versäubert und von außen nicht zu sehen ist. Es wurden bereits der durchgehende Besatz für Hals- und Armausschnitt sowie der Formbesatz an der Taille vorgestellt.

Der hier gezeigte Besatz ist eine Variante für Jacken, Blusen oder Kleider mit Vorderverschluss. Ein Besatz ist eine Alternative zu einer Knopfleiste. Am häufigsten findet man ihn an Jacken. Er bietet den Vorteil, dass der Oberstoff auf die Innenseite umgeschlagen wird und dort gut an einem Futter festgenäht werden kann. Häufig dient der Besatz auch als Jackenaufschlag. Ein Besatz sollte stets mit Einlagenstoff verstärkt werden.

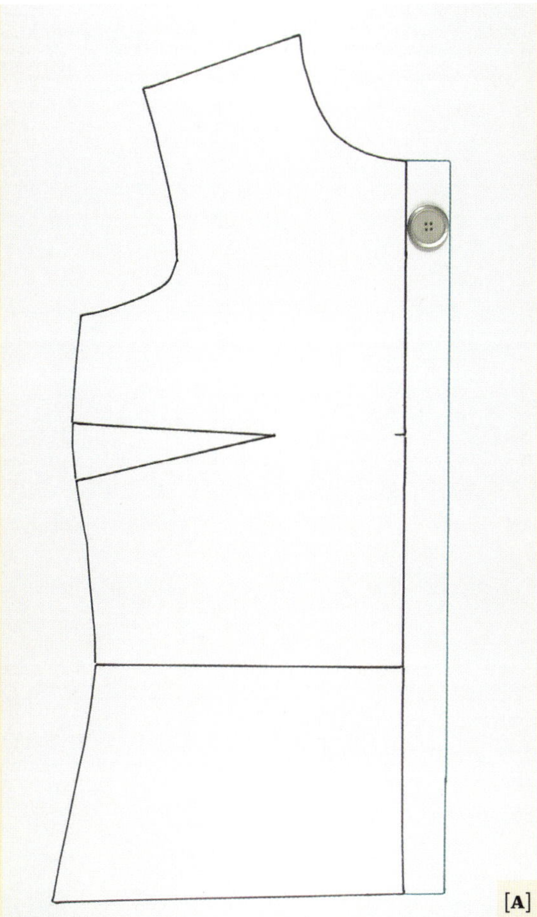

[A]

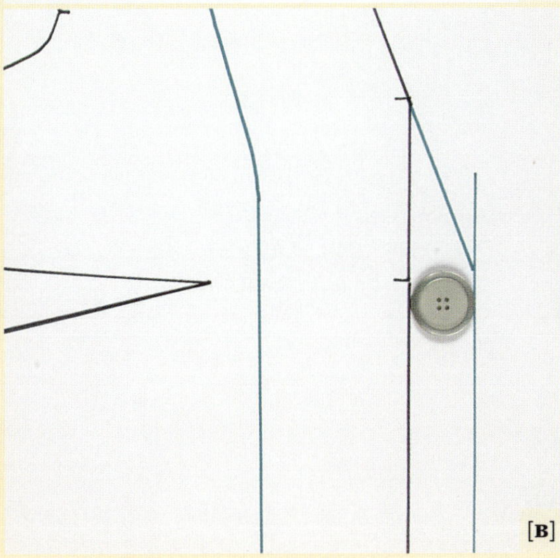

[B]

[C]

1
Die gewählte Oberteilschablone aufzeichnen oder einen Modellschnitt verwenden.

2
Die Größe der gewünschten Knöpfe bestimmen.

3
In einem Abstand, der etwas größer ist als der Knopfdurchmesser, parallel zur vorderen Mitte eine Linie ziehen. Dies ist Ihr Übertritt. Bei einem flachen Halsausschnitt steht der Übertritt senkrecht zur vorderen Mitte [A]. Bei einem V-Ausschnitt die Schräge an der Übertrittkante fortsetzen [B].

Schritte 4 und 5: siehe Abbildung [C].

4
Am Schnittteil des Oberstoffs vom Halsausschnitt über die Schulter die gewünschte Breite des Besatzes abmessen (4–7,5 cm). Dieses Maß auch am Saum von der vorderen Mitte in Richtung Seitennaht abtragen.

5
Diese beiden Messpunkte durch eine leicht geschwungene Linie verbinden, die um den Brustpunkt herum verlaufen sollte, nicht hindurch. Der Besatz sollte möglichst keine Abnäher oder formgebende Nähte enthalten.

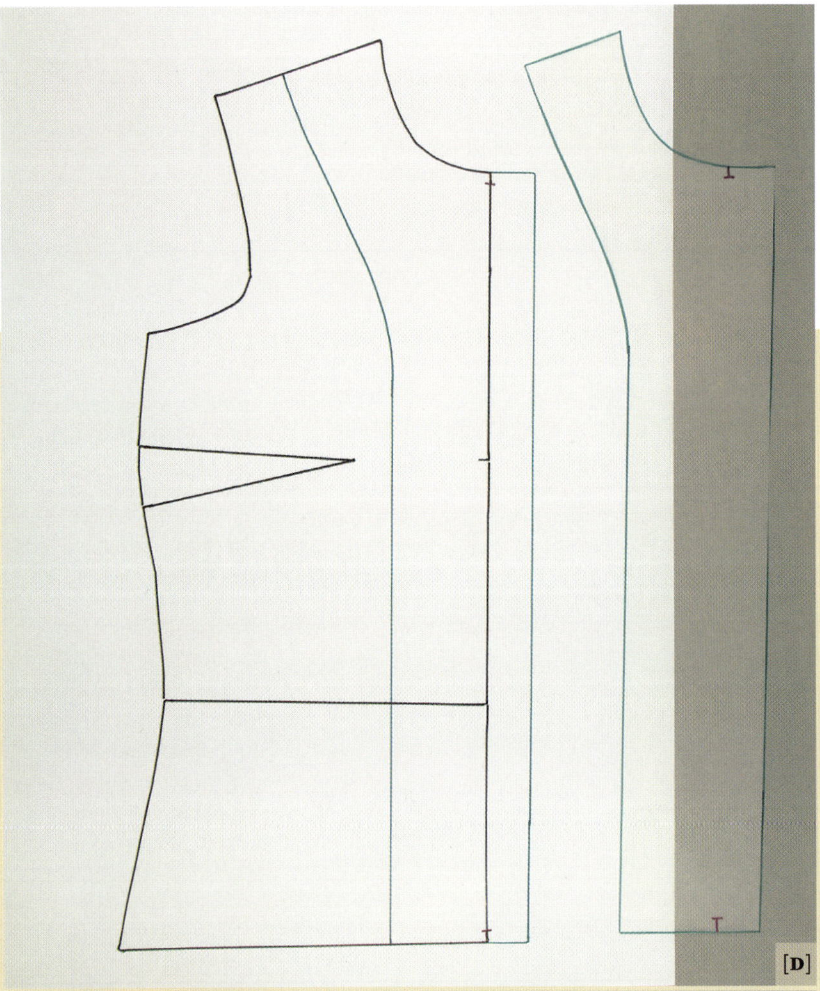

[D]

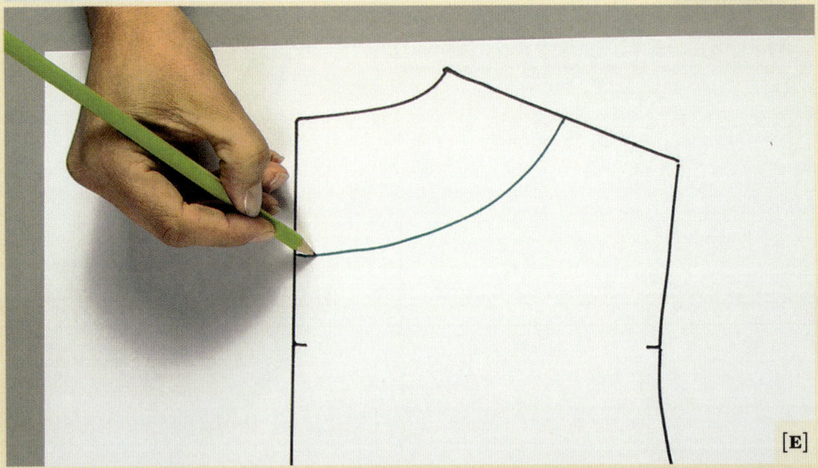

[E]

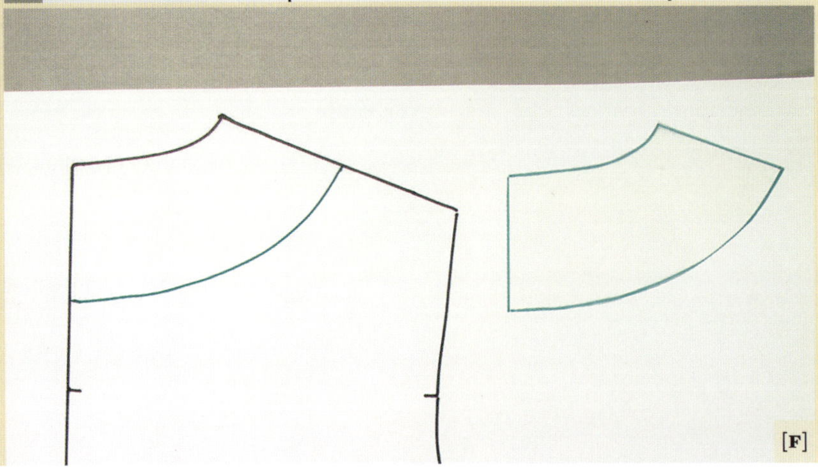

[F]

6
Auf einen neuen Bogen Papier die Form des Besatzes aufzeichnen [**D**].

7
Der Besatz reicht bis zum unteren Saum, einschließlich Nahtzugabe. Ist am Saum noch keine Nahtzugabe angefügt, diese jetzt zugeben. Zu Nahtzugaben am Saum siehe Seite 166.

8
Fadenlauf parallel zur vorderen Mitte einzeichnen. Schnittteil beschriften: „2x aus Oberstoff und Einlagenstoff".

9
Am Rückenteil vom Halsausschnitt über die Schulter dieselbe Breite abmessen wie für den Besatz des Vorderteils. Dasselbe Maß auch an der hinteren Mitte vom Halsausschnitt nach unten abtragen. Die beiden Punkte durch eine leicht geschwungene Linie verbinden [**E**].

10
Auf einen neuen Bogen Papier das Schnittteil für den hinteren Besatz aufzeichnen [**F**].

11
Fadenlauf parallel zur hinteren Mitte einzeichnen. Schnittteil beschriften: „1x im Stoffbruch aus Oberstoff und Einlagenstoff".

TIPP

Eine Jacke mit Futter und Kragen kann am Rückenteil einen Besatz bekommen; nötig ist dies jedoch nicht. Eine ungefütterte oder kragenlose Jacke hingegen braucht einen Besatz am Rückenteil.

Aufbau eines Kragens

Die folgenden Abbildungen zeigen die Unterschiede zwischen einem Flach- und einem Umlegekragen. Außerdem können Sie hier die Bezeichnungen der einzelnen Kragenteile nachschlagen.

Flachkragen
Er liegt flach auf dem Kleidungsstück auf und steht am Halsausschnitt nicht nach oben.

Bruchpunkt
Hier trifft der Kragen auf die vordere Mitte des Kleidungsstücks.

Steh-Umlegekragen
Ein Kragen, der am Halsausschnitt hochsteht und dann über Halsausschnittnaht und Schultern fällt.

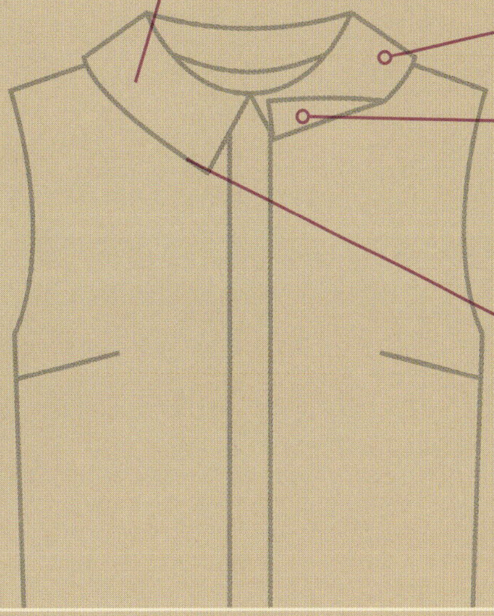

Oberkragen
Die Partie des Kragens, die beim Tragen sichtbar ist.

Unterkragen
Der Besatz des Oberkragens; die Kragenseite, die beim Tragen nicht sichtbar ist.

Kragenkante
Die äußere Kante, die am weitesten von Halsausschnitt weg liegt und an der Ober- und Unterkragen zusammengenäht werden.

Kragenstand
Die Kragenhöhe, oft identisch mit dem Kragenbruch (der Bruchlinie).

Kragenumfall
Auch Kragenumschlag. Der Teil des Kragens unterhalb des Kragenstands.

Kragenbruch
Die Bruchlinie des Kragens; Übergang vom Kragenstand zum Kragenumfall.

Revers/Spiegel/Aufschlag
Der Besatz eines Kleidungsstücks wird nach außen aufgeschlagen, sodass er zu sehen ist.

Kragenansatzpunkt
Der Punkt zwischen Revers und Kragen an einem Reverskragen.

Flachkragen

Er ist der am einfachsten zu konstruierende Kragen und eignet sich für jeden Halsausschnitt. Er wird direkt am Halsausschnitt angenäht, liegt flach auf dem Oberteil auf und kann jede erdenkliche Form haben.

Die Konstruktionstechniken für den Flachkragen bilden die Basis für komplizierte Kragen. Dieser Kragen wird am besten mit einem Besatz kombiniert, doch auch eine Knopfleiste ist möglich. Knopfleiste oder Besatz müssen vor dem Kragen konstruiert werden (siehe Anleitung Seite 94–98).

Der Kragen kann an der Knopfleiste enden oder an der vorderen Mitte. Bei den meisten Jacken trifft Ersteres zu, sodass der Kragen sich an der vorderen Mitte überlappt. Blusen oder Shirts haben meist Kragen, die in der vorderen Mitte beginnen und sich nicht überlappen.

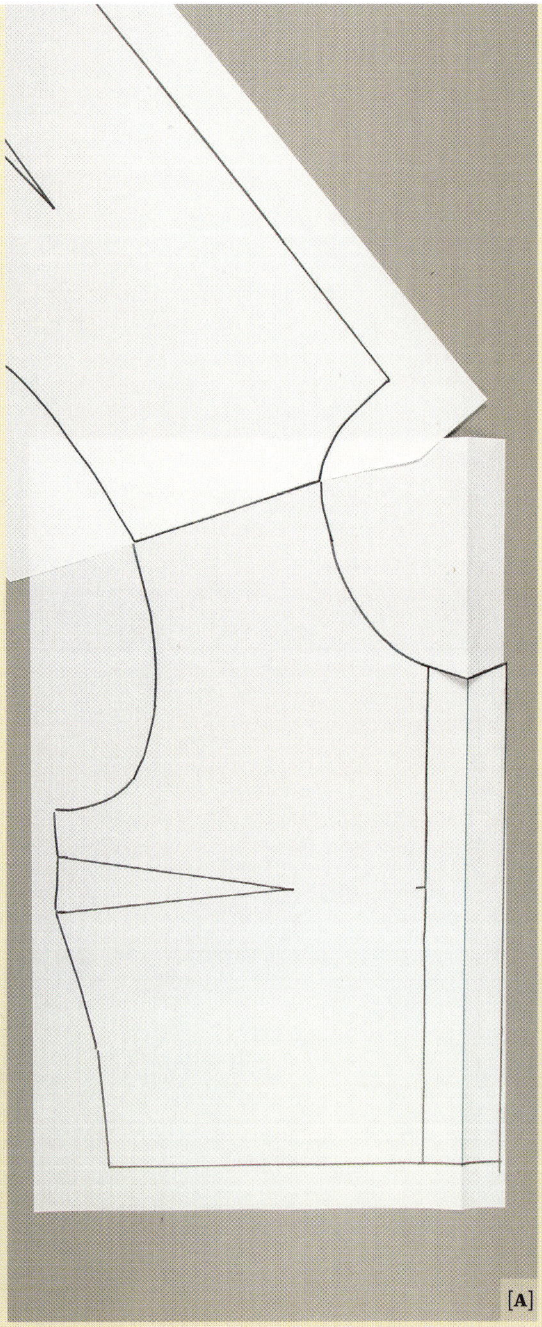
[A]

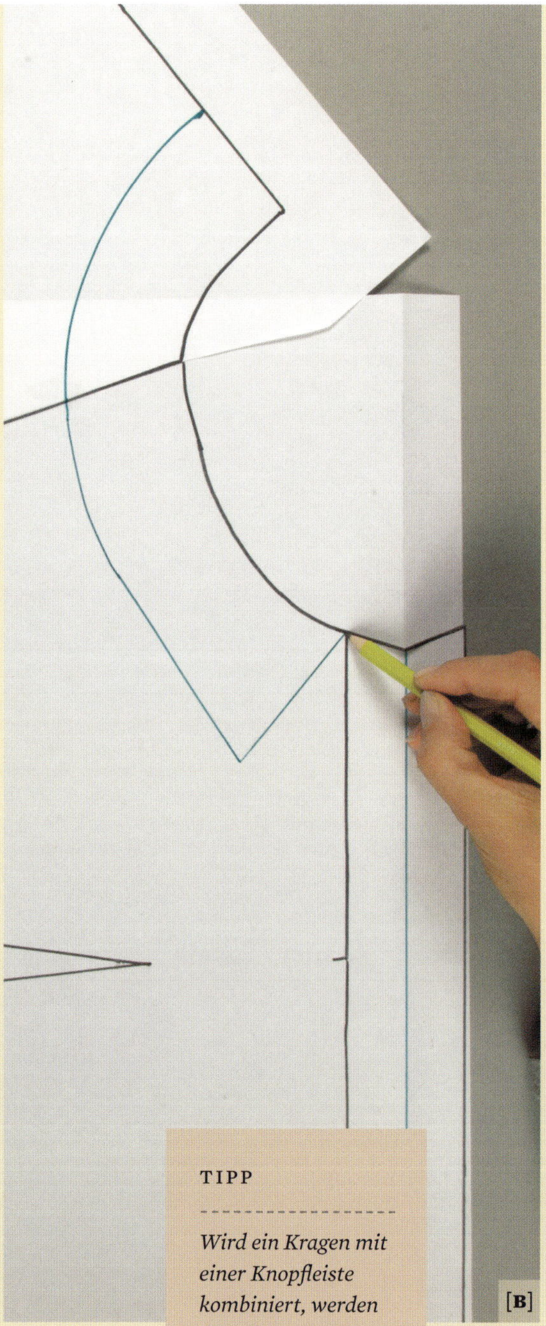
[B]

1
Zuerst das Oberteil mit Halsausschnitt und Knopfleiste oder Besatz konstruieren.

2
Vorder- und Rückenteil an den Schulternähten so aneinanderlegen, dass der Halsausschnitt eine durchgehende Linie bildet [A].

3
Die gewünschte Kragenform von der vorderen Mitte oder der vorderen Umbruchkante zur hinteren Mitte anzeichnen. Der hintere Kragen sollte senkrecht zur hinteren Mitte stehen. So bildet er hinten eine flache Kurve, keine Spitze oder starke Rundung [B].

4
Auf einen neuen Bogen Papier das Kragenteil aufzeichnen. An der Halslinie des Kragens einen Knips auf die Schulternaht setzen. Dies ist das Schnittteil für den Oberkragen. Fadenlauf parallel zur hinteren Mitte einzeichnen [C].

TIPP

Wird ein Kragen mit einer Knopfleiste kombiniert, werden die offenen Stoffkanten innen am Halsausschnitt mit Schrägband versäubert.

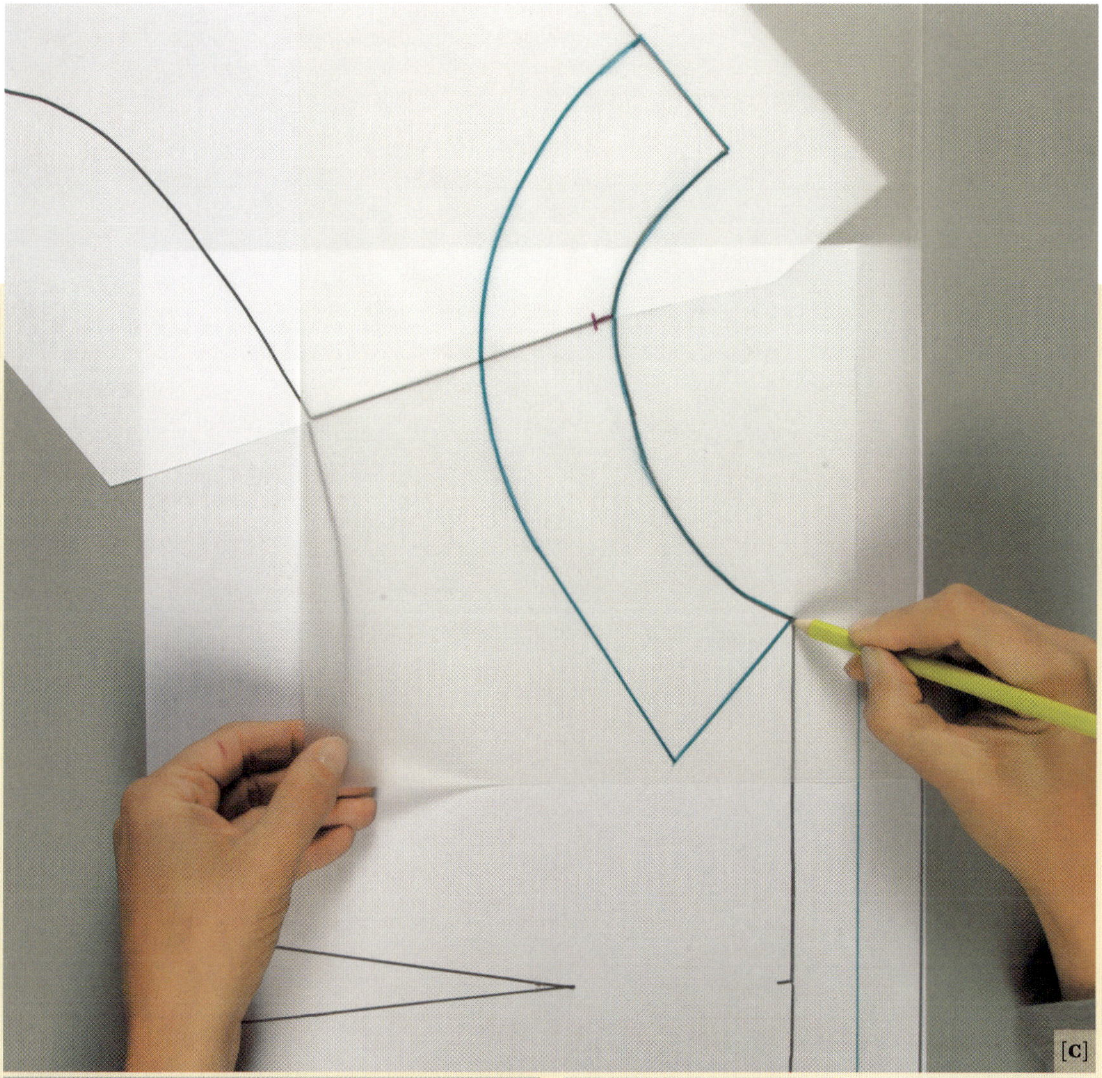

[C]

5
Für das Schnittteil des Unterkragens den Oberkragen nachzeichnen. Auch hier den Knips für die Schulternaht anbringen. Die äußere Kante des Unterkragens 2–3 mm zurückschneiden. So bleibt später die Naht an der Kragenkante verdeckt. Fadenlauf parallel zur hinteren Mitte einzeichnen [**D**], [**E**], [**F**].

6
Beide Kragenteile beschriften: „1x aus Oberstoff". Je nach Stoffauswahl und gewünschter Festigkeit den Unterkragen oder beide Kragenteile mit Einlagenstoff verstärken.

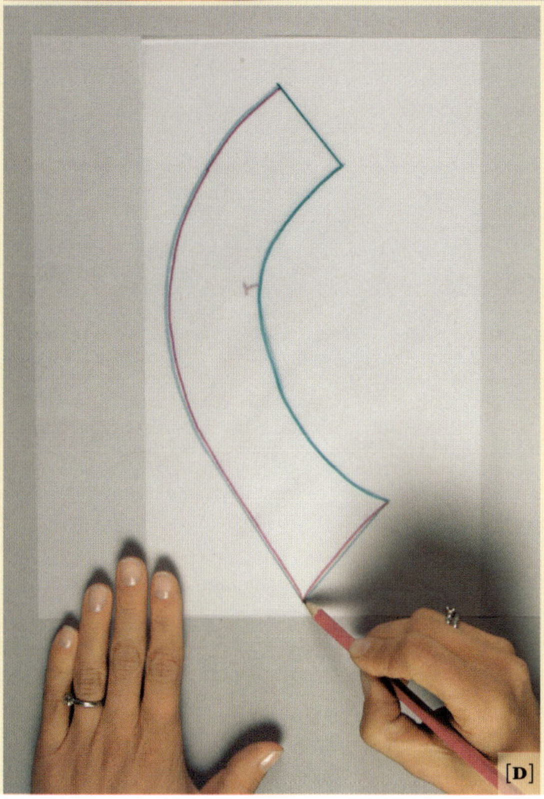

[D]

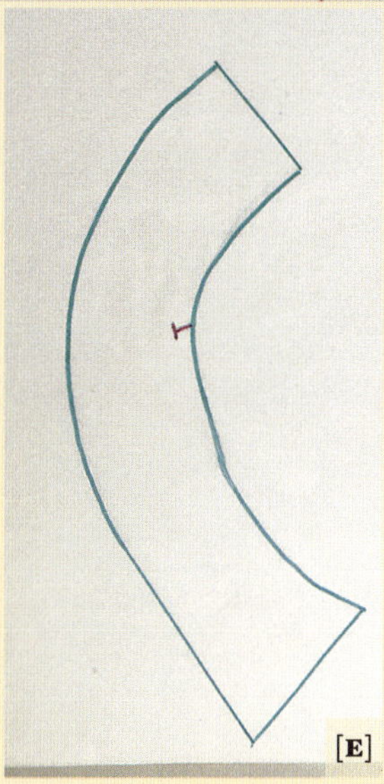

[E]

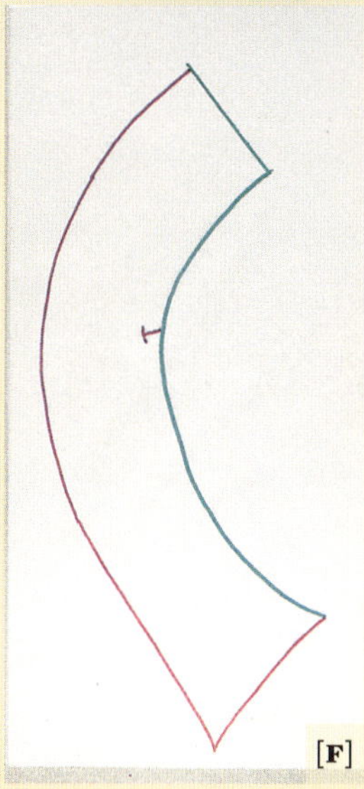

[F]

Steh-Umlegekragen

Jeder Kragen, der kein Flachkragen ist, hat einen Kragenstand. Ein Steh-Umlegekragen wird am Halsausschnitt angesetzt, steht darüber zunächst nach oben und fällt dann über das Oberteil. Es gibt verschiedene Arten von Steh-Umlegekragen, darunter auch Cuban Collar (kubanischer Kragen), Reverskragen und Schalkragen. Bei jedem Kragentyp gibt es vielfältige Formen und Größen. Manche Kragen haben ein Revers, andere sind einfacher. Beginnen Sie mit einem einfachen Kragen und Besatz, bevor Sie einen Kragen mit Aufschlag konstruieren. Auch bei Steh-Umlegekragen ist die Kombination mit Besatz oder Knopfleiste möglich.

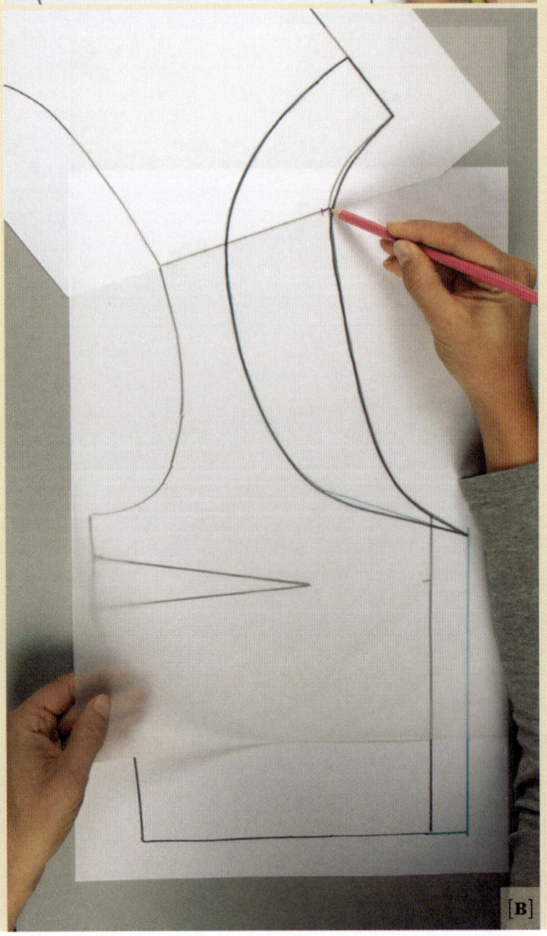

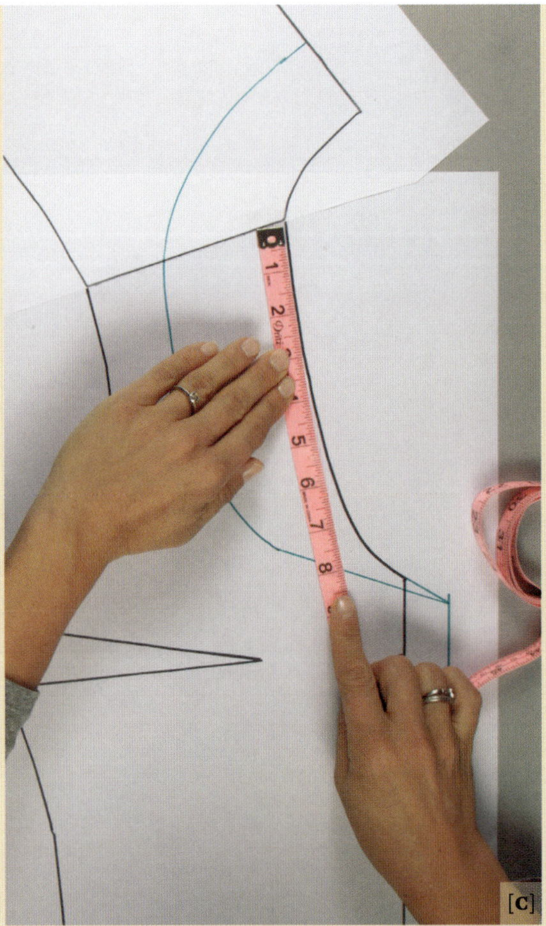

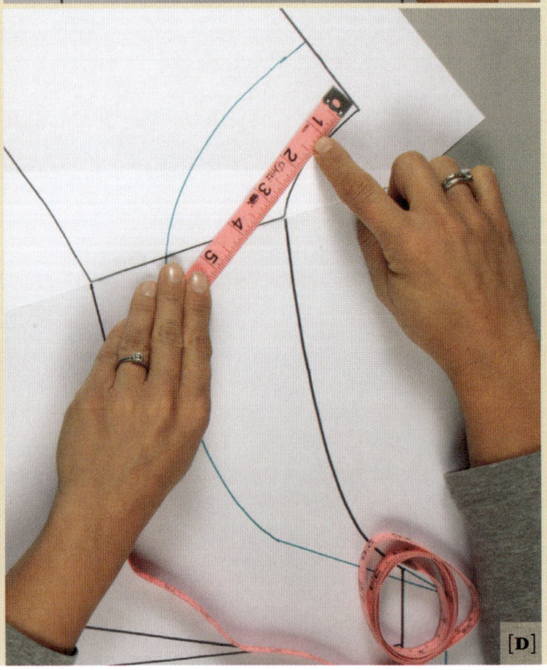

1
Zuerst das Oberteil mit Halsausschnitt und Besatz oder Knopfleiste konstruieren.

Schritte 2 und 3: siehe Abbildung [**A**].

2
Vorder- und Rückenteil an den Schulternähten so aneinanderlegen, dass der Halsausschnitt eine durchgehende Linie bildet.

3
Die gewünschte Kragenform von der vorderen Mitte oder der vorderen Umbruchkante zur hinteren Mitte zeichnen. Der hintere Kragen sollte senkrecht zur hinteren Mitte stehen. So bildet er hinten eine flache Kurve, keine Spitze oder starke Rundung.

4
Auf einen neuen Bogen Papier das Kragenteil aufzeichnen. An der Halslinie des Kragens die Schulternaht mit einem Knips kennzeichnen [**B**].

5
Die Länge des vorderen Halsausschnitts von der vorderen Mitte oder dem Umbruch bis zur Schulter abmessen [**C**]. Die Länge des hinteren Halsausschnitts vom Knips an der Schulter bis zur hinteren Mitte abmessen [**D**].

Beide Maße addieren und notieren.

TIPP

„Zweimal messen, einmal schneiden." Die Regel ist abgedroschen – aber immer noch besser als ein falsch berechnet zugeschnittener Kragen.

[E]

[F]

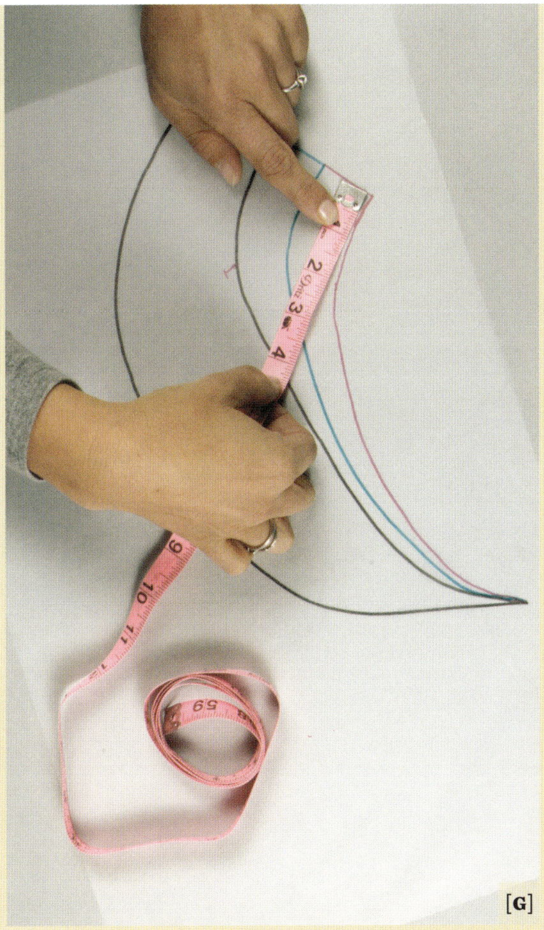

[G]

6
Die Höhe des Kragenstands festlegen (zwischen 1,5 und 7,5 cm).

Schritte 7 und 8: siehe Abbildung **[E]**.

7
Am Kragenteil die hintere Mitte um die gewünschte Höhe des Kragenstands nach oben verlängern.

Hier setzt die Linie des Kragenbruchs an, an dem der Kragenstand auf den Kragenumfall trifft.

8
Die verlängerte hintere Mitte mit dem ursprünglichen vorderen Kragenansatz verbinden; dabei dem ursprünglichen Halsausschnitt angleichen. Beachten Sie, dass der Kragenbruch zunächst etwa 1,5 cm senkrecht zur hinteren Mitte verläuft.

9
Die Schritte 7 und 8 wiederholen. Die neue Linie ist der Halsausschnitt des Kragens, der an den Halsausschnitt des Oberteils genäht wird. Bei einem Kragen mit breiterem Kragenstand wird die Kurve des Halsausschnitts recht kurz **[F]**.

10
Den neuen Halsausschnitt des Kragens abmessen **[G]**.

TIPP

Zum Abmessen von Kurven kein Lineal verwenden, sondern ein auf die Seitenkante gestelltes Maßband.

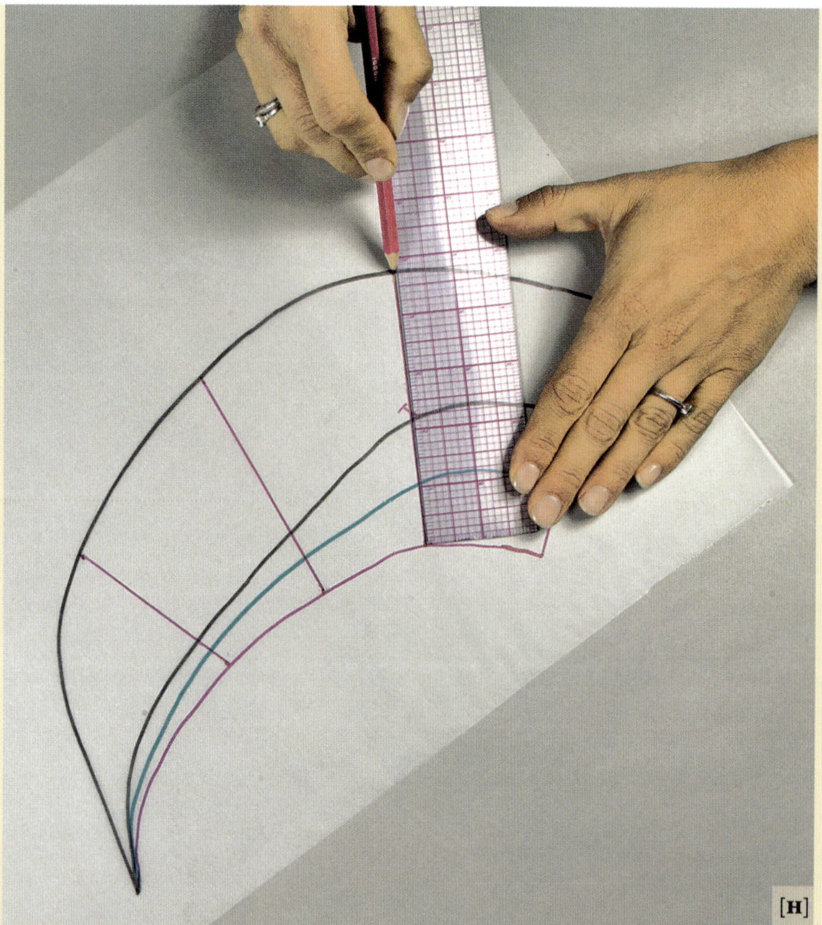

[H]

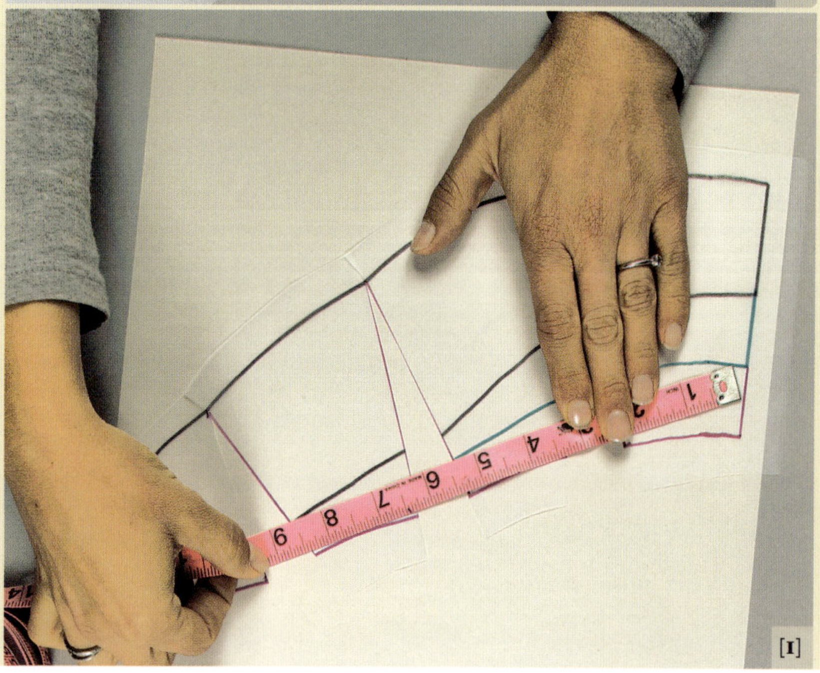

[I]

11

Das Maß der neuen Halsausschnittkurve vom ursprünglichen Halsausschnittmaß aus Schritt 5 abziehen. Die Differenz notieren und durch 3 teilen (auf den nächsten Millimeter runden).

Schritte 12-14: siehe Abbildung [H].

12

Das neue Halsausschnittmaß durch 5 teilen und notieren. Von der hinteren Mitte aus nach vorn ein Fünftel der Halsausschnittkurve abmessen und markieren. Noch zweimal wiederholen, sodass drei Markierungen auf der Halsausschnittkurve liegen.

13

Die äußere Kragenkante abmessen und durch 5 teilen (auf den nächsten Millimeter runden). Dieses Maß von der hinteren Mitte aus nach vorn abmessen und markieren. Noch zweimal wiederholen, sodass drei Markierungen auf der Kragenkante liegen.

14

Die Markierungen an der Halsausschnittkurve mit den entsprechenden Markierungen an der Kragenkante verbinden. Dies sind die Öffnungslinien. Es sollten nur drei Einschnitte sein.

Schritte 15 und 16: siehe Abbildung [I].

15

Jede Öffnungslinie von der Halsausschnittkurve zur Kragenkante einschneiden, nicht durchschneiden. Den in Schritt 11 bestimmten Betrag einsetzen.

16

Vor dem Fixieren der Einschnitte mit Klebeband die neue Halsausschnittlinie abmessen und anpassen, sodass sie identisch mit der in Schritt 5 gemessenen Halsausschnittlinie von Vorder- und Rückenteil ist.

TIPP

Bei Kragen und Halsausschnitt Nahtzugaben von 5 mm ausprobieren, damit die Nähte nicht zu dick werden. Das spätere Zurückschneiden der Nahtzugaben entfällt.

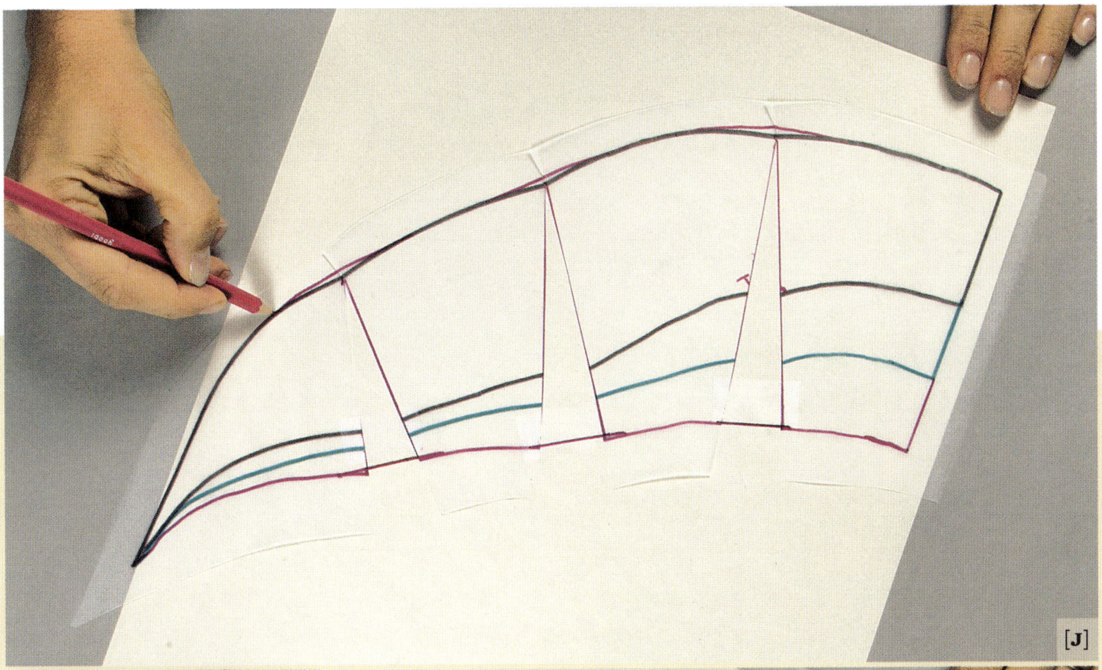

[J]

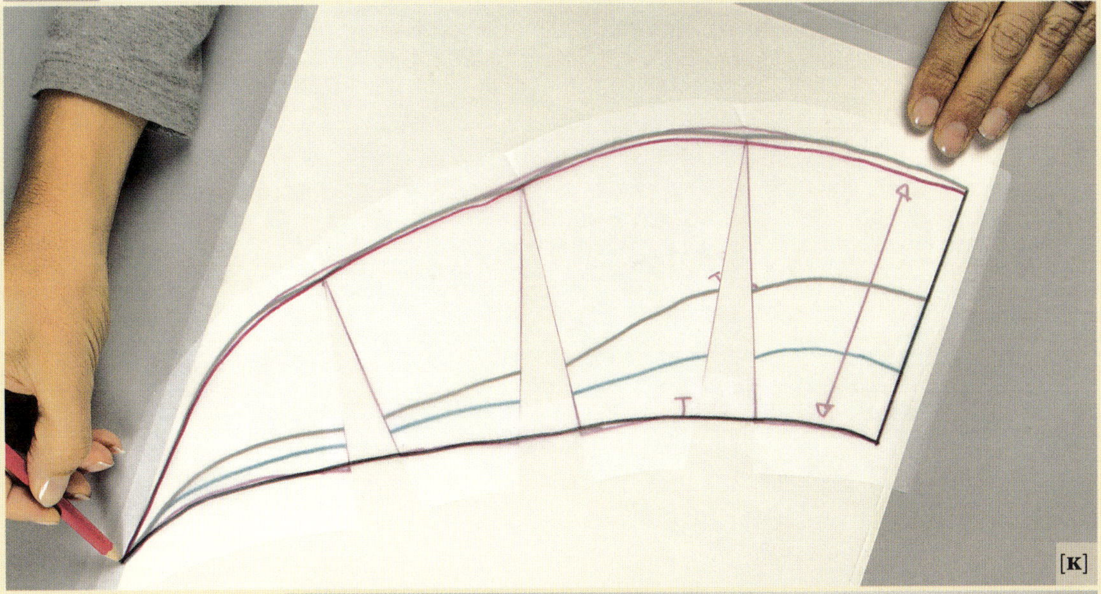

[K]

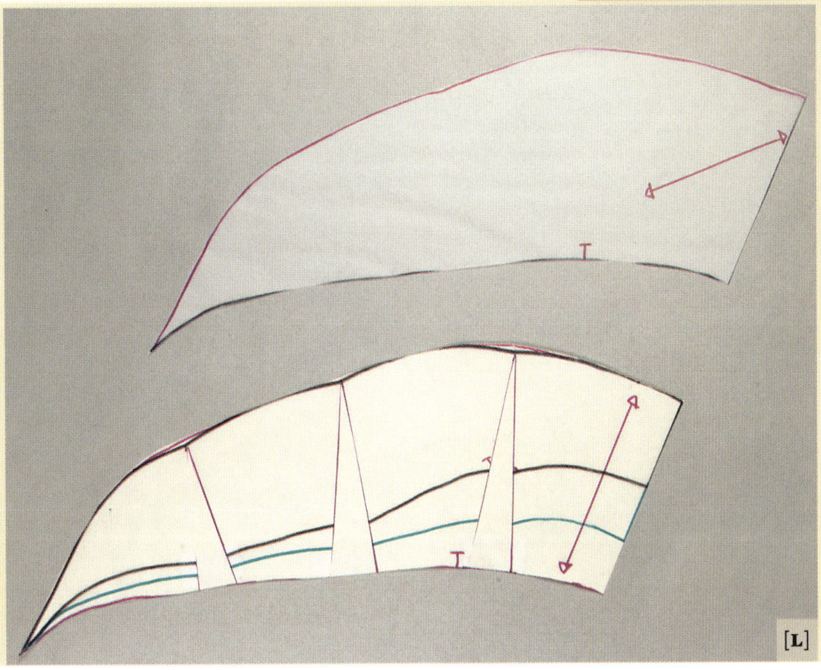

[L]

17
Die Halslinie des Kragens über die Einschnitte hinweg zu einer gleichmäßigen Rundung verbinden, ebenso die äußere Kragenkante. Dabei alle kleinen Unebenheiten glätten [**J**].

Schritte 18–20: siehe Abbildung [**K**].

18
Vom Kragenbruchpunkt entlang der Halslinie den Betrag aus Schritt 5 abmessen und dort einen Knips für die Position der Schulternaht setzen. Der Abstand von dort zur hinteren Mitte muss mit dem entsprechenden Abstand an der Halslinie des Rückenteils übereinstimmen. Damit ist der Oberkragen fertig.

19
Fadenlauf des Oberkragens parallel zur hinteren Mitte einzeichnen. Schnittteil beschriften: „1x im Stoffbruch aus Oberstoff".

20
Zur Konstruktion des Unterkragens das Schnittteil des Oberkragens aufzeichnen und an der Kragenkante 2–3 mm zurückschneiden. Fadenlauf schräg zur hinteren Mitte einzeichnen. Beschriften: „2x aus Oberstoff und Einlagenstoff". Nahtzugabe an der hinteren Mitte nicht vergessen; dort wird der Kragen zusammengenäht [**L**].

Ansetzen eines Aufschlags

Ein Aufschlag ist im Grunde ein sichtbarer Besatz, eine ausgestaltete Partie der vorderen Mitte mit der Knopfblende, die umgeschlagen wird, sodass sie an der Außenseite eines Modells liegt – ein tolles Stilelement für Jacken und Jacketts. Ein Aufschlag muss an einem V-Ausschnitt konstruiert werden. Er kann als alleiniger Abschluss des vorderen Halsausschnitts konstruiert werden (Umschlagkragen) oder mit einem Kragen zusammen einen Reverskragen bilden. Beim Reverskragen kann die Halslinie am vorderen Kragenteil noch geschwungen verlaufen, doch das Revers selbst muss gerade konstruiert werden.

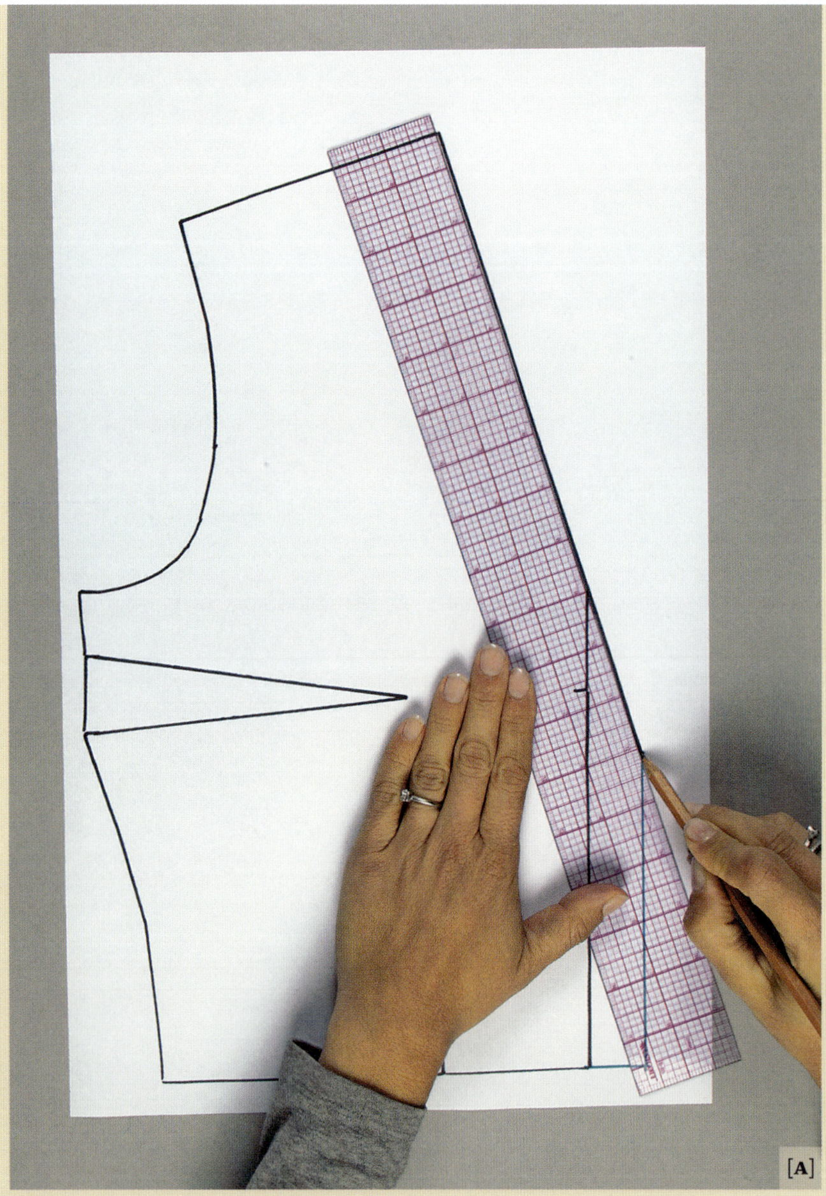

[A]

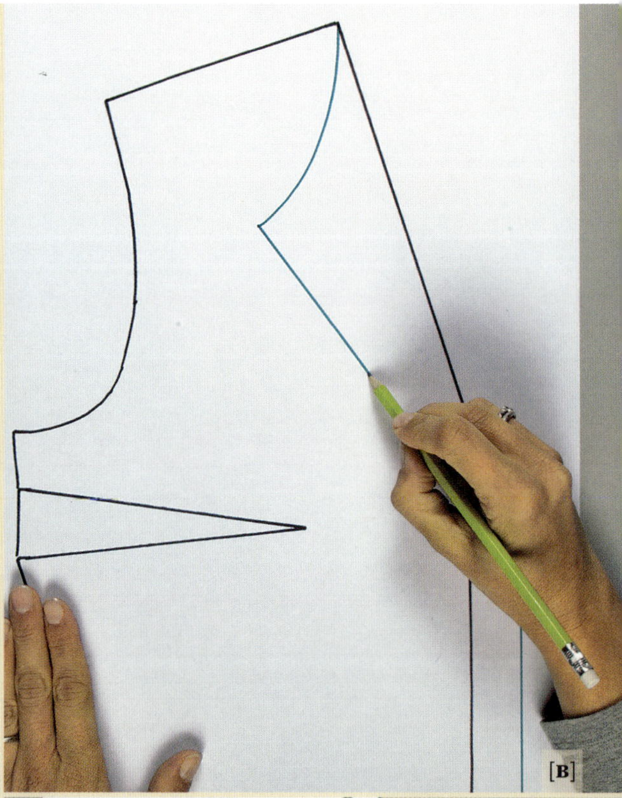

[B]

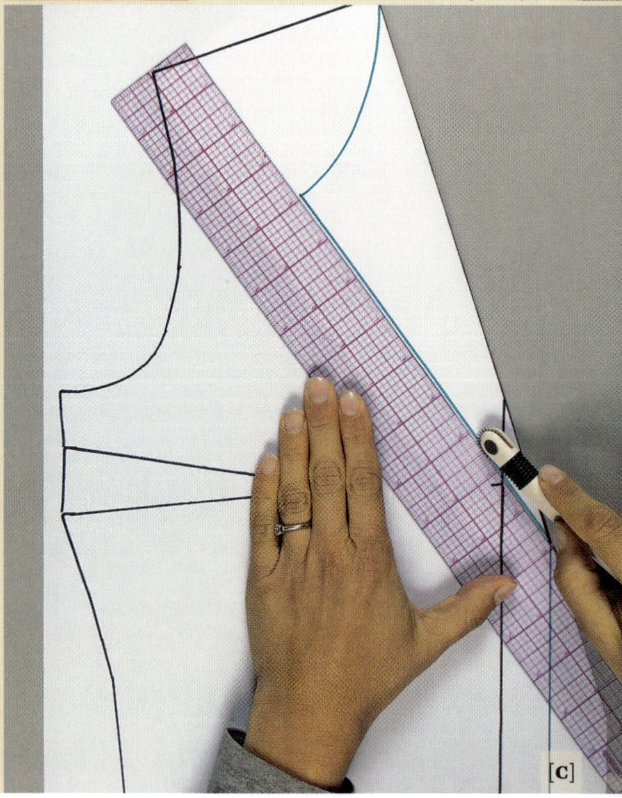

[C]

1
Zuerst das Oberteil mit V-Ausschnitt und Knopfblende konstruieren, aber noch nicht den Besatz [**A**].

2
Von der Spitze des V-Ausschnitts die Form des Aufschlags auf das Vorderteil zeichnen. Die Kante des V-Ausschnitts wird die Bruchlinie [**B**].

Schritte 3 und 4: siehe Abbildung [**C**].

3
Das Papier an der Bruchlinie nach innen falzen.

4
Mit dem Kopierrädchen die Form des Aufschlags auf Schnittmusterpapier zeichnen.

5
Das Papier auffalten und die Linie nachzeichnen. Es macht nichts, wenn der Aufschlag über die Knopfblende und/oder die vordere Mitte hinausreicht [**D**].

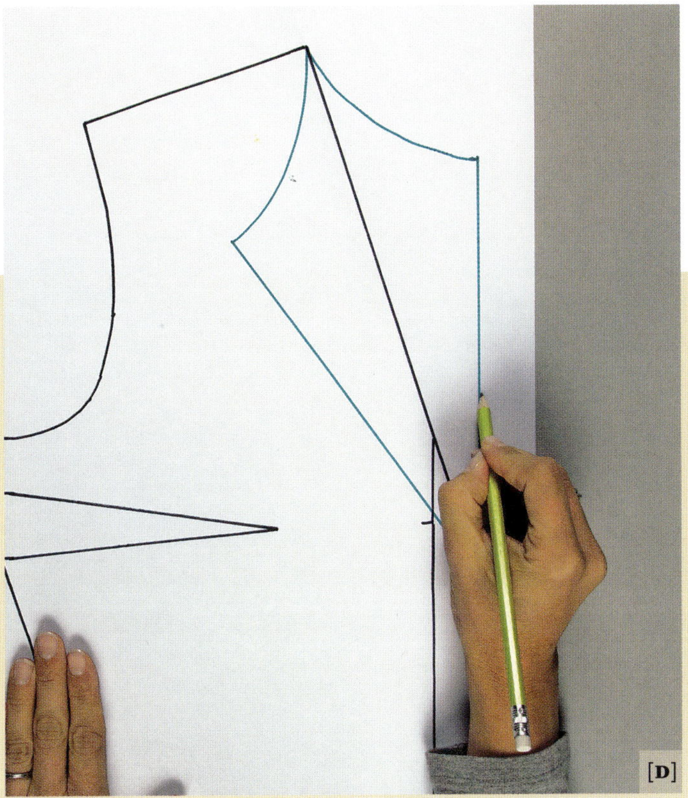

[**D**]

6
Für einen Umlegekragen nun einen Beleg konstruieren (siehe S. 97). Für einen Reverskragen die Anleitung für den Steh-Umlegekragen befolgen (S. 102). Den Kragenpunkt jedoch nicht an die vordere Mitte oder die Knopfleiste legen, sondern auf die Spiegelnaht am angezeichneten Aufschlag (Revers) [**E**].

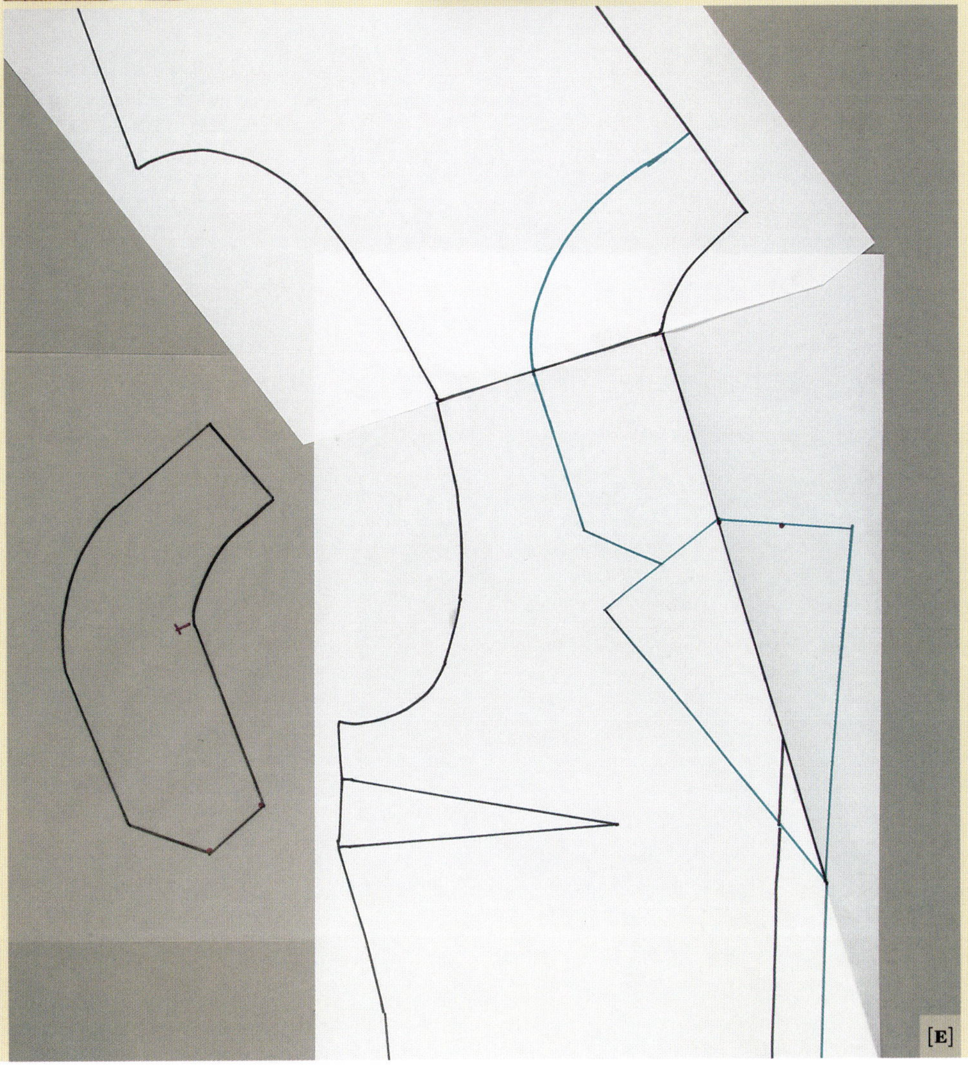

[**E**]

Kragen mit angesetztem Steg

Der Kragen mit Steg ist der klassische Button-Down-Hemdkragen. Der Kragenstand wird hier durch einen separaten Steg ersetzt. Dieser wird an den Halsausschnitt genäht und der Kragen an den Steg. Der Steg versäubert die offenen Kanten des Halsausschnitts, sodass auch bei einer Knopfleiste kein Besatz benötigt wird. Der Kragen sitzt am besten an einem runden Ausschnitt dicht am Halsansatz.

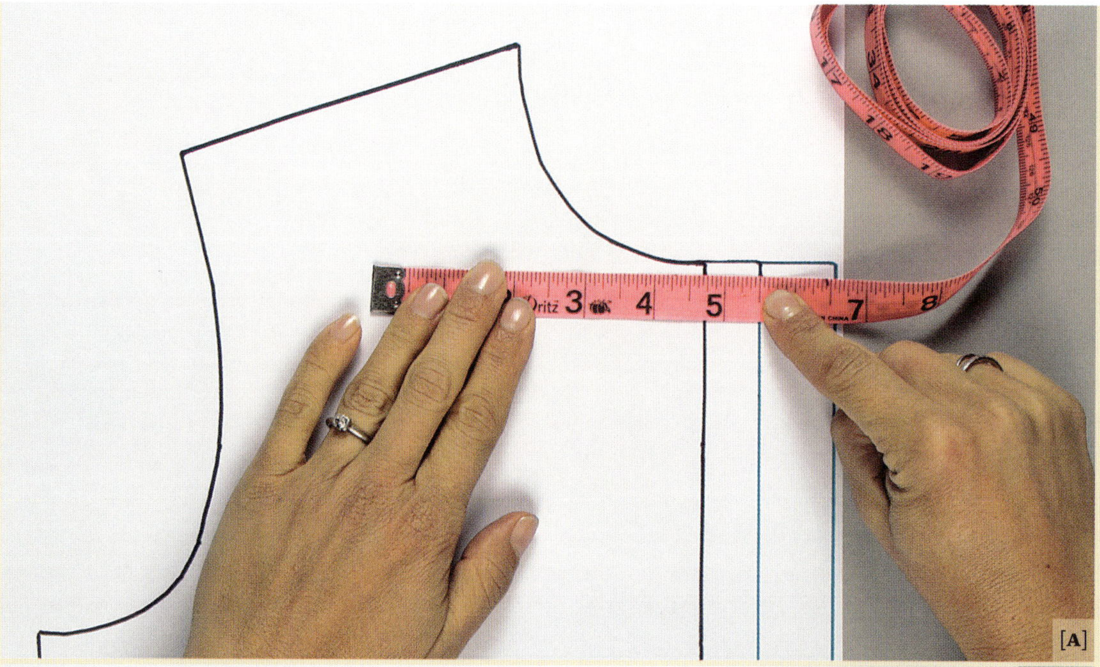

[A]

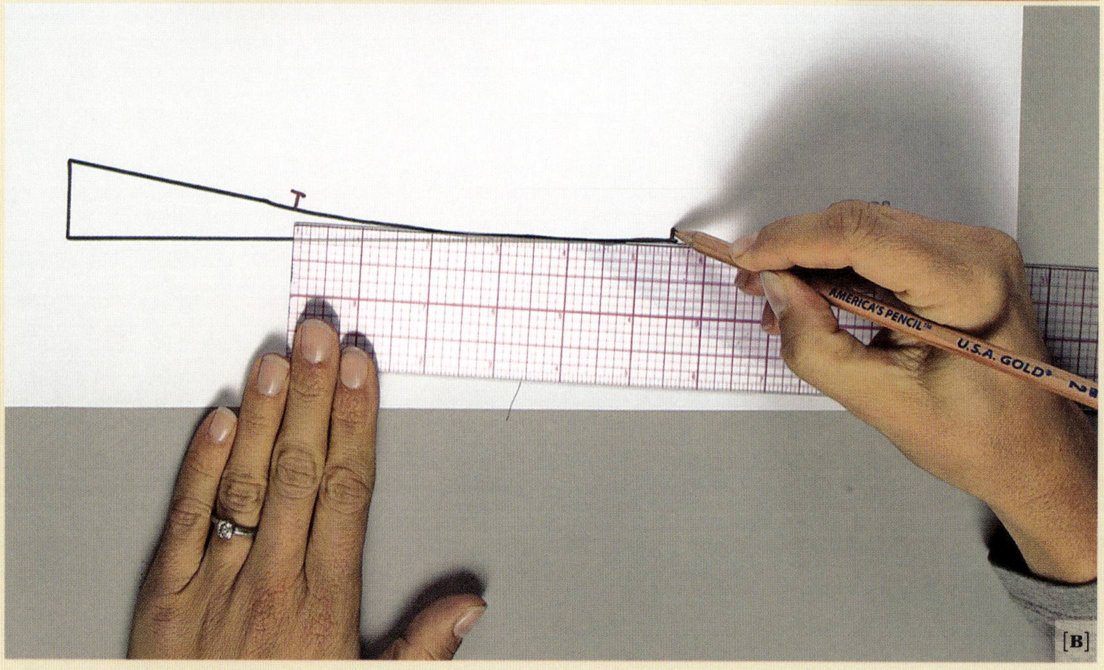

[B]

1
Ein Oberteil mit Knopfleiste konstruieren.

2
Die Länge des vorderen Halsausschnitts vom Umbruch der Knopfleiste bis zur Schulternaht messen und notieren [**A**].

3
Die Länge des hinteren Halsausschnitts von der Schulter bis zur hinteren Mitte abmessen und notieren.

4
Die Maße aus den Schritten 2 und 3 addieren. Dies ist die Länge des Kragenstegs.

Schritte 5–8: siehe Abbildung [**B**].

5
Eine waagrechte Linie von der Länge des Kragenstegs aufzeichnen.

6
An das linke Ende dieser Linie eine 2,5 cm lange Senkrechte zeichnen.

7
Von dort eine leicht geschwungene Linie zum rechten Ende der Waagrechten ziehen. Dies ist die Halslinie des Kragenstegs.

[C]

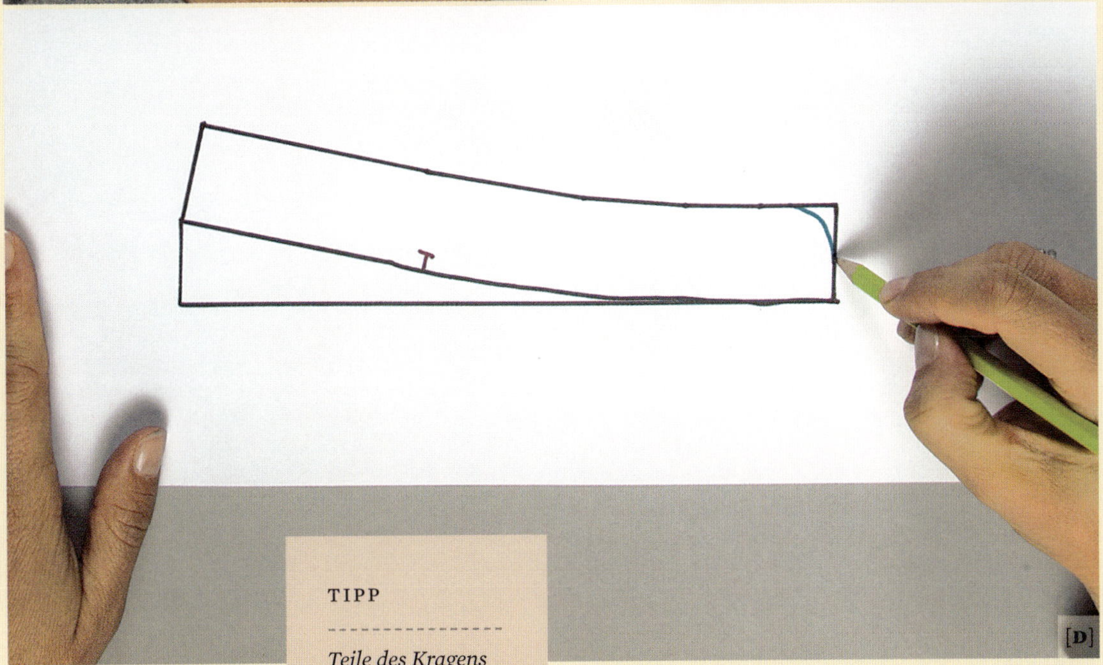

[D]

8
An der geschwungenen Linie von links das Maß des hinteren Halsausschnitts (Schritt 3) abmessen und mit einem Knips markieren.

9
Vom Knips nach rechts das Maß des vorderen Halsausschnitts (Schritt 2) abmessen. Die Linie nach Bedarf kürzen oder verlängern.

10
Am vorderen und hinteren Ende der Halslinie eine Senkrechte in der gewünschten Höhe des Kragenstegs (2–4 cm) anzeichnen. Deren Enden parallel zur Rundung der Halslinie verbinden [**C**].

11
Nach Wunsch die vordere obere Ecke des Kragenstegs abrunden [**D**].

TIPP

Teile des Kragens oder den Steg aus kontrastfarbigem Stoff anfertigen.

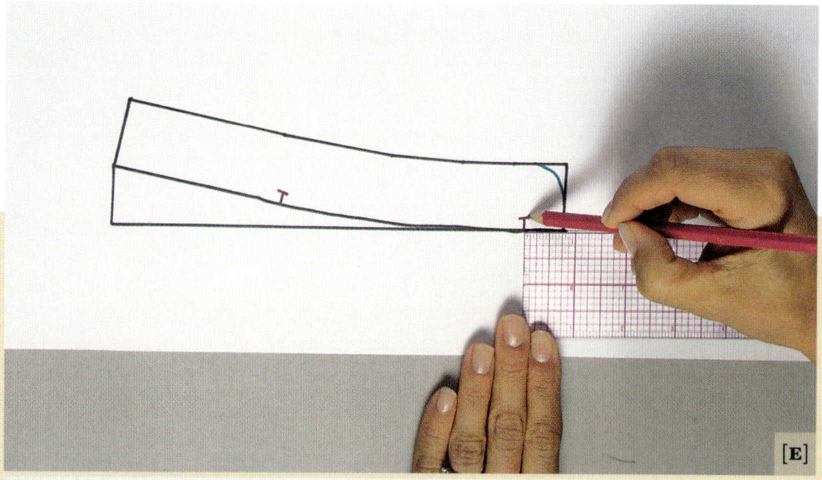

[E]

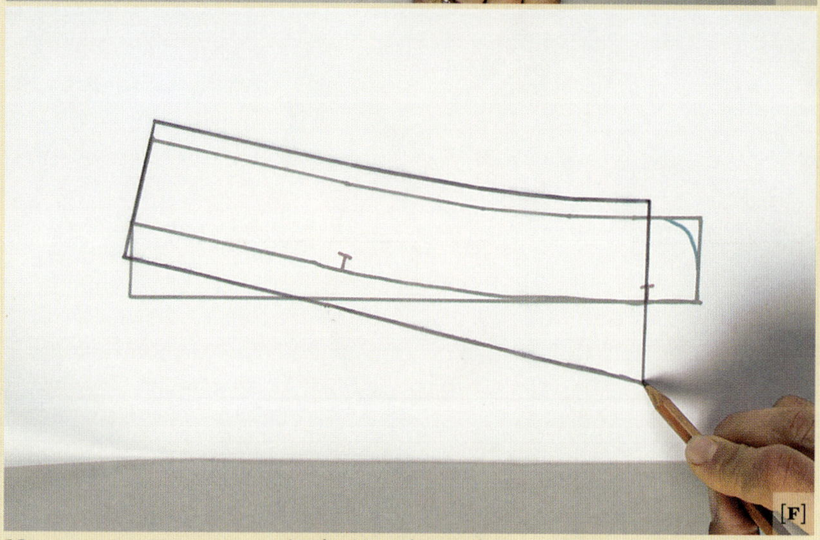

[F]

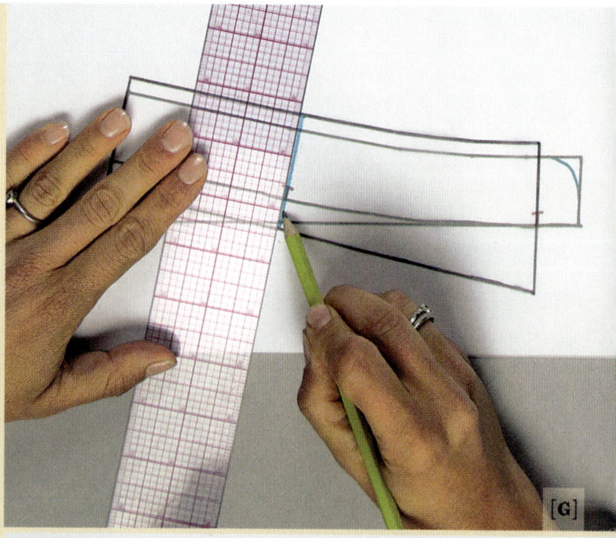

[G]

[H]

12
Von der vorderen Kante des Steges nach hinten die Breite der angeschnittenen Knopfleiste am Vorderteil abmessen und markieren. Das ist der Knips der vorderen Mitte [E].

13
Auf einen neuen Bogen Papier die Form des Steges nur bis zu diesem Knips der vorderen Mitte zeichnen. An der Oberkante des Steges 0,5–1,5 cm anfügen. Dies wird die Kante des Kragens, die an den Steg genäht wird.

An der Unterkante des Steges von links bis zum Knips der Schulternaht 1,5 cm anfügen. Von der Schulternaht bis zur vorderen Mitte ebenfalls 1,5 cm oder mehr anfügen. Je mehr Sie zugeben, desto länger werden die Kragenspitzen (denken Sie an die großen Hemdkragen der 1970er-Jahre!).

Damit ist das Schnittteil des Kragens fertig. Die Schulternaht mit einem Knips kennzeichnen [F].

14
Am Knips der Schulternaht eine Senkrechte zeichnen. Dies ist eine Öffnungslinie [G].

15
Von der äußeren Kragenkante bis zur anderen Kante einschneiden (nicht durchschneiden) [H]. Papier unter das Schnittteil legen, den Einschnitt um 1 cm öffnen und festkleben. Die äußere Kragenkante über den Einschnitt hinweg nachzeichnen. Dies ist das Schnittteil des Oberkragens [I].

TIPP

Wandeln Sie die Form des Kragens ab: Je näher die Kragenspitze an der hinteren Mitte liegt, desto weiter steht der Kragen später an der vorderen Mitte auseinander. Je näher sie an der vorderen Mitte liegt, desto enger ist dort später die Kragenstellung.

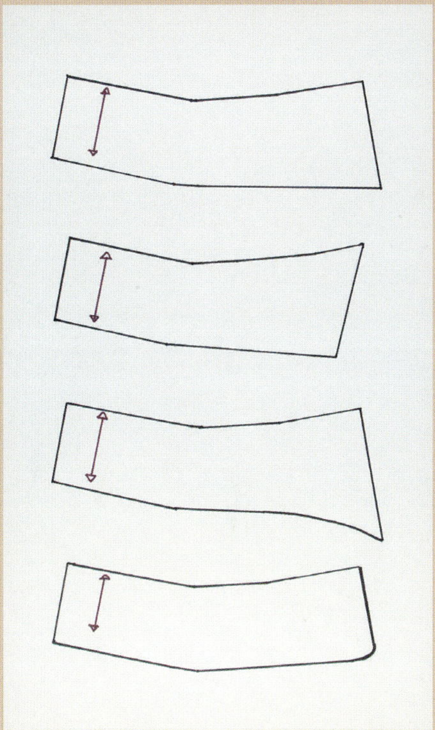

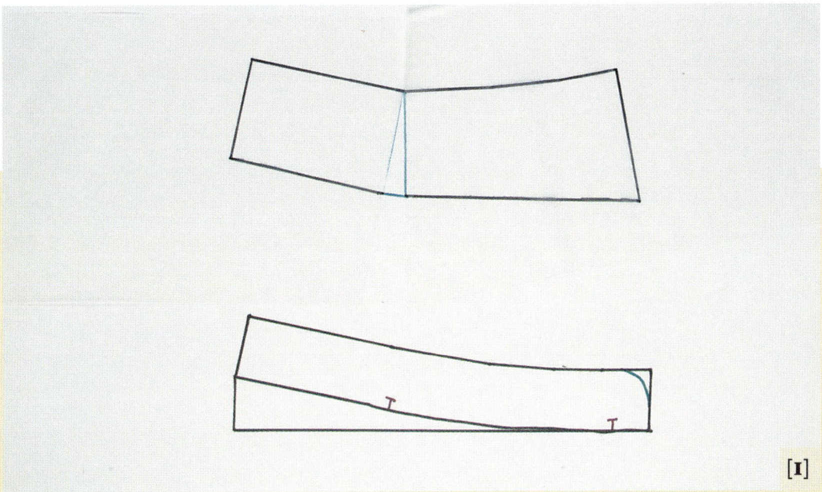

[I]

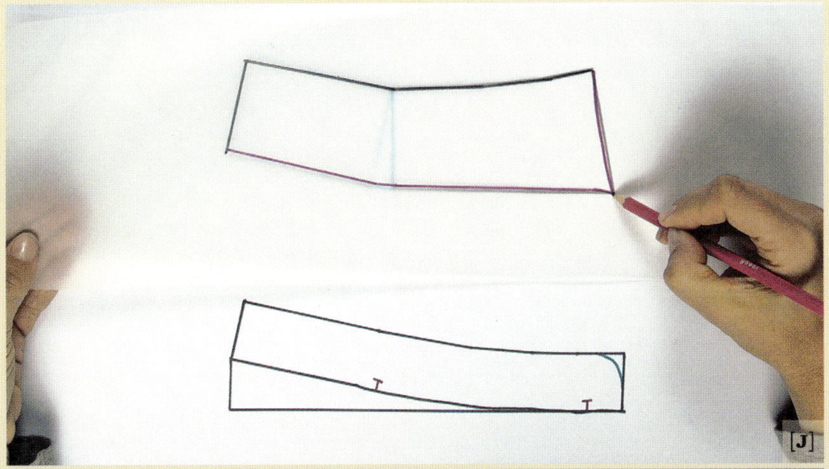

[J]

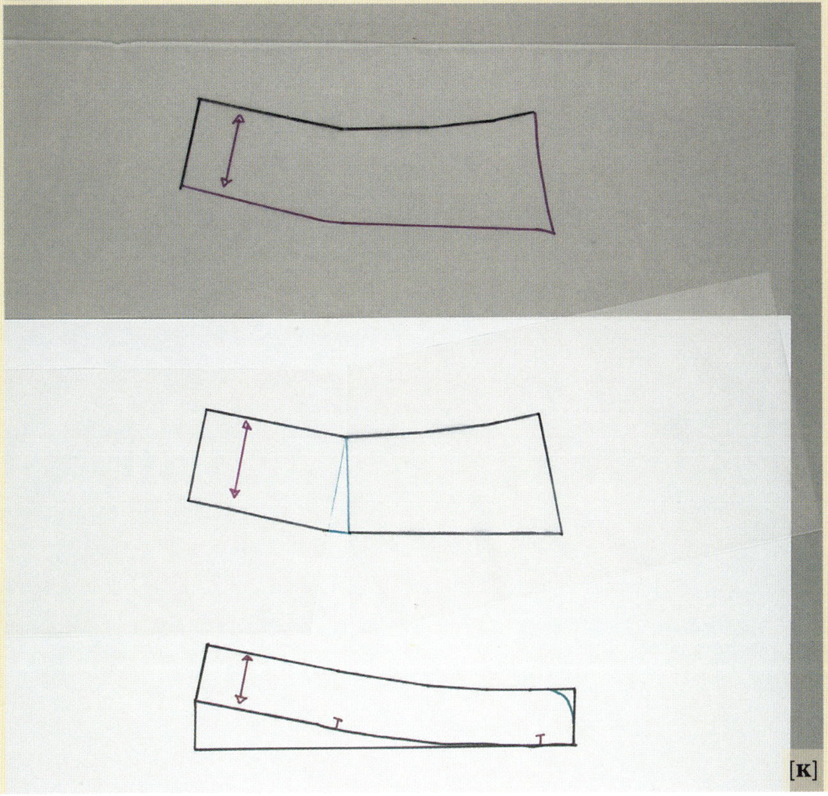

[K]

16

Den Oberkragen auf einen neuen Bogen Papier zeichnen und an der äußeren Kante 2–3 mm zurückschneiden. Achtung: Die Kragenspitze wird noch nicht zurückgeschnitten. Dies ist der Unterkragen [**J**].

17

An allen Schnittteilen (Steg, Ober- und Unterkragen) den Fadenlauf parallel zur hinteren Mitte einzeichnen. Die Teile beschriften:

Steg „2x im Stoffbruch aus Oberstoff" und „1x im Stoffbruch aus Einlagenstoff" [**K**].

Oberkragen „1x im Stoffbruch aus Oberstoff".

Unterkragen „1x im Stoffbruch aus Oberstoff und Einlagenstoff".

6

Ärmel

Wie bei anderen Partien eines Modells gibt es auch bei Ärmeln zahlreiche Varianten: kurz, lang, bauschig, eng anliegend, ausgestellt, mit Manschetten oder einfachem Saum. Ärmel und Armausschnitte gehören zusammen – wird der Armausschnitt abgewandelt, muss auch der Ärmel geändert werden. Am Ärmel allein sind hingegen viele Veränderungen von Stil und Silhouette möglich.

Während der Armausschnitt eines ärmellosen Modells dank des Armausschnittabnähers eng am Körper anliegt, benötigt das Modell mit Ärmeln einen weiteren Armausschnitt. Lesen Sie vor der Ärmelkonstruktion den Abschnitt über Bewegungszugaben (Seite 15).

Außerdem sollte das Maß der Armkugel größer sein als das des entsprechenden Armausschnitts. Diese Zugabe nennt man Einhalteweite. Wenn der Ärmel an einem körpernahen Modell exakt in den Armausschnitt passt, lässt sich der Arm nicht leicht und bequem bewegen.

Ärmel: Konstruktionslinien

Zum Bestimmen der Viertellinien (Ärmelmitte sowie hintere und vordere Ärmelmitte) siehe unten stehende Anleitung.

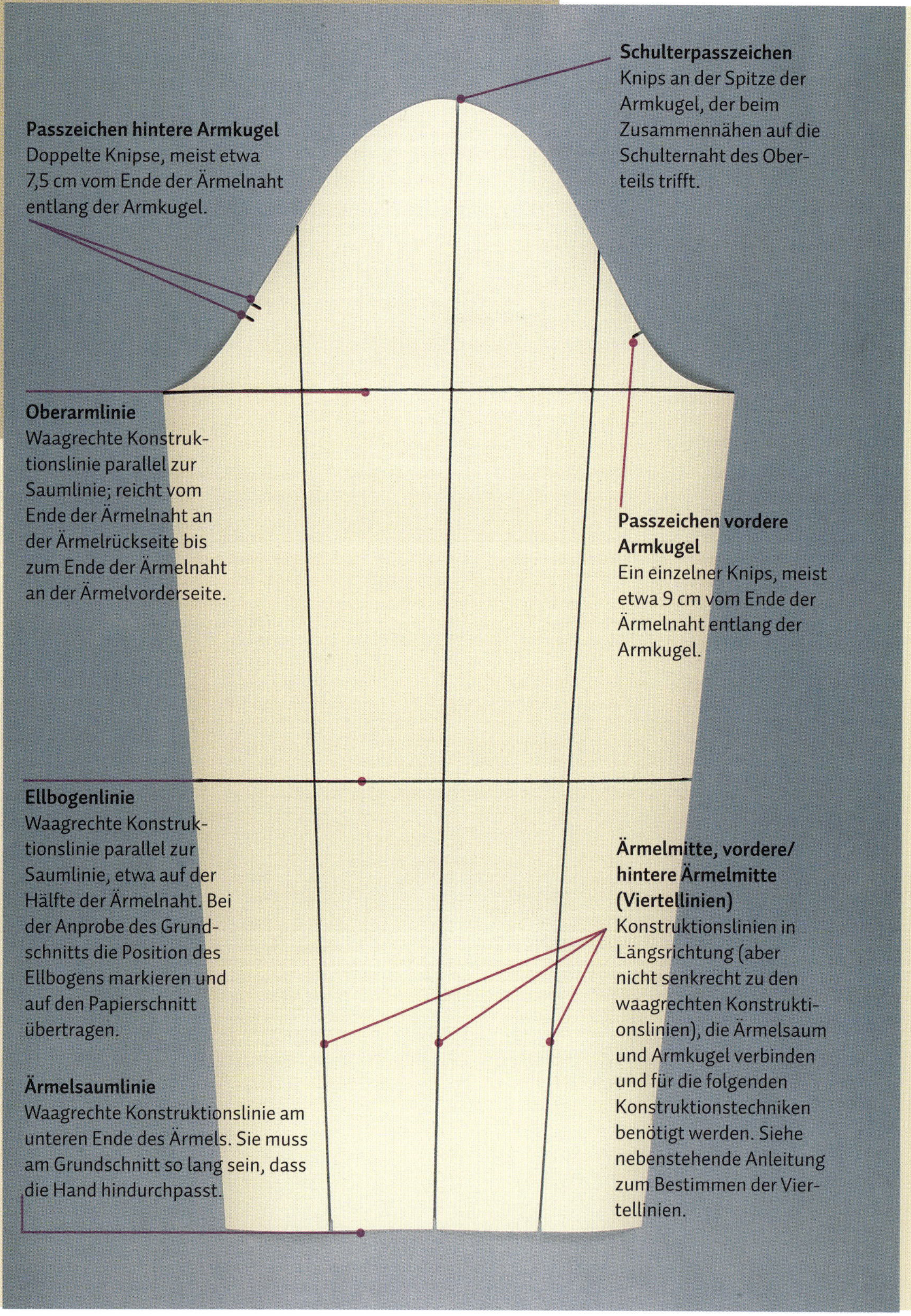

1
Am Ärmelsaum vier gleiche Partien abteilen und markieren.

2
Die mittlere Markierung mit dem Knips für die Schulternaht verbinden. Dies ist die Ärmelmitte.

3
An der Oberarmlinie vier gleiche Partien abteilen und markieren.

4
Hintere Ärmelmitte: Den Viertelpunkt am Ärmelsaum über den Viertelpunkt auf der Oberarmlinie mit der Armkugel verbinden.

5
Vordere Ärmelmitte: Auch hier den Viertelpunkt am Ärmelsaum über den Viertelpunkt auf der Oberarmlinie mit der Armkugel verbinden.

Ärmel kürzen oder verlängern

Dies ist die einfachste Methode, den Charakter eines Ärmels zu verändern. Dabei orientiert man sich an den waagrechten Konstruktionslinien.

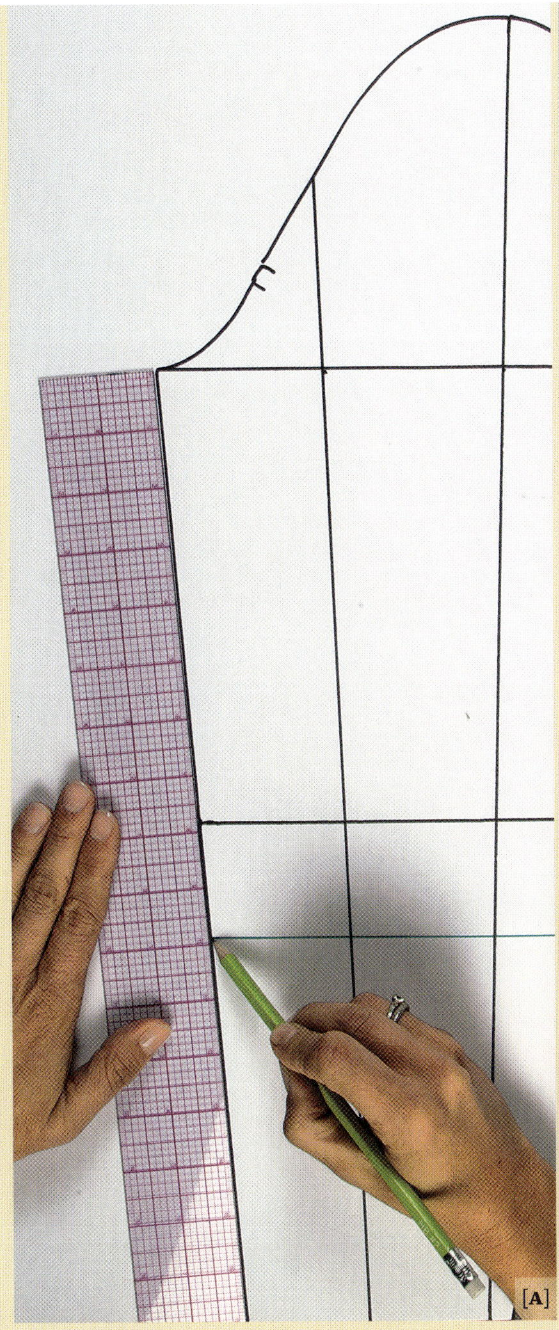

[A]

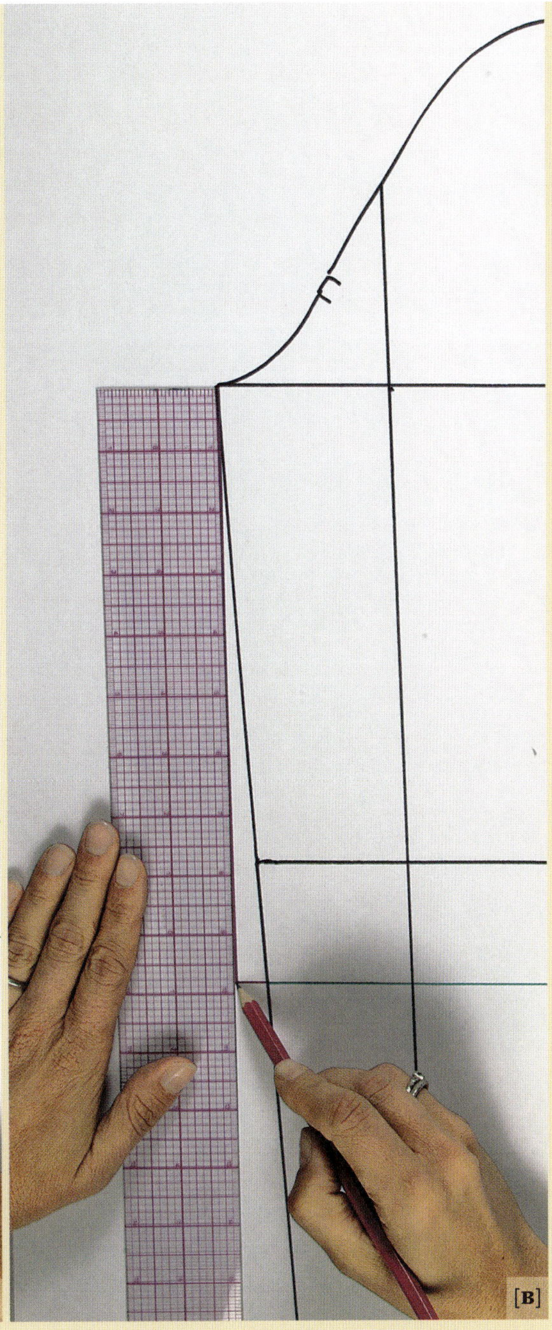

[B]

1

Die Position des neuen Ärmelsaums bestimmen. Er sollte parallel zu einer der waagrechten Konstruktionslinien verlaufen [**A**].

2

An Vorder- und Rückseite des Ärmels die Länge der Ärmelnaht von der Oberarmlinie bis zum neuen Saum abmessen, um sicherzustellen, dass beide gleich lang sind. Bei Bedarf den Saum entsprechend anpassen [**B**].

Ärmel: Einhalteweite

Zur Bestimmung der Einhalteweite am Ärmel die Differenz zwischen den Ärmelmaßen und Ihren Körpermaßen berechnen. Die Maße des Armes und der Bewegungszugabe auf jeder Konstruktionslinie notieren. Das einzige Maß, das nicht am Körper vermessen wird, sondern an Vorder- und Rückenteil des Schnittmusters, ist der Armausschnitt.

	Ärmel	–	**Körper/Vorder- und Rückenteil**	=	**Einhalteweite bzw. Bewegungszugabe**
Vordere Armkugel/vorderer Armausschnitt		–		=	
Hintere Armkugel/hinterer Armausschnitt		–		=	
Oberarm		–		=	
Ellbogen		–		=	
Handgelenk		–		=	
Hand		–		=	

1
Der Oberarmumfang wird gemessen, während die Hand auf der Schulter liegt.

2
Zum Vermessen des Ellbogenumfangs wird die Hand leicht gebeugt an die Hüfte gelegt.

3
Den Handgelenkumfang abmessen.

4
Zum Vermessen des Handumfangs den Daumen wie zum Schwur an die Handfläche legen.

TIPP

Alternative zur Bewegungszugabe: Ärmel schräg zum Fadenlauf zuschneiden. Ein Stoff, der sich schräg gut dehnt, benötigt keine Bewegungszugabe. Den schrägen Fadenlauf im 45°-Winkel zur Ärmelmitte einzeichnen.

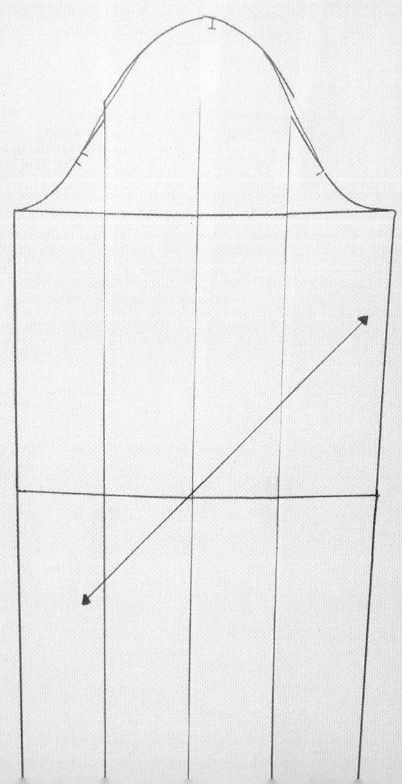

Einhalteweite entfernen

Manche Ärmel benötigen keine Einhalteweite, z. B. Ärmel mit flacher Armkugel, ausgestellte, gekräuselte, in Falten gelegte oder schräg zugeschnittene Ärmel. Diese Ärmel haben über die gesamte Länge genügend Weite; die Einhalteweite kann von der Armkugel entfernt werden, sodass das Maß der Armkugel dem des Armausschnitts entspricht. Die Einhalteweite wird an den Viertellinien des Grundschnitts entfernt. Wenn Sie Ärmel im Schrägschnitt oder mit zusätzlicher Weite mögen, fertigen Sie eine neue Schnittschablone für diesen Ärmel an.

TIPP

Ebenso kann am Ärmelschnitt Weite zugegeben werden. Anstatt die Ärmelweite durch Überlappen an der Viertellinie zu reduzieren, fügt man dort Weite ein – entweder nur an der Kugel oder auch weiter unten.

[A]

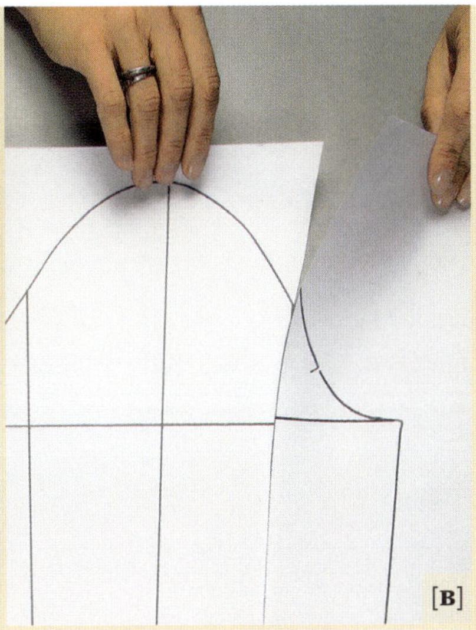

[B]

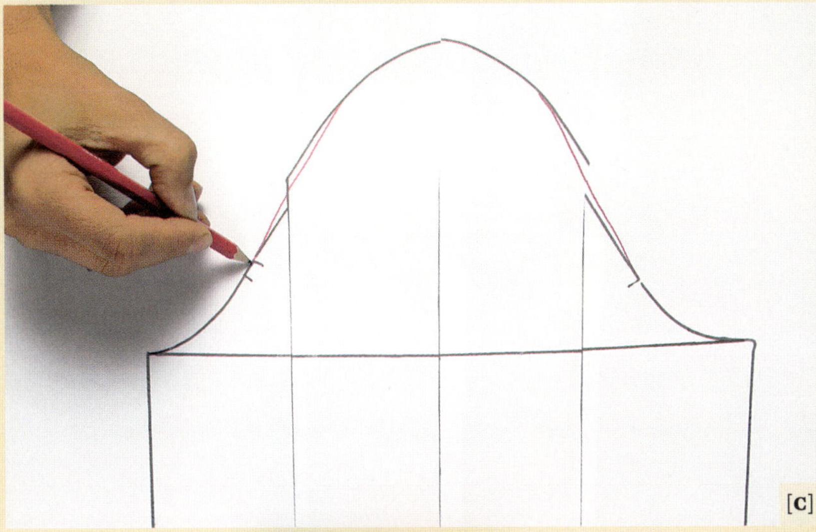

[C]

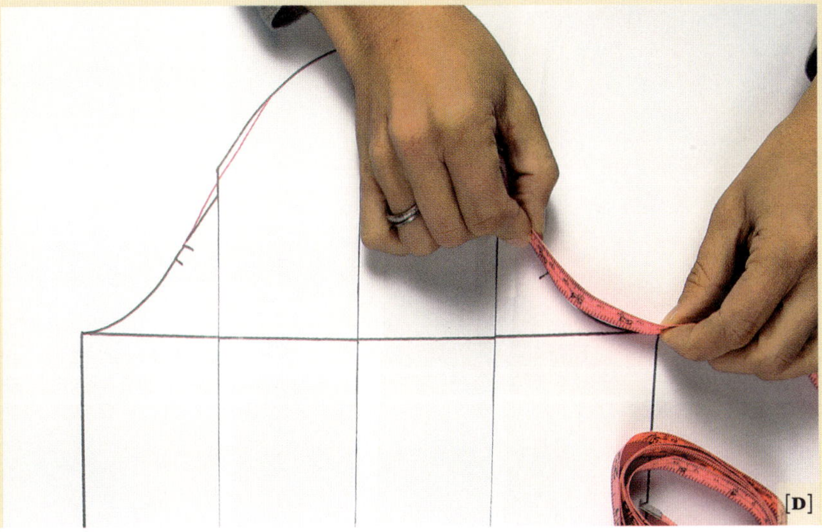

[D]

1
Mithilfe der Tabelle (gegenüberliegende Seite) die Einhalteweite an der vorderen und hinteren Armkugel bestimmen. Diese beiden Werte können verschieden sein.

2
Die Einhalteweite der vorderen Armkugel durch zwei teilen und die Berechnung notieren.

3
Die Einhalteweite der hinteren Armkugel durch zwei teilen und die Berechnung notieren.

4
Die Ärmelschablone auf Schnittmusterpapier übertragen.

5
Die vordere Ärmelmitte von der Armkugel bis zum Saum einschneiden (nicht durchschneiden) [**A**]. Die Seiten um den in Schritt 2 berechneten Betrag überlappen und festkleben [**B**].

6
Die hintere Ärmelmitte von der Armkugel bis zum Saum einschneiden (nicht durchschneiden). Die Seiten um den in Schritt 3 berechneten Betrag überlappen und festkleben.

7
Die Mittellinie von der Armkugel bis zum Saum einschneiden (nicht durchschneiden). Die Seiten um die in Schritt 2 und 3 berechneten Beträge überlappen und festkleben.

8
Die Armkugel begradigen (Ecken abflachen, Lücken „auffüllen") [**C**].

9
An der hinteren Armkugel das Maß des hinteren Armausschnitts abmessen. Einen Knips für die Schulternaht setzen. Überprüfen Sie, ob das Maß der vorderen Armkugel dem des vorderen Armausschnitts entspricht [**D**].

10
Nun können Stil oder Silhouette des Ärmels abgewandelt werden.

Ärmel mit flacher Armkugel

Die meisten Standardgrundschnitte haben eine hohe Armkugel, die die Bewegungsfreiheit etwas einschränken kann. Durch Abflachen der Armkugel sitzt ein Oberteil lockerer, da die Oberarmweite größer wird – dies erhöht den Tragekomfort. Die hohe Armkugel findet sich meist an körpernaher Damenbekleidung. Je lockerer der Sitz eines Modells, desto besser eignet sich eine flache Armkugel. Die Armkugel an Herrenhemden ist wesentlich flacher. Beginnen Sie entweder mit einem Ärmelgrundschnitt oder einem Ärmel, an dem die Einhalteweite entfernt wurde.

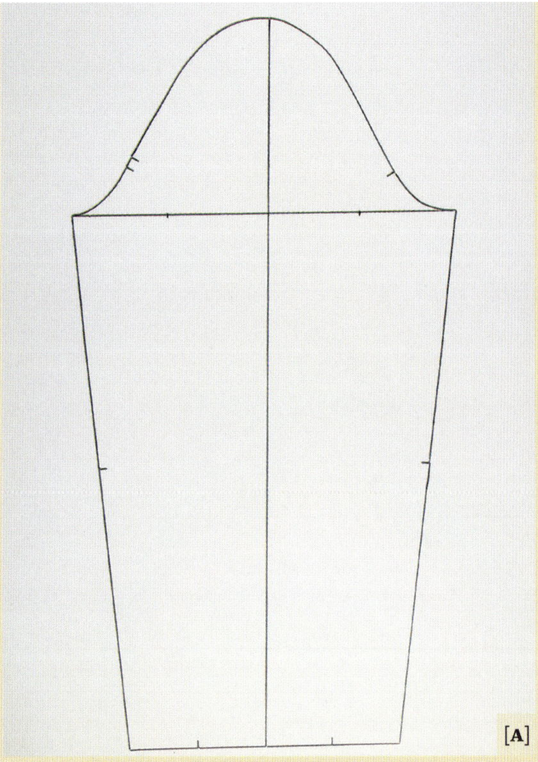

[A]

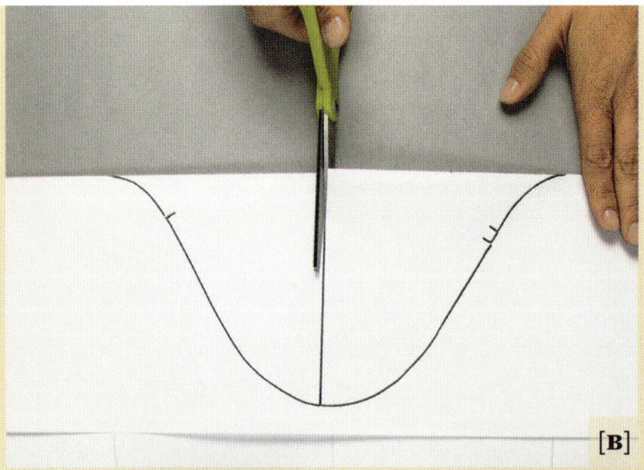

[B]

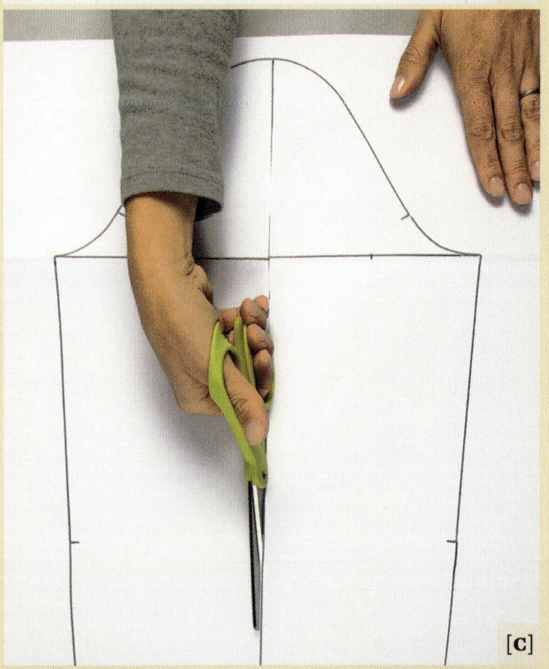

[C]

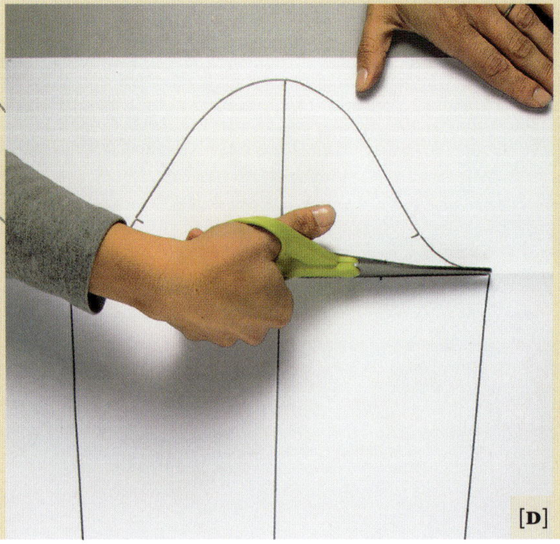

[D]

1
Die Ärmelschablone auf Papier übertragen, die Ärmelmitte und die Oberarmlinie einzeichnen [A].

2
Den Schnitt an der Oberarmlinie falten und an der Mittellinie einschneiden, sodass ein Loch entsteht [B]. Auffalten und von dem Loch aus bis zur Spitze der Armkugel und bis zum Saum schneiden, das Papier aber nicht durchschneiden [C].

3
Die Oberarmlinie bis zu beiden Seiten der Ärmelnaht einschneiden, ohne das Papier durchzuschneiden. Das Papier von der anderen Seite ebenfalls einschneiden, um Drehpunkte zu erhalten [D].

TIPP

Wenn Sie Ärmel mit flacher Armkugel bevorzugen, fertigen Sie davon eine Schablone als Grundlage für weitere Modellentwürfe an. Ärmeltypen mit zusätzlicher Weite müssen nicht von einer flachen Armkugel konstruiert werden, da sie ohnehin bequem sind.

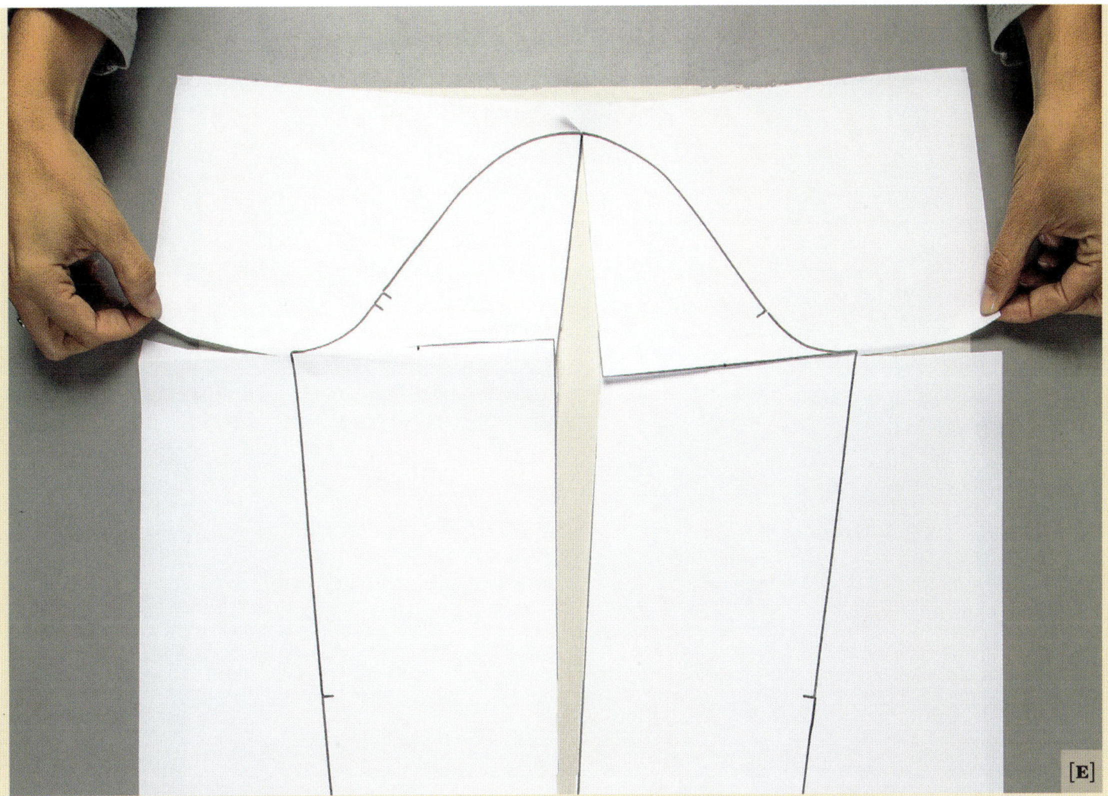

[E]

Schritte 4–6: siehe Abbildung [E].

4
Zusätzliches Schnittmusterpapier unter den Ärmel legen.

5
Die Ärmelnähte an der Oberarmlinie auseinanderziehen, sodass die Armkugel flacher wird. Senkrecht zur Ärmelmitte entsteht eine Öffnung, während die Partien oberund unterhalb der Oberarmlinie sich überlappen.

6
Festlegen, wie weit die Armkugel abgeflacht werden soll (1,5 cm oder mehr). Alternativ dazu können Sie entscheiden, wie viel Mehrweite oder Bewegungszugabe Sie an der Oberarmlinie gern hätten.

7
Die Überschneidung an der Oberarmlinie abmessen und diesen Betrag am Ärmelsaum anzeichnen, damit die Ärmellänge gleich bleibt. [F], [G] wie beim Grundschnitt.

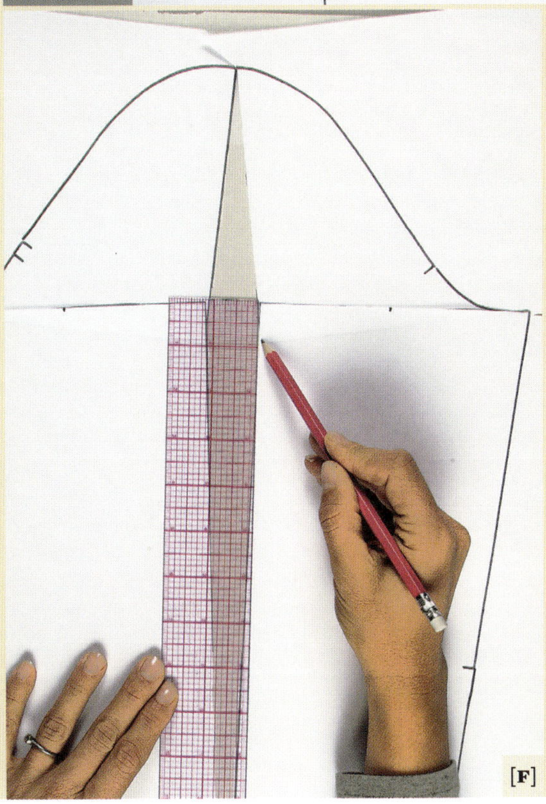

[F]

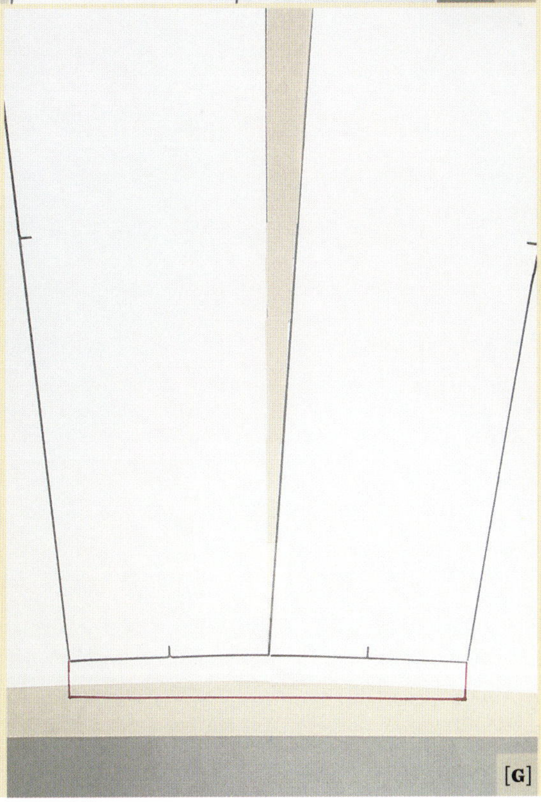

[G]

Puffärmel

Er kann sehr üppig sein, mit zusätzlicher Weite von der Armkugel bis zum Saum, oder auch an Schulter oder Saum nur leicht gebauscht fallen. Oft läuft der Puffärmel zum Saum hin schmaler zu oder er wird unten gekräuselt und mit Bündchen oder Manschette versäubert.

Ein Puffärmel kann von jedem Grundschnitt konstruiert werden, doch der Ärmel mit hoher Armkugel (mit oder ohne Einhalteweite) eignet sich besonders. In der folgenden Anleitung finden Sie verschiedene Techniken – probieren Sie sie aus!

TIPP

Bündchen oder Manschette vor der Weitenzugabe anfügen. Anleitung siehe Seite 124, Bündchen und Manschetten.

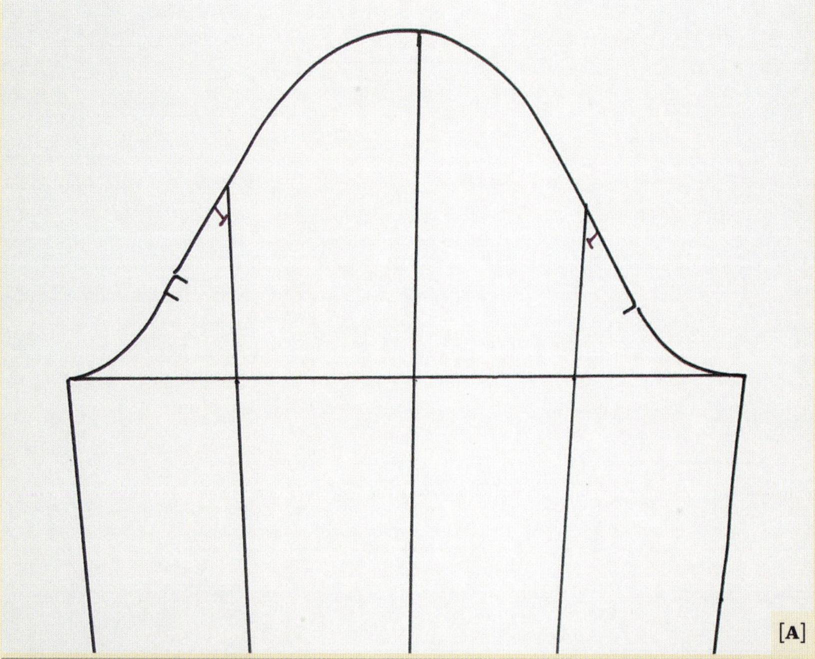

[A]

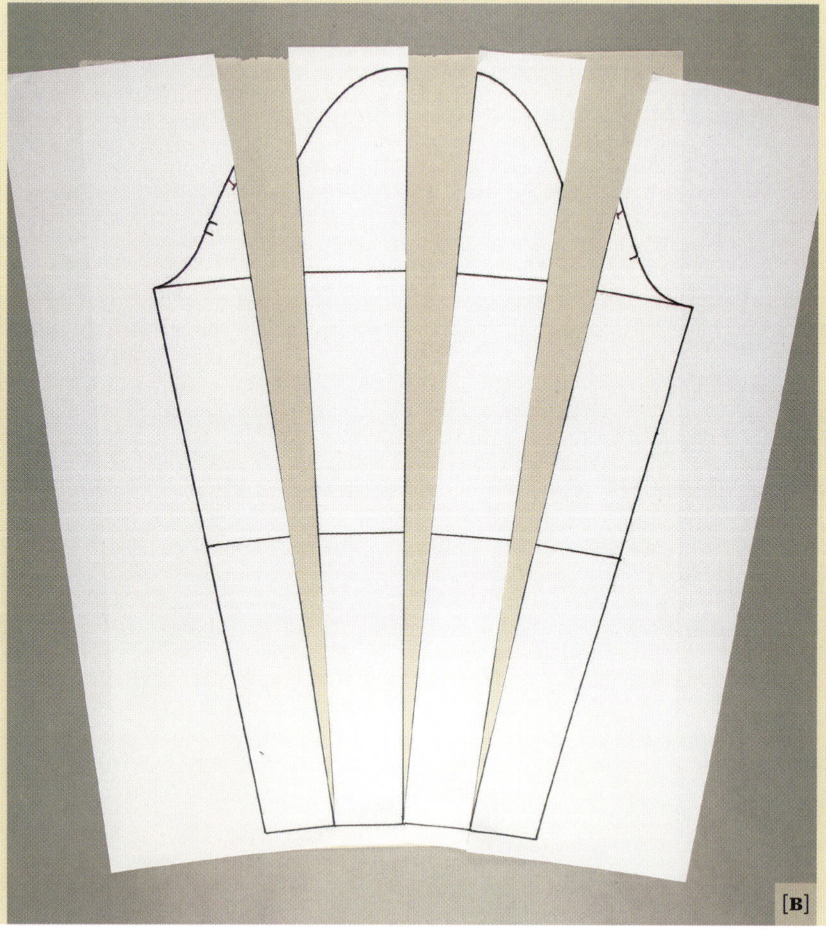

[B]

1
Die gewählte Ärmelschablone auf Schnittmusterpapier zeichnen.

2
Die Ärmellänge festlegen.

3
Bestimmen Sie, an welchen Partien der Ärmel Weite erhalten soll. Dies kann entlang der gesamten Armkugel sein, aber auch nur 2,5 cm zu beiden Seiten des Schulterpasszeichens. Diesen Abstand am Ärmel sowie an Vorder- und Rückenteil mit Knipsen markieren [**A**].

Schritte 4–8: siehe Abbildung [**B**] *und* [**C**].

4
Zwischen den Knipsen Öffnungslinien von der Armkugel bis zum Saum zeichnen. Liegen die Knipse nur ca. 5 cm auseinander, genügt eine Öffnungslinie. Soll die gesamte Armkugel gekräuselt werden, auch die Viertellinien als Öffnungslinien verwenden.

5
Von der Armkugel bis zum Saum einschneiden. Soll nur die Armkugel gekräuselt werden, hier Weite zugeben. Soll der gesamte Ärmel mehr Weite erhalten oder am Saum gekräuselt und an ein Bündchen genäht werden, die Linien am Saum durchschneiden. Zur Arbeitserleichterung eine Öffnungslinie nach der anderen bearbeiten.

6
Papier unter die Öffnungslinien legen. Für einen Ärmel mit Weite am Saum eine waagrechte Linie darauf zeichnen. Ärmelabschnitte an diese Linie legen; Saum des ersten Abschnitts an der Linie festkleben.

TIPP

Damit der Puffärmel sich oberhalb der Schulter bauscht und nicht herabhängt, den Armausschnitt an der Schulternaht von Vorder- und Rückenteil 1,5 bis 2,5 cm abtragen. Die neue Armausschnittlinie bis zur Höhe von Schulterblatt- bzw. Oberbrustlinie an die alte Form angleichen.

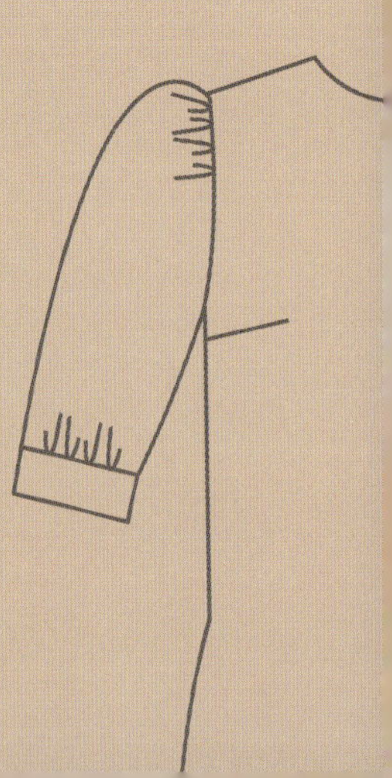

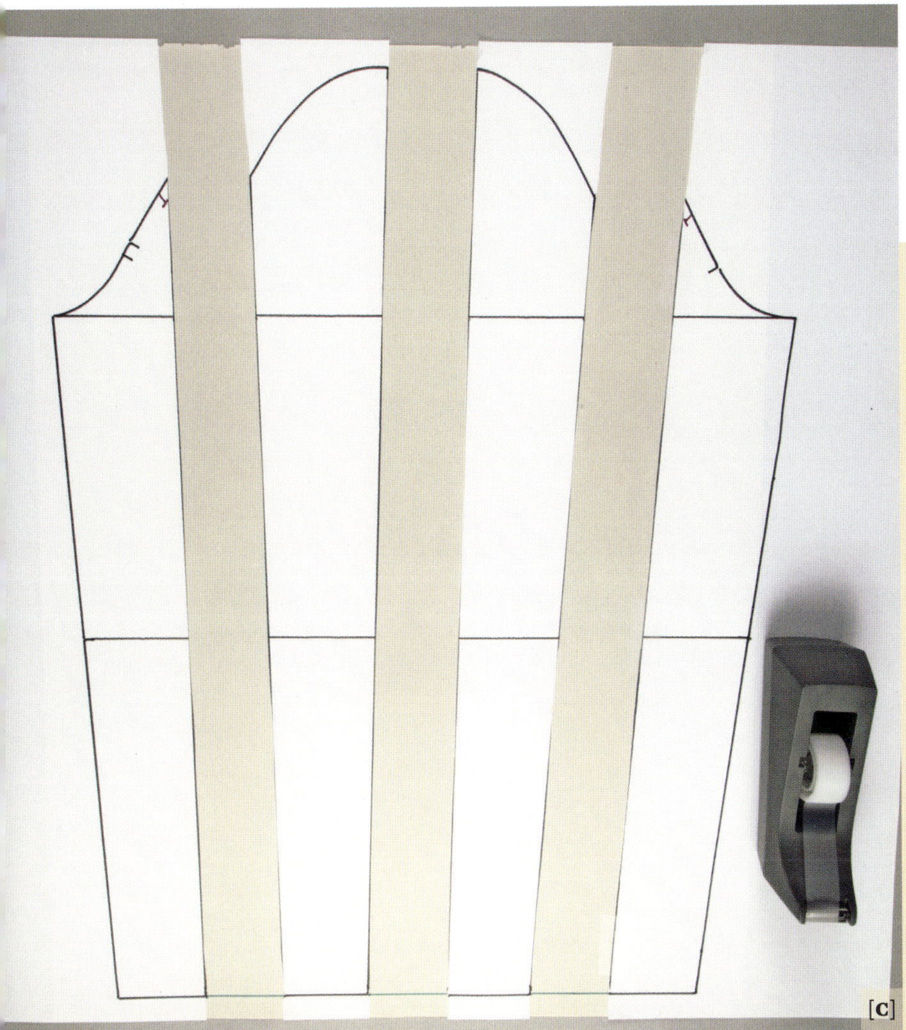

[C]

TIPP

Den Ärmel verlängern und unten mit einem anliegenden Bündchen oder elastischen Besatz auf den Handgelenkumfang einkräuseln, sodass er sich oberhalb der Hand bauscht.

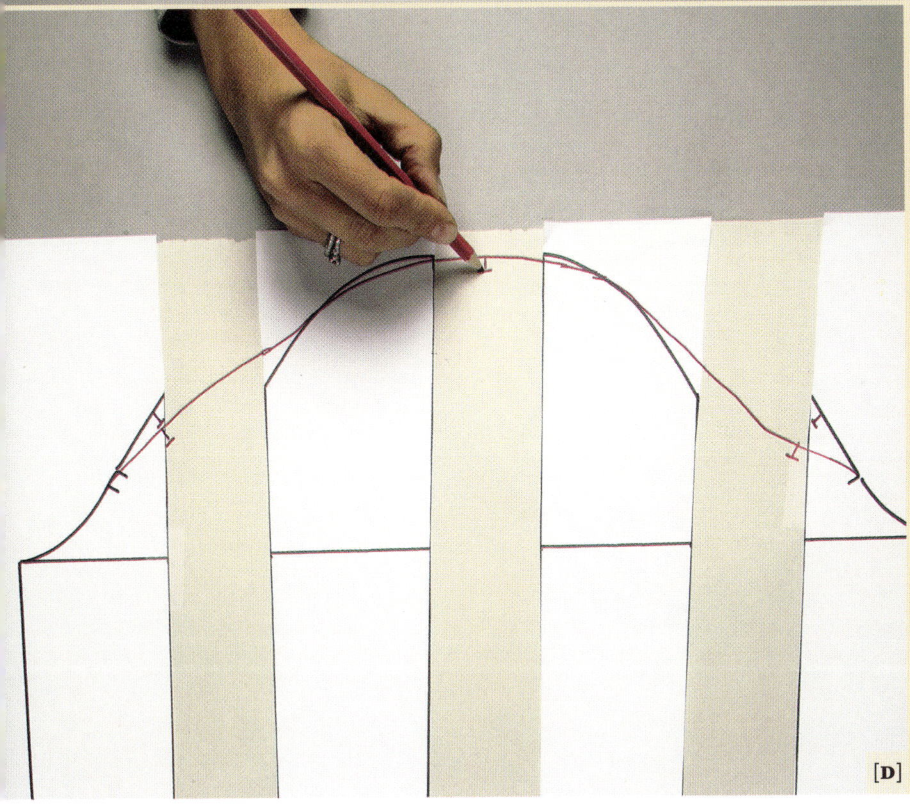

[D]

7
Vom ersten Ärmelabschnitt an die gewünschte Mehrweite abmessen (2,5–7,5 cm). In diesem Abstand den nächsten Ärmelabschnitt anlegen und festkleben.

8
Für alle weiteren Öffnungslinien wiederholen.

9
Die Unterkante des Ärmels sollte eine glatte Linie bilden, die Armkugel dagegen wird sehr uneben sein [C]. Alle Ecken und Vertiefungen durch eine gleichmäßige Linie begradigen [D]. Zwischen Ärmelnaht und den Passzeichen des vorderen und hinteren Armausschnitts sollte der Ärmel die ursprüngliche Form des Grundschnitts beibehalten.

10
Den Fadenlauf des Grundschnitts beibehalten. Schnittteil beschriften: „2x aus Oberstoff".

Ausgestellter Ärmel
Das Ausstellen eines Ärmels erfolgt nach demselben Prinzip wie an einem Rock. Soll der Ärmel ab der Armkugel ausgestellt werden, wird zunächst die Bewegungszugabe entfernt. Wird die Weite an einer Teilungsnaht unterhalb der Oberarmlinie zugegeben, sollte die Bewegungszugabe des Grundschnitts beibehalten werden.

TIPP

Ein Bündchen oder eine Manschette vor der Weitenzugabe anfügen (Anleitung siehe S. 124).

[A]

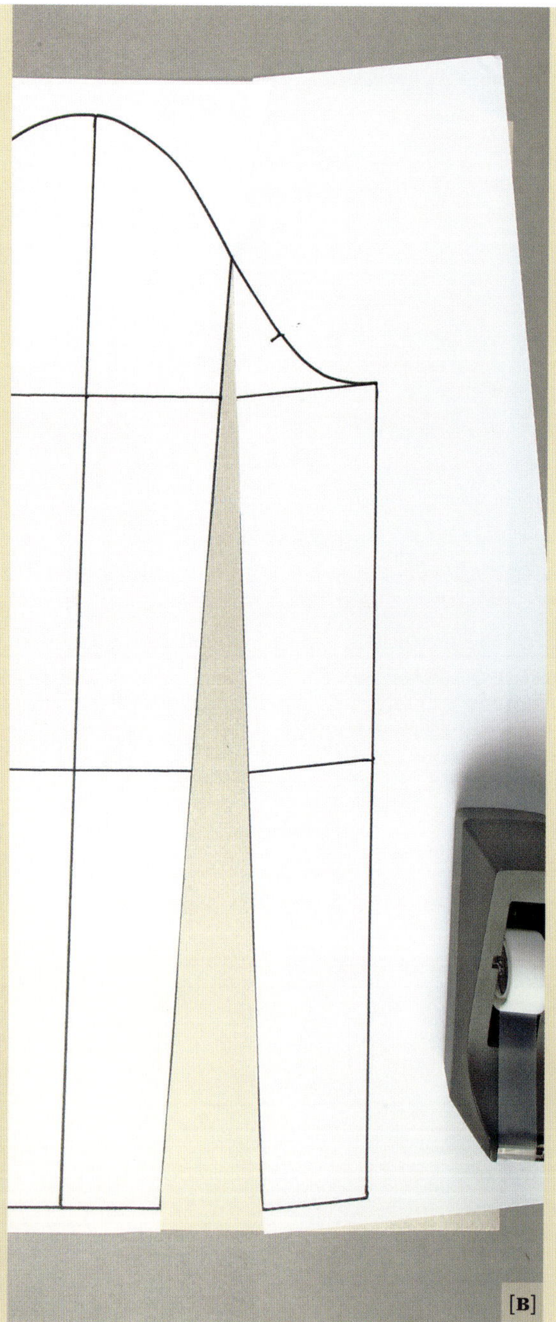

[B]

1
Die Ärmelschablone ohne Bewegungszugabe auf Schnittmusterpapier zeichnen.

2
Die Ärmellänge nach Wunsch abwandeln.

3
Die Viertellinien einzeichnen. Dies sind zugleich die Öffnungslinien. Für einen sehr weiten Ärmel zusätzliche Öffnungslinien einzeichnen [**A**].

Schritte 4 und 5: siehe Abbildung [**B**].

4
Vom unteren Rand bis zur Armkugel einschneiden, aber nicht durchschneiden. Zur Arbeitserleichterung eine Öffnungslinie nach der anderen bearbeiten.

5
Am unteren Rand 1,5–5 cm Weite zugeben. Wünschen Sie mehr Weite, zusätzliche Öffnungslinien zwischen der vorderen und hinteren Ärmelmitte einfügen, nicht jedoch an der Unterärmelpartie.

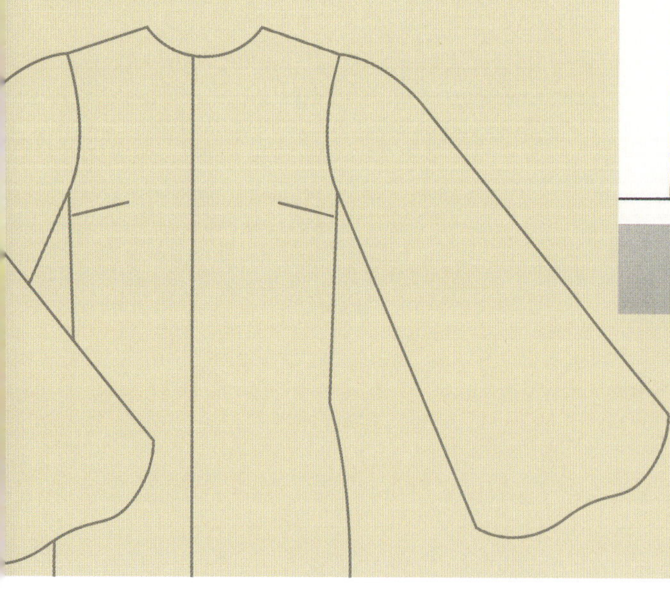

TIPP

Die überschüssige Weite am Saum mit einer Manschette oder einem Gummizug auf den Hand- oder Handgelenkumfang raffen.

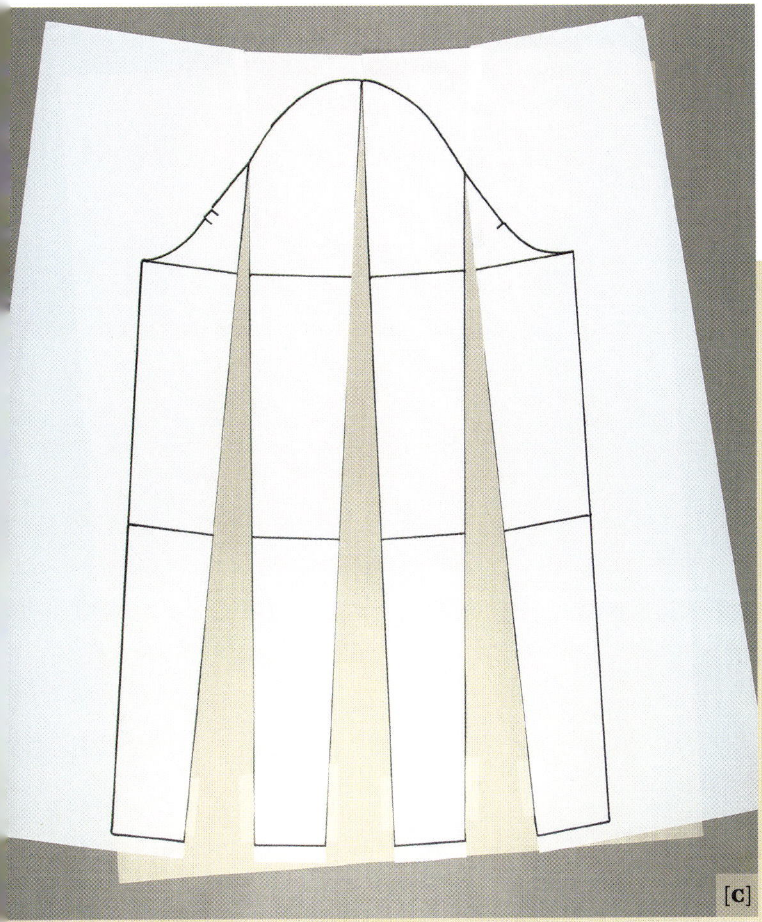

[C]

[D]

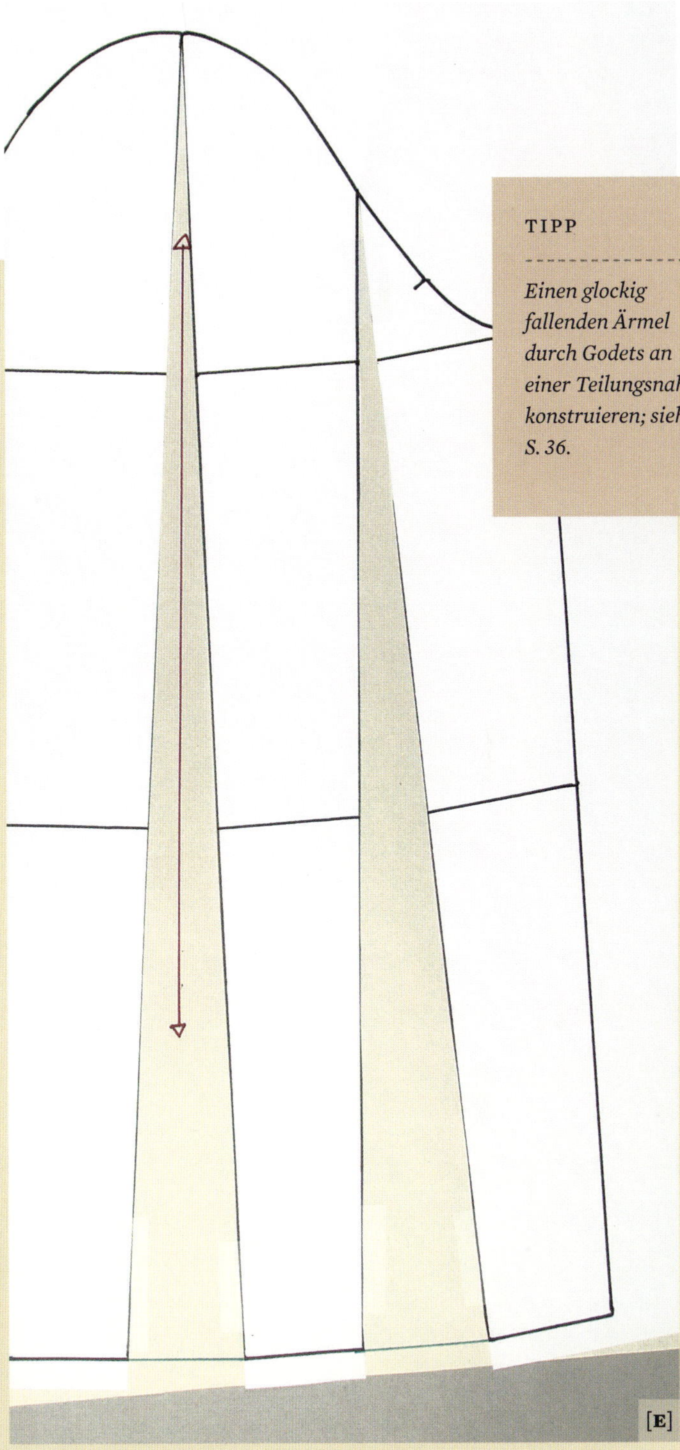

[E]

TIPP

Einen glockig fallenden Ärmel durch Godets an einer Teilungsnaht konstruieren; siehe S. 36.

6
Für alle weiteren Viertel- und Öffnungslinien wiederholen. Die eingefügte Weite sollte an allen Einschnitten gleich sein [C].

7
Über die Einschnitte hinweg eine durchgehende Saumlinie zeichnen. Eventuell vorstehende Ecken dabei begradigen [D].

8
Den Fadenlauf an der Ärmelmitte einzeichnen. Eventuell müssen Sie den unteren Rand des Ärmels abmessen, um die neue Ärmelmitte zu bestimmen. Schnittteil beschriften: „2x aus Oberstoff" [E].

Bündchen und Manschetten

Bündchen und Manschetten sind Möglichkeiten des Ärmelabschlusses. Ein Bündchen wird ohne Öffnung rings um die untere Ärmelkante genäht. Eine Manschette hat einen Schlitz und/oder eine Knopfleiste, die geöffnet werden kann. Ein Bündchen muss mindestens so groß sein wie der Handumfang. Eine Manschette kann schmaler sein, da sie durch das Aufknöpfen weiter wird. Beginnen Sie zunächst mit einem Bündchen. Wenn Sie möchten, entwerfen Sie danach eine Manschette.

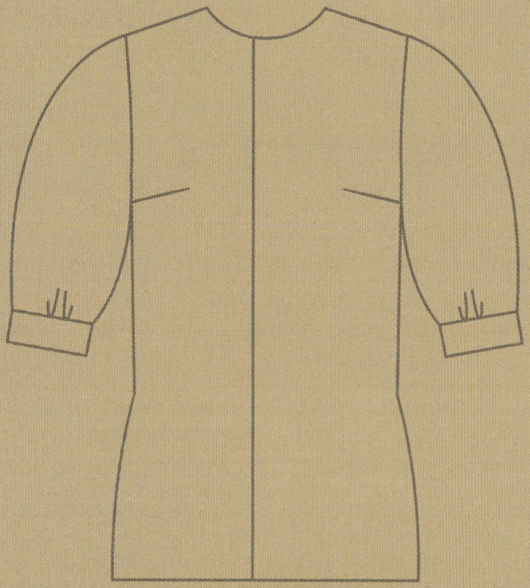

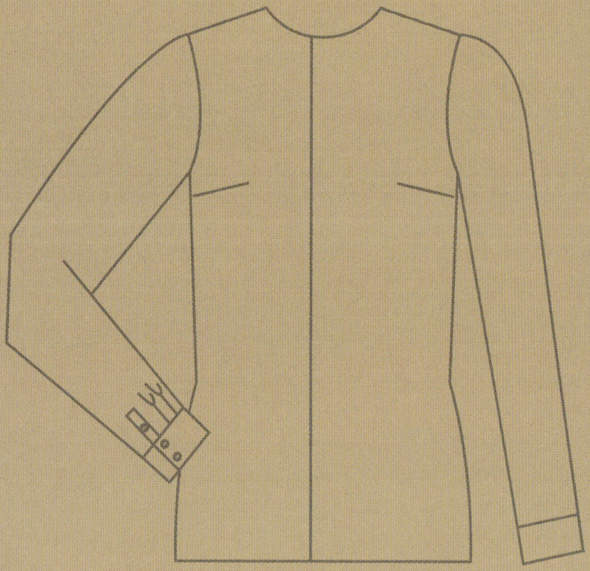

Bündchen
Dies ist ein ganz einfacher Abschluss eines Ärmels oder sogar eines Rockes oder einer Hose. Da Schnittmuster und Prinzip eines Bündchens einfacher sind als bei der Manschette, ist es weniger knifflig zu nähen, hat jedoch dieselbe Wirkung wie eine Manschette.

TIPP

Sie können Saumbündchen an allen möglichen Kleidungsstücken entwerfen.

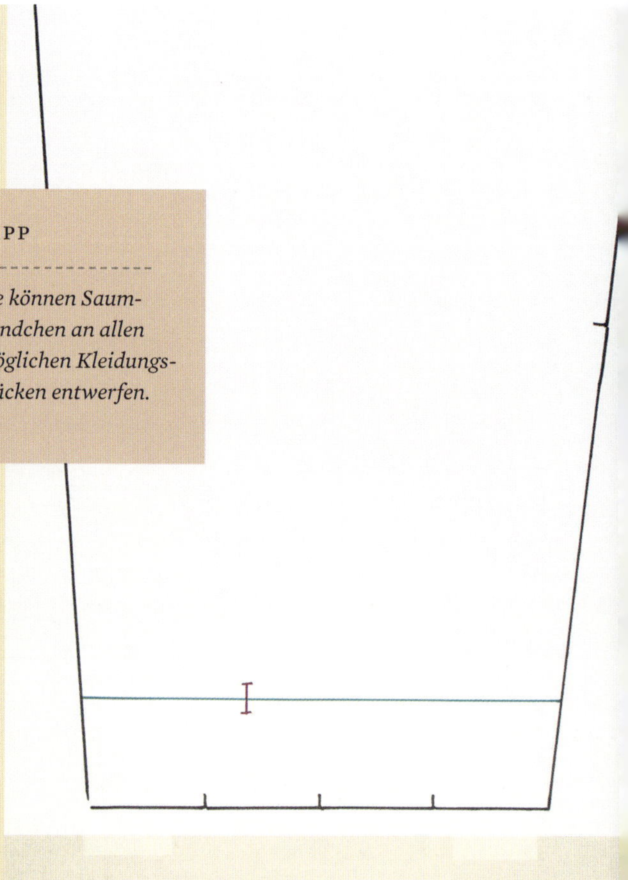

[A]

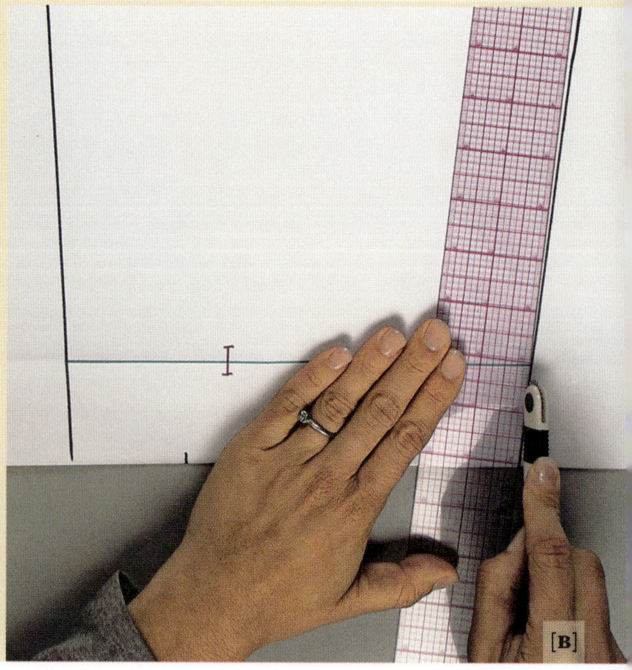

[B]

TIPP

Für einen gekräuselt oder in Falten an ein Bündchen genähten Ärmel mehr Passzeichen an die Bündchenoberkante setzen.

1
Die gewählte Ärmelschablone auf Schnittmusterpapier übertragen.

2
Die gewünschte Ärmellänge einschließlich des Bündchens festlegen.

Schritte 3 und 4: siehe Abbildung [**A**].

3
Parallel zur Unterkante im Abstand der gewünschten Bündchenbreite eine Linie ziehen.

4
Einen Knips auf diese Linie setzen.

5
Das Papier an der Unterkante des Ärmels unter den Ärmel falten. Die Ärmelnaht und die Oberkante des Bündchens mit dem Kopierrädchen nachfahren [**B**]. Auffalten und die Linien nachzeichnen, an der Umbruchkante einen Knips setzen. Damit ist das Schnittteil des Bündchens fertig [**C**].

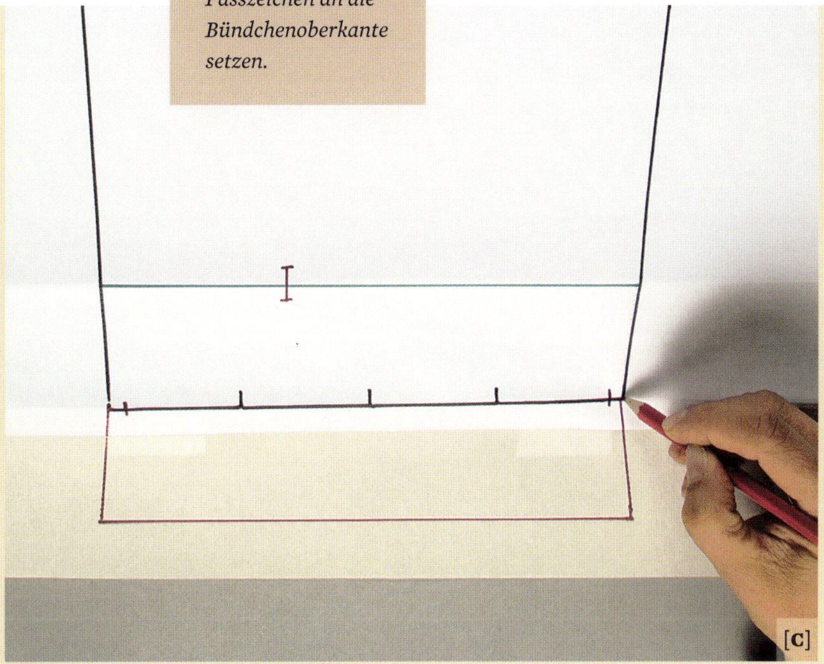

[**C**]

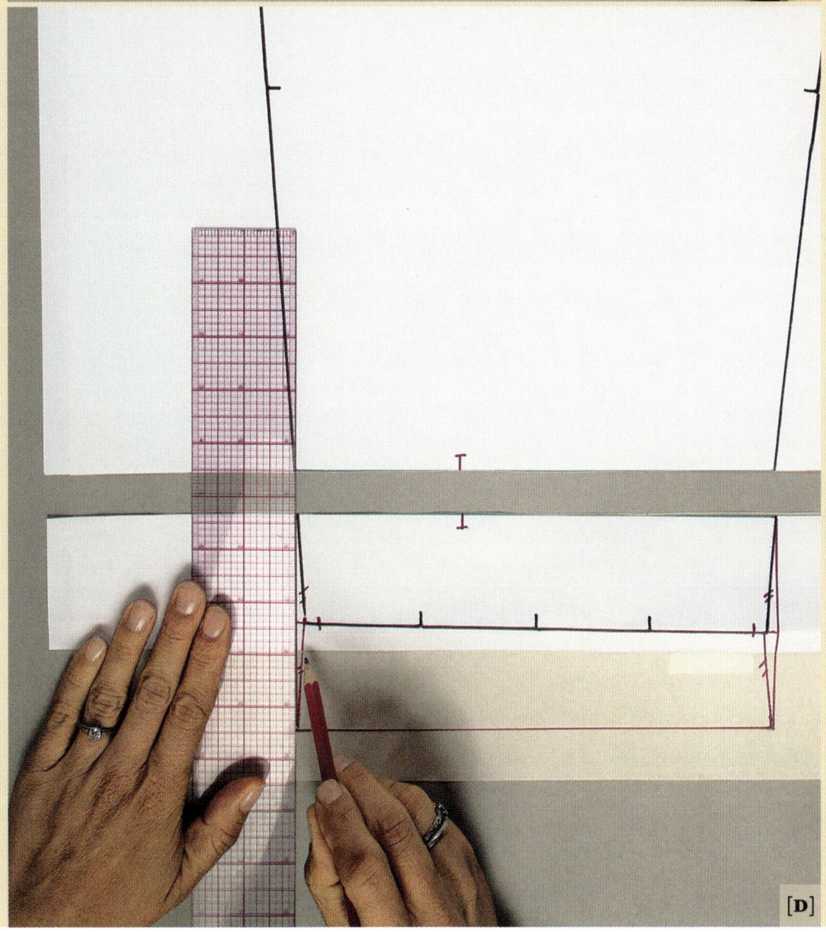

[**D**]

6
Das Bündchenteil vom Ärmelteil abschneiden [**D**].

7
Für das Bündchen einen beliebigen Fadenlauf einzeichnen. Das Teil beschriften: „je 2x aus Oberstoff und Einlagenstoff".

8
Den Ärmel weiter nach Wunsch konstruieren.

TIPP

Die ursprüngliche Linie der Ärmelnaht ignorieren und ein rechteckiges Bündchen anzeichnen. Dies funktioniert am besten bei Bündchen bis 7,5 cm Breite.

Manschette

Ein Ärmel mit Manschette kann am Unterarm enger anliegen, da man die Manschette zum Durchschieben der Hand aufknöpfen kann. Die Manschette kann Ihrem Handgelenkmaß plus Bewegungszugabe entsprechen, sodass sie kleiner ist als die Hand. Für einen klassischeren Hemdsärmel, bei dem Sie die Manschette bis über den Ellbogen aufkrempeln können, sollte die Ärmelweite des Grundschnitts nicht verringert werden. Manschetten können schmal (ab 1,8 cm) oder beliebig breit sein. Je breiter sie sind, desto sorgfältiger muss sie ausgeformt werden, damit sie gut sitzt.

1
Schritte 1–3 wie beim Bündchen arbeiten.

2
Die Unterkante des Ärmels nach Wunsch abwandeln. Die untere Ärmelpartie an beiden Seiten gleich weit einstellen, sodass die Manschette Ihrem Handgelenkumfang plus Bewegungszugabe entspricht. Die neue Weite der Unterkante in Höhe der Oberarmlinie mit der Ärmelnaht verbinden [**A**].

3
Das Papier an der Unterkante des Ärmels unter den Ärmel falten und die Oberkante der Manschette mit dem Kopierrädchen nachfahren. Auffalten und die Linie nachzeichnen [**B**].

TIPP

Die ursprüngliche Linie der Ärmelnaht ignorieren und eine rechteckige Manschette anzeichnen. Dies funktioniert am besten bei Manschetten bis 7,5 cm Breite.

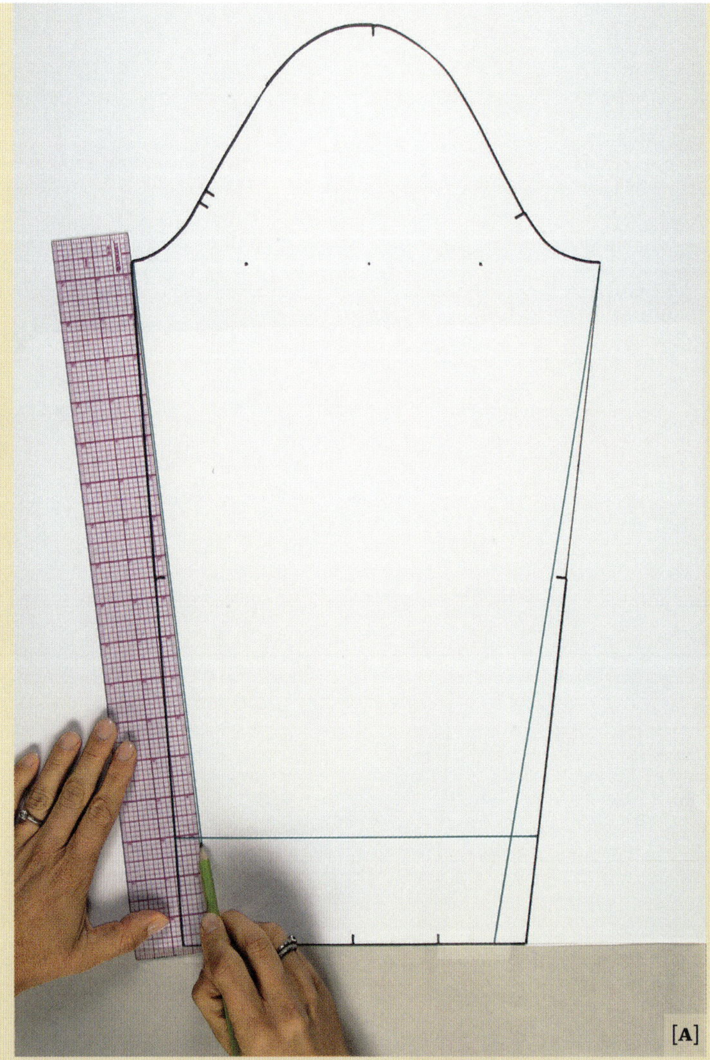
[A]

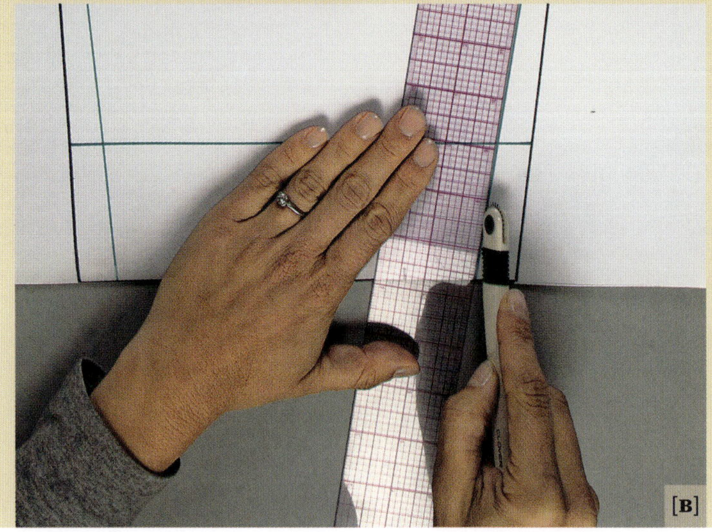
[B]

TIPP

Knöpfe an Manschetten und Knopfleisten sind meist 1,5 cm groß oder kleiner.

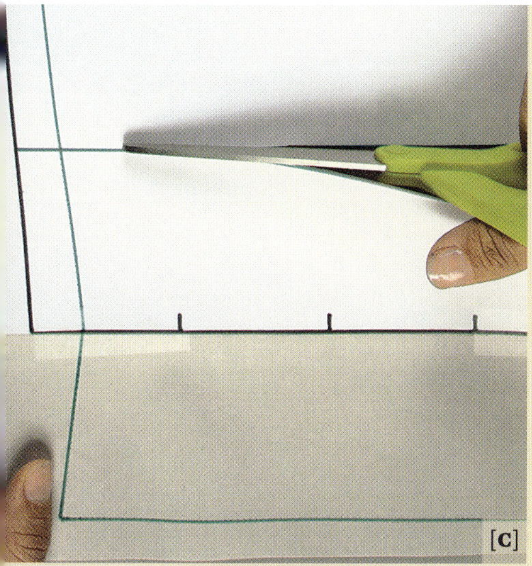

[C]

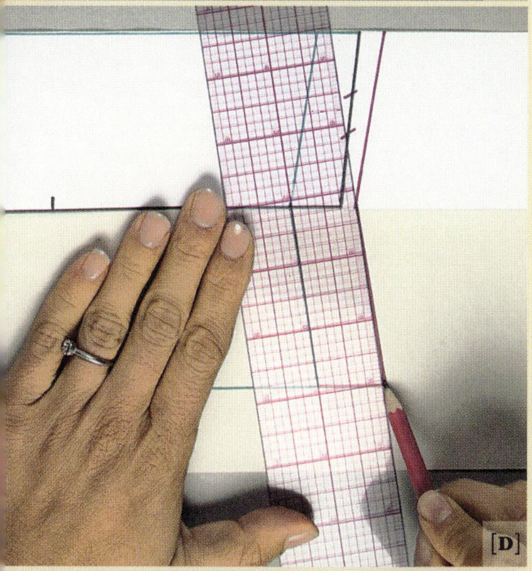

[D]

[E]

4
Das Manschettenteil von der Ärmelunterkante abschneiden [C].

5
An einer Seite der Manschette 2,5 cm zugeben. Dies ist der Übertritt [D].

6
1 cm von der Kante der Manschette ein oder mehrere waagrechte Knopflöcher anzeichnen. Das Knopfloch 3 mm größer als den Knopfdurchmesser vorsehen. Die Knopflöcher können mittig oder in beliebigem Abstand platziert werden [E].

[F]

7
Die Knopfposition mit einem Bohrloch markieren: 1,5 cm von der anderen Manschettenkante in derselben Höhe wie das Knopfloch [F].

8
Einen beliebigen Fadenlauf für die Manschette einzeichnen. Das Schnittteil beschriften: „Je 2x aus Oberstoff und Einlagenstoff".

9
Den Ärmel mit Manschette konstruieren.

Ärmel mit Manschette

Die Ärmelunterkante wird in Falten oder gekräuselt an die Manschette genäht. Der Ärmel hat einen Ärmelschlitz, damit er sich beim Aufknöpfen der Manschette ebenfalls öffnet. Ärmel und Manschette werden im Bereich der hinteren Ärmelmitte geöffnet. Der Ärmel ist immer mindestens 5 cm weiter als die Manschette – dies ermöglicht zwei kleine Falten oder leichte Kräuselfalten. Durch Ausstellen des Ärmels oder Zugeben von Kräuselweite kann der Ärmel jedoch viel weiter werden als die Manschette.

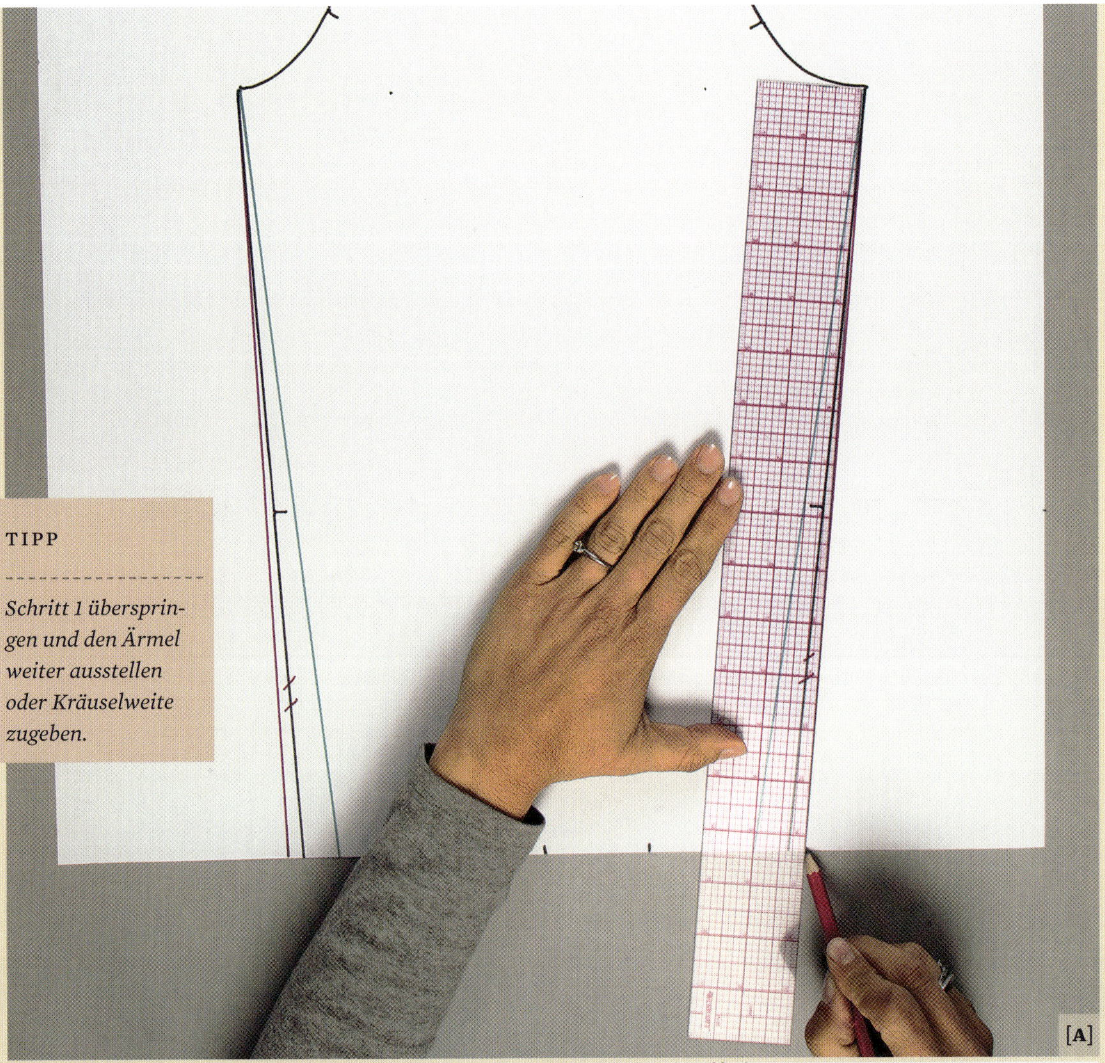
[A]

1

An der Unterkante der Ärmelnaht zu beiden Seiten mindestens 2,5 cm zugeben. Die Zugabe mit der Oberarmlinie an der Ärmelnaht verbinden [**A**].

2

An der Unterkante ab der hinteren Ärmelnaht 7,5 cm abmessen. Dies ist die Position des Ärmelschlitzes [**B**].

3

Senkrecht zur Unterkante eine Linie von der gewünschten Schlitzhöhe einzeichnen (7,5 cm oder mehr). Das obere Ende mit einem Bohrloch markieren, das untere mit einem Knips [**C**].

Dies ist die Schnittlinie.

TIPP

Schritt 1 überspringen und den Ärmel weiter ausstellen oder Kräuselweite zugeben.

[B]

[C]

TIPP

Den Ärmel verlängern, sodass er am Handgelenk blusig über die Manschette fällt. Die Ellbogenlinie als Öffnungslinie verwenden und 5 cm oder mehr Länge zugeben.

TIPP

Femininer wirkt es, wenn der Ärmel an der Manschette gekräuselt statt in Falten gelegt wird. Einen Knips 2,5 cm von der Schnittlinie, einen zweiten 10 cm weiter setzen und die Partie auf 5 cm einkräuseln.

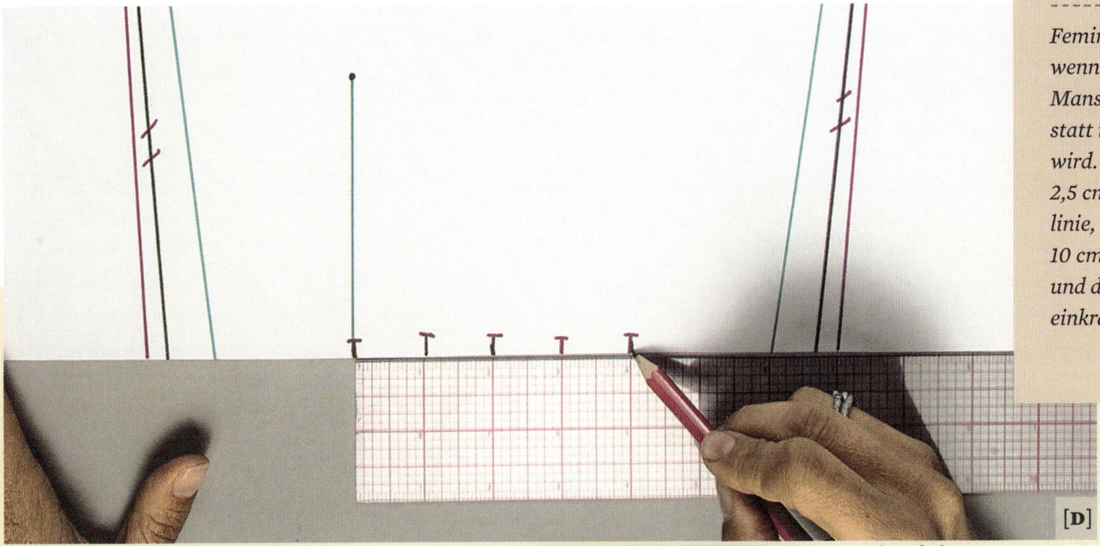

[D]

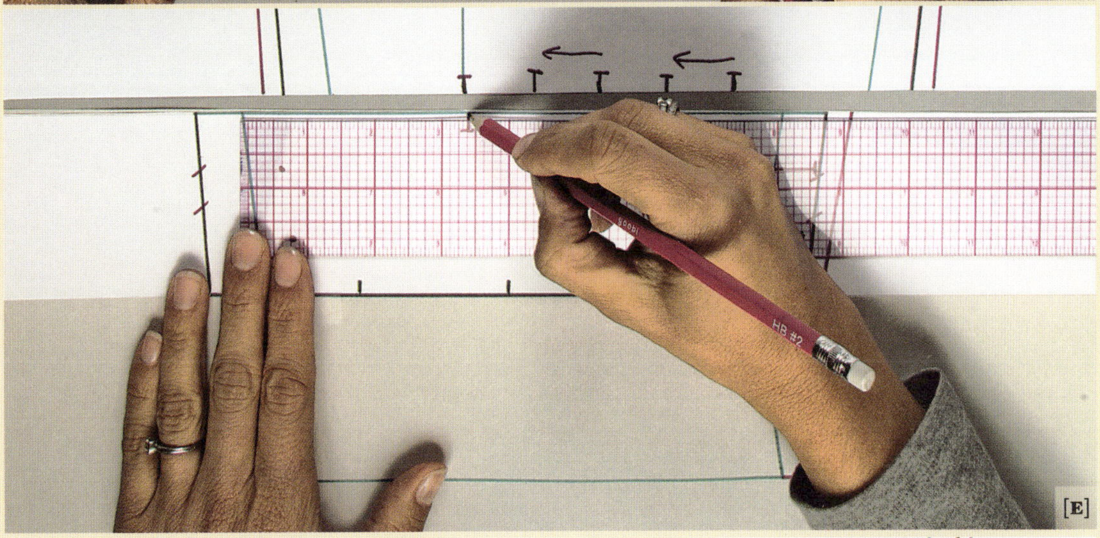

[E]

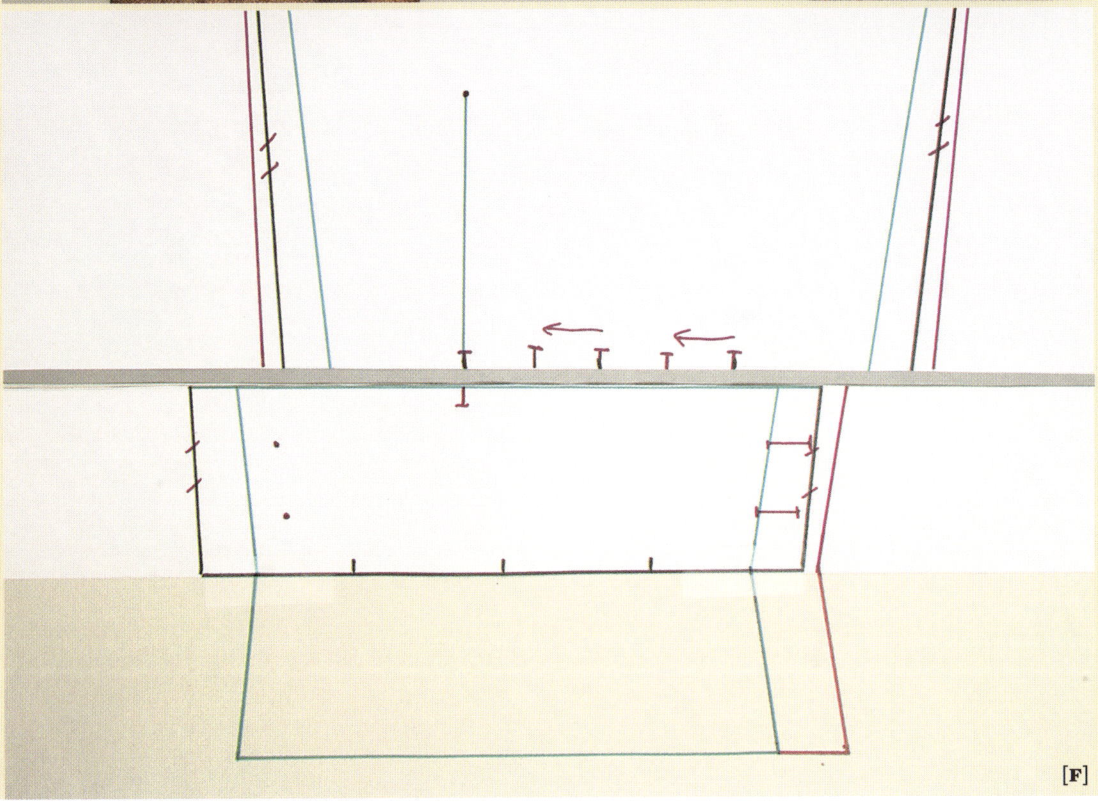

[F]

4
Von der Schnittlinie aus in Richtung Vorderärmel alle 2,5 cm einen Knips setzen, insgesamt 4 Knipse. Die ersten beiden bilden später eine Falte, dann folgen 2,5 cm Abstand und die letzten beiden Knipse bilden die zweite Falte. Diese Falten nehmen die in Schritt 1 an den Seiten zugegebene Weite auf [D].

5
Den Abstand von der Ärmelnaht zur Schnittlinie abmessen, 1 cm hinzufügen. Dieses Maß von der Knopfseite der Manschette aus abmessen und dort einen Knips setzen. Die Knopfseite liegt gegenüber der Knopflochseite mit dem Übertritt von 2,5 cm [E], [F].

6
Den Fadenlauf der Grundschnittschablone beibehalten. Das Schnittteil beschriften: „2x aus Oberstoff".

7
Nun die Manschette konstruieren.

Ärmelschlitzbesatz

Damit versäubert man den Schlitz im Ärmel direkt über der Öffnung der Manschette. Der Schlitzbesatz ist 2,5 cm breit und kann 7,5 cm oder länger sein. Ein kürzerer Schlitzbesatz hat oft keine Knöpfe, ein längerer kann einen oder zwei Knöpfe haben. Die Knöpfe sind meist ca. 1,5 cm groß; die Knopflöcher sind senkrecht. Das obere Ende des Schlitzbesatzes kann verschiedene Formen haben: gerade, abgeschrägt oder dreieckig. Dieses Detail bleibt Ihrer Fantasie überlassen.

TIPP

Einen solchen Schlitzbesatz kann man auch am vorderen Halsausschnitt eines Hemdes arbeiten. Die Schnittlinie genau an der vorderen Mitte markieren und den Schlitz wie beschrieben konstruieren.

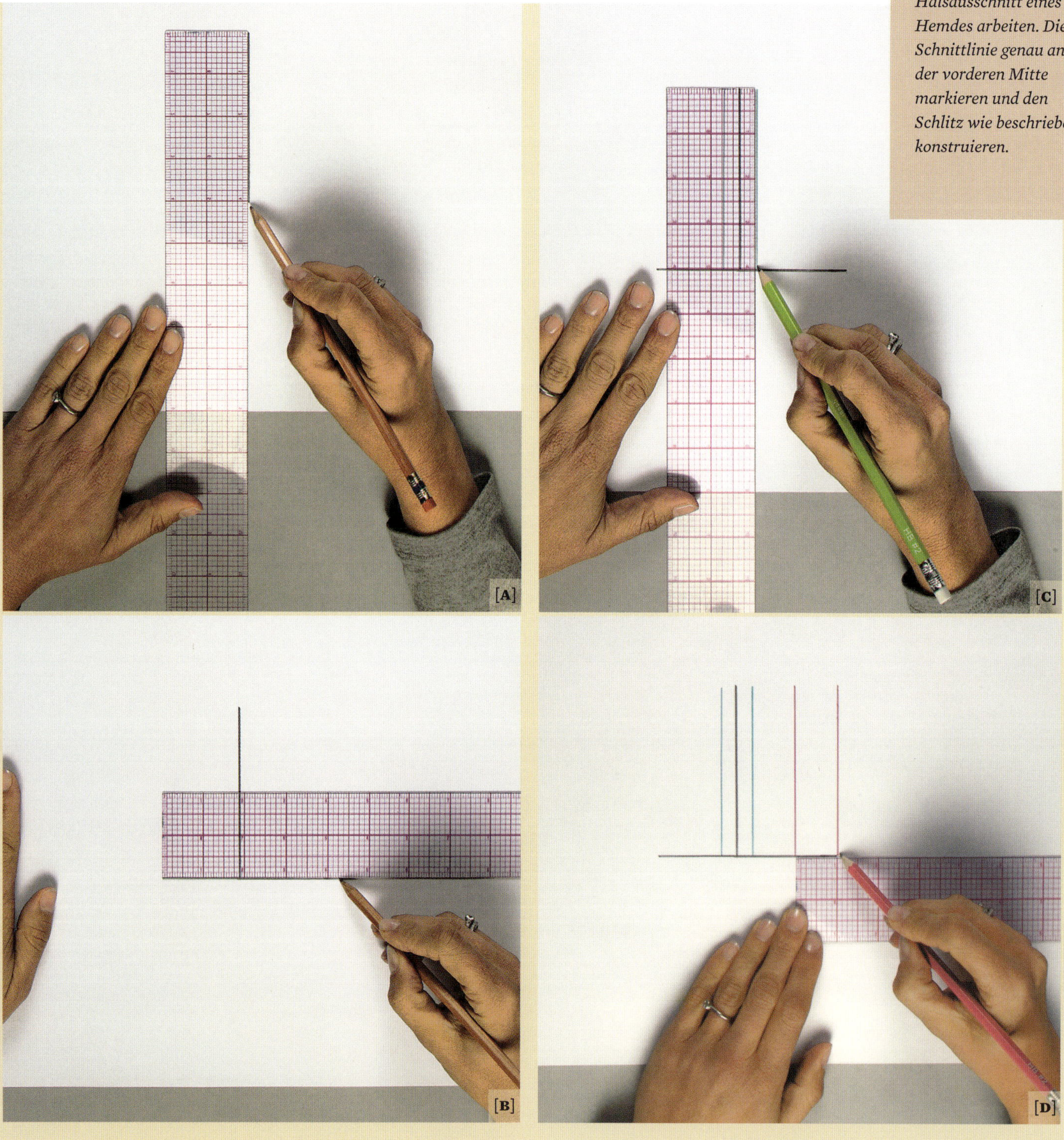

1
Eine Linie von der Länge der Schlitzhöhe aus der Anleitung auf Seite 128, Schritt 3, zeichnen. Dies ist die Schnittlinie des Ärmelschlitzes [**A**].

2
Senkrecht zum unteren Ende eine Linie ziehen, 5 cm nach links, 6 cm nach rechts [**B**].

3
Von der Schnittlinie 1 cm nach links und rechts abmessen und jeweils eine Linie parallel zur Schnittlinie ziehen. Dies sind die Nahtlinien [**C**].

Schritte 4 und 5: siehe Abbildung [**D**].

4
In 2,5 cm Abstand zur rechten Nahtlinie eine Parallele zu dieser ziehen und unten einen Knips setzen. Dies ist eine Umbruchlinie.

5
Wiederum in 2,5 cm Abstand eine Parallele rechts zu dieser Umbruchlinie ziehen. Dies ist der Rand des Schlitzbesatzes.

[**E**]

[**F**]

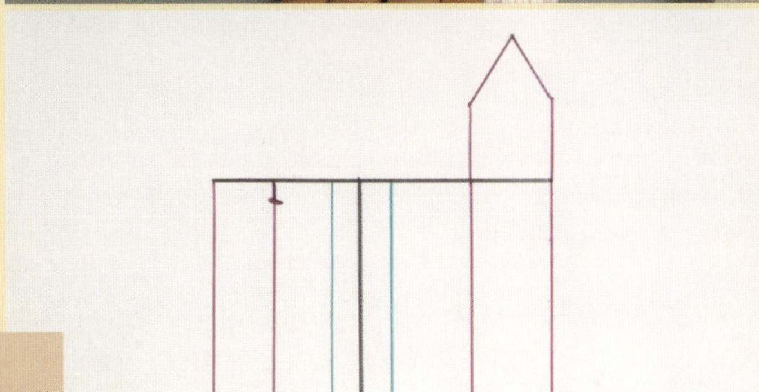

[**G**]

Schritte 6 und 7: siehe Abbildung [**E**].

6
In 1,8 cm Abstand zur linken Nahtlinie eine Parallele links von dieser ziehen und unten einen Knips setzen. Dies ist eine Umbruchlinie.

7
Wiederum in 1,8 cm Abstand eine Parallele links von dieser Umbruchlinie ziehen. Dies ist der Rand des Schlitzbesatzes.

Schritte 8 und 9: siehe Abbildungen [**F**] *und* [**G**].

8
Auf der rechten Seite die obere Besatzpartie um mindestens 2,5 cm verlängern. Die Besatzform über dieser Verlängerung nach Belieben gestalten.

9
Von der linken oberen Ecke des Besatzes eine horizontale Verbindung zum rechten Rand ziehen.

10
Fadenlauf parallel zur Schnittlinie einzeichnen. Schlitzbesatz beschriften: „Je 2x aus Oberstoff und Einlagenstoff".

TIPP

Mit einer Nahtzugabe von nur 5 mm (bis auf die Unterkante) lässt sich der Schlitzbesatz einfacher nähen.

Klassischer Zweinahtärmel

Zur Anfertigung eines zweiteiligen Ärmels kann man an verschiedenen Stellen Nahtlinien einfügen. Der klassische Zweinahtärmel hat Nähte an den Viertellinien; die Unterarmnaht entfällt. Bei einer anderen Variante bleibt die Unterarmnaht erhalten und es wird eine Oberarmnaht in der Ärmelmitte hinzugefügt. Jede Form hat ihre Vorzüge. Nahtlinien an den Viertellinien können dem Ärmel eine leicht geschwungene Form verleihen, die der natürlichen Beugung des Armes ähnelt. Beim Ärmel mit Oberarmnaht entfällt die Bewegungszugabe am Ärmel, da die Form der Armkugel angepasst werden kann. Dieser Ärmel kann auch sehr weit auf der Schulter angesetzt werden statt nur an ihrem Ansatz. Probieren Sie diese beiden Zweinahtärmel aus und entwerfen Sie dann individuelle Varianten mit anderen Teilungsnähten.

Nähte des Zweinahtärmels

Die Nähte eines körpernahen Zweinahtärmels liegen meist an oder nahe der Viertellinien, da diese dicht an der vorderen und hinteren Armbeuge verlaufen. Sie können die Nähte jedoch platzieren, wo Sie möchten. Konstruieren Sie zunächst den Ärmel mit klassischen Nahtlinien und wandeln Sie deren Position bei späteren Entwürfen ab. Ein Grundschnitt mit hoher Armkugel ist eine gute Ausgangsbasis.

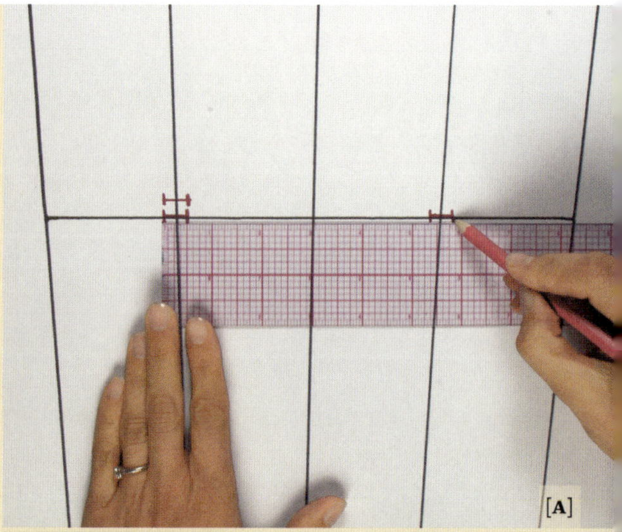

[A]

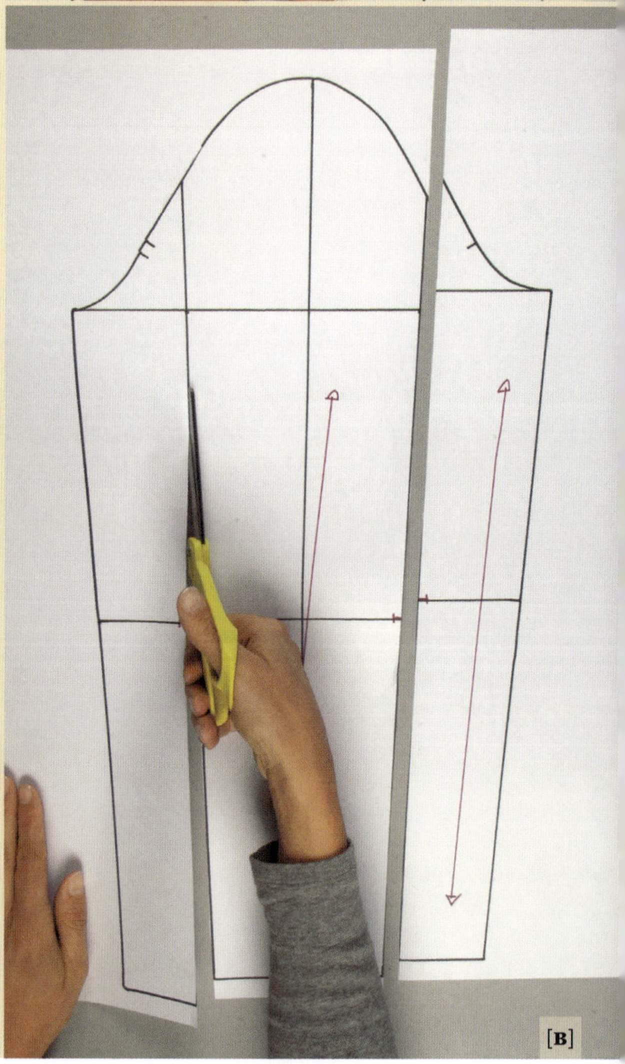

[B]

1
Die Schablone des Ärmels mit hoher Armkugel auf Schnittmusterpapier übertragen. Zunächst Ärmellänge und Stil nach Wunsch abwandeln.

2
Die Viertellinien einzeichnen. Dort verlaufen später die Teilungsnähte.

3
An der hinteren Ärmelmitte in Ellbogenhöhe einen doppelten Knips setzen, an der vorderen Ärmelmitte entsprechend einen einfachen Knips [**A**].

*Schritte 4 und 5: siehe Abbildung [**B**].*

4
Vor dem Zerschneiden des Schnittmusters an der Ärmelmitte und im vorderen Viertel den Fadenlauf einzeichnen.

5
Den Ärmel an der vorderen und hinteren Ärmelmitte durchschneiden.

TIPP

An der Naht der hinteren Ärmelmitte einen Schlitz arbeiten (Anleitung siehe S. 170).

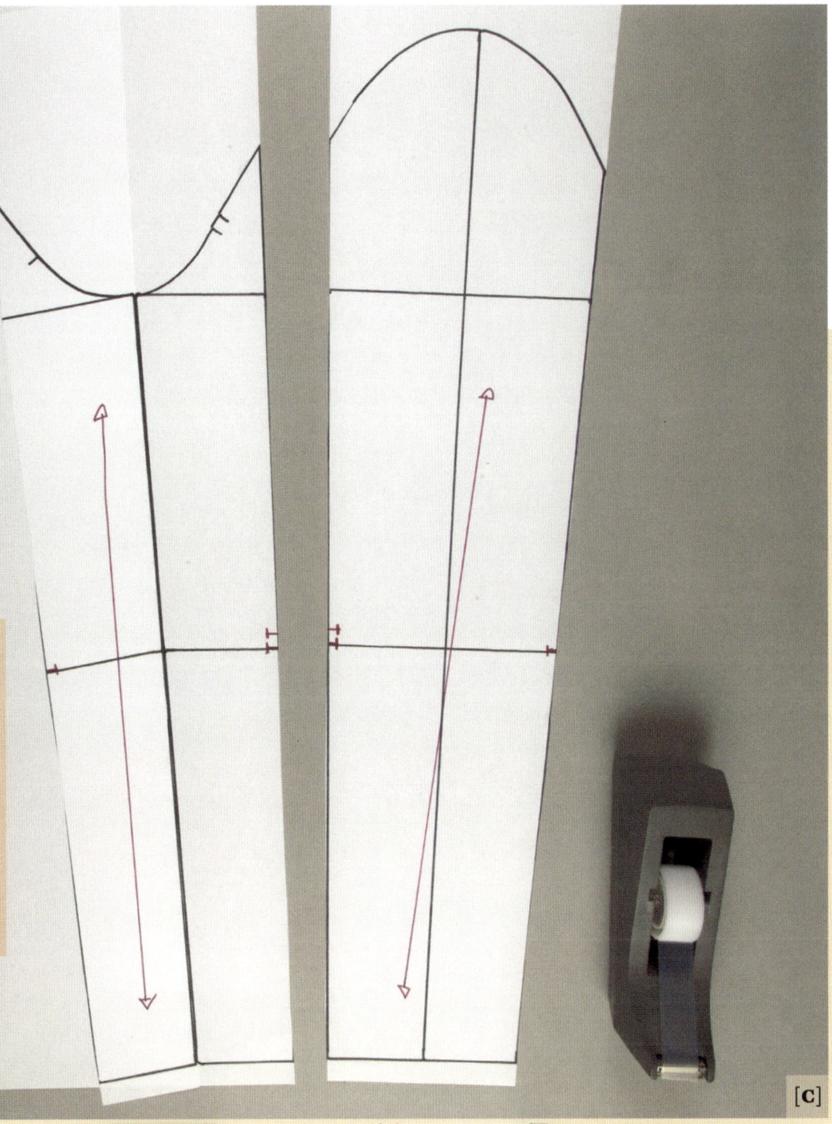

[**C**]

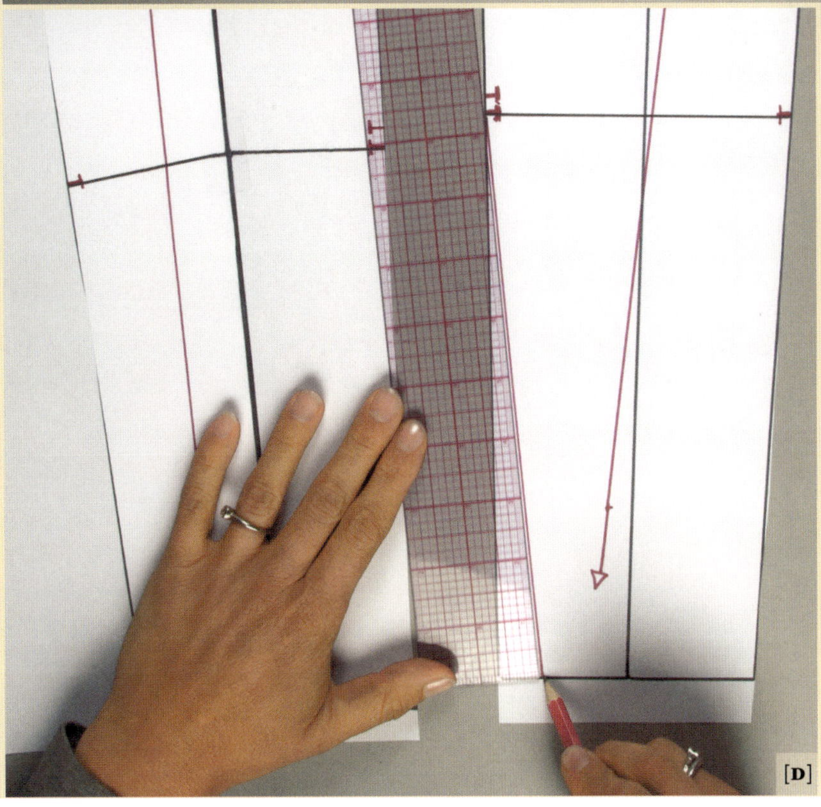

[**D**]

6
Den vorderen und hinteren Unterärmel an der ursprünglichen Ärmelnaht aneinanderkleben. Dies wird das Schnittteil des Unterärmels [**C**].

7
Die hintere Naht des Oberärmels am Saum seitlich um 2–4 cm einstellen, die Nahtlinie zum Ellbogen hin (doppelter Knips) angleichen [**D**].

TIPP

Experimentieren Sie nach Ausprobieren des klassischen Zweinahtärmels mit veränderten Nahtpositionen.

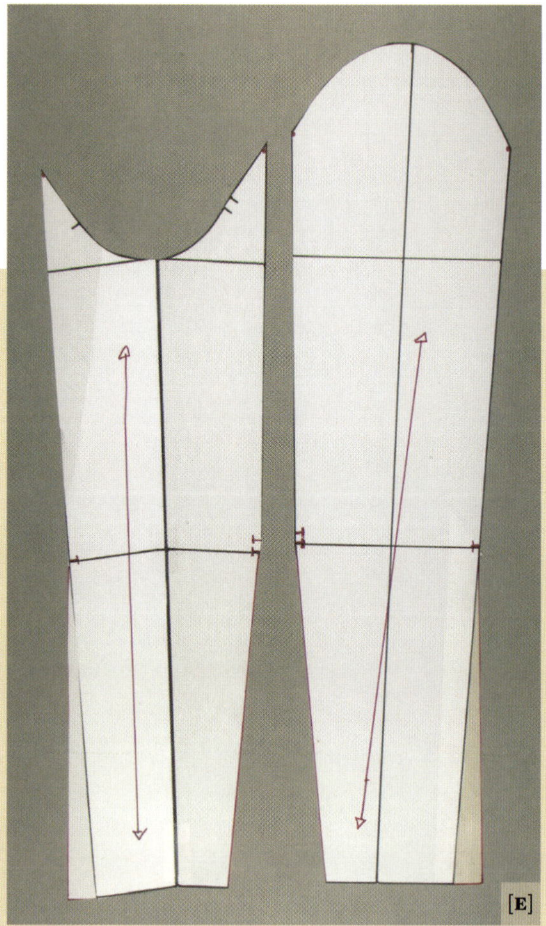

[E]

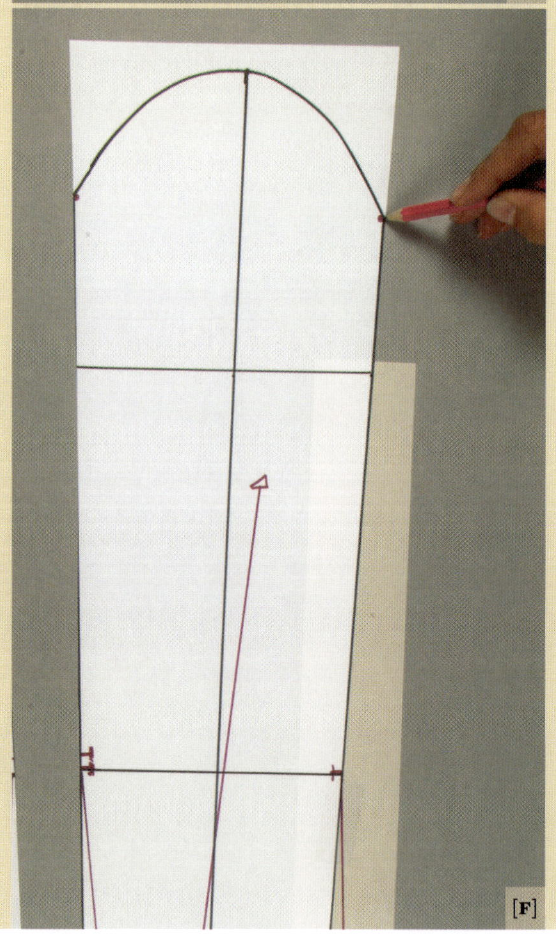

[F]

Schritte 8 und 9: siehe Abbildung [E].

8
Die vordere Naht des Oberärmels am Saum seitlich um 2–4 cm ausstellen; die Nahtlinie zum Ellbogen hin angleichen.

9
Die Schritte 7 und 8 für den Unterärmel wiederholen.

10
An Ober- und Unterärmel den Ansatz der Armkugel an der vorderen und hinteren Ärmelnaht mit einem Bohrloch markieren [F].

11
Die Schnittteile beschriften: „2x aus Oberstoff".

Zweinahtärmel mit Naht in der Ärmelmitte

Dieser Ärmeltyp eignet sich ideal für eine körpernah geschnittene Jacke und eine schmale Schulternaht, da der Ärmel an die Rundung der Schulter angepasst werden kann.

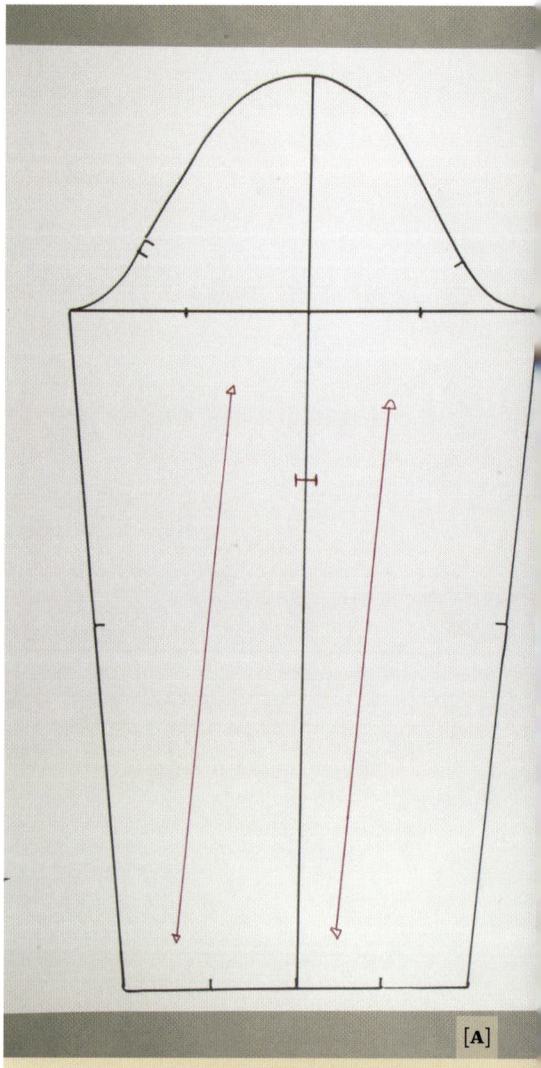

[A]

1
Die Schablone des Ärmels mit hoher Armkugel auf Schnittmusterpapier übertragen. Zunächst Ärmellänge und Stil nach Wunsch abwandeln.

Schritte 2 und 3: siehe Abbildung [A].

2
Die Ärmelmitte vom Schulterpasszeichen bis zum Ärmelsaum einzeichnen. Dies wird später die Teilungsnaht.

TIPP

Am Armausschnitt von Vorder- und Rückenteil vom Armausschnittknips bis zur Schulternaht eine Partie abschneiden, an der Armkugel ansetzen und die Linien leicht überlappen – so entsteht ein Ärmel im Raglanstil.

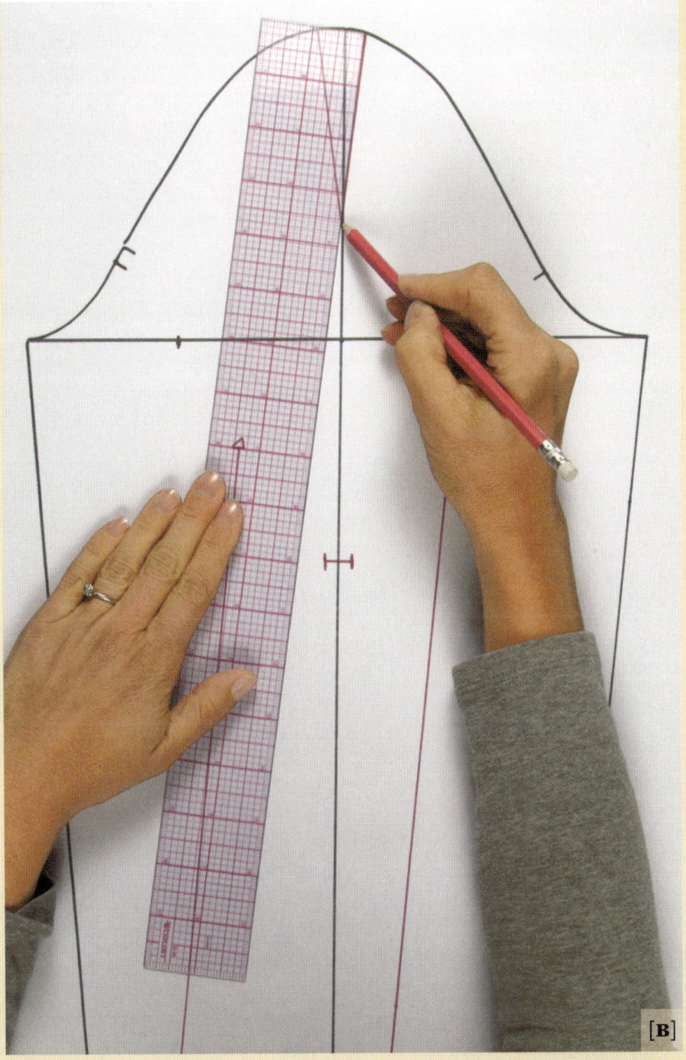

[B]

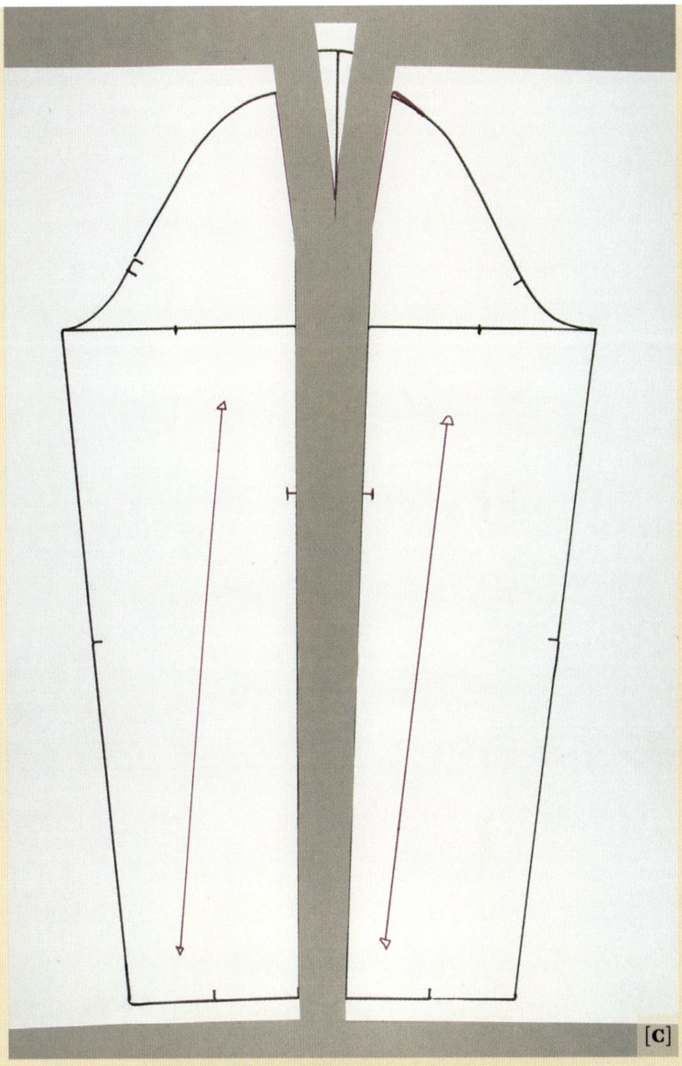

[C]

3
An Vorder- und Hinterärmel den Fadenlauf einzeichnen. Auf der Ärmelmitte zwischen Armkugel und Ellbogenlinie einen Knips setzen.

Schritte 4–6: siehe Abbildung [**B**].

4
Mithilfe der Tabelle auf Seite 116 die Einhalteweite bestimmen. Die Einhalteweite an der hinteren Armkugel abtragen; von dort fließend an die Ärmelmitte angleichen (mindestens 5 cm über der Oberarmlinie).

5
Die Einhalteweite an der vorderen Armkugel abtragen; von dort fließend an die Ärmelmitte angleichen (mindestens 5 cm über der Oberarmlinie).

6
An Vorder- und Hinterärmel die Länge der Ärmelmitte von der Oberarmlinie bis zur Armkugel abmessen. Sind die Maße verschieden, bei einer Differenz unter 6 mm die Armkugel an der kürzeren Seite anheben. Bei einer Differenz über 6 mm beide Seiten anpassen, um gleich lange Nahtlinien zu erhalten.

7
Das Schnittteil an der Teilungsnaht vom Saum bis zur Armkugel durchschneiden; dabei die abgetragene Einhalteweite abschneiden [**C**].

8
Die Schnittteile beschriften: „2x aus Oberstoff“.

Hosen

Viele Schnittmusterhersteller bieten einen einfachen Hosenschnitt an, der sich zu zahlreichen Stilvarianten abwandeln lässt.

Ein gut sitzender Schnitt verhält sich wie passende Kleidung von der Stange: Er ist schwer zu finden. Sie müssen vielleicht zuerst eine Reihe Schnittmuster anprobieren, bis Sie das richtige gefunden haben.

Nehmen Sie sich bei Verwendung eines Fertigschnittmusters zunächst Zeit für die Korrektur der Passform – dies zahlt sich langfristig aus. Beginnen Sie am besten mit Ihrer liebsten Hosenform.

Schnittmusterbibliothek: Hosen-Schnittschablonen

Hosenvarianten

Anders als ein einfacher Rock-Grundschnitt, aus dem man unendlich viele Rockformen entwickeln kann, werden Hosen-Grundschnitte, ähnlich wie Oberteile, in drei Kategorien unterteilt: enge Hose, legere Hose (Standardhose) und legere Hose mit weitem Bein. Je lockerer die Passform von Leibhöhe und Bein, desto leichter lässt sich die Hose anpassen. Je enger und schmaler zulaufend das Hosenbein, desto zeitaufwendiger wird das Anpassen.

Die Anfertigung eines Probemodells ist bei Hosenabwandlungen ein Muss. Dazu am besten einen Stoff verwenden, der dem des endgültigen Modells ähnelt – bei einer Stretchhose etwa günstigen Jeans-Stretch, der ähnliche Eigenschaften hat wie der Modellstoff.

Vielleicht haben Sie für eine oder mehrere Hosenformen bereits gut passende Schnittmuster. Daraus können Sie nun Schablonen anfertigen. Lassen Sie alle Details wie Taschen, Reißverschlüsse und Passen weg, um mehr Gestaltungsfreiheit zu haben.

Konstruktionslinien

Sie müssen wissen, wie viel Bewegungszugabe Sie auf jeder Konstruktionslinie haben, vor allem zur Konstruktion einer Hose mit engem Bein (siehe S. 13: Maßnehmen).

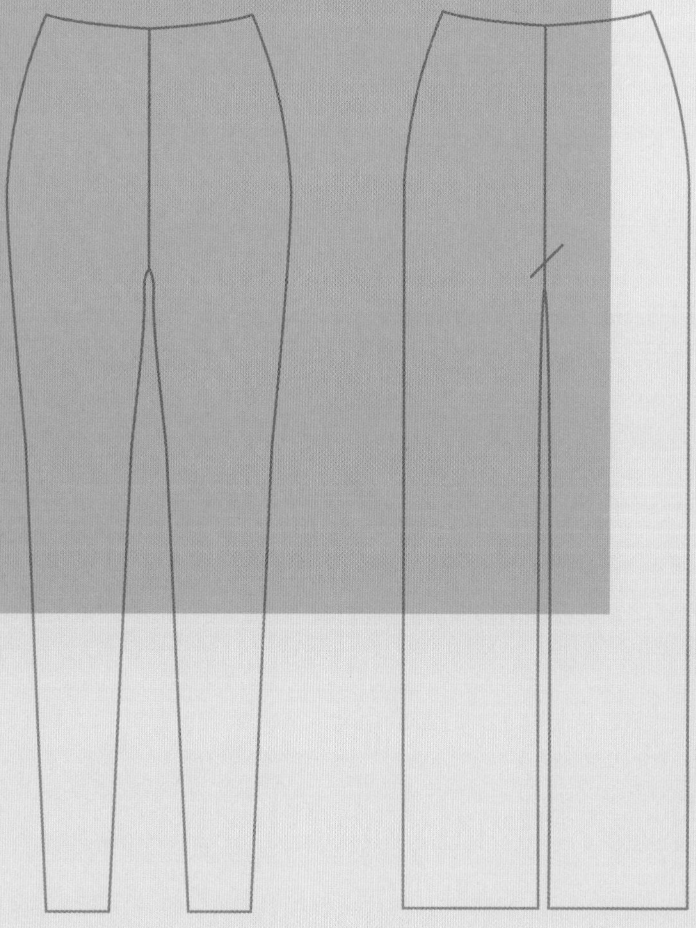

Hüftlinie
Waagrechte Konstruktionslinie an der stärksten Stelle unterhalb der Taille, senkrecht zum Fadenlauf; Verbindung zwischen Mitte und Seitennaht. Sie ist auf Fertigschnitten oft markiert; man überprüft durch Anprobe, ob die Markierung an der breitesten Stelle der Hüfte sitzt (kann höher oder tiefer liegen).

Schrittlinie
Waagrechte Konstruktionslinie, parallel zur Saumlinie und senkrecht zum Fadenlauf; Verbindung zwischen **Schrittspitze** und Seitennaht. Die Schrittspitze liegt dort, wo die Innenbeinnähte auf die Schrittnaht treffen. Die Schrittlinien von vorderem und hinterem Hosenbein treffen nicht unbedingt an der Seitennaht aufeinander.

Knielinie
Waagrechte Konstruktionslinie in Kniehöhe, parallel zur Saumlinie und senkrecht zum Fadenlauf. Am einfachsten bei der Anprobe eines Grundschnitts zu markieren.

Wadenlinie
Waagrechte Konstruktionslinie etwa 12,5 cm unterhalb des Knies, parallel zur Saumlinie und senkrecht zum Fadenlauf. Am einfachsten bei der Anprobe eines Grundschnitts zu markieren.

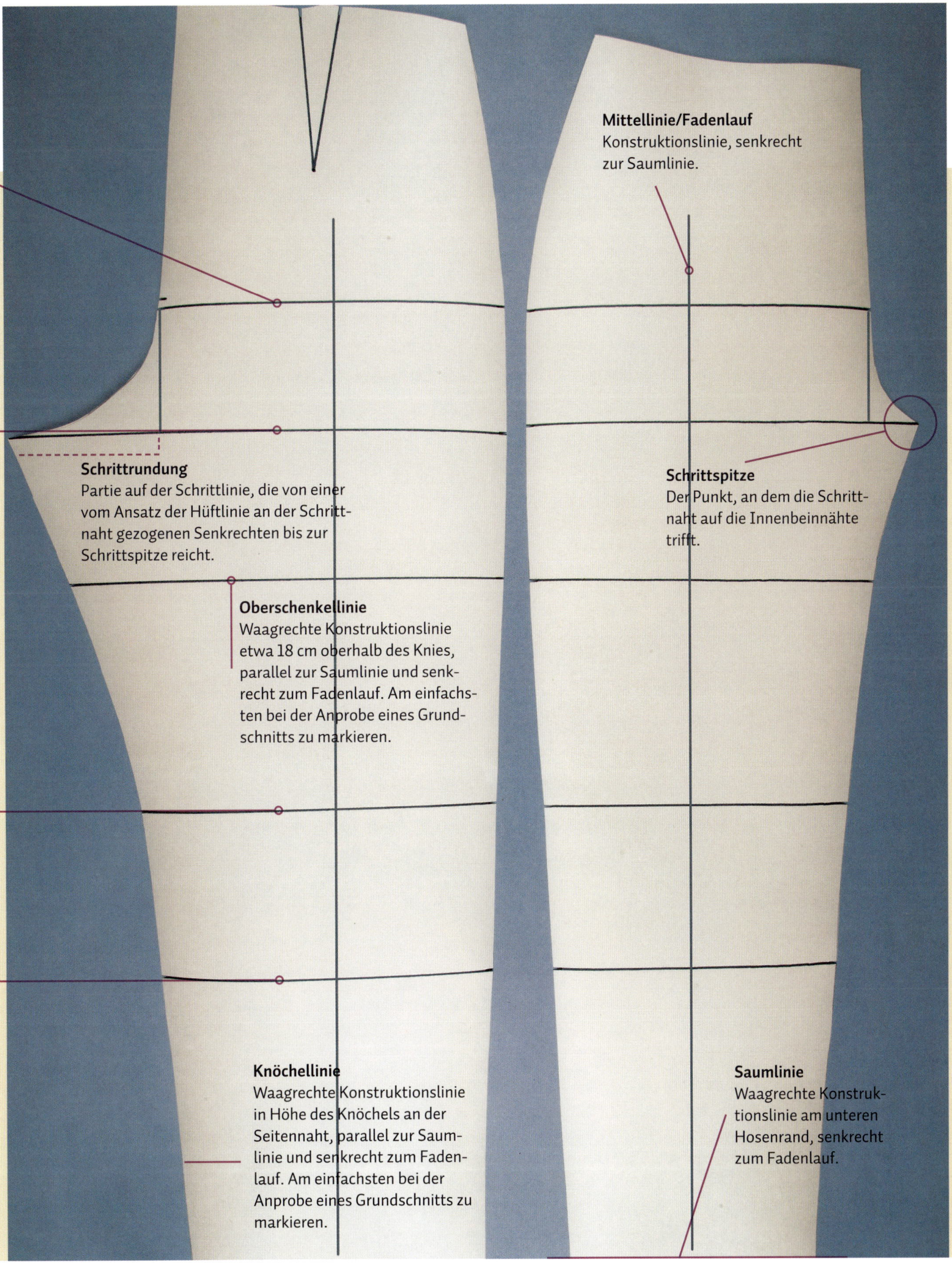
Mittellinie/Fadenlauf
Konstruktionslinie, senkrecht zur Saumlinie.
Schrittrundung
Partie auf der Schrittlinie, die von einer vom Ansatz der Hüftlinie an der Schrittnaht gezogenen Senkrechten bis zur Schrittspitze reicht.
Schrittspitze
Der Punkt, an dem die Schrittnaht auf die Innenbeinnähte trifft.
Oberschenkellinie
Waagrechte Konstruktionslinie etwa 18 cm oberhalb des Knies, parallel zur Saumlinie und senkrecht zum Fadenlauf. Am einfachsten bei der Anprobe eines Grundschnitts zu markieren.
Knöchellinie
Waagrechte Konstruktionslinie in Höhe des Knöchels an der Seitennaht, parallel zur Saumlinie und senkrecht zum Fadenlauf. Am einfachsten bei der Anprobe eines Grundschnitts zu markieren.
Saumlinie
Waagrechte Konstruktionslinie am unteren Hosenrand, senkrecht zum Fadenlauf.

Anfertigung einer Hosen-Schnittschablone

Ihre Hosenschablonen sollten keinerlei stilistische Details enthalten, die beim Modellentwurf stören würden. Sie können Taillenhöhe und -abschluss, die Form von Taschenöffnungen und -beuteln, die Position des Verschlusses und mehr abwandeln. Taschen lassen sich am leichtesten entfernen: Einfach das Schnittteil auflegen und den Umriss nachzeichnen. Passe und Taillenbund aus dem Schnitt herauszukonstruieren ist kniffliger. Bevor Sie sich daran versuchen, lesen Sie nochmals im Kapitel „Röcke“ (S. 24–33), wie diese Elemente konstruiert werden, und gehen Sie dann in umgekehrter Reihenfolge vor.

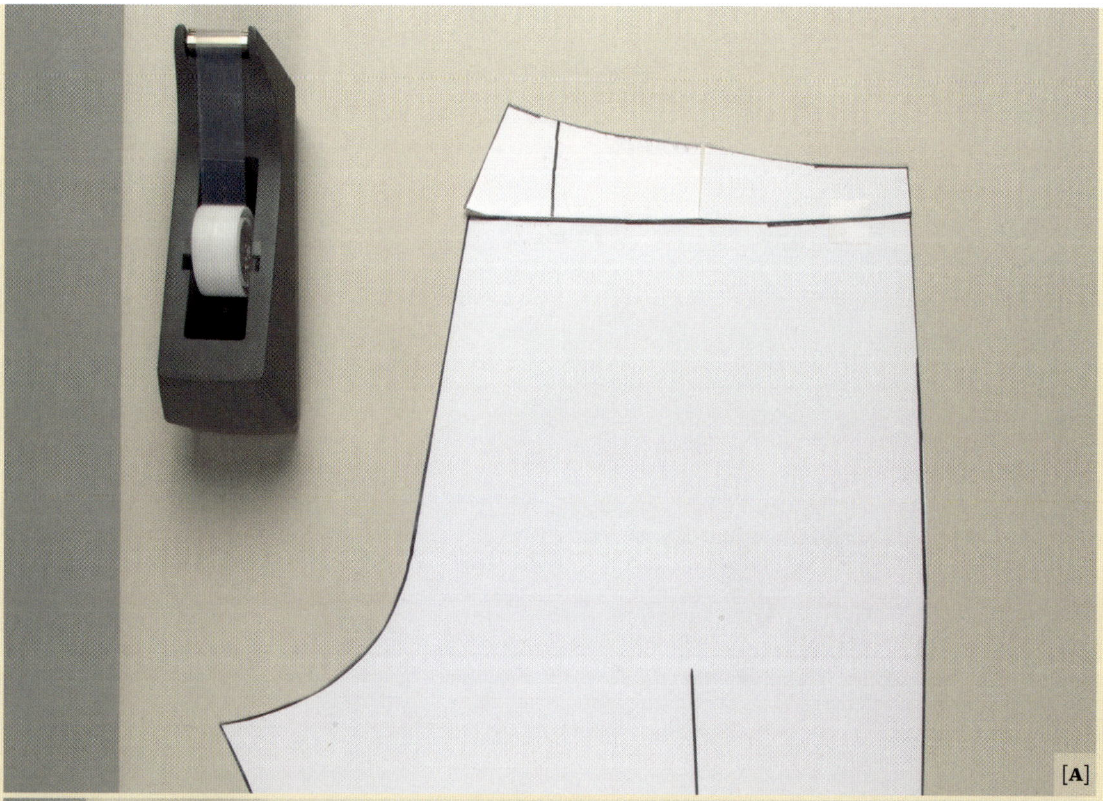

[A]

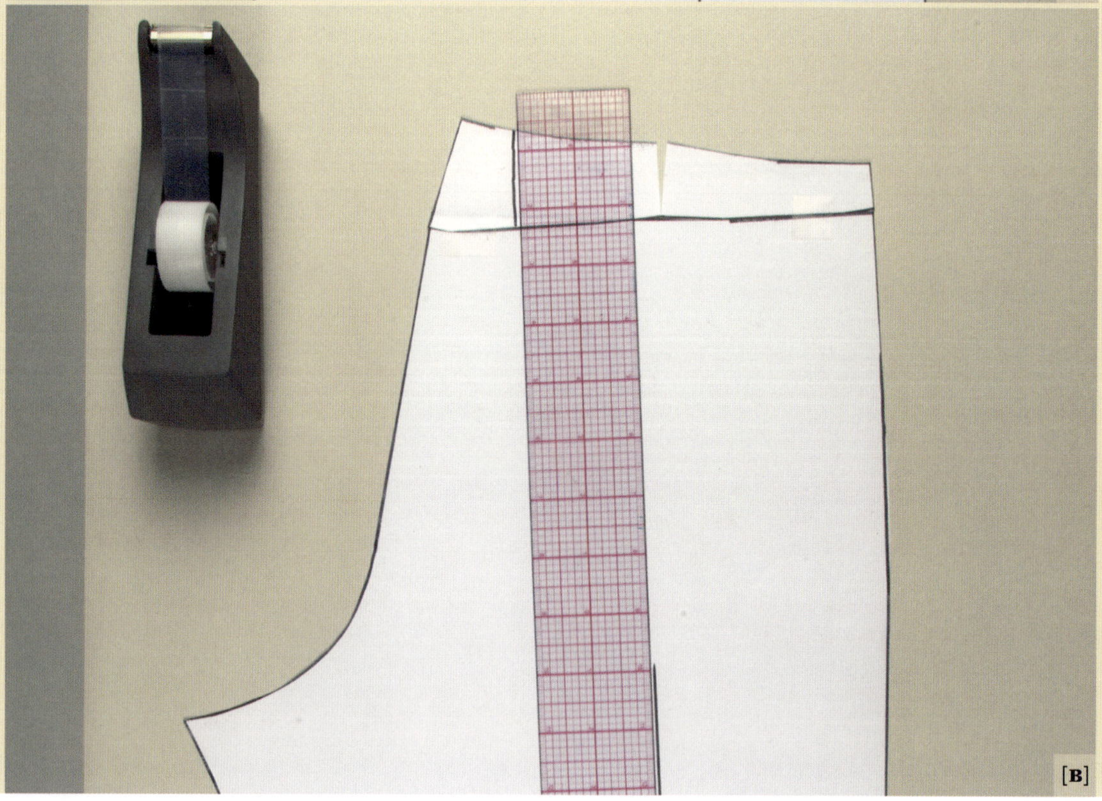

[B]

Schritte 1–4: siehe Abbildung **[A]**.

1
Die Schablone des hinteren Hosenbeins ohne Nahtzugaben auf Schnittmusterpapier übertragen. Den Fadenlauf markieren.

2
Den Taillenabschluss ohne Nahtzugaben auf einen anderen Bogen Papier übertragen und ausschneiden.

3
Die hintere Mitte von Taillenabschluss und Hose so aneinander ausrichten, dass die Nahtlinien zwischen Hose und Unterkante des Taillenabschlusses ein Stück weit genau aneinanderliegen.

4
An dem Punkt, an dem der Taillenabschluss sich von der Oberkante der Hose entfernt (etwa in der Mitte des Schnittteils), das Taillenteil von oben bis zur Unterkante einschneiden, aber nicht durchschneiden.

[C]

[D]

Schritte 5 und 6: siehe Abbildung **[B]**.

5
Das Taillenteil am Einschnitt öffnen, sodass die übrige Partie ebenfalls an der Oberkante der Hose liegt und der Fadenlauf an Taillenteil und Hose übereinstimmt. Die Teile können sich etwas überlappen.

6
Schnittmusterpapier hinter die Öffnung legen und festkleben. Die Öffnung als Abnäher markieren.

7
Etwaige Unebenheiten am Übergang zwischen den Schnittteilen begradigen **[C]** und **[D]**.

8
Die Schritte 1–7 für das vordere Hosenbein wiederholen.

Abwandlung in eine enge Hose

Durch einfache Schnittabwandlungen bekommt die Hose eine engere Passform und wirkt dadurch völlig anders. Auch wenn die Konstruktion unkompliziert ist, sollten Sie mehr Zeit auf die Anfertigung eines Nesselmodells und die Anprobe verwenden. Es kann dauern, bis die Hose wirklich gut sitzt, aber der Zeitaufwand lohnt sich, denn Sie wollen eine Schablone herstellen, die Sie beliebig oft wiederverwenden können.

Anpassungen der Hosenform

Jeder Hosenschnitt lässt sich zur Schablone einer anderen Hosenform abwandeln. Eine Verlegung der Schrittspitze auf der Schrittlinie und eine geänderte Form des Hosenbeins verändern die Passform erheblich.

Unabhängig von der Veränderung der Hosenform muss das Verhältnis der vorderen zur hinteren Schrittrundung gleich bleiben. Beträgt die Breite der Schrittrundung vorn 5 cm, hinten 10 cm, ist das Verhältnis 2:4 bzw. 1:2. Wird die Schrittspitze vorn um 0,5 cm verlängert, muss sie hinten um das Doppelte, also um 1 cm, verlängert werden. Alle Veränderungen am vorderen Hosenbein müssen die Hälfte derer am hinteren Hosenbein betragen, umgekehrt die Veränderungen am hinteren Hosenbein das Doppelte derer am vorderen Hosenbein.

Dies gilt auch bei einer Verengung der Schrittrundung für eine enge Hose: Wird die Schrittspitze am vorderen Hosenbein um 0,5 cm eingerückt, muss sie am hinteren Hosenbein um 1 cm reduziert werden. Sie sehen, wie kleine Veränderungen sich erheblich auf Passform und Bequemlichkeit auswirken. Beginnen Sie zunächst mit behutsamen Abwandlungen.

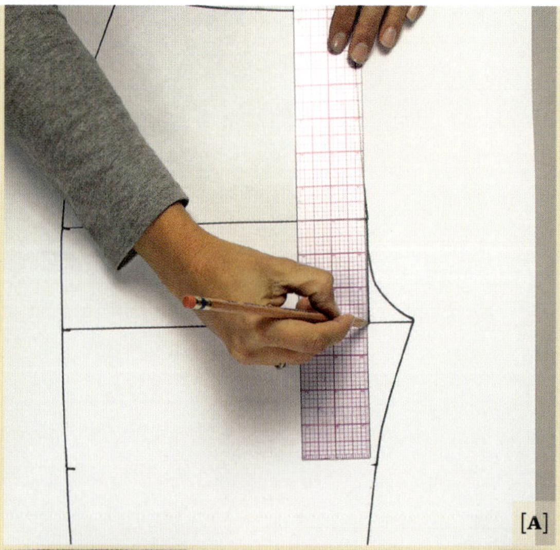

[A]

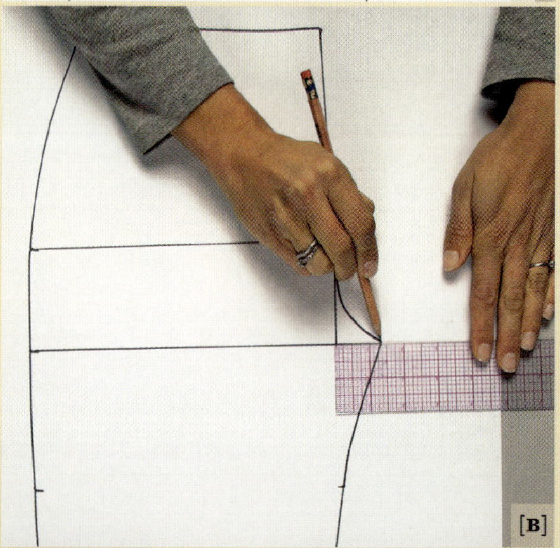

[B]

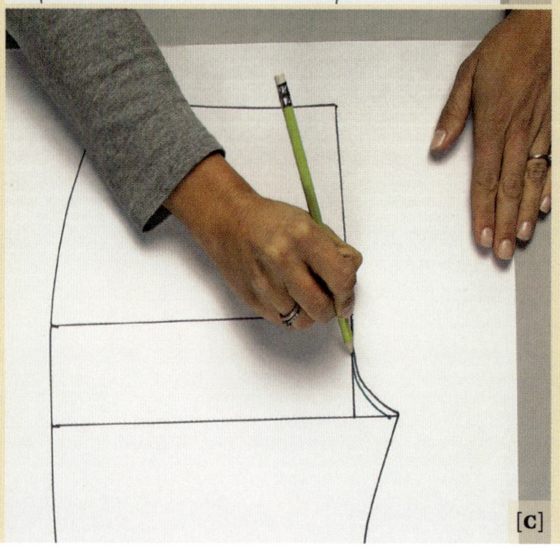

[C]

1

Die Schablone von vorderem und hinterem Hosenbein auf Schnittmusterpapier übertragen. Hüft- und Schrittlinien einzeichnen.

2

Von der oberen Partie der vorderen Schrittnaht eine Senkrechte zur Hüftlinie bis hinunter zur Schrittlinie ziehen. Am hinteren Hosenbein ebenso vorgehen [**A**].

3

Am vorderen und hinteren Hosenbein auf der Schrittlinie den Abstand von dieser Senkrechten zur Schrittspitze abmessen. Das Verhältnis zwischen beiden Maßen berechnen (auf ganze Zahlen runden) [**B**].

Schritte 4 und 5: siehe Abbildung [**C**].

4

Den vorderen Hosenausschnitt anpassen, indem die Schrittspitze auf der Schrittlinie nach innen verlegt wird. Den Unterschied notieren.

5

Die Form des Hosenausschnitts von der Schrittspitze zur Taille neu zeichnen.

TIPP

Bevor Sie aus einer neuen Schablone ein Modell zuschneiden, ist eine Anprobe unerlässlich.

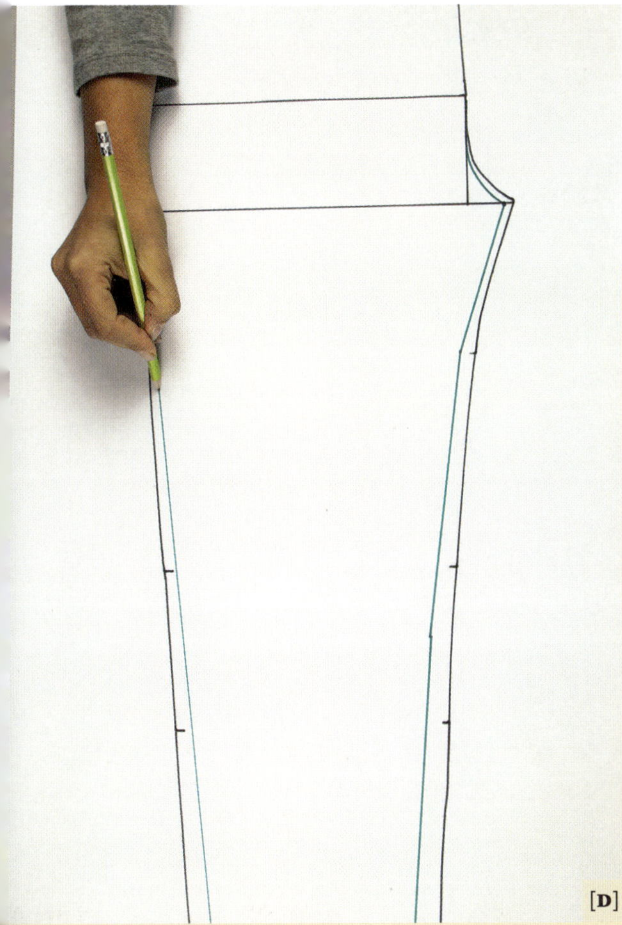

[D]

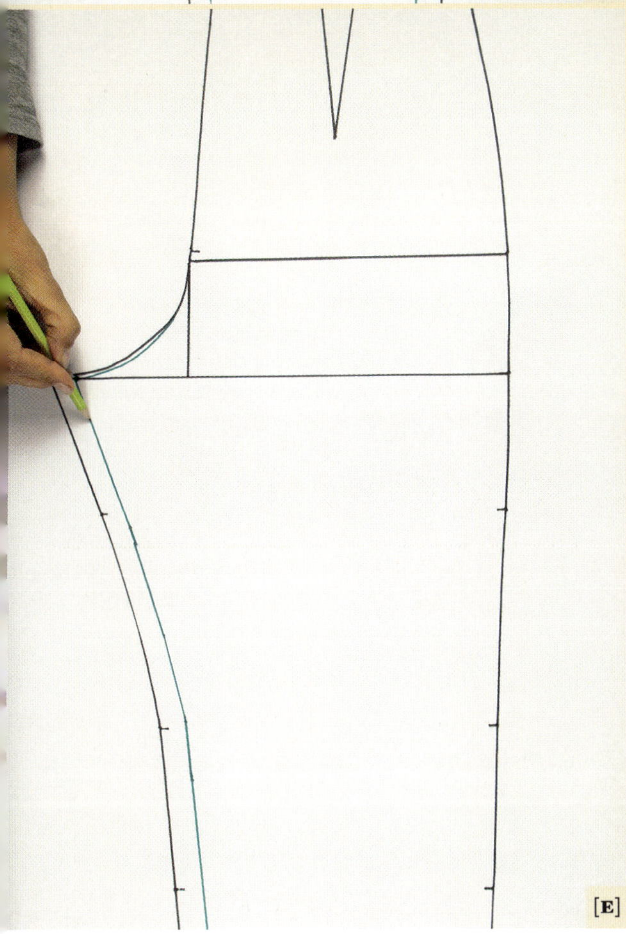

[E]

Schritte 6–8: siehe Abbildung [**D**].

6
Festlegen, um wie viel die Saumweite verringert werden soll. An Seiten- und Innenbeinnaht den gleichen Wert nach innen abtragen.

7
Die Innenbeinnaht von der Schrittspitze zum Saum neu zeichnen.

8
Die Seitennaht von der Schrittlinie zum Saum neu zeichnen.

Schritte 9–12: siehe Abbildung [**E**].

9
Die hintere Schrittspitze auf der Schrittlinie gemäß dem in Schritt 3 berechneten Verhältnis anpassen.

10
Die Saumweite des hinteren Hosenbeins an Seiten- und Innenbeinnaht um denselben Betrag verringern wie am vorderen Hosenbein.

11
Die hintere Hosennaht von der neuen Schrittspitze zur Hüftlinie in ähnlicher Form wie zuvor neu zeichnen.

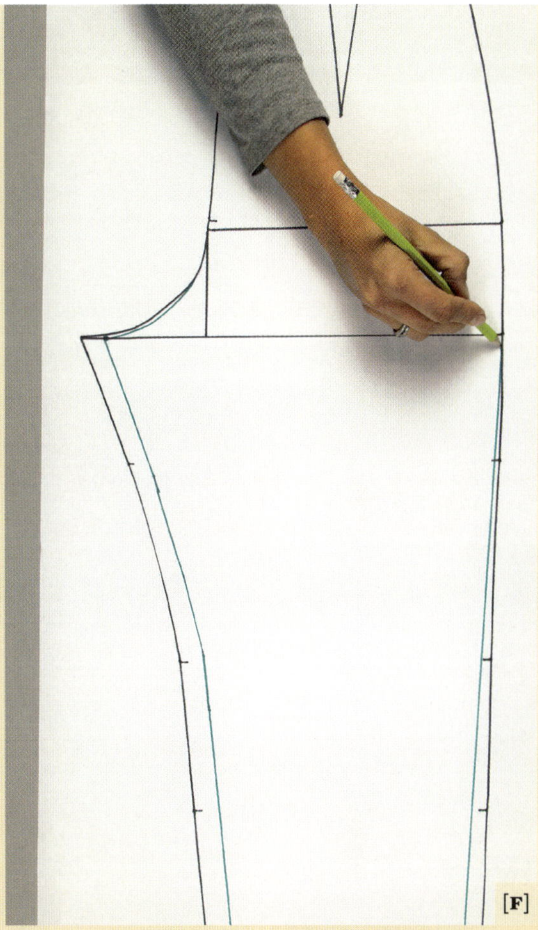

[F]

12
Die hintere Innenbeinnaht von der Schrittspitze zum Saum neu zeichnen.

13
Die hintere Seitennaht von der Schrittlinie zum Saum neu zeichnen [**F**].

14
Das Schnittmuster justieren: Vordere und hintere Innenbeinnaht sollten gleich lang sein. Bei einer engen Hose kann der Unterschied der Maße zwischen Schrittspitze und Knie bis zu 1,5 cm betragen. Ist er größer, verlegen Sie die Schrittspitze auf der Innenbeinnaht mit dem größeren Maß etwas nach unten. Die Länge der Seitennaht sollte am vorderen und hinteren Hosenbein gleich sein.

Abwandlung in eine locker sitzende Hose

Die Veränderungen zu einer Hose mit legerer Passform können dezent oder ausgeprägt sein. Da die Hose lockerer sitzt, ist auch das Anpassen unkomplizierter. Es kann hilfreich sein zu wissen, welchen Oberstoff Sie wählen, da ein stärker strukturierter Stoff größere Schnittmusteranpassungen erfordert. Ein Stoff mit einem weichen Fall benötigt weniger Anpassungen.

[A]

TIPP

Die Schrittspitze kann auch nach unten oder oben verlegt werden, exakt über oder unter ihrer ursprünglichen oder angepassten Position.

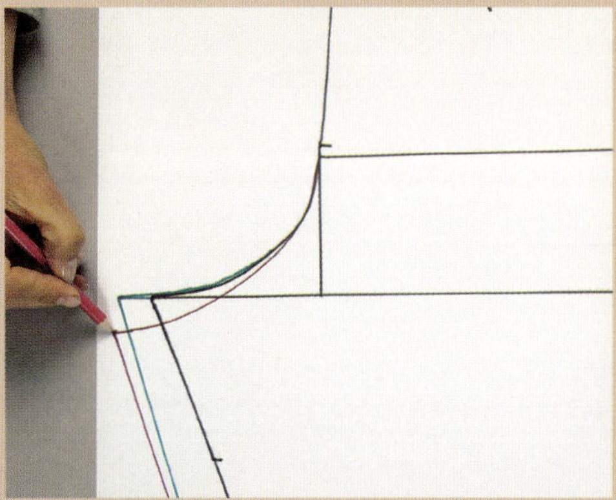

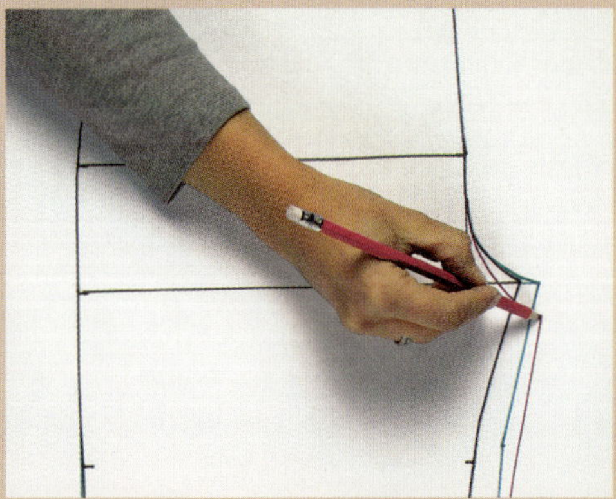

Schritte 1–8: siehe Abbildung [**A**].

1
Die Schablone von vorderem und hinterem Hosenbein auf Schnittmusterpapier übertragen. Hüft- und Schrittlinien einzeichnen.

2
Von der oberen Partie der vorderen Schrittnaht eine Senkrechte zur Hüftlinie bis hinunter zur Schrittlinie ziehen. Am hinteren Hosenbein ebenso vorgehen.

3
Am vorderen und hinteren Hosenbein auf der Schrittlinie den Abstand von dieser Senkrechten zur Schrittspitze abmessen. Das Verhältnis zwischen den beiden Maßen berechnen (auf die nächste ganze Zahl runden).

4
Den vorderen Hosenausschnitt anpassen durch Verlegen der Schrittspitze auf der Schrittlinie nach außen. Den Unterschied notieren.

5
Den Hosenausschnitt von der Schrittspitze zur Taille neu zeichnen.

6
Die Vergrößerung der Saumweite festlegen. An Seiten- und Innennaht den gleichen Wert nach außen abtragen.

> **TIPP**
>
> *Eine Passe für eine Jeans kann ebenso konstruiert werden wie die für einen Rock, nur dass sie auf das hintere Hosenbein beschränkt bleibt.*

TAILLENBUND

Für den Taillenbund von Hosen können die gleichen Techniken angewendet werden wie für den Rock. Der Taillenbund sollte vor dem Entwurf weiterer Elemente konstruiert werden. Dabei gilt es Verschiedenes zu bedenken: Welche Art Verschluss soll die Hose erhalten und wo soll er sitzen? Bei einem Hosenschlitz muss der Taillenbund entsprechend Ober- und Untertritt verlängert werden. Ein Besatz ist ein schöner, dezenter Taillenabschluss, zu dem besonders ein seitlicher oder rückwärtiger Reißverschluss passt.

An Hosen sitzt die Taille vorn meist deutlich tiefer als hinten. Oft haben Hosen sowohl einen Bund als auch eine Passe – Jeans haben hinten eine Passe und darüber einen Bund. Der Taillenbund an Hosen lässt sich flexibler gestalten als an Röcken, da die Hosenbeine die Hose besser in Form halten.

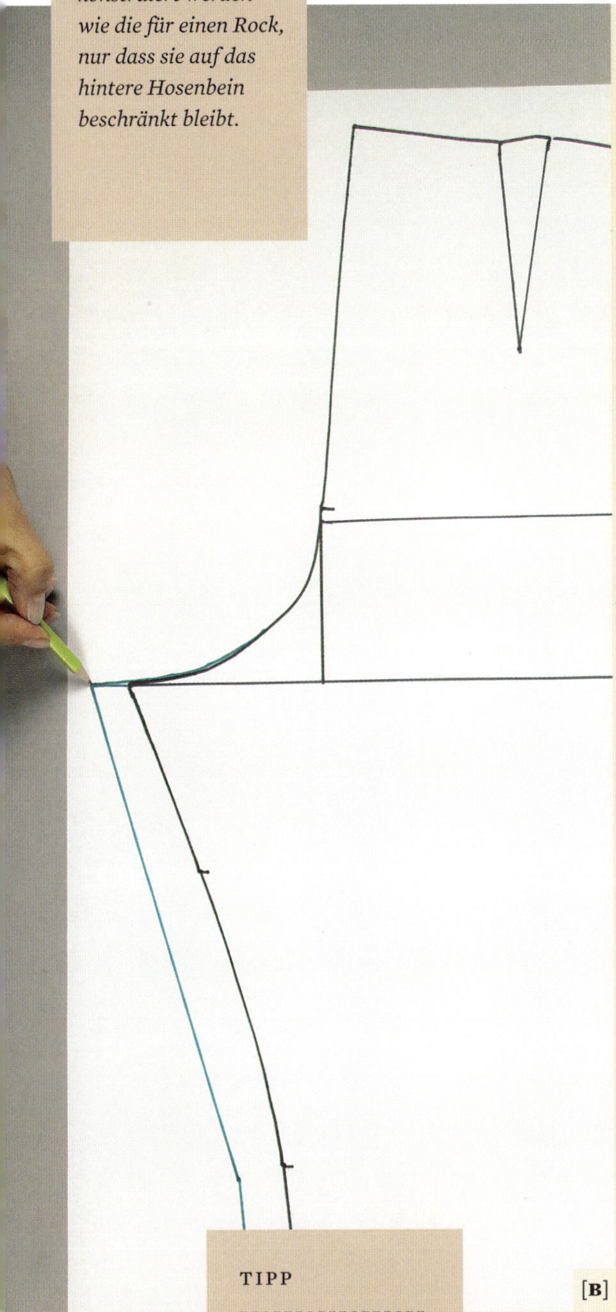

[B]

7
Die Innenbeinnaht von der Schrittspitze zum Saum neu zeichnen.

8
Die Seitennaht von der Schritt- oder Hüftlinie zum Saum neu zeichnen.

Schritte 9–11: siehe Abbildung [**B**].

9
Die hintere Schrittspitze auf der Schrittlinie gemäß dem in Schritt 3 berechneten Verhältnis anpassen.

10
Die hintere Hosennaht von der neuen Schrittspitze zur Hüftlinie in ähnlicher Form wie zuvor neu zeichnen.

11
Die Saumweite des hinteren Hosenbeins an Seitennaht und Innenbeinnaht um denselben Betrag verringern wie am vorderen Hosenbein.

12
Die hintere Innenbeinnaht von der Schrittspitze zum Saum neu zeichnen.

13
Die hintere Seitennaht von der Schrittlinie zum Saum neu zeichnen.

14
Das Schnittmuster justieren: Die vordere und hintere Innenbeinnaht sollten gleich lang sein. Sind sie unterschiedlich lang, verlegen Sie die Schrittspitze auf der Innenbeinnaht mit dem größeren Maß etwas nach unten. Die Länge der Seitennaht sollte am vorderen und hinteren Hosenbein gleich sein.

> **TIPP**
>
> *Hat Ihre Hose vorn einen Abnäher, entfernen Sie die Hälfte des Abnäherbetrags an der Leibhöhe am vorderen, die andere Hälfte am hinteren Hosenbein.*

Hosentaschen

An Hosen ohne Taschen fehlt ein wesentliches funktionales Element. Kleidungsstücke sollten generell Taschen haben, denn sie sind praktisch! Kleidung ohne die klassischen Taschendetails wirkt außerdem schnell hausbacken. Taschen lassen sich leicht an jedes Modell hinzufügen und können die Optik völlig verändern. Mit gut gearbeiteten Taschen sieht Kleidung modischer aus und wirkt wie fertig gekauft. Auf der Basis folgender Anleitungen für einfache Taschen können Sie individuellere Varianten kreieren.

Für die Konstruktion von Taschen gibt es nur wenige Regeln. Überlegen Sie, was in die Tasche hineinpassen soll, und arbeiten Sie sie groß genug: Wollen Sie Ihre Hände darin wärmen oder soll genug Platz sein für Handy, Schlüssel, Lippenstift? Befestigen Sie die Tasche gut an einer ausreichend breiten Partie des Taillenbunds bzw. der Seitennaht, sodass sie, wenn sie gefüllt ist, nicht haltlos an der Innenseite der Hose herumbaumelt.

Vordertaschen

Dies ist ein Taschentyp für Hosen jeden Stiles. Spielen Sie mit der Form des Tascheneingriffs (gerade oder geschwungen). Solche Taschen eignen sich auch für andere Modelle, selbst für Röcke, Kleider und Mäntel. Zur Befestigung ihrer Oberkante ist nicht unbedingt eine Taillennaht erforderlich – irgendeine andere Naht tut es auch.

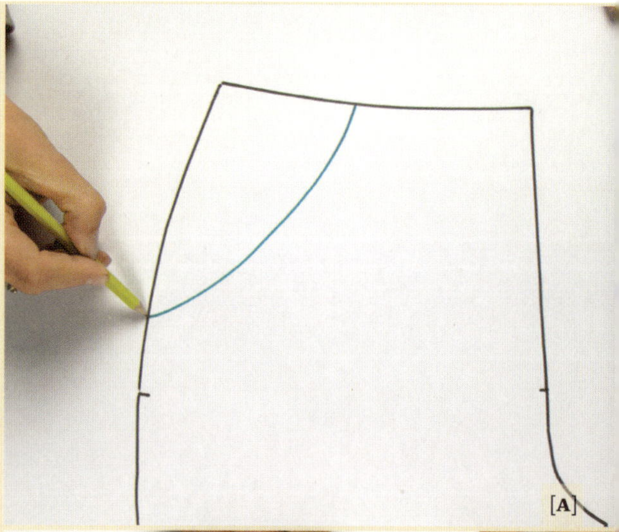

[A]

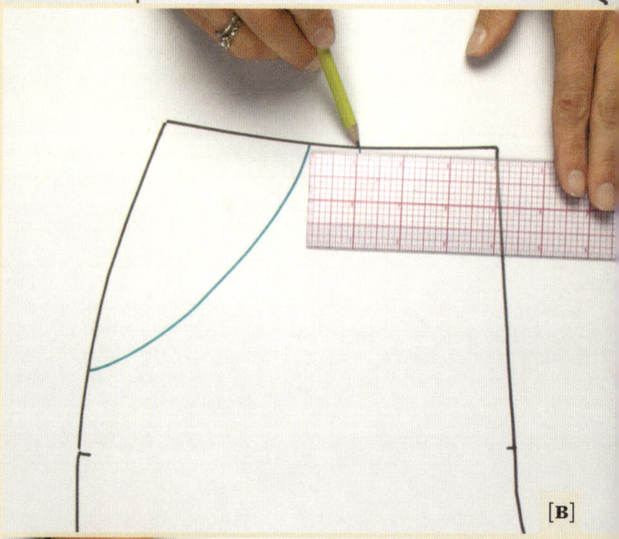

[B]

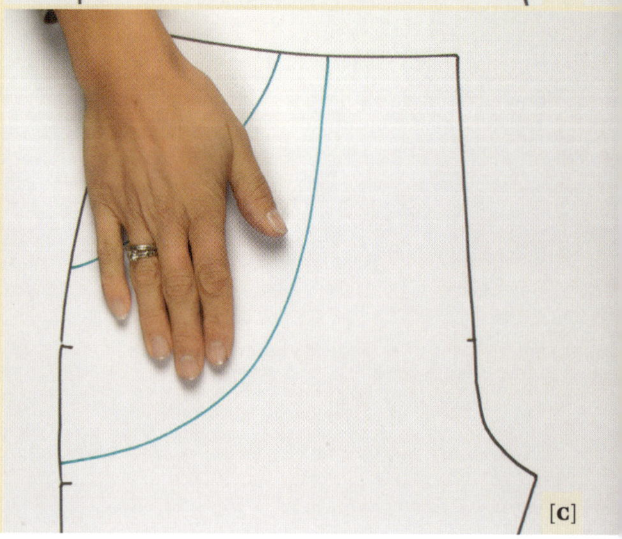

[C]

1
Die gewählte Schablone des vorderen Hosenbeins auf Schnittmusterpapier übertragen. Taille und Art des Bundes nach Wunsch abwandeln.

2
Die gewünschte Form des Tascheneingriffs einzeichnen – in der Regel von der Taille (unterhalb von Bund oder Passe) bis zur Seitennaht [**A**].

3
Den Ansatz des Taschenbeutels an der Taille mindestens 2,5 cm näher an der vorderen Mitte platzieren als den Tascheneingriff. Je breiter die Befestigung an der Taille, desto besser [**B**].

4
Gewünschte Form und Tiefe des Taschenbeutels einzeichnen (Größe gemäß der Hand oder der Gegenstände, die hineinpassen sollen) [**C**].

5
Für das Schnittteil des vorderen Taschenbeutels einen neuen Bogen Papier auflegen; die Form von Eingriff und Taschenunterkante sowie die Breite der Taillenbefestigung durchpausen. Fadenlauf parallel zu dem des vorderen Hosenbeins einzeichnen. Dieses Teil sitzt später unmittelbar unter dem Oberstoff [**D**].

[**D**]

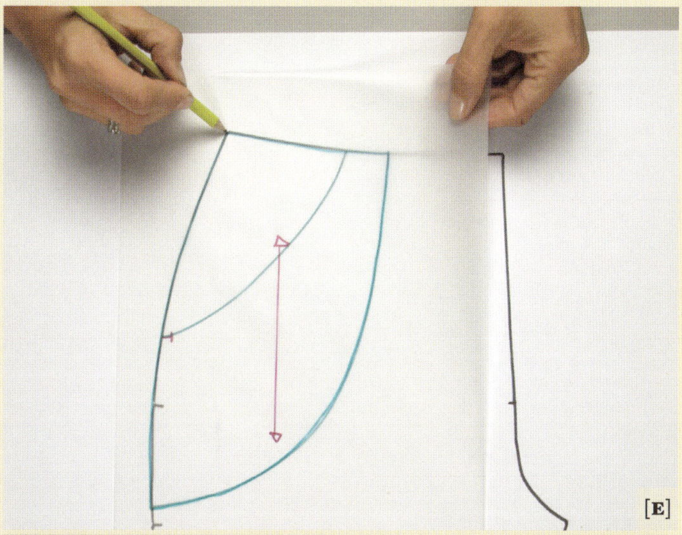

[**E**]

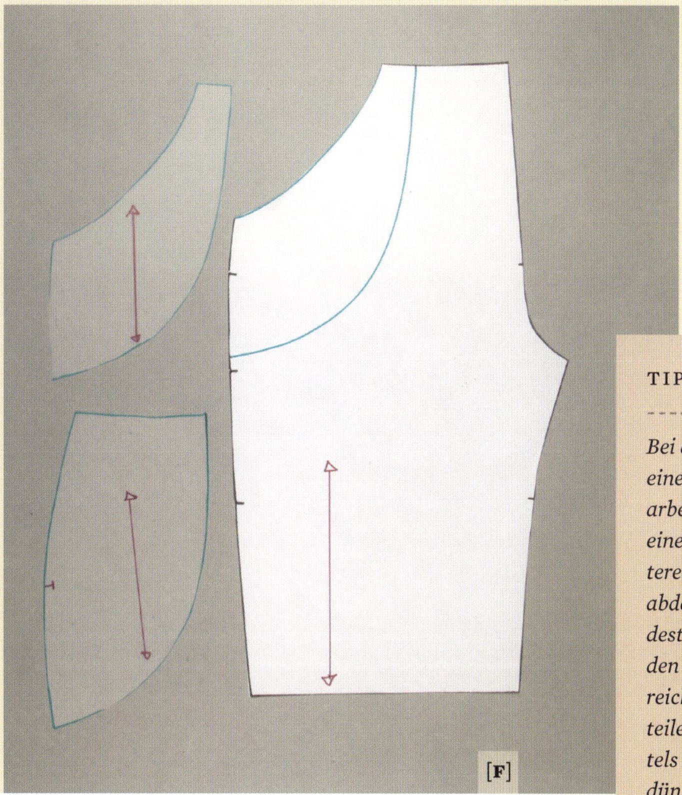

[**F**]

6
Für den hinteren Taschenbeutel ein zweites Schnittteil durchpausen, das Taschenunterkante, Seitennaht und die gesamte Breite der Taschenbefestigung an der Taille enthält. Die Verbindung von Taschenbeutel und Eingriff an Taille und Seitennaht durch Knipse markieren. Den Fadenlauf parallel zu dem des vorderen Hosenbeins einzeichnen. Dieses Teil sitzt beim Tragen näher am Körper [**E**].

7
Am vorderen Taschenbeutel den in Schritt 2 gezeichneten Tascheneingriff abschneiden [**F**].

8
Beide Schnittteile des Taschenbeutels beschriften: „2x aus Oberstoff".

TIPP

Bei dickem Oberstoff einen Taschenbesatz arbeiten, der nur eine Partie des hinteren Taschenbeutels abdeckt und bis mindestens 2,5 cm unter den Tascheneingriff reicht. Beide Schnittteile des Taschenbeutels können dann aus dünnem Taschenfutter- oder Baumwollstoff genäht werden.

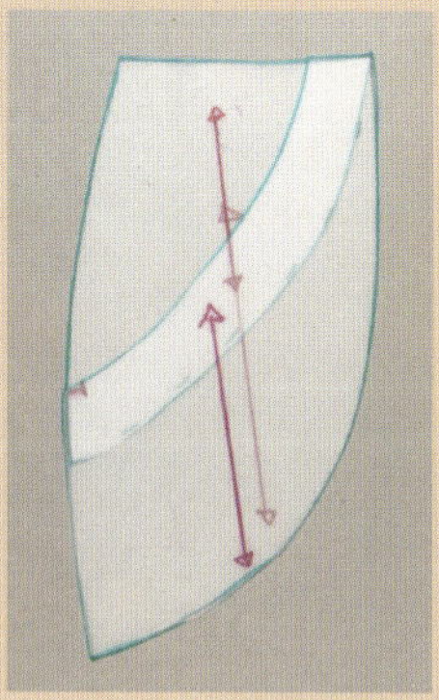

Aufgesetzte Taschen

Diese Taschen sind klassisch als Gesäßtaschen an Jeans und Brusttaschen an Button-Down-Hemden. Zur Bestimmung ihrer Größe und Position orientieren Sie sich an den Lieblingsmodellen aus Ihrer Garderobe. Zeichnen Sie den Umriss der Taschen auf Schnittmusterpapier oder messen Sie sie ab, um ein neues Schnittteil zu erstellen. Vor dem Aufnähen aufgesetzter Taschen am Modell die Taschen zuschneiden, die offenen Kanten nach innen bügeln und die Taschen an Ihrem Probemodell oder Ihrer begonnenen Arbeit aufstecken. Die Position der Taschen kann für Ihr Gesäß vorteilhaft sein – aber auch sehr unvorteilhaft!

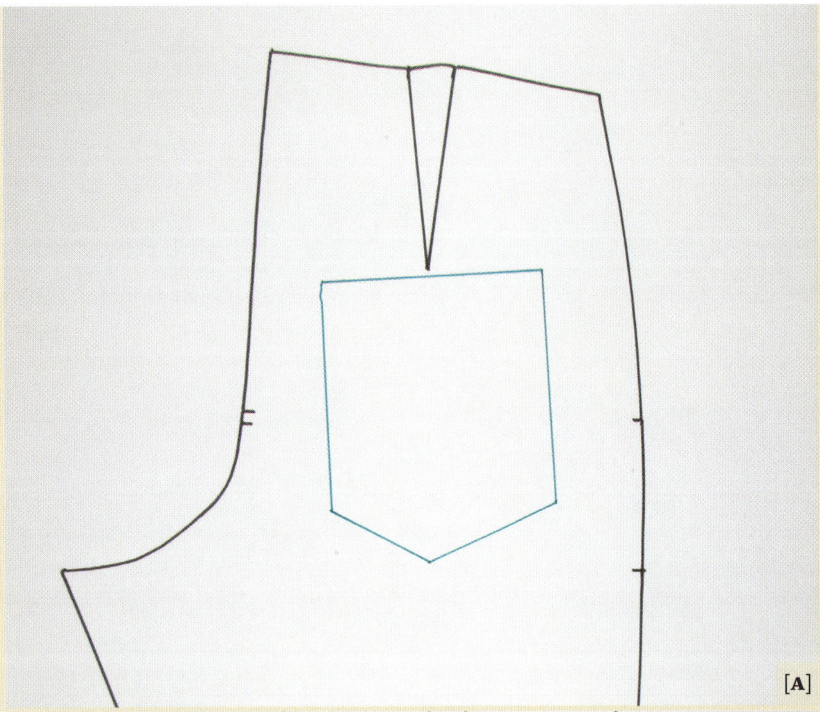

[A]

[B]

1

Die Schablone des vorderen Hosenbeins auf Schnittmusterpapier übertragen. Taille und Art des Bundes nach Wunsch abwandeln.

2

Die Tasche in Originalgröße auf das Schnittteil zeichnen. Die Position ist nur vorläufig und kann nach der Anprobe noch verändert werden [**A**].

3

Das Schnittteil der Tasche separat auf Papier zeichnen [**B**].

Schritte 4 und 5: siehe Abbildung [**C**].

4

An der Taschenoberkante 1,5–4 cm Nahtzugabe zugeben.

5

An den übrigen Taschenkanten 0,5–1,5 cm Nahtzugabe zugeben.

6

Nach Überprüfen der Taschenposition bei der Anprobe die beiden oberen Taschenecken auf der Schablone mit einem Bohrloch markieren (0,5 –0,6 cm von der Ober- und Seitenkante entfernt) [**D**].

7

Den Fadenlauf beliebig wählen (im Querfadenlauf zugeschnitten wird der Tascheneingriff besonders stabil). Beschriften: „1x oder 2x aus Oberstoff“, je nach gewünschter Anzahl der Taschen.

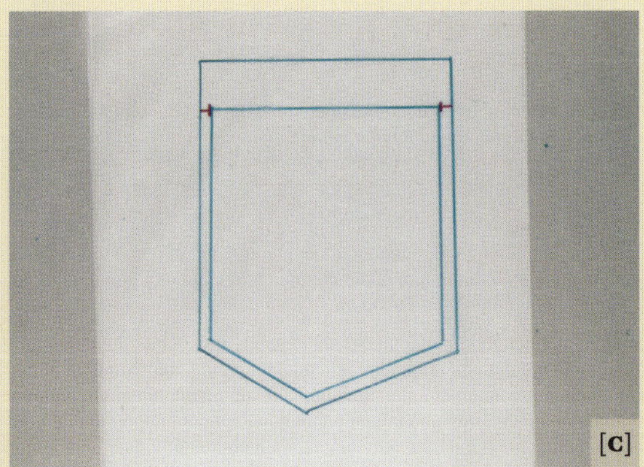

[C]

[D]

Taschen in der Seitennaht

Diese Taschen sind Schlitze in der Seitennaht eines Kleidungsstücks mit einem eingesetzten Taschenbeutel. Das sind die unauffälligsten Taschen. Sie müssen unbedingt an der Taille festgenäht werden, damit sie ihre Form behalten und auch gefüllt am Platz bleiben.

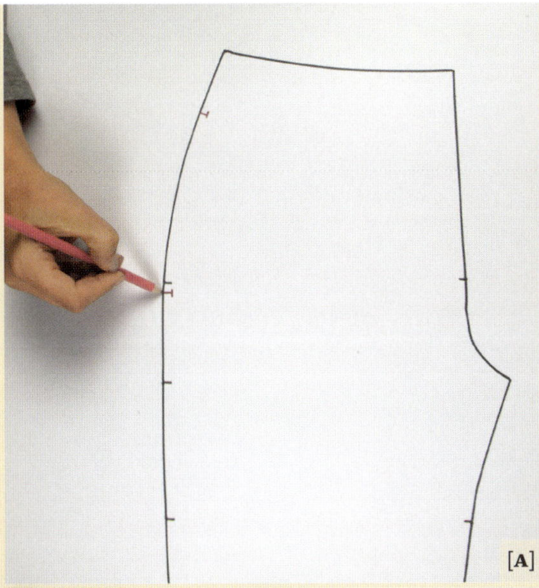
[A]

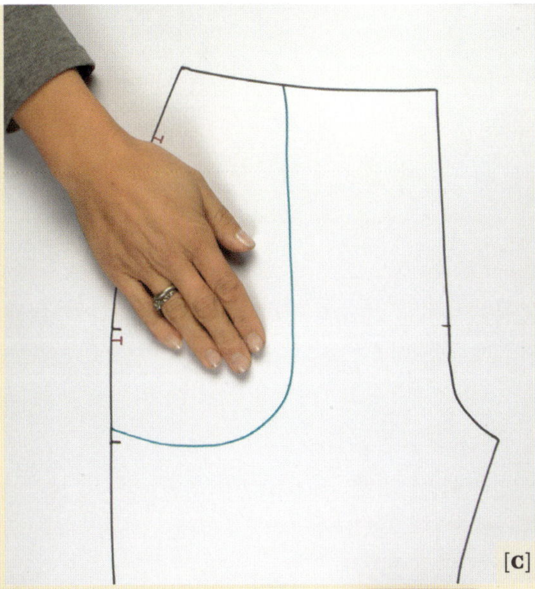
[C]

[B]

[D]

1
Die Hosenschablone auf Schnittmusterpapier übertragen. Taille und Bund nach Wunsch abwandeln.

2
Die Taschenöffnung an der vorderen und hinteren Seitennaht durch Knipse markieren (Größe gemäß der Hand oder der Gegenstände, die hineinpassen sollen). Der obere Knips sitzt meist etwa 4 cm unterhalb von Taillenlinie bzw. Taillenabschluss [A], [B].

Schritte 3 und 4: siehe Abbildung [C].

3
Festlegen, wie breit die Befestigung der Tasche an der Taille sein soll (mindestens 10 cm).

4
Ab der Taille die gerundete Form des Taschenbeutels einzeichnen (Endpunkt an der Seitennaht 2,5 cm oder mehr unterhalb des unteren Knipses für den Tascheneingriff).

5
Taillenlinie, Seitennaht und Taschenform auf einen neuen Bogen Papier zeichnen. Taschenöffnung am Taschenbeutel durch Knipse markieren [D].

6
Der Fadenlauf ist identisch mit dem des vorderen Hosenbeins. Taschenteil beschriften: „4x aus Ober- oder Futterstoff".

TIPP

Bei dickem Oberstoff einen Taschenbesatz arbeiten, der nur eine Partie des hinteren Taschenbeutels abdeckt und ab der Seitennaht etwa 5 cm breit ist. Beide Schnittteile des Taschenbeutels können dann aus dünnem Taschenfutter- oder Baumwollstoff genäht werden.

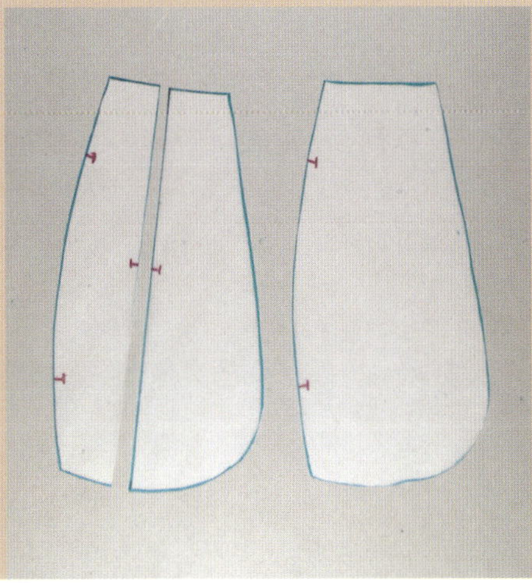

Hose mit ausgestelltem Saum (Schlaghose)

Für eine ausgestellte Hose wird ab einer beliebigen Höhe die Saumweite erweitert. Zwei typische Beispiele sind die Bootcut-Jeans und die Schlaghose. Erstere wird unterhalb des Knies nur leicht ausgestellt, sodass der Saum über Stiefel passt. Für die Schlaghose wird der Saum ab der Oberschenkellinie deutlich weiter ausgestellt.

Diese Technik ist fantastisch und sehr vielseitig – sie kann auch an Ärmeln, Kleidern, Röcken und anderem angewendet werden. Das Schöne daran ist, dass Modelle dadurch an bestimmten Partien eng anliegen, an anderen weit fallen, ohne dass zusätzliche Nähte benötigt werden.

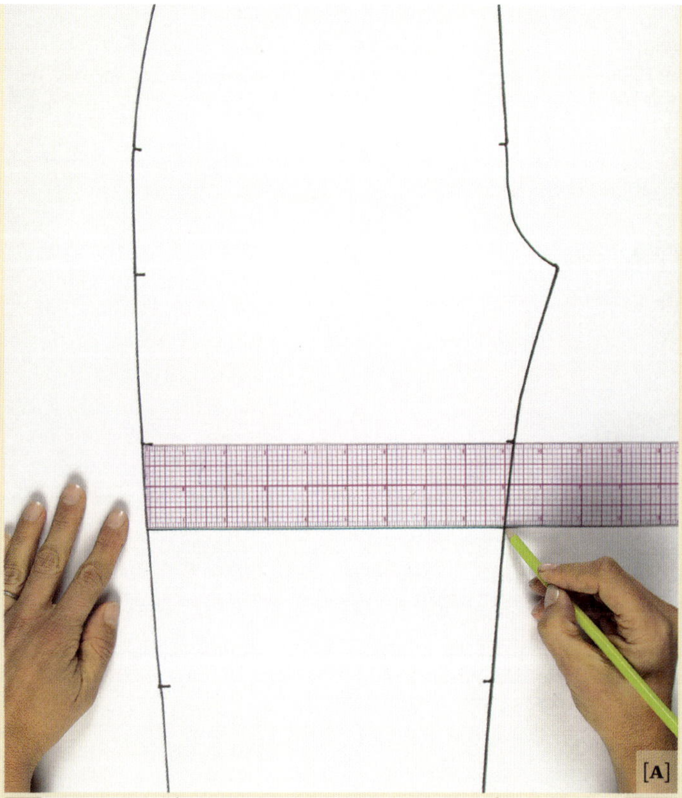

[A]

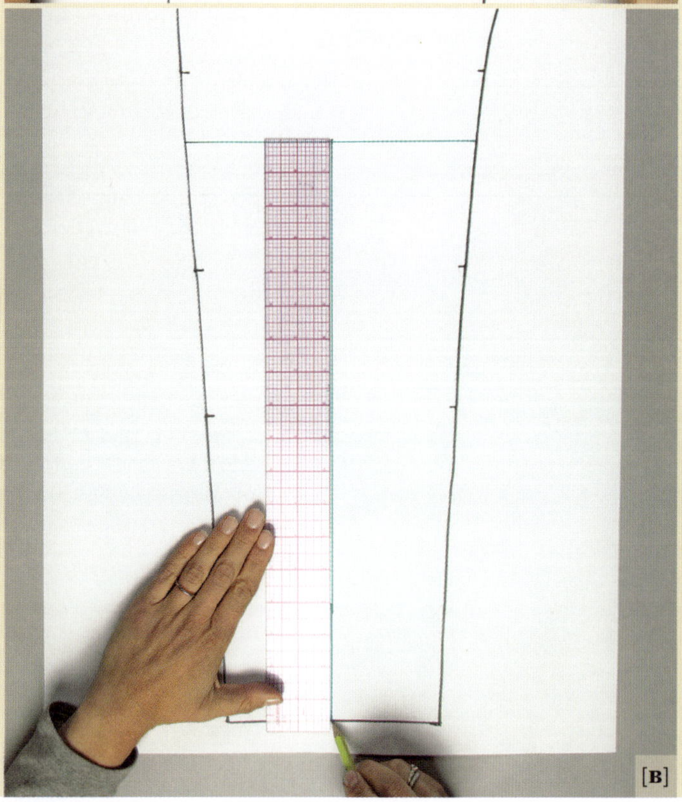

[B]

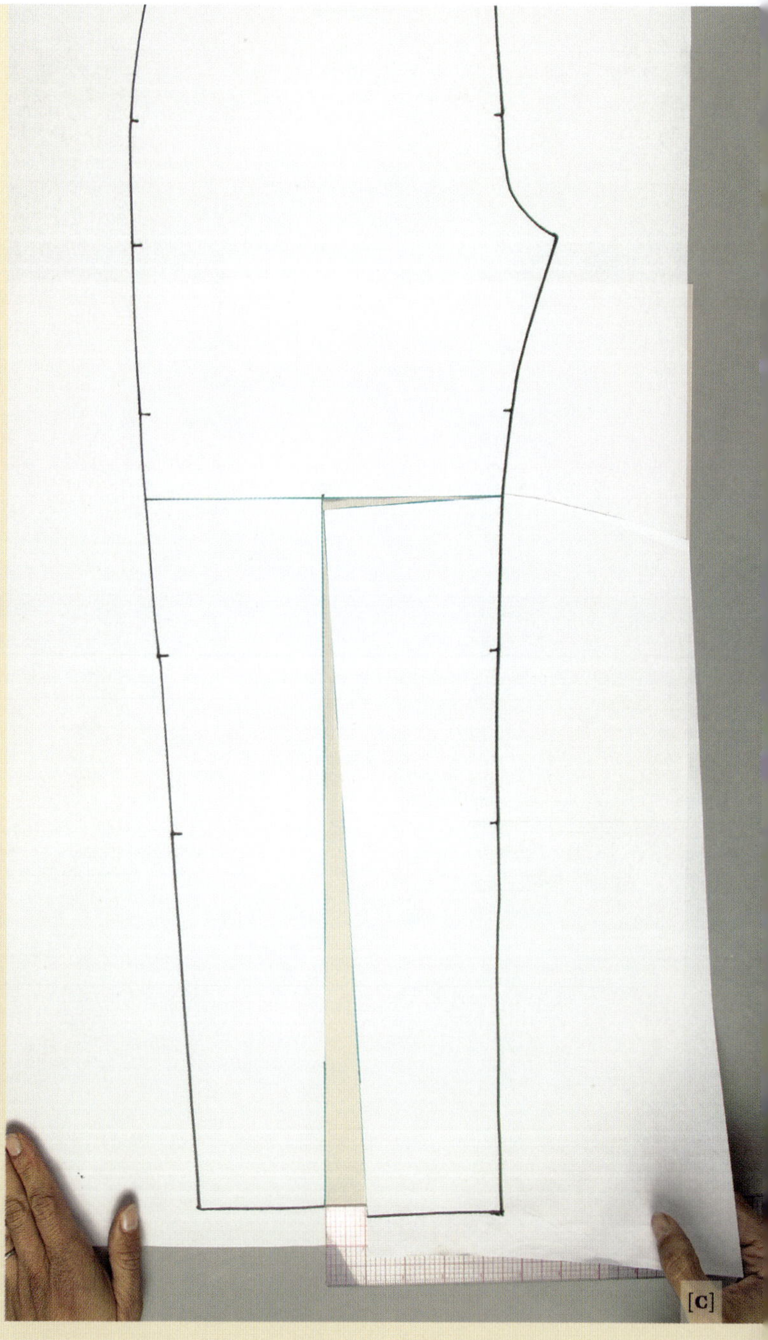

[C]

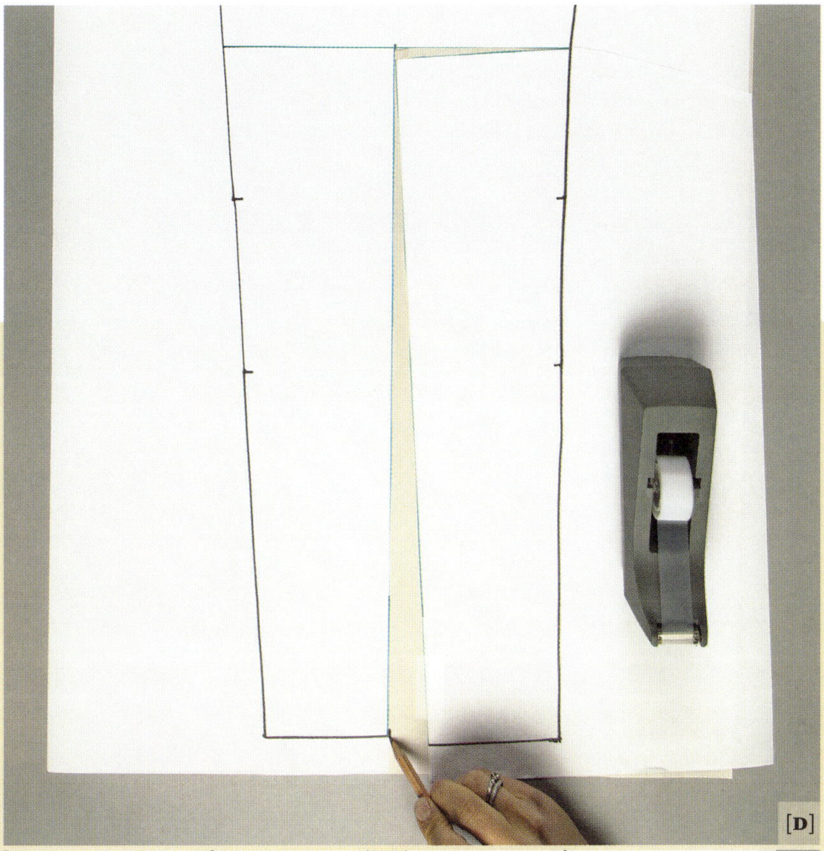

[D]

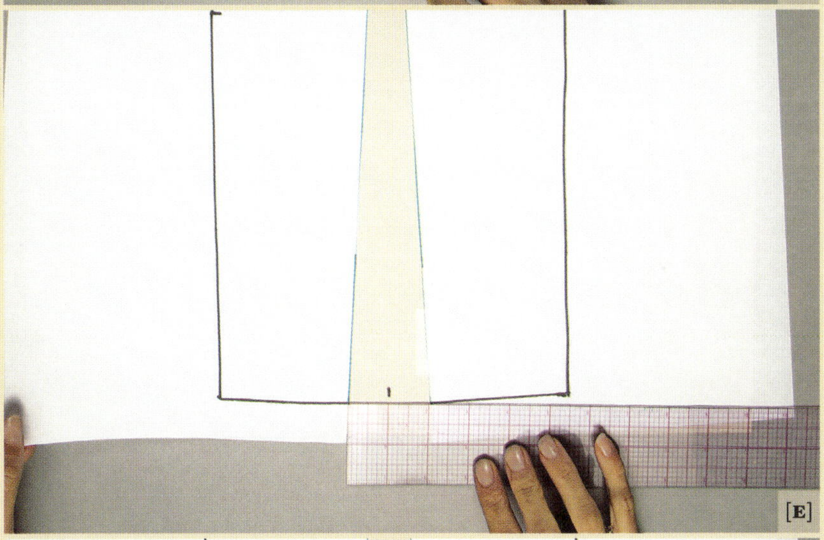

[E]

[F]

1
Die Hosenschablone auf Schnittmusterpapier übertragen. Taille und Art des Bundes sowie Hosenlänge und Taschen nach Wunsch abwandeln.

2
Festlegen, ab welcher Höhe der Saum ausgestellt werden soll und dort eine Linie senkrecht zum Fadenlauf einzeichnen. Dies ist die Erweiterungslinie [**A**].

3
Die Mitte dieser Linie bestimmen und von dort eine senkrechte Öffnungslinie bis zum Saum ziehen [**B**].

Schritte 4 und 5: siehe Abbildung [**C**].

4
Die Linien ab dem Saum und bis hinüber zu einer Seitennaht einschneiden (nicht durchschneiden).

5
Papier unterlegen und das Schnittteil am Drehpunkt an der Seitennaht öffnen, sodass am Saum die Hälfte der gewünschten Mehrweite eingefügt wird.

6
Am Saum die ursprüngliche Mitte markieren [**D**]. Die Erweiterungslinie bis zur anderen Seitennaht einschneiden und am Saum die übrige Weite einfügen [**E**].

7
Die Saumline über die Erweiterung hinweg nachzeichnen; dabei leicht runden, um eventuelle Ecken zu begradigen [**F**].

8
Am hinteren Hosenbein ebenso vorgehen.

9
Fadenlauf einzeichnen wie auf der Schablone. Vorderes und hinteres Hosenbein beschriften: „2x aus Oberstoff“.

Hose mit Teilungsnähten

Bei dieser Hosenform werden senkrechte Teilungsnähte hinzugefügt. Sie können nur am vorderen Hosenbein, nur am hinteren Hosenbein oder an beiden eingefügt werden. Durch die Anpassung der Teilungsnähte kann die Hose sehr figurbetont gearbeitet werden. Bei enger wie auch bei legerer Passform sind die Längsnähte vorteilhaft, da sie die Figur strecken und schlank machen.

Die vordere Teilungsnaht verläuft meist mittig am Bein entlang. Durch Bestimmen der Mitte von Saum-, Knie-, Oberschenkel- und Taillenlinie lässt sie sich leicht einzeichnen.

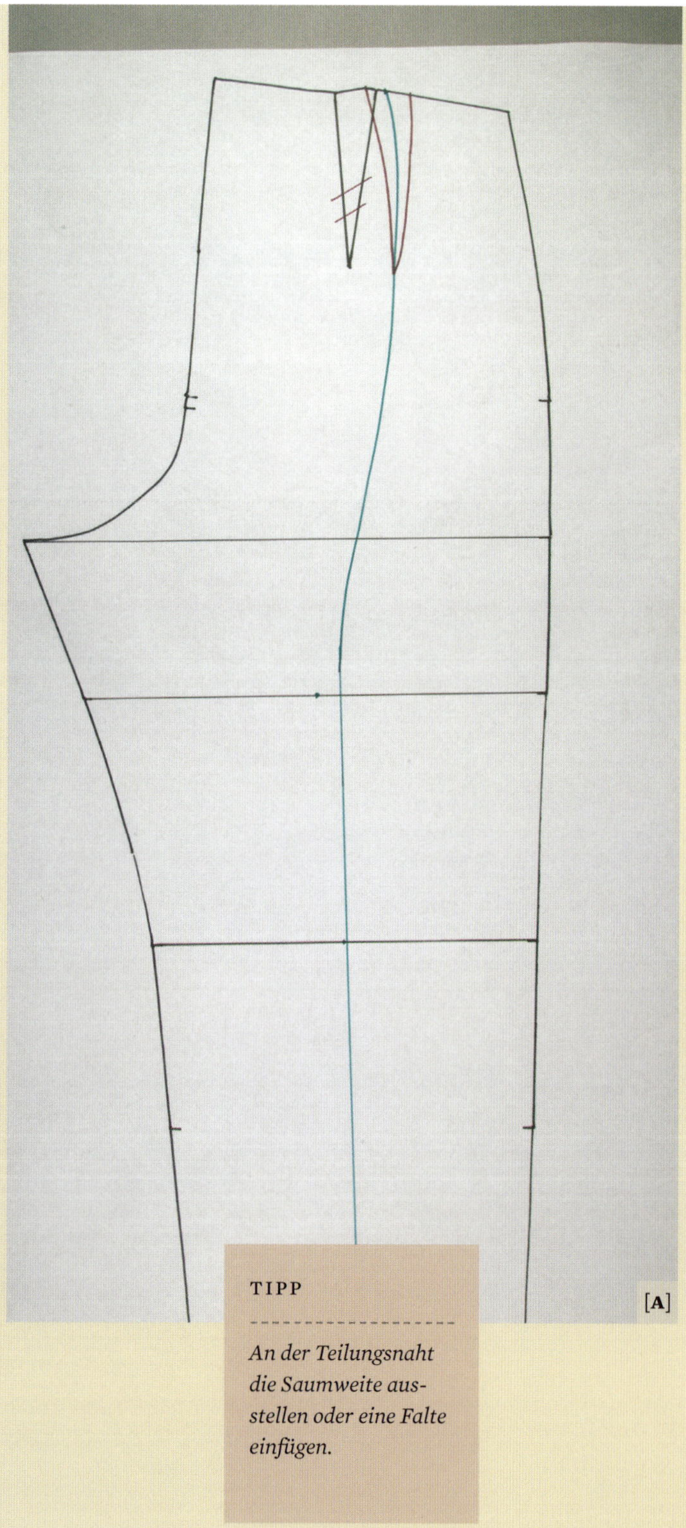

[A]

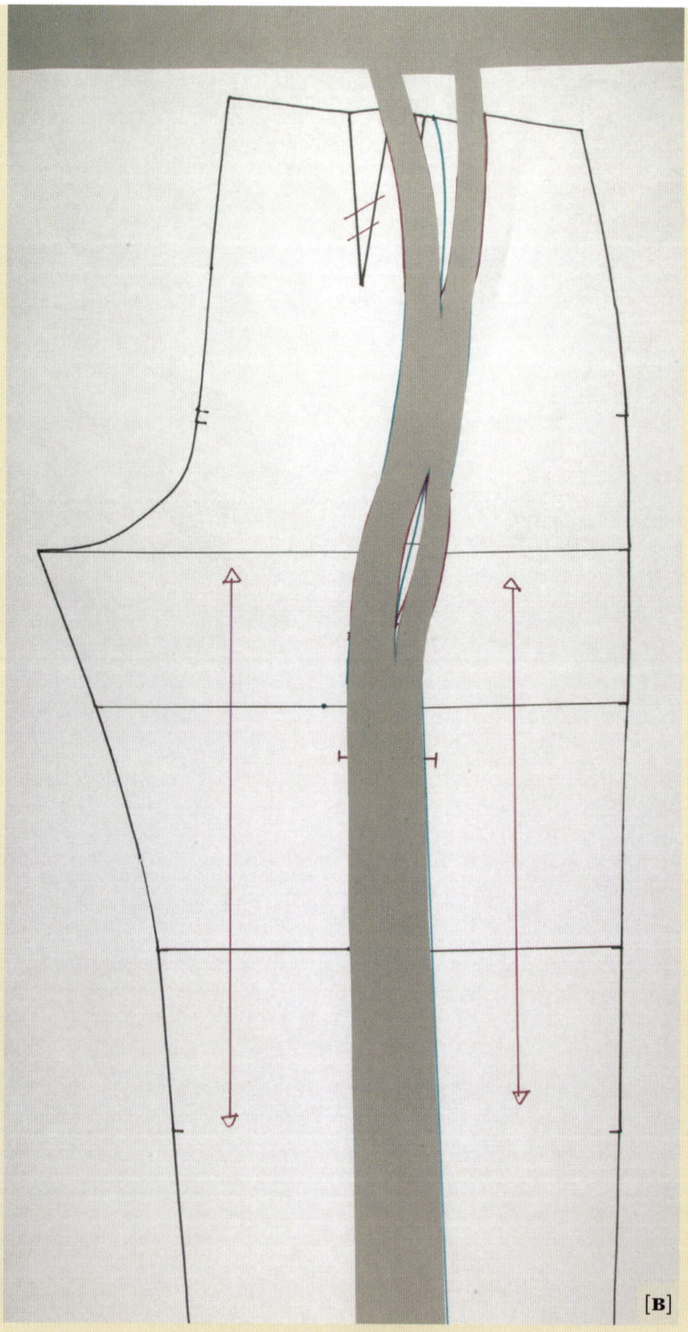

[B]

TIPP

An der Teilungsnaht die Saumweite ausstellen oder eine Falte einfügen.

TIPP

Die Hose an den Teilungsnähten figurnäher anpassen, z. B. auf der hinteren Schrittlinie beidseits der Teilungsnaht 0,5 cm abtragen. Diese Punkte in leichtem Bogen wieder mit der Teilungsnaht verbinden (jeweils 5 cm ober- und unterhalb der Schrittlinie). Diese Partie aus dem Schnittteil ausschneiden – so sitzt die Hose unter dem Gesäß enger.

1
Die Hosenschablone auf Schnittmusterpapier übertragen. Taille und Art des Bundes sowie die Hosensilhouette nach Wunsch abwandeln.

Schritte 2 und 3: siehe Abbildung **[A]**.

2
Die Mitte von Saum-, Knie-, Oberschenkel- und Taillenlinie markieren. Mithilfe dieser Punkte die gewünschte Teilungsnaht einzeichnen.

3
Eventuelle Abnäher an die Teilungsnaht verlegen (beidseits der Naht jeweils die Hälfte des Abnäherinhalts).

4
Vor dem Auseinanderschneiden der Schnittteile nach Wunsch eine Tasche konstruieren (siehe Anleitung S. 146–149).

Schritte 5–7: siehe Abbildung **[B]**.

5
Auf die Teilungsnaht zwischen Taille und Knie einen Knips setzen.

6
Entlang der Teilungsnaht durchschneiden. Abnäherinhalt und sonstige Formanpassungen abschneiden.

7
Fadenlauf senkrecht zum Saum einzeichnen. Alle Schnittteile beschriften: „2x aus Oberstoff“.

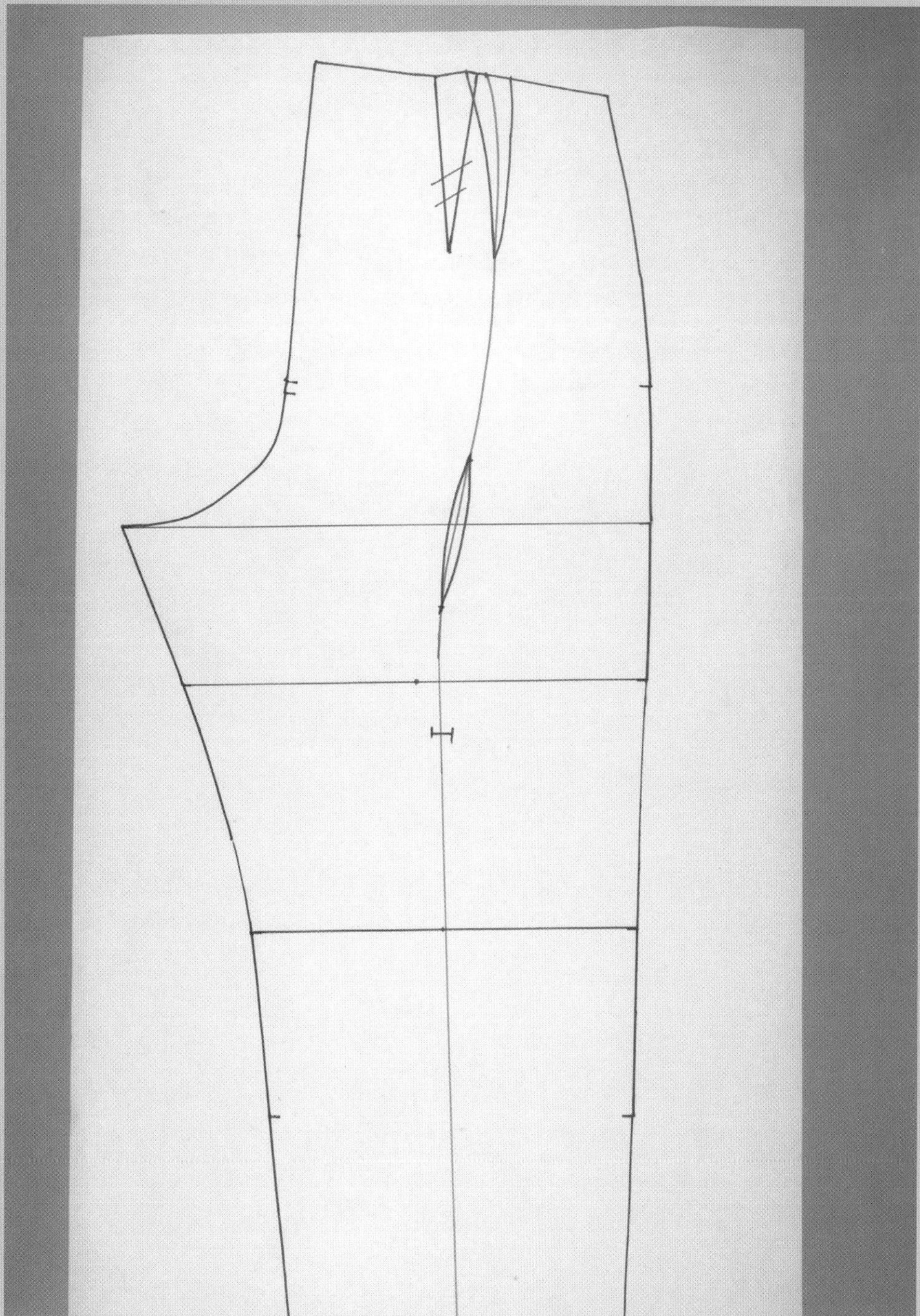

Faltenhose

Falten, deren Konstruktion im Kapitel „Röcke“ gezeigt wurde, können ganz ähnlich auch an anderen Kleidungsstücken hinzugefügt werden – an einer Hose ist dies jedoch ungewöhnlich. Hier werden Falten meist nur vorn eingesetzt und verleihen dem Bein mehr Weite, aber nicht unbedingt dem Saum. Hat Ihr Schnitt vorn einen Abnäher, sollte dieser in die Falte verlegt werden. Die Faltentiefe sollte möglichst nicht so groß sein, dass sich die Falten überlappen.

Falten in der Taillenmitte des vorderen Hosenbeins sind in der Regel vorteilhafter, da sie über die Mitte des Beines fallen. Sitzen Falten zu dicht an der vorderen Mitte, bauscht sich leicht zu viel Stoff zwischen den Beinen und die Hose sieht aus wie eine Windel. Zu dicht an der Seitennaht platzierte Falten sind beim Anbringen der Taschen im Weg.

Es gibt zwei Methoden, um Falten hinzuzufügen. Man kann sie am Saum konstruieren – die Technik ist ähnlich wie das Ausstellen eines Saumes, nur umgekehrt, da die Falten an der Taille gelegt werden. Die Konstruktion kurzer Falten ähnelt der einer ausgestellten Hose, doch wiederum umgekehrt. Durch solche Falten erhält die Hose nur an bestimmten Partien mehr Weite, der Rest bleibt eng anliegend.

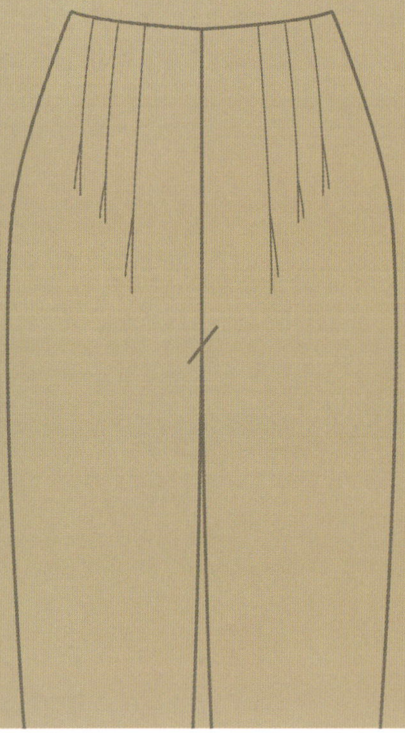

Falten am Saum
Durch Falten am Saum erhält das gesamte Bein, außer der Saumpartie, mehr Weite.

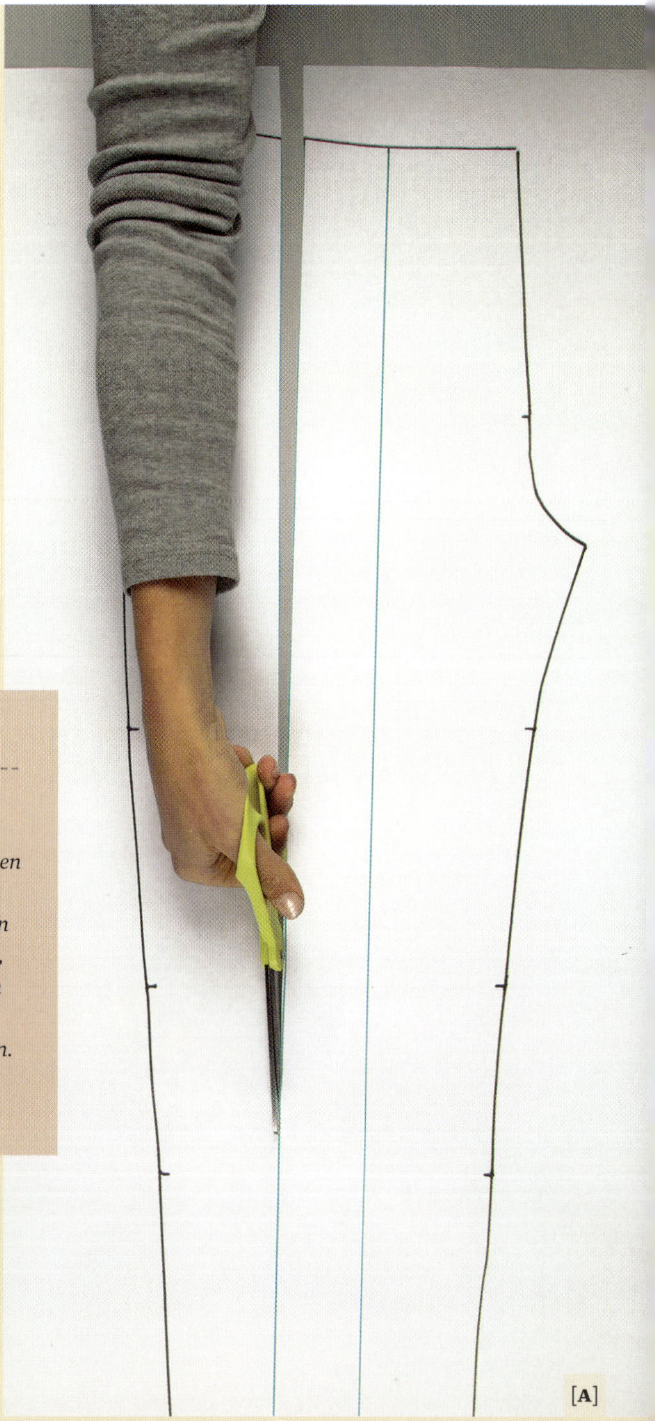

TIPP

Prüfen Sie, ob Ihr Stoff sich für die vorgesehenen Falten eignet. In manchen Stoffen halten scharfe Falten gut, andere eignen sich besser für weiche, ungebügelte Falten.

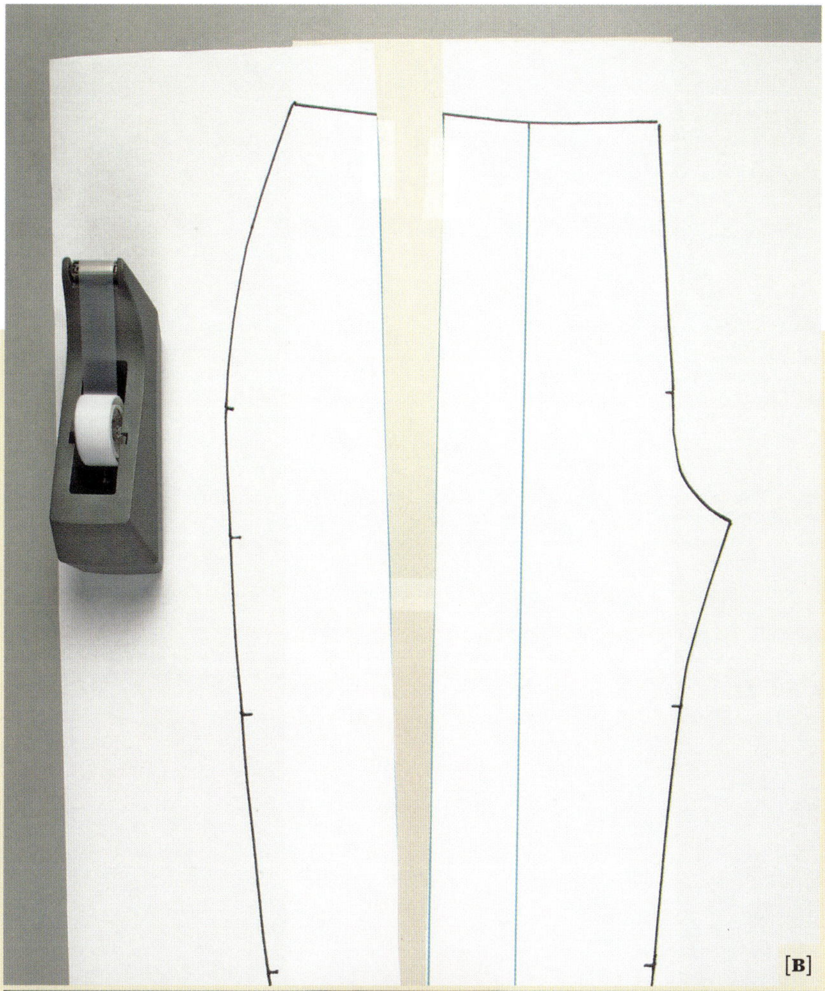

[B]

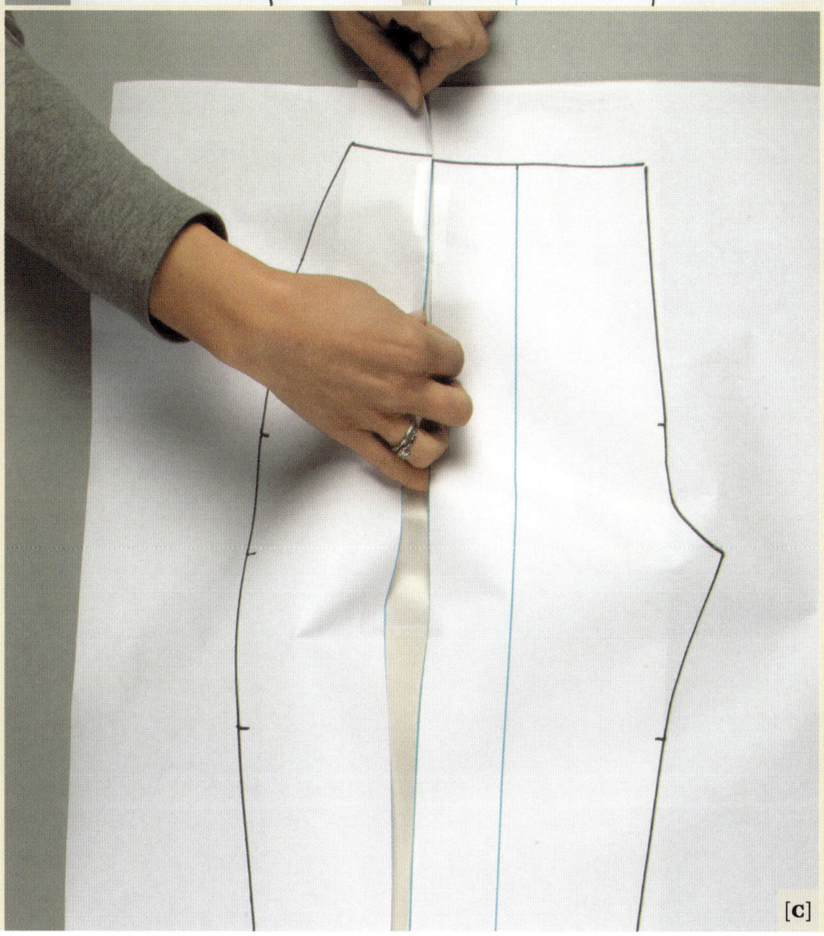

[C]

1
Die Hosenschablone auf Schnittmusterpapier übertragen. Taille und Art des Bundes sowie Hosenlänge und Taschen nach Wunsch abwandeln.

Schritte 2 und 3: siehe Abbildung [**A**].

2
Für die Falten Öffnungslinien von der Taille bis zum Saum einzeichnen. Einen eventuellen Taillenabnäher an einen Einschnitt verlegen (Abnäherinhalt beidseits der Linie durch Knipse markieren).

3
Öffnungslinie von der Taille bis zum Saum einschneiden (nicht durchschneiden). Zur Arbeitserleichterung eine Öffnungslinie nach der anderen bearbeiten.

4
Papier unterlegen und die gewünschte Weite einfügen. Mit Klebeband fixieren [**B**].

5
Das Schnittmuster so falten, wie die Falten später an der Hose liegen sollen. Haben Sie einen Abnäher in die Falte verlegt, muss dessen Inhalt mitgefaltet werden, nicht nur die zusätzliche Weite am Einschnitt [**C**].

TIPP

Es gibt verschiedene Arten, Falten zu legen – siehe dazu Kapitel 2, S. 46, „Falten“.

TIPP

Falten können lediglich an der Taille fixiert oder ab der Taille ein Stück weit abgesteppt werden. Die abzusteppende Partie markieren Sie oben an der Falte durch Knipse, unten durch ein Bohrloch 0,3 cm innerhalb des Faltenbruchs.

Für mehr Weite am Bein an Saum und Taille gleich viel Weite zugeben.

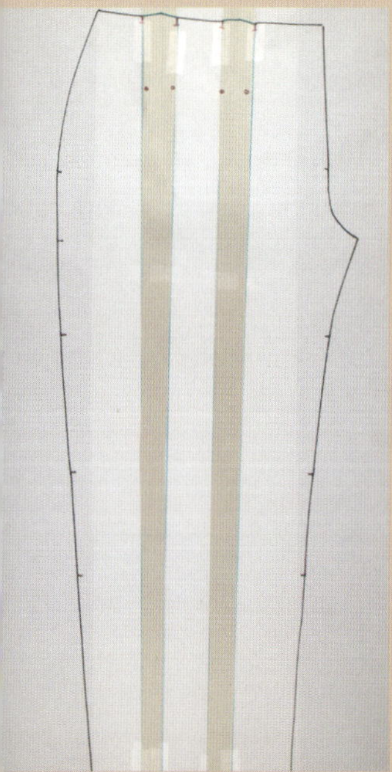

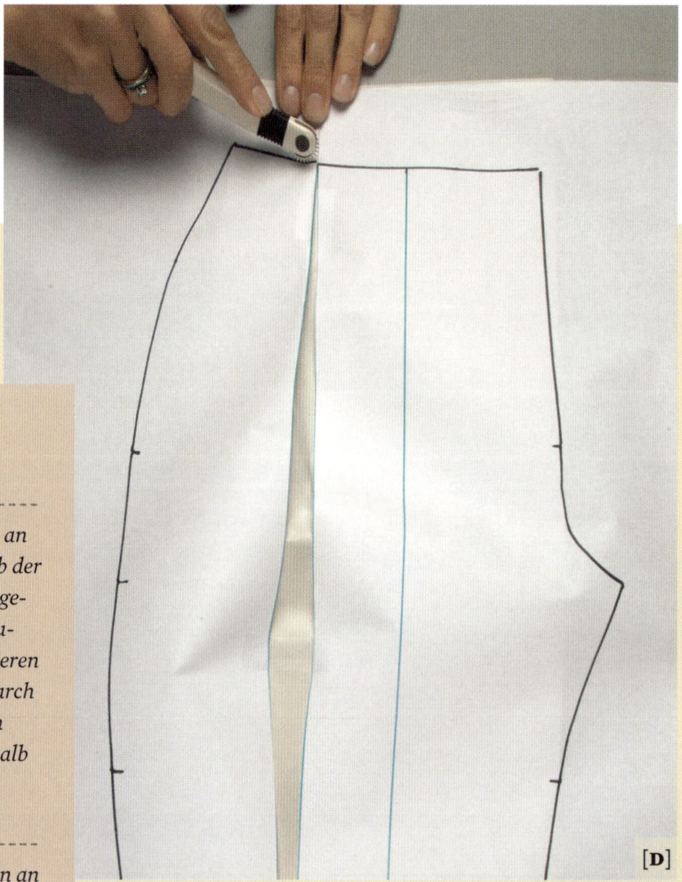

[D]

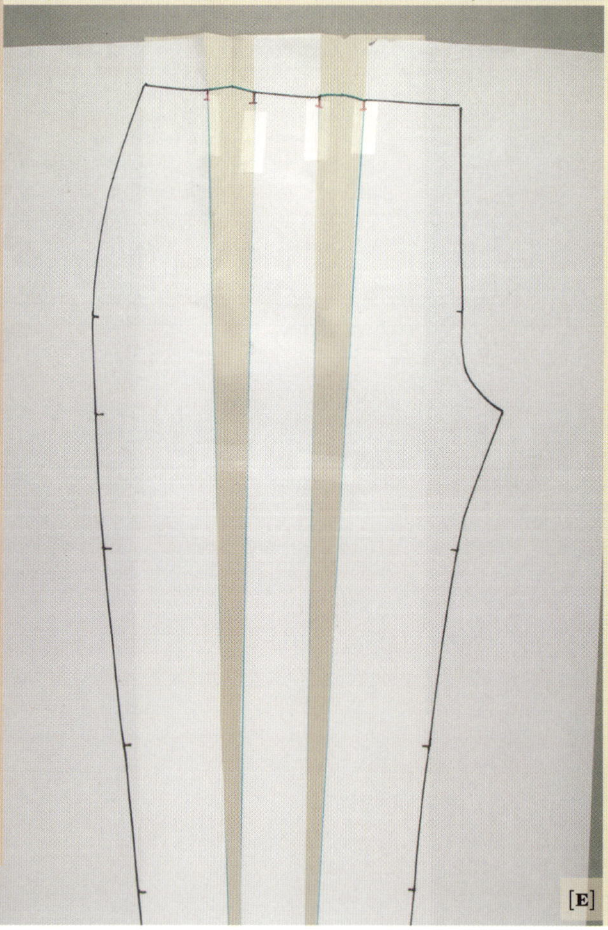

[E]

6
Die Taillenlinie durch das gefaltete Papier durchpausen. Auffalten und die Linie über die Einschnitte hinweg nachzeichnen [D]. An den Öffnungslinien Knipse setzen – außer bei einer Abnäherverlegung: Hier dienen die Abnäherschenkel als Knipse [E].

7
An allen Öffnungslinien wiederholen.

8
Fadenlauf einzeichnen wie an der Originalschablone. Schnittteile von vorderem und hinterem Hosenbein beschriften: „2x aus Oberstoff".

Kurze Falten

Bei kurzen Falten bleibt die Passform der Hose am Bein enger; zusätzliche Weite wird nur an der Taille bis zur von Ihnen gewählten Höhe zugefügt.

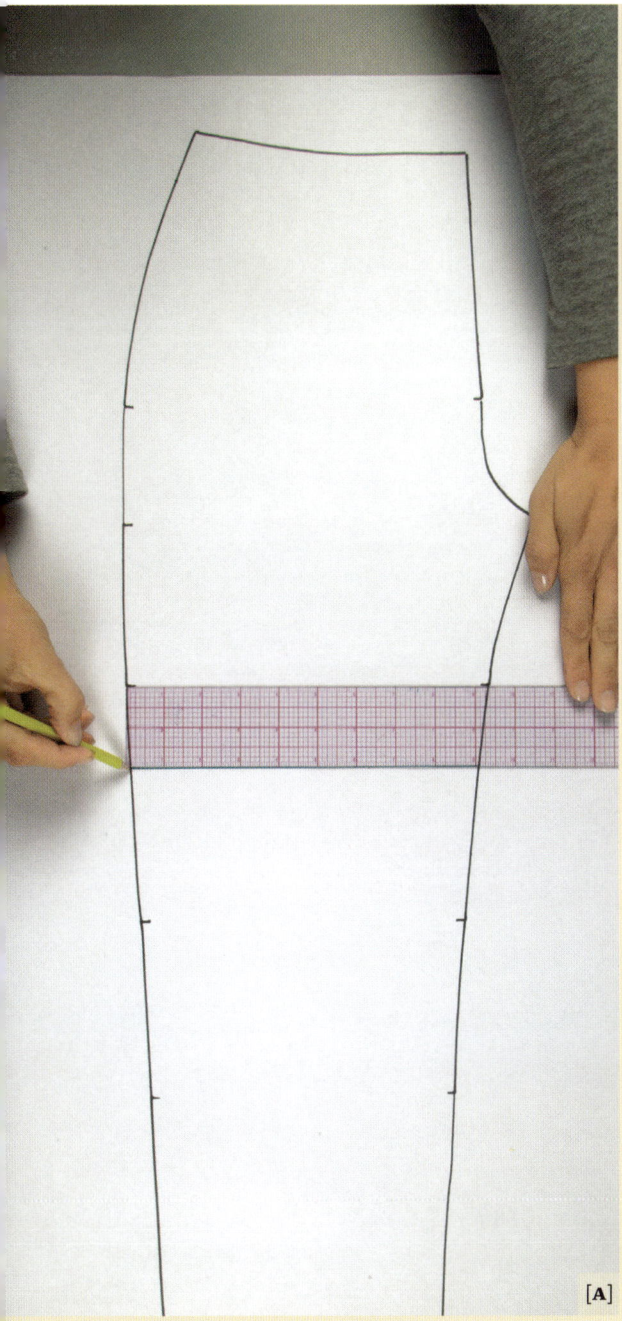

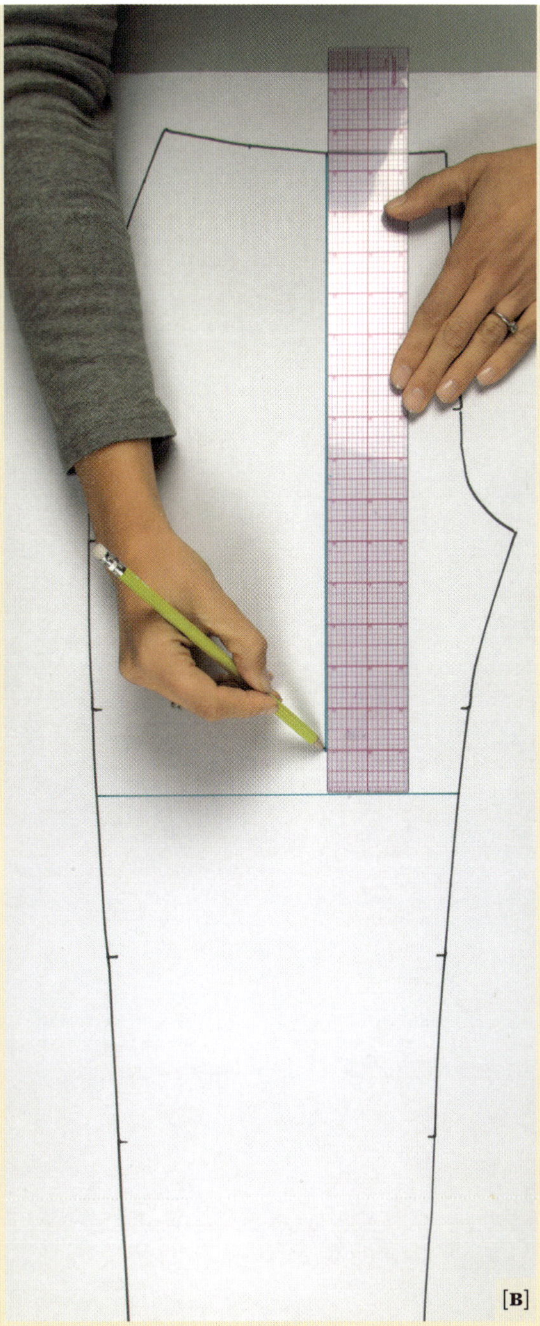

1

Die Hosenschablone auf Schnittmusterpapier übertragen. Taille und Art des Bundes sowie Hosenlänge und Taschen nach Wunsch abwandeln. Bei dieser Konstruktion kann die Form der Taille verzerrt werden, daher muss sie vor dem Einschneiden separat aufgezeichnet werden.

2

Legen Sie fest, ab welcher Höhe die Passform der Hose so sein soll wie an der Schablone. Dies entscheidet darüber, wie weit die Falten hinunterfallen. In dieser Höhe eine waagrechte Konstruktionslinie senkrecht zum Fadenlauf einzeichnen. Dies ist die Falten-Konstruktionslinie [A].

3

Von der Taille bis 2,5 cm oberhalb der Falten-Konstruktionslinie eine senkrechte Falten-Öffnungslinie zeichnen [B].

TIPP

Lassen Sie die Falten unterschiedlich hoch enden. Beispiel: eine Öffnungslinie von der Taille bis zum Saum, eine bis zum Knie und eine bis zum Oberschenkel.

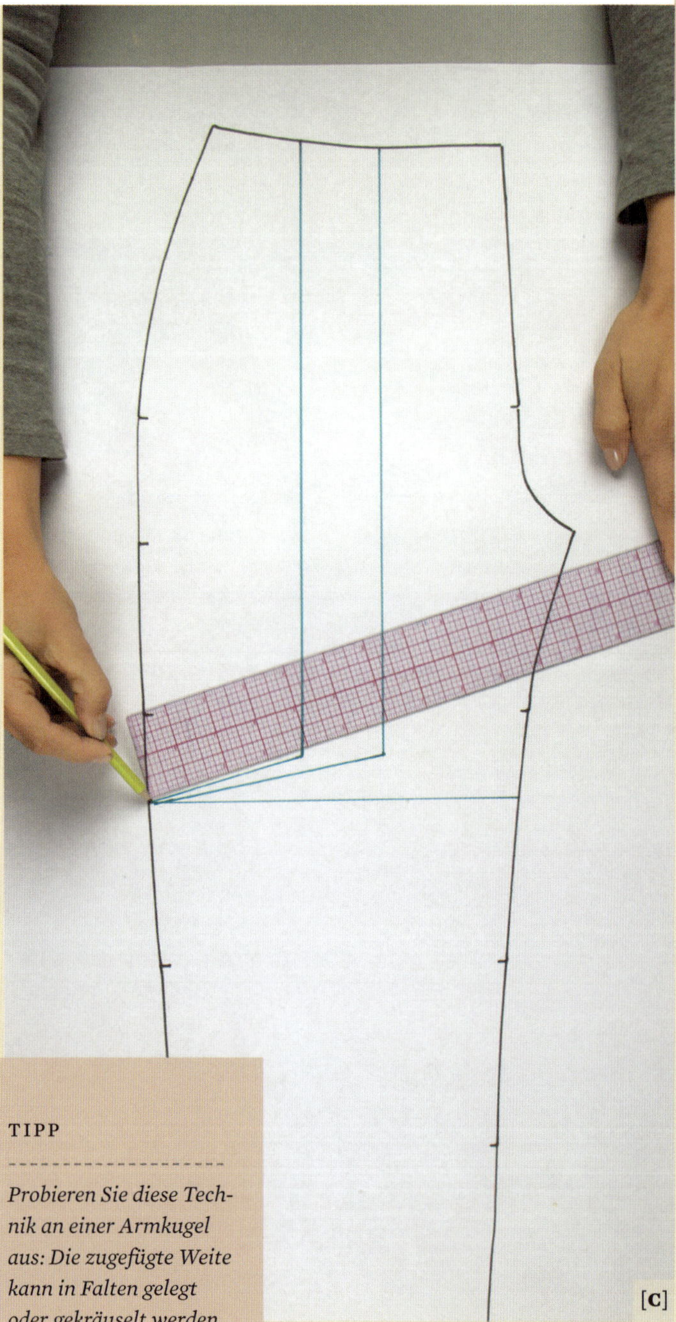

[C]

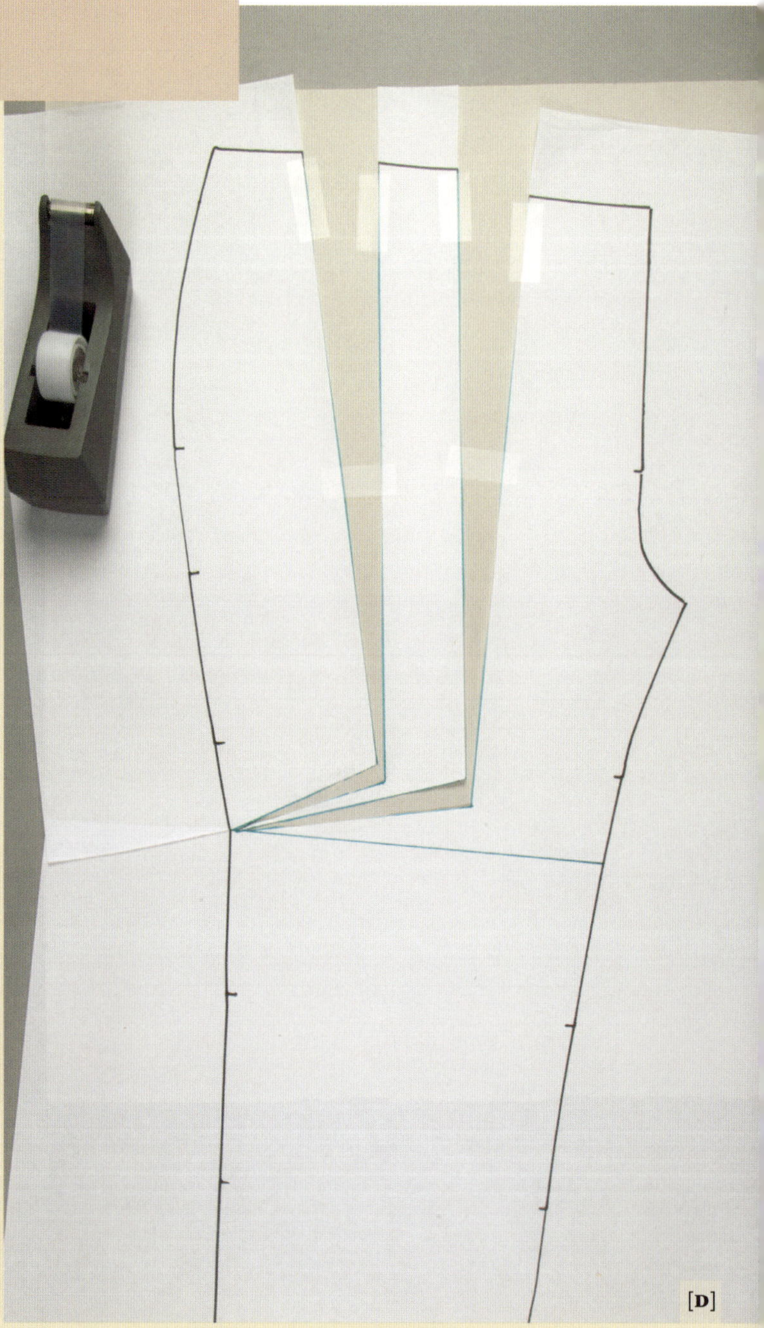

[D]

TIPP

Probieren Sie diese Technik an einer Armkugel aus: Die zugefügte Weite kann in Falten gelegt oder gekräuselt werden.

4
Die vertikale Öffnungslinie in Höhe der Falten-Konstruktionslinie mit der Seitennaht verbinden. Einen eventuellen Taillenabnäher verlegen: Den Abnäherinhalt beidseits einer oder mehrerer Öffnungslinien verteilen und markieren [**C**].

Schritte 5–7: siehe Abbildung [**D**].

5
Die geknickte Öffnungslinie von der Taille bis zur Seitennaht einschneiden. Zur Arbeitserleichterung eine Öffnungslinie nach der anderen bearbeiten.

6
Papier unterlegen und die gewünschte Weite einfügen. Mit Klebeband fixieren.

7
Für alle Öffnungslinien wiederholen.

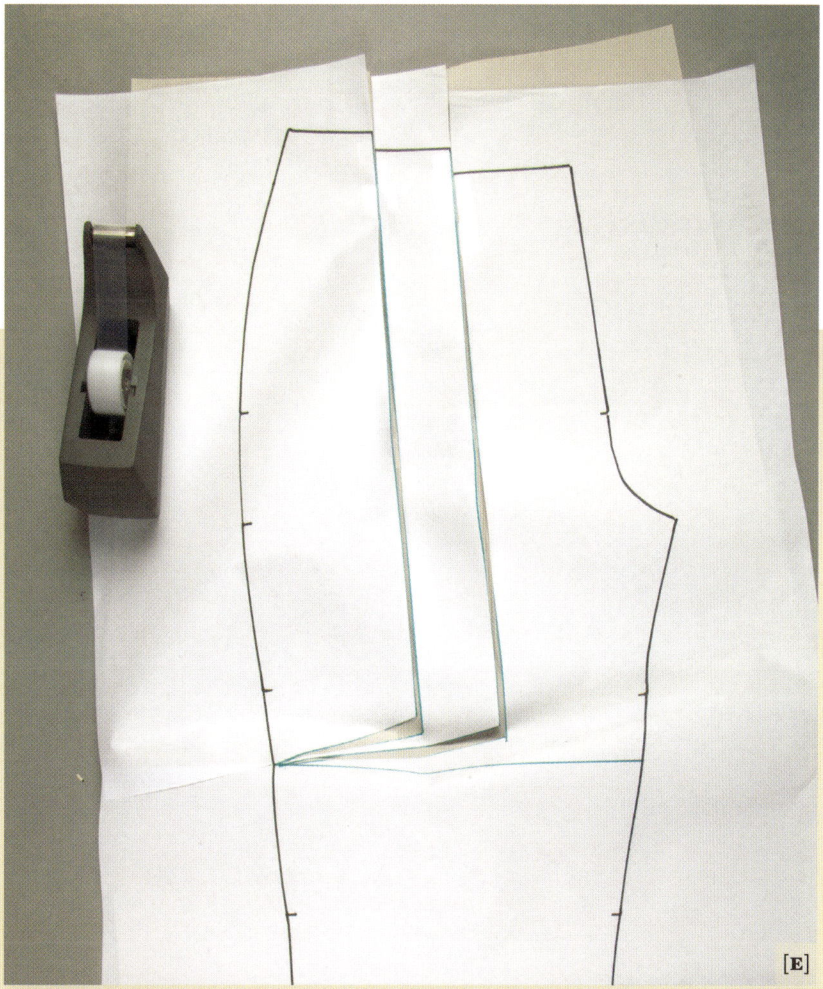

[E]

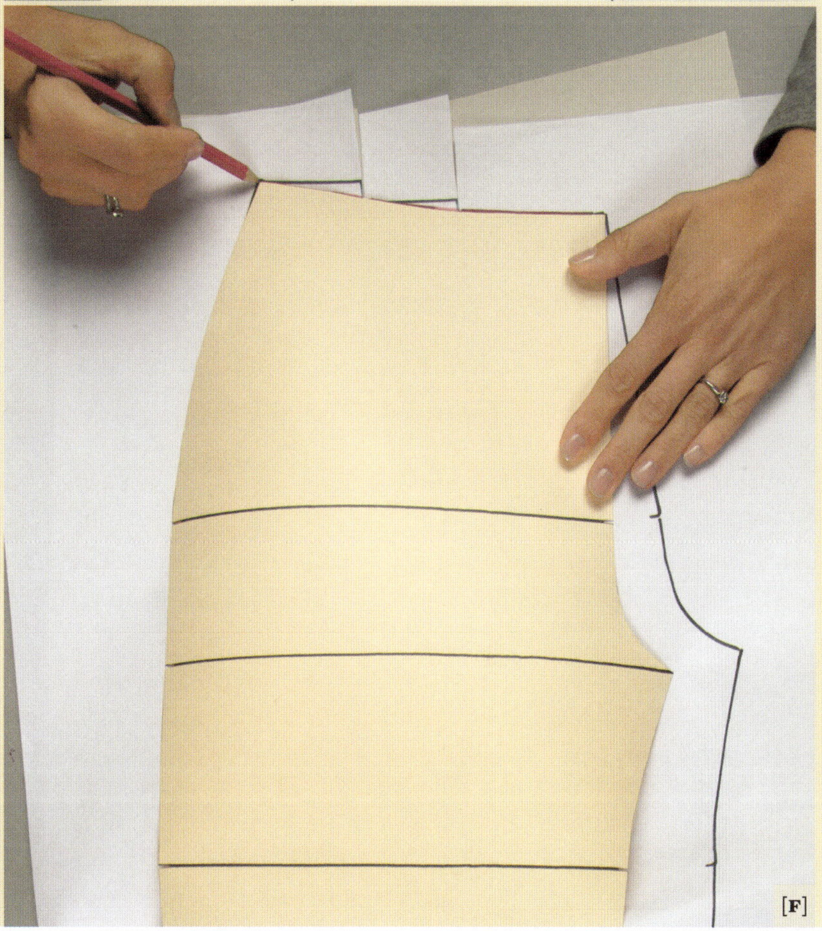

[F]

8
Das Schnittmuster so falten, wie die Falten später an der Hose liegen sollen [**E**].

Haben Sie einen Abnäher in die Falte verlegt, muss dessen Inhalt mitgefaltet werden, nicht nur die zusätzliche Weite am Einschnitt. Da die Öffnungslinie bei dieser Technik geknickt ist, verändert sich die Form der Taillenlinie. Zum Durchpausen der Taillenlinie durch das gefaltete Papier die in Schritt 1 separat aufgezeichnete Taillenlinie zu Hilfe nehmen [**F**].

9
Auffalten und die Taillenlinie über die Einschnitte hinweg nachzeichnen. An den Öffnungslinien Knipse setzen – außer bei einer Abnäherverlegung: Hier dienen die Abnäherschenkel als Knipse.

10
Fadenlauf einzeichnen wie an der Originalschablone. Schnittteile von vorderem und hinterem Hosenbein beschriften: „2x aus Oberstoff".

Hosenschlitz vorn

Ein Hosenschlitz sollte an der geraden Partie der vorderen Leibhöhe platziert werden, also möglichst nicht an einer Rundung. Es gibt zwei Arten von Hosenschlitz: mit angesetztem Untertritt oder mit angeschnittenem Schlitzbesatz. Beide Techniken werden hier beschrieben – konstruieren Sie diejenige, die Sie lieber nähen möchten. Beide Schlitzarten lassen sich auch an einem Rock konstruieren.

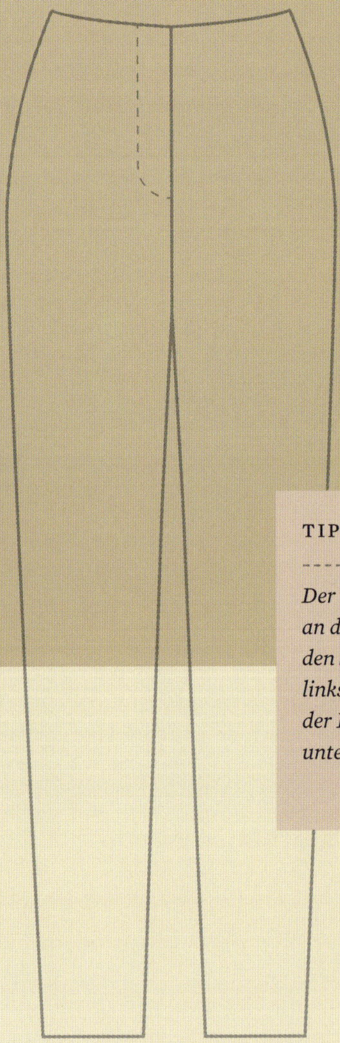

TIPP

Der Taillenbund muss an der unten liegenden Seite (bei Damen links) eine Zugabe von der Breite des Schlitzuntertritts erhalten.

Hosenschlitz mit Untertritt und Reißverschluss
Dies ist der Hosenschlitz, den Sie auch an fertig gekaufter Kleidung vorfinden. Er hat am Umbruch der vorderen Mitte eine Naht, durch die er stabiler wird, und der Reißverschluss sitzt 0,6–1,2 cm unter der vorderen Mitte. Für das Schnittmuster müssen ein rechtes und ein linkes vorderes Hosenbein konstruiert werden, da die beiden Teile unterschiedlich sind.

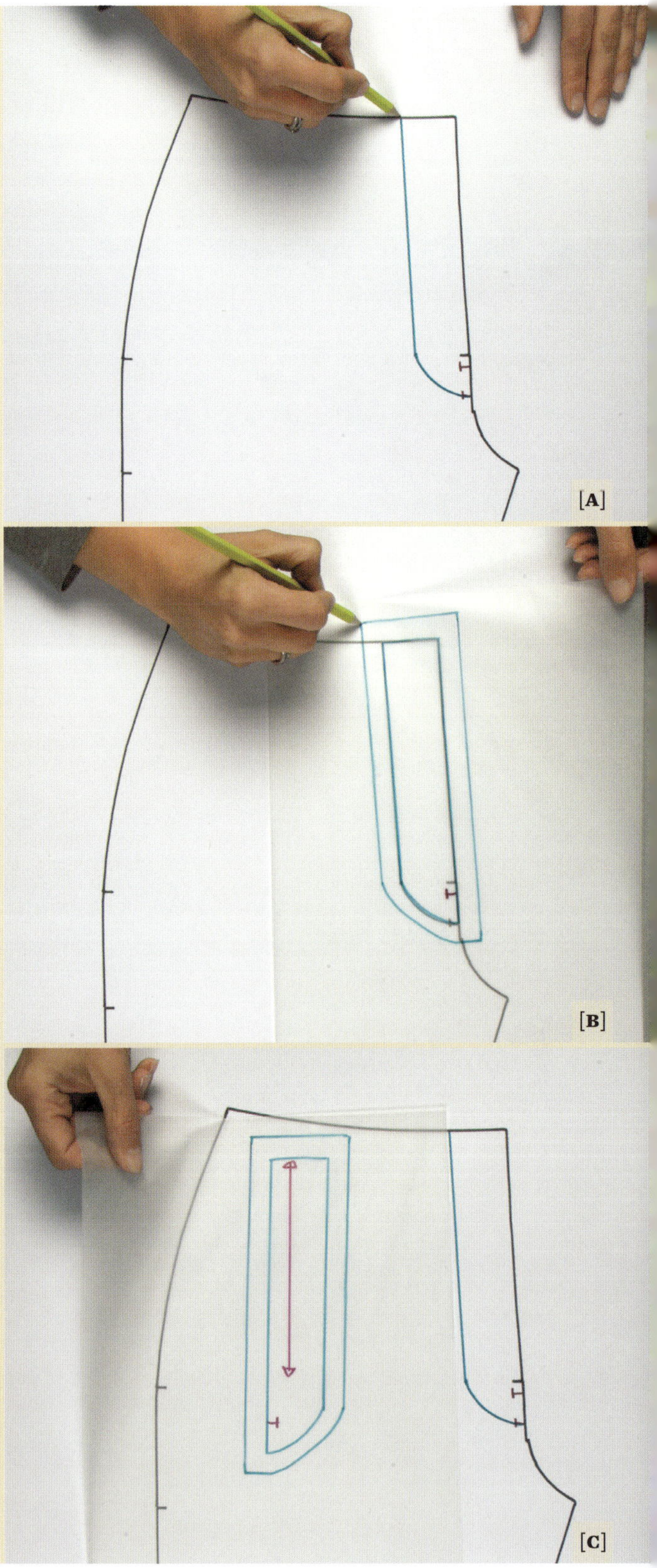

[A] [B] [C]

TIPP

Damenbekleidung wird rechts über links geschlossen, Herrenbekleidung links über rechts. Die Anleitung bezieht sich auf eine Damenhose; für eine Herrenhose rechts und links vertauschen.

1
Von der Schnittschablone ein rechtes und ein linkes vorderes Hosenbein auf Schnittmusterpapier zeichnen.

Schritte 2–4: siehe Abbildung [**A**].

2
Festlegen, wie weit der Reißverschluss ab der Taillenlinie reichen soll. Am Ende einen Knips setzen. Beachten Sie, dass diese Partie gerade sein muss. An einer Hose mit hoher Taille kann die Strecke lang sein, bei niedriger Taille sehr kurz. Daraus ergibt sich die Länge von Schlitzöffnung und Reißverschluss.

3
1,3–2,5 cm unter dem Schlitzende noch einen Knips setzen: Dieser markiert die Unterkante des Untertritts, der den Körper vor dem Reißverschluss schützt.

4
Am rechten vorderen Hosenbein die Form von Schlitzuntertritt und -besatz einzeichnen. Entlang dieser Linie wird später abgesteppt. Die Partie sollte mindestens so breit sein wie der Reißverschluss.

5
Auf einen neuen Bogen Papier die Form des Schlitzbesatzes zeichnen, ringsum Nahtzugabe hinzufügen und das Schnittteil umdrehen. Es ist das Besatz-Schnittteil, mit dem die rechte vordere Mitte fertiggestellt wird. Fadenlauf parallel zu dem des vorderen Hosenbeins einzeichnen. Das Teil beschriften: „1x aus Oberstoff und Einlagenstoff" [**B**] und [**C**].

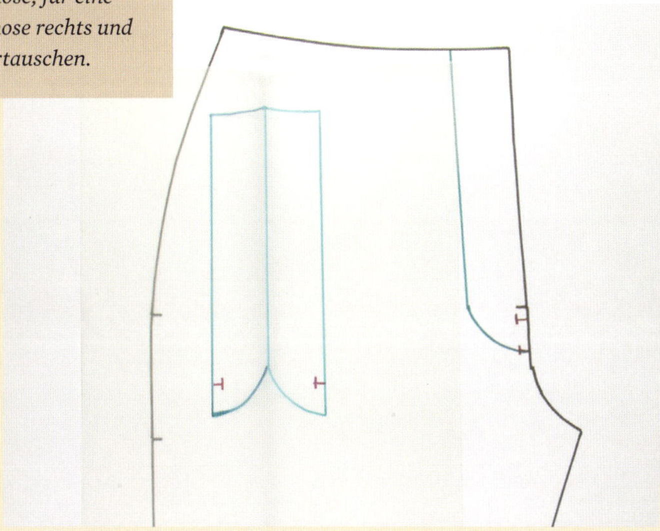

[**D**]

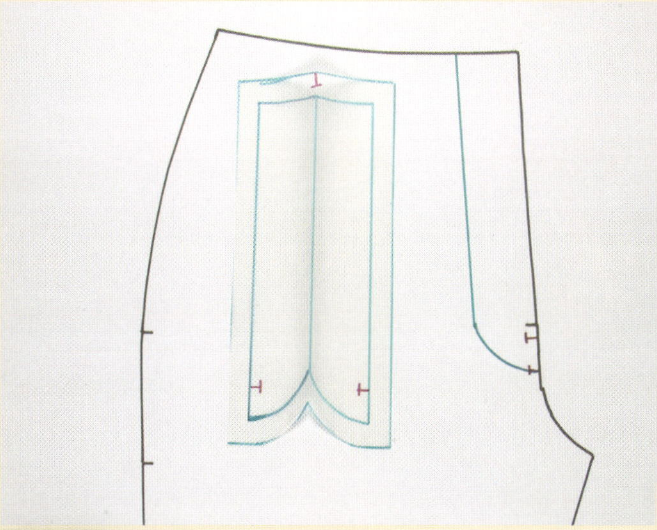

[**E**]

[**F**]

6
Die Form des Schlitzbesatzes auf ein neues Papier zeichnen. Dieses an der vorderen Mitte falten und den gesamten Umriss mit dem Kopierrädchen nachfahren. Auffalten und den Umriss nachzeichnen [**D**]. Ringsum Nahtzugabe zufügen. Oben und unten an der Bruchkante Knipse setzen [**E**]. Dies ist der Schlitzuntertritt, der an das linke vordere Hosenbein genäht wird. Fadenlauf parallel zu dem des vorderen Hosenbeins einzeichnen. Beschriften: „1x aus Ober- und Einlagenstoff".

7
An der vorderen Mitte des linken Hosenbeins eine 0,6–1 cm breite Zugabe von der Taille bis zum unteren Knips anzeichnen. Daran wird zusätzlich Nahtzugabe angefügt. Dadurch sitzt der Reißverschluss genau unter der rechten vorderen Mitte [**F**].

Hosenschlitz mit angeschnittenem Schlitzbesatz

Diese Art Schlitz kennen die meisten Hobbyschneiderinnen. Dabei kann der Abstand, in dem der Reißverschluss unter dem Umbruch an der vorderen Mitte sitzt, erheblich variieren (je nach Breite des Reißverschlussbands). Das vordere Hosenbein erhält auf beiden Seiten einen angeschnittenen Besatz, d. h., beide Schnittteile werden gegengleich konstruiert.

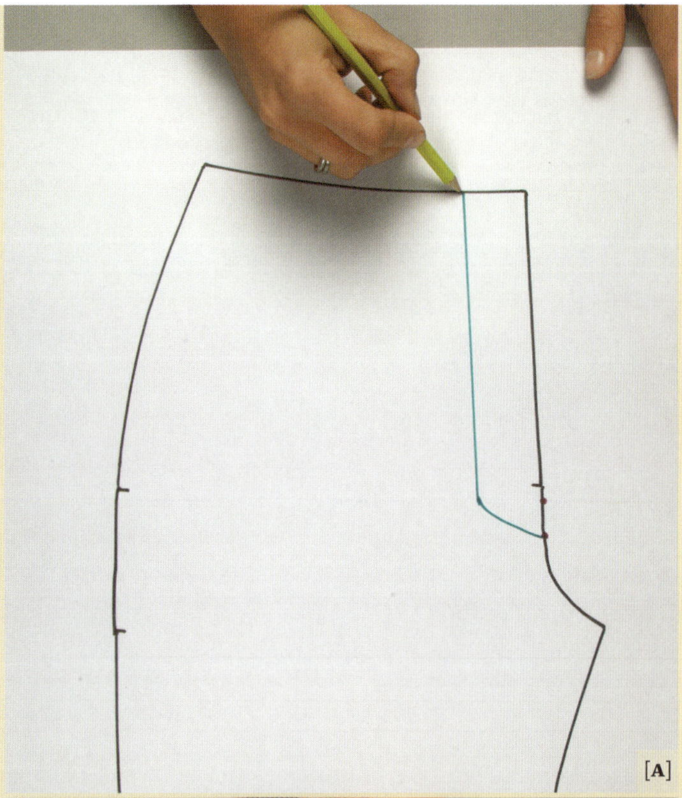

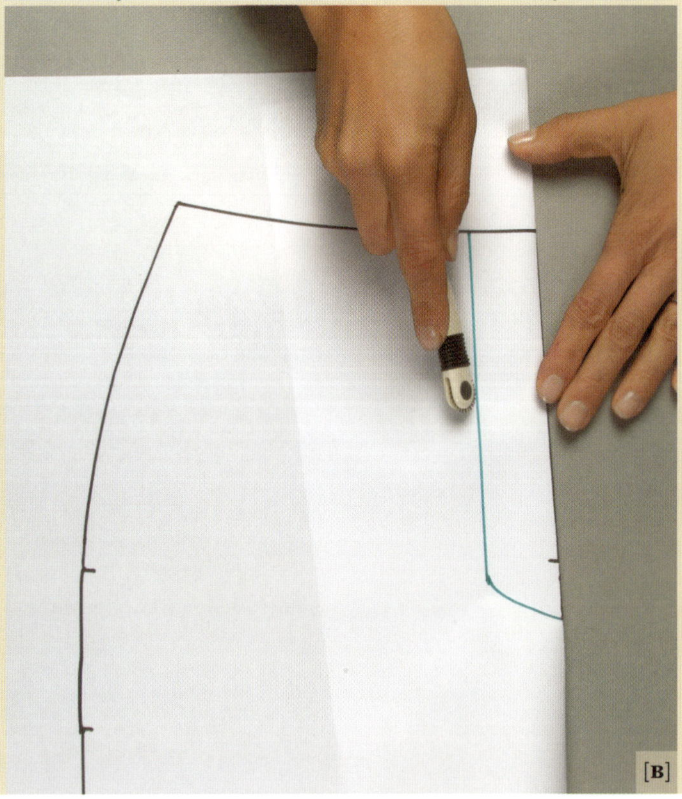

1
Das Hosenmodell entwerfen.

Schritte 2-4: siehe Abbildung [**A**].

2
Legen Sie fest, wie weit der Reißverschluss ab der Taillenlinie reichen soll. Am Ende ein Bohrloch setzen. Beachten, dass diese Partie gerade sein muss. An einer Hose mit hoher Taille kann die Strecke lang sein, bei niedriger Taille sehr kurz. Daraus ergibt sich die Länge von Schlitzöffnung und Reißverschluss.

3
1,3–2,5 cm unter dem Schlitzende noch ein Bohrloch setzen: Dieses markiert die Unterkante des Untertritts, der den Körper vor dem Reißverschluss schützt.

4
Die Form von Schlitzuntertritt und -besatz einzeichnen. Entlang dieser Linie wird später abgesteppt. Die Partie sollte mindestens so breit sein wie der Reißverschluss.

5
Das Papier an der vorderen Mitte unterfalten und die Form des Schlitzbesatzes ausrädeln [**B**].

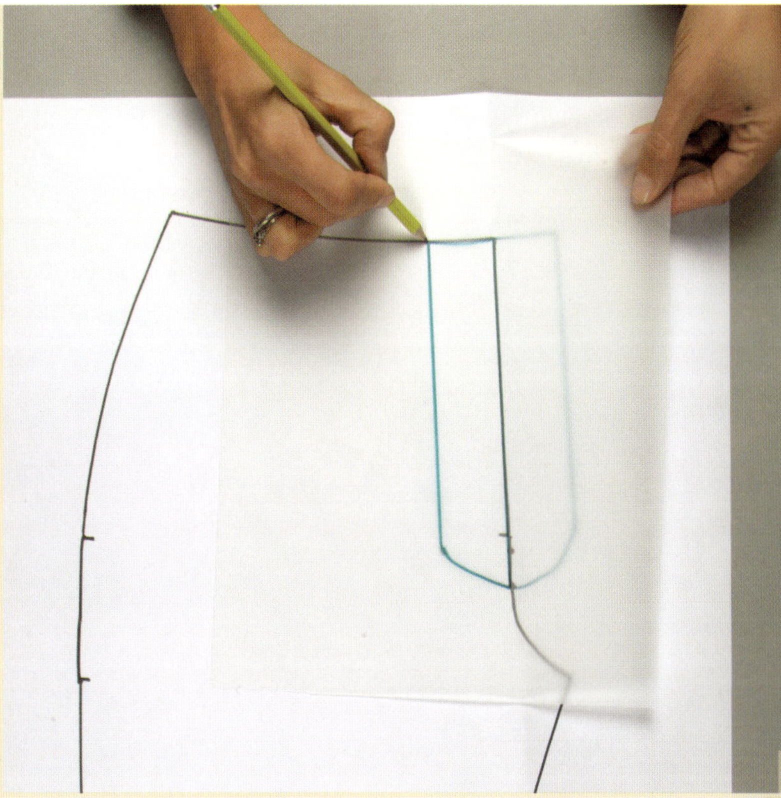

[D]

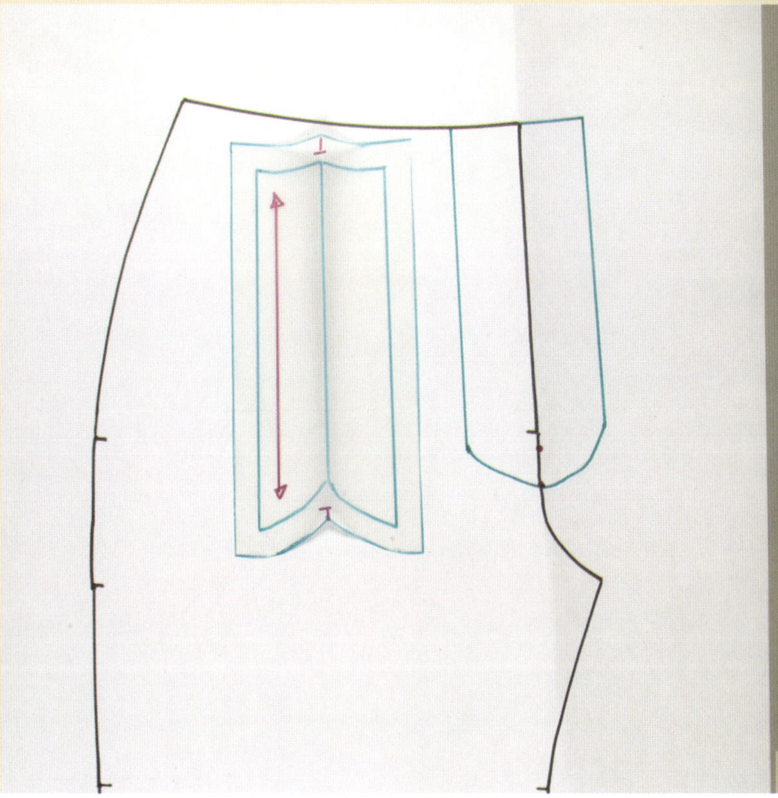

[E]

6

Auffalten und den Umriss des Besatzes als Zugabe an die vordere Mitte zeichnen. Dies ist der angeschnittene Besatz. Fadenlauf wie an der Schnittschablone einzeichnen. Vorderes Hosenbein beschriften: „2x aus Oberstoff“ [**C**].

7

Die Form des Schlitzbesatzes auf ein neues Papier zeichnen. Dieses an der vorderen Mitte falten und den gesamten Umriss mit dem Kopierrädchen nachfahren. Auffalten und den Umriss nachzeichnen [**D**]. Ringsum Nahtzugabe zufügen. Oben und unten an der Bruchkante Knipse setzen [**E**]. Dies ist der Schlitzuntertritt, der an das linke vordere Hosenbein genäht wird. Fadenlauf parallel zu dem des vorderen Hosenbeins einzeichnen. Beschriften: „1x aus Ober- und Einlagenstoff“.

Abschlussarbeiten

KAPITEL 8

Mithilfe der in diesem Kapitel beschriebenen Techniken verleihen Sie Ihren Modellen ganz professionell den letzten Schliff.

Saumabschlüsse

Jedes Schnittmuster erhält am unteren Rand einen Saumabschluss. Dabei gibt es keine Variante, die für jedes Modell passend ist. Die drei wichtigsten Saumarten sind der schmale Saum (oder doppelte Saum), der breite einfache oder doppelte Saum und der Saum mit Besatz. Wählen Sie den Saum passend zu Ihrem jeweiligen Modell.

Schmaler Saum

Der schmale Saum wird doppelt eingeschlagen. Meist ist der erste Saumeinschlag 0,6 cm breit, der zweite 0,6–1,3 cm. Dieser Saum eignet sich für Jeans, glockige Röcke und Kleider, Blusen und Hemden. Er lässt sich gut an dünnen Stoffen arbeiten und auch an leicht geschwungenen Saumkanten.

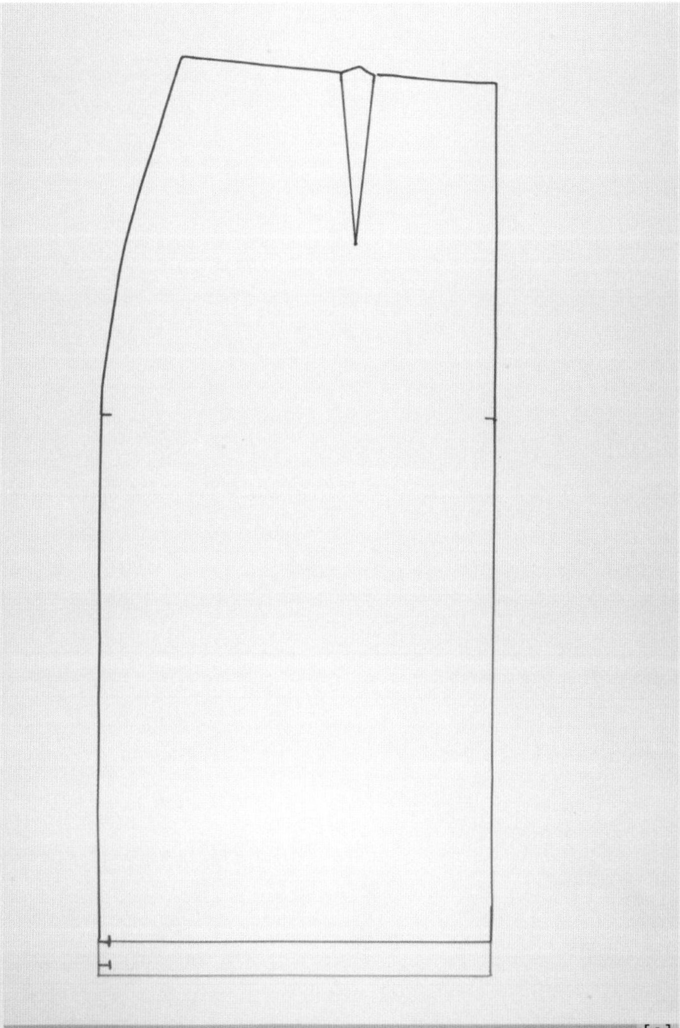

[A]

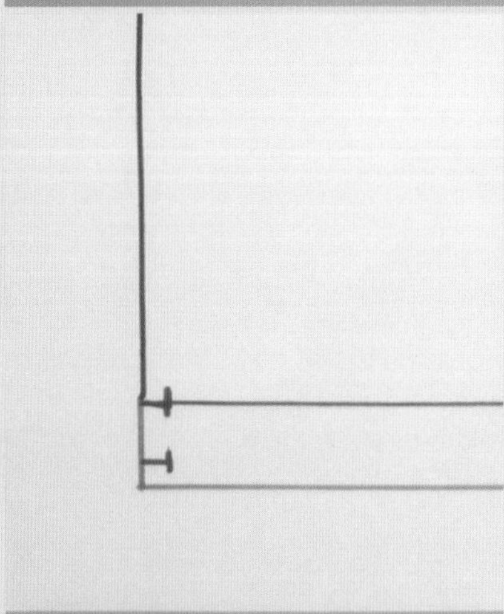

[B]

1
Am fertigen Modellentwurf die gesamte Saumlänge unten anfügen. Ist der erste Saumeinschlag z. B. 0,6 cm breit, der zweite 1,3 cm, geben Sie 1,9 cm Saumzugabe hinzu [**A**].

2
Von der Unterkante gemessen Knipse für beide Umbruchkanten setzen [**B**].

Breiter Saum

Ein breiterer Saum kann einfach oder doppelt eingeschlagen werden. Er eignet sich gut für Modelle mit geradem Saum, mit Futter oder für Modelle, bei denen die Saumpartie besonders fest sein soll. Dicker Stoff sollte nur einmal umgeschlagen werden, damit der Saum nicht zu steif wird. Dünne oder leicht ausfransende Stoffe werden am besten doppelt umgeschlagen. Für Modelle mit geschwungenem Saum ist der breite Saum nicht geeignet.

[A]

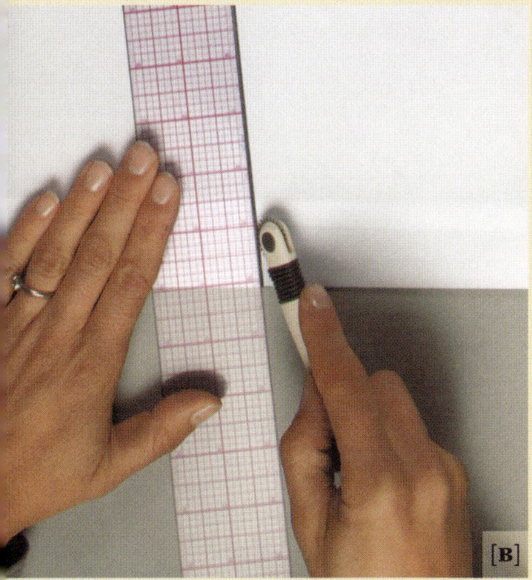

[B]

[C]

1

Am fertigen Modellentwurf die gesamte Saumzugabe unten anfügen. Ist der erste Saumeinschlag z. B. 1,3 cm breit, der zweite 3,8 cm, geben Sie 5,1 cm Saumzugabe hinzu. Alle Umbruchlinien einzeichnen [A].

2

Den Saum an den Umbruchlinien falten und den Verlauf der senkrechten Nahtlinien ausrädeln [B].

3

Auffalten und die ausgerädelten Linien nachzeichnen. Von der Unterkante gemessen Knipse für beide Umbruchkanten setzen [C].

Saum mit Besatz

Dieser Saum ist ideal für geschwungene oder speziell geformte Säume. Perfekt ist er für asymmetrische Säume, bei denen der hintere Saum sichtbar ist und tiefer sitzt als der vordere. Der Besatz kann aus dem Oberstoff oder aus kontrastierendem Stoff gefertigt werden – mit oder ohne Bügeleinlage.

[A]

[B]

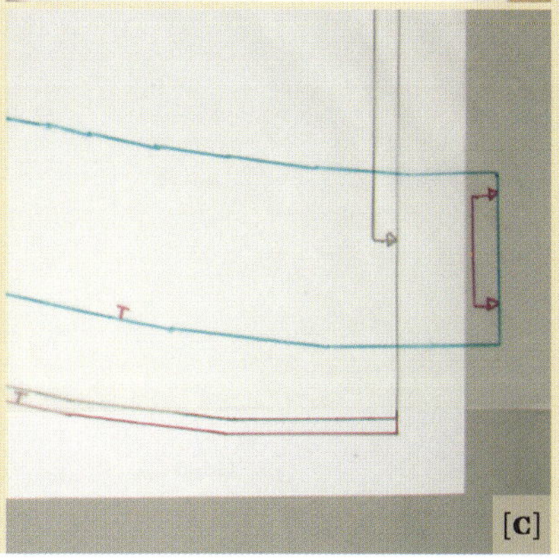

[C]

Schritte 1-4: siehe Abbildung [A].

1

Am unteren Rand des fertigen Modellentwurfs 0,6–1,3 cm Saumzugabe hinzufügen.

2

Die Breite des Saumbesatzes festlegen (zwischen 2,5 und 10,2 cm).

3

Einen Bogen Papier auflegen und den unteren Saum sowie einen Teil der Seitennähte oder senkrechten äußeren Nähte durchpausen (so weit, wie der Besatz reichen soll).

4

Die Oberkante des Besatzes parallel zum Verlauf der Saumkante einzeichnen. Dies ist das Schnittteil des Besatzes.

5

Auf den Seiten- oder Teilungsnähten des Besatzes sowie zwischen der Unterkante des Modells und des Besatzes Knipse setzen [B].

6

Fadenlauf einzeichnen und das Besatzteil beschriften wie am Schnittteil, an das der Besatz genäht wird [C].

Einfacher und verdeckter Schlitz

Durch Schlitze erhalten eng anliegende Modelle an bestimmten Partien mehr Bewegungsfreiheit. Sie können an jeder senkrechten Teilungsnaht angebracht werden. Ein einfacher Schlitz ist wie eine Lücke im Saumverlauf. In der Damengarderobe findet man einfache Schlitze häufig an Teilungsnähten von Modellen wie dem Bleistiftrock oder der Tunika. Der verdeckte Schlitz unterscheidet sich etwas vom einfachen Schlitz: Auch hier wirkt die obere Lage wie eine Unterbrechung im Saumverlauf, doch aufgrund des Untertritts entsteht keine Lücke, sodass der Schlitz unauffälliger ist. Verdeckte Schlitze findet man an Damen- und Herrenbekleidung. Sie sind der klassische Abschluss am Saum eines Zweinahtärmels.

Einfacher Schlitz
Ein gut gearbeiteter einfacher Schlitz erscheint bei lockerer Haltung oder im Stehen geschlossen, sorgt jedoch beim Gehen oder Sitzen für Bequemlichkeit. Das Schnittmuster ist auf beiden Seiten des Schlitzes gleich.

[A]

[B]

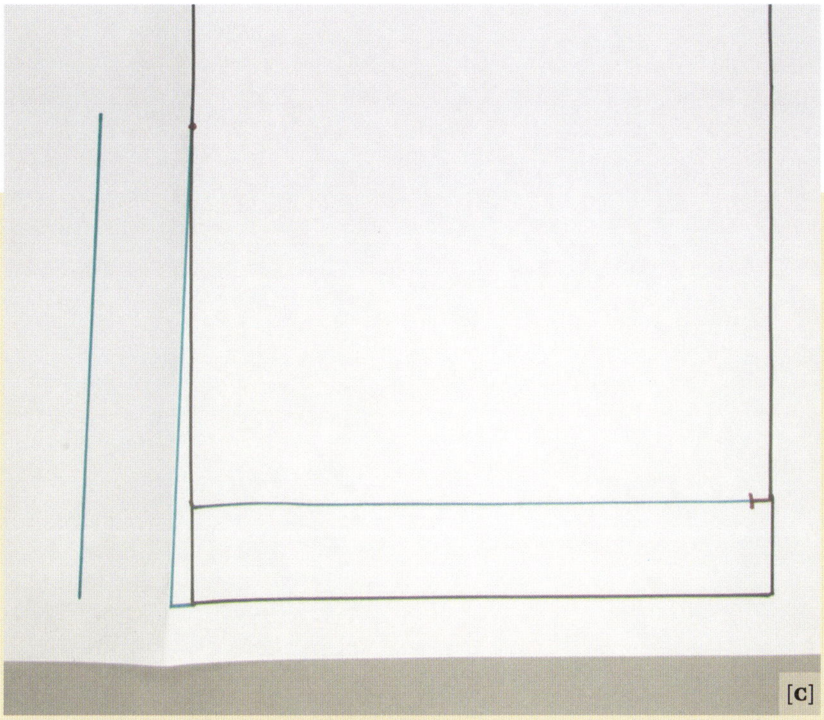

[C]

[D]

[E]

1
Länge und Position des einfachen Schlitzes am Ende einer senkrechten Naht festlegen. Das obere Schlitzende mit einem Bohrloch markieren.
An allen Schnittteilen eine breite Saumzugabe anfügen (siehe Anleitung Seite 166) [**A**].

Schritte 2 und 3: siehe Abbildung [**B**].

2
An der unteren Partie der senkrechten Naht eine Zugabe von 0,6–2,5 cm anzeichnen. Je kürzer der Schlitz und je gerader das Modell, desto schmaler sollte die Zugabe sein. Je länger der Schlitz und je figurnaher das Modell, desto breiter sollte sie sein.

3
Das Bohrloch mit der Saumerweiterung verbinden. Diese Linie ist die Umbruchkante.

4
Ab der Umbruchkante das der breiten unteren Saumzugabe entsprechende Maß abmessen und eine Parallele zur Umbruchkante ziehen [**C**].

5
Den Papierschnitt am Umbruch unterfalten und die Form der Unterkante des Modells mit dem Kopierrädchen nachziehen. Auffalten und die Linie nachzeichnen. Auf dem Umbruch einen Knips setzen [**D**] und [**E**].

6
Die Schlitzoberkante ab dem Bohrloch leicht nach unten abgeschrägt einzeichnen. Auf dieser Linie wird später abgesteppt, um den Schlitz beidseits der Naht zu fixieren [**E**].

7
Bei einem Schlitz an der vorderen oder hinteren Mitte das Schnittteil mit „2x aus Oberstoff“ beschriften. Bei einem Schlitz an einer anderen senkrechten Teilungsnaht die Schritte 1–5 an der anderen Seite der Teilungsnaht wiederholen.

Verdeckter Schlitz

Beim verdeckten Schlitz sind die Schnittteile der oberen und unteren Partie verschieden. Aus einem gegengleich zugeschnittenen Teil (z. B. hinteres Rockteil, Zuschneideangabe „2x“) muss nun ein rechtes und ein linkes Schnittteil angefertigt werden. Die Zuschneideangaben lauten dann „1x rechtes hinteres Rockteil“ und „1x linkes hinteres Rockteil“. Dies gilt jedoch nicht für alle Schnittteile: Bei einem verdeckten Schlitz an einer senkrechten Teilungsnaht haben Sie bereits für jede Seite ein separates Schnittteil. Beim Zweinahtärmel wird z. B. der Schlitzübertritt am Oberärmel, der Untertritt am Unterärmel konstruiert.

[A]

[B]

1
Falls erforderlich von dem Schnittteil, an dem der Schlitz konstruiert wird, ein rechtes und ein linkes Teil anfertigen.

An alle Schnittteile breite Saumzugaben anfügen.

2
Die Länge des Schlitzes an der senkrechten Teilungsnaht bestimmen und an beiden Schnittteilen mit einem Bohrloch markieren.

3
Festlegen, an welchem Schnittteil der Übertritt konstruiert werden soll. Weiter mit Schritt 2–6 (einfacher Schlitz, S. 169).

Die fertige Seite für später beiseitelegen.

4
Den Schlitzuntertritt konstruieren. Unten an der senkrechten Teilungsnaht die gleiche Zugabe wie beim Übertritt anzeichnen (0,6–2,5 cm). Bohrloch und Saumerweiterung verbinden. Dies ist die gesamte Zugabe [A].

5
Ab der Zugabe das der breiten unteren Saumzugabe entsprechende Maß abmessen und eine Parallele zur Zugabelinie ziehen. Dies ist die Umbruchkante. Die Unterkante der Zugabe mit der neuen Linie verbinden [B].

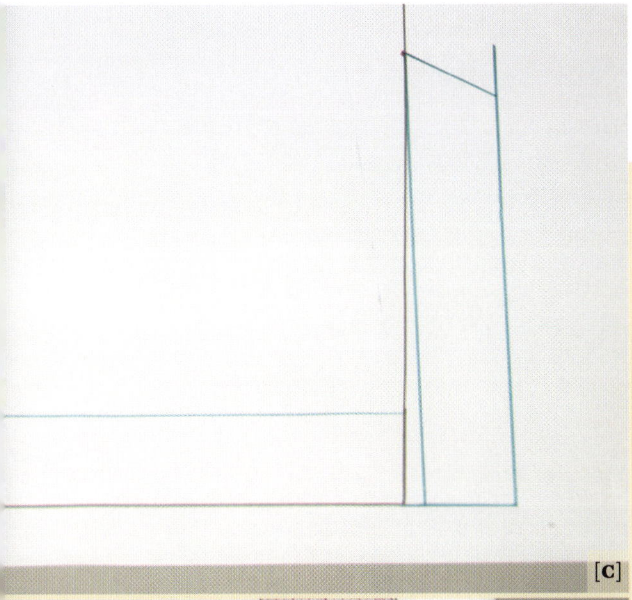

[C]

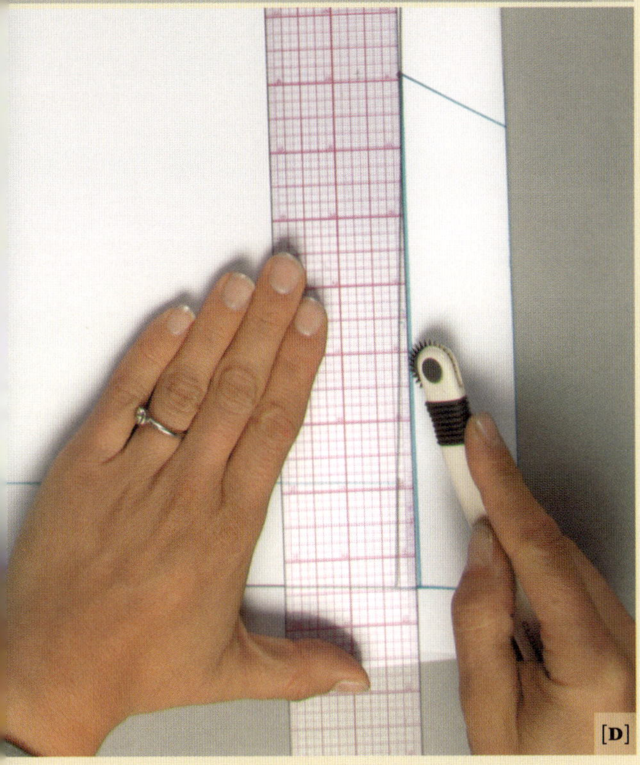

[D]

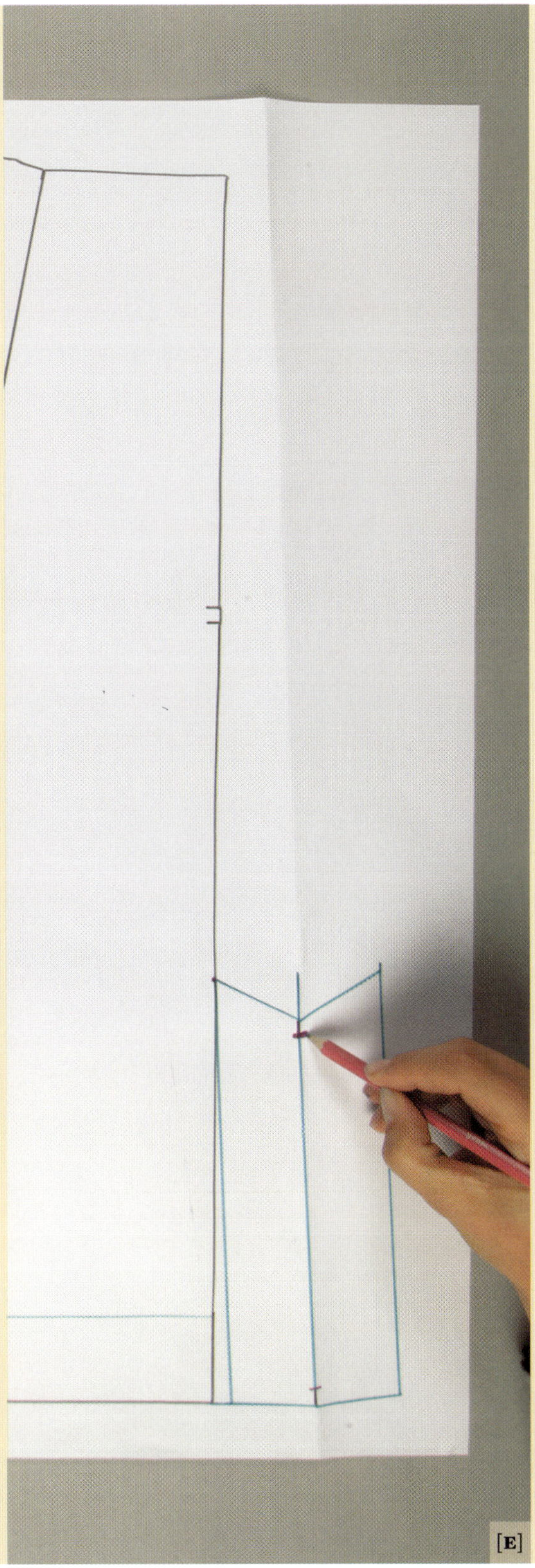

[E]

6
Zeichnen Sie die Oberkante des Schlitzuntertritts im gleichen Winkel wie am Übertritt [C].

7
Das Papier am Umbruch unterfalten. Schlitzoberkante, Saum und die ursprüngliche Teilungsnaht ausrädeln [D].

8
Auffalten und die ausgerädelten Linien nachzeichnen. Oben und unten auf dem Umbruch des Untertritts Knipse setzen [E].

TIPP

Verdeckte und einfache Schlitze werden am besten mit einem breiten doppelten Saum kombiniert.

Futter

Es gibt zwei Methoden, um ein Modell zu füttern: das lose oder das am Saum angenähte Futter. Das lose hängende Futter wird nur oben am Modell befestigt und separat vom Oberstoff gesäumt. Ein am Saum angenähtes Futter bedeckt die gesamte Innenseite, sodass keine unversäuberten Kanten sichtbar sind. Es wird oben und unten angenäht.

Bei einem aufwendigen Modell mit vielen Verbindungs- oder Teilungsnähten entwirft man das Futter besser nach der Konstruktion von Taillenabschluss/Halsausschnitt und der Silhouette des Modells.

Loses Futter

Diese Variante ist einfacher zu konstruieren und zu nähen. Ein loses Futter eignet sich gut für Röcke, Hosen und Kleider, jedoch selten für Ärmel.

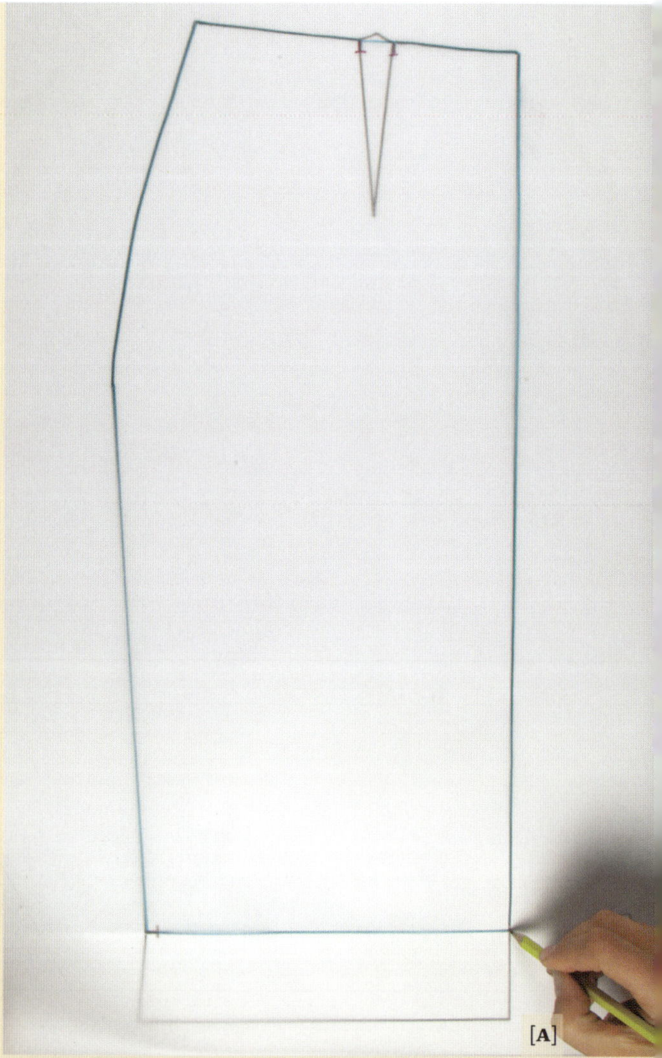

TIPP

Hat Ihr Modell Abnäher, den Abnäherinhalt im Futter in eine Falte legen und nur durch Knipse markieren. Das Bohrloch für die Abnäherspitze entfällt.

Am Saum angenähtes Futter
Da bei dieser Variante das Futter an der Saumzugabe angenäht wird, benötigt es etwas Mehrlänge, damit es nicht spannt. Diese Technik eignet sich sehr gut für die verschiedensten Entwürfe – außer für Hosen.

1
Den Modellentwurf anfertigen.

2
Die Form aller Schnittteile vom Halsausschnitt oder der Taille abwärts bis zur fertigen Unterkante, also dem Saumumbruch, nachzeichnen [**A**].

Hat das Modell einen Besatz, setzt das Futter erst darunter an. Hat es einen Taillenbund, ist die Taille identisch mit der am Schnittteil von Rock oder Hose.

3
Die Schnittteile des Futters enthalten bereits Saumzugabe. Den ersten Saumumbruch 0,6 cm über der Unterkante, den zweiten nochmals 0,6 cm darüber durch Knipse markieren [**B**].

4
An der Unterkante keine Nahtzugabe anfügen. An allen anderen Nähten Nahtzugabe anfügen.

5
Die Futterteile mit Fadenlauf und Zuschneideangaben versehen wie die übrigen Schnittteile.

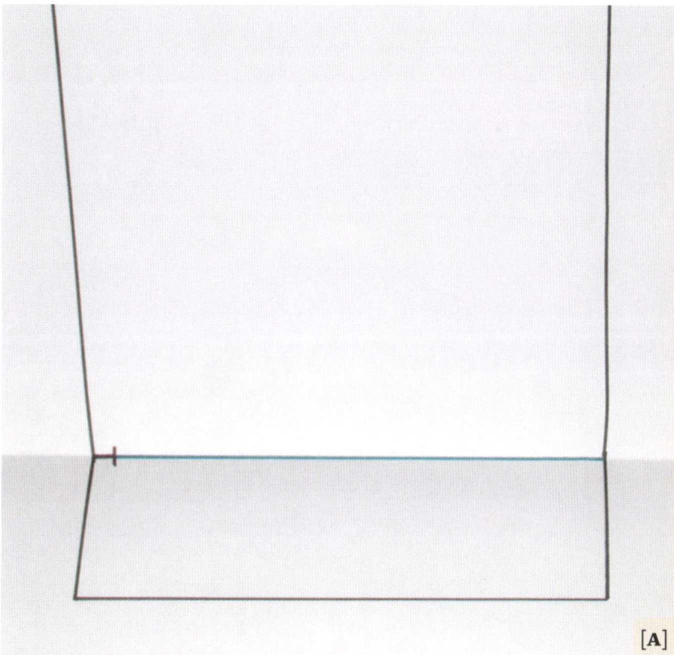

[**A**]

[**B**]

1
Modellentwurf mit Nahtzugaben anfertigen [**A**].

2
Am Saumumbruch des Oberstoff-Schnittteils die Saumzugabe umfalten [**B**].

[C]

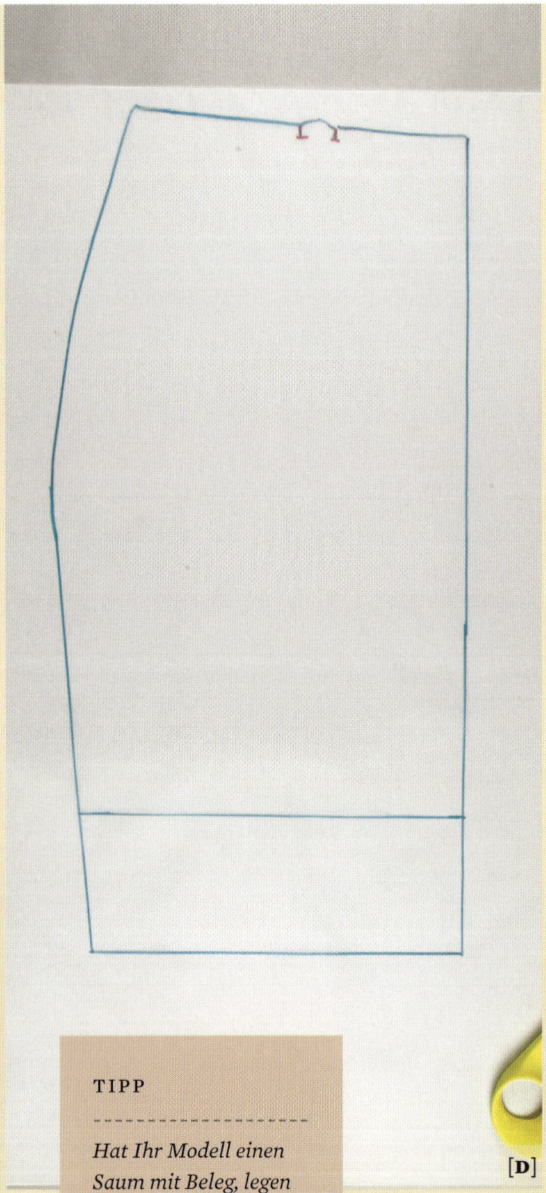

[D]

3
Die Form aller Schnittteile von Halsausschnitt oder Taillenabschluss abwärts bis zur Kante der Saumzugabe nachzeichnen (nicht bis zum Saumumbruch).

Hat das Modell einen Besatz an Halsausschnitt oder Taille, setzt das Futter erst darunter an. Hat es einen Taillenbund, ist die Taille identisch mit der des Schnittteils [**C**].

4
Von der Unterkante des Futters – oder oberhalb etwaiger Falten oder Schlitze – 7,6 cm abmessen und eine waagrechte Öffnungslinie einzeichnen [**D**].

TIPP

Hat Ihr Modell einen Saum mit Beleg, legen Sie das Belegteil an den Saum und zeichnen das Futterschnittteil entlang der Oberkante des Belegs. Der Beleg muss eine Nahtzugabe erhalten.

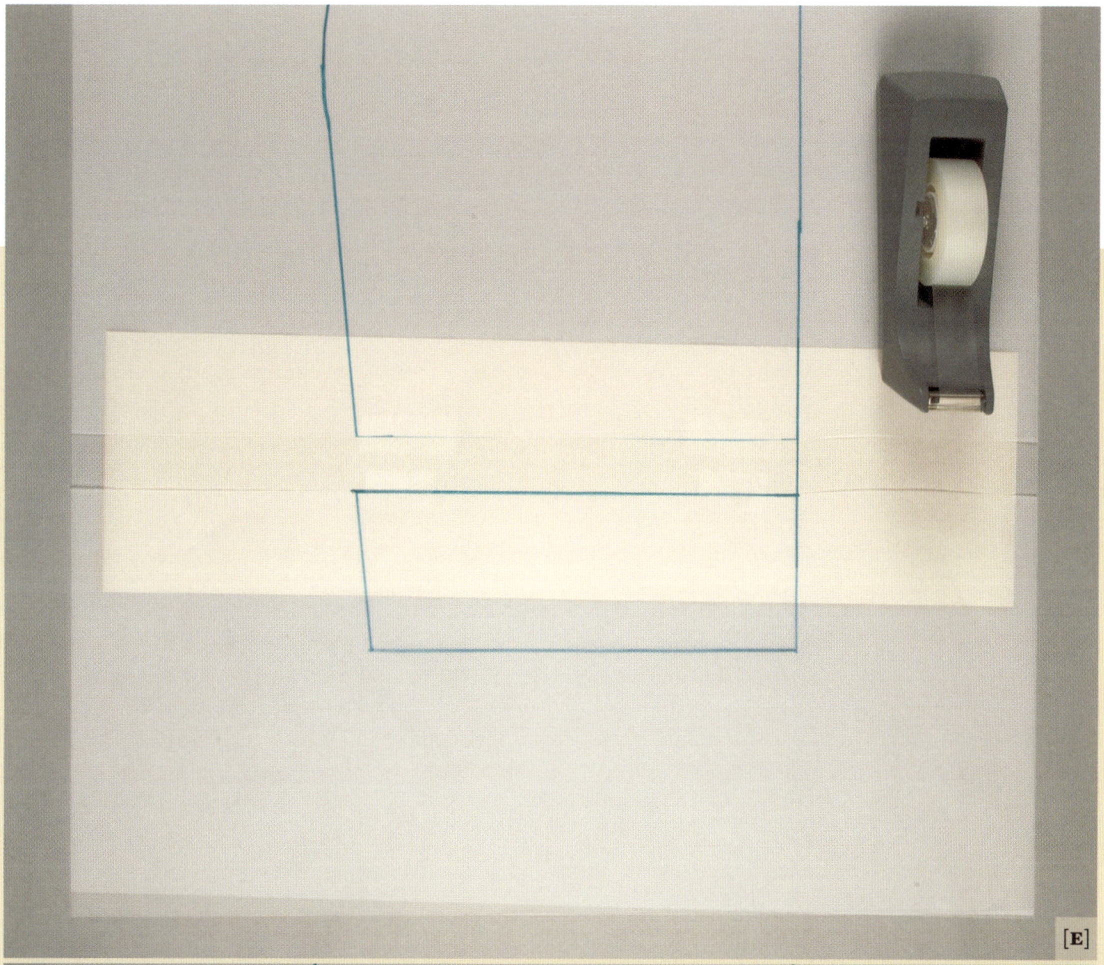

[E]

[F]

5

Das Futterteil an der Öffnungslinie durchschneiden, Papier unterlegen und 2,5 cm einfügen. Mithilfe von Fadenlauf oder vorderer Mitte das Schnittteil gerade ausrichten [E].

6

Die senkrechte Nahtlinie über den Einschnitt hinweg nachzeichnen [F].

7

Die Futterteile mit Fadenlauf und Zuschneideangaben versehen wie die übrigen Schnittteile. Nicht vergessen, Nahtzugaben an allen Schnittteilen anzufügen, auch am Saum von Oberstoff und Futter.

Über die Autorin

Sara Alm hat mit sechs Jahren zu nähen begonnen und seitdem nicht mehr aufgehört. Seit ihrer Ausbildung in Schnittentwicklung an der kalifornischen Modeschule Apparel Arts arbeitet sie als Schnittkonstrukteurin, Designerin und Ausbilderin an der Apparel-Arts-Schule. Sara ist Co-Autorin des Buches Stilikonen. Berühmte Frauen - berühmte Kleider. 20 Modelle mit Schnittmustern.

Außerdem bietet sie acht Craftsy-Kurse an: Fitting Sewing Patterns: Essential Techniques; Mastering Construction: Sleeves; Mastering Construction: Collars and Closures; Mastering Construction: Facings and Linings; Mastering Construction: Foundation Techniques; Mastering Construction: Zippers and Waistbands; The Essential Guide to Sewing With Sheers und Inside Vogue Patterns: Tracy Reese V1397.

Bezugsquellen

DE/A/CH:

Zeichenzubehör

www.amazon.com
www.makerist.de
www.naehmit.de
www.naehwelt-flach.de
www.stoffe.de

Blogs und Magazine

www.burdastyle.com
blog.stoffe-hemmers.de
ellepuls.com
www.pattydoo.de

Kurse

www.burdastyle.de/naehkurse/
www.makerist.de
www.schnittmusterei.com
www.sitam.at
www.stoff-and-co.de
www.stoffartig.ch

USA:

Zeichenzubehör

www.amazon.com
www.apparelcitysf.com
www.fashionsuppliesinc.com
www.sewtrue.com
www.wawak.com

Blogs und Magazine

www.grainlinestudio.com
www.seamwork.com
www.thecuttingclass.com
Threads
Vogue Patterns

Kurse

Apparel Arts
www.craftsy.com